Federica de Cesco

Die Traumjägerin

Federica de Cesco

Die Traumjägerin

Roman

Marion von Schröder

3. Auflage 2007

Marion von Schröder ist ein Verlag
der Ullstein Buchverlage GmbH

ISBN 978-3-547-71111-0

Gesetzt aus der Berkeley bei LVD GmbH, Berlin
Druck und Bindung: Pustet, Regensburg
Printed in Germany

Ich erkläre das Chaos in meinem Kopf für heilig.
Arthur Rimbaud

So will ich die Könige nennen, die ältesten, woher sie kamen,
und will ihre Taten und Schlachten berichten
am Rand meiner Seiten.
Rainer Maria Rilke, »Das Stundenbuch«

Für Kathryn Pfenninger, die das Licht der Vorfahren
in den Augen trägt.
Und wie immer für Kazuyuki und für Flying Cat

Prolog

Am Morgen des 2. Dezembers 1891 legte sich der Schneesturm. Im Schein einer Sonne, die blass und fern durch die Eisnebel schimmerte, ritten Soldaten von der siebten Kavallerie mit einem Militärwagen und Spaten herbei. Die Leichen der Ermordeten, Frauen, Männer, alte Leute und Kinder, lagen steif gefroren an der Stelle, wo man sie vor drei Tagen in Stücke geschossen hatte. Die Soldaten verloren keine Zeit. Sie hoben neben dem Schlachtfeld einen tiefen Graben aus und warfen alle Leichen hinein. Dann wurde das Massengrab eilig zugeschaufelt, und die Soldaten ritten davon. Ein letzter Schneehauch fegte hinter den Hufen der Pferde her, dann senkte sich Stille über Wounded Knee Creek, über den blutgefärbten Schnee und die Überreste des zerstörten Lagers. Als der Wind zu einem flüsternden Murmeln herabsank, traten zwei Gestalten aus dem Wald: ein Mann und eine junge Frau.

Der Mann trug die rußgeschwärzte Hirschlederkleidung der Grenzgänger, darüber eine Uniformjacke. Zerzauste Haare schauten unter seinen Schlapphut hervor. Ein Anhänger mit einer Bärenkralle, in Silber eingefasst, glänzte in seinem Hemdausschnitt. Zwei Colts waren tief und weit vorn an seinen Oberschenkeln angeschnallt. Der Mann war noch jung, aber Sonne und Entbehrungen hatten tiefe Falten in die dunkelbraune Haut gebrannt. Seine breiten Schultern waren leicht nach vorn geneigt, in der halb gebückten Haltung von Männern, die unentwegt bereit sind, nach der Waffe zu greifen oder in Deckung zu springen. Die junge Frau mochte fünfzehn Jahre alt sein. Sie trug den Anzug eines Jungen und eine Decke über den Schultern gegen die Kälte. Unter ihrem Hut waren die schwarzen Haare zu Zöpfen geflochten.

Langsam und schwerfällig wanderten die beiden durch den Schnee, blickten suchend umher, bis der Mann auf eine Stelle deutete, wo ein kleiner grob gezimmerter Handwagen auf die Seite gekippt war. Eine blutgetränkte Decke lag noch darin. Sie war steif vom Frost. Die junge Frau stapfte eilig näher, stolperte, fiel vor dem Wagen auf die Knie. Mit verschränkten Armen kauerte sie im Schnee, wiegte sich zähneklappernd vor und zurück. Der Mann stand still neben ihr. Seine hellen Augen schweiften nervös und aufmerksam umher, suchten unablässig den Wald ab, doch dort knarrten nur die Zweige unter ihrer Schneelast. Nach einer Weile zog die junge Frau die Decke von ihren Schultern. Als sie auch ihren Hut abnahm, fiel das Winterlicht auf ihr blasses Gesicht, zeigte das dumpfe Elend in ihren Augen, das Zucken der empfindlichen Lider, die Härte in den Mundwinkeln. Ihre verkrusteten Lippen standen leicht offen, und bei jedem Atemzug bildete sich ein kleiner weißer Hauch vor ihrem Gesicht. Langsam, bedächtig bewegte sie dann ihre Hand, griff unter ihre Jacke und brachte ein Jagdmesser zum Vorschein. Die Augen auf den umgekippten Handwagen gerichtet, schnitt sie mit kräftigem Schwung ihre Zöpfe ab, warf sie vor sich in den Schnee. Ihr Haar war so dicht, dass es wie eine Kappe um die hohlen Wangen lag. Der Mann beobachtete sie, sagte kein Wort und rührte sich auch nicht. Plötzlich schob die junge Frau ihre Jackenärmel hoch. Sie schwang das Messer, wieder und wieder, brachte sich an beiden Armen große Schnittwunden bei. Der Mann sah das Messer blinken und fuhr zusammen, als sie es an ihre Kehle setzte. Blitzschnell wollte er ihr das Messer entreißen, doch die junge Frau führte ihre Geste nicht aus. Sie schwankte leicht, ihre Augen verdrehten sich. Das Messer entglitt ihrer Hand. Sie schlug der Länge nach hin, drehte sich dann zur Seite und lag still.

Der Mann kauerte neben ihr nieder, strich mit unendlicher Zärtlichkeit den Schnee aus ihrem Gesicht, verband ihre Wunden mit einem Taschentuch. Er setzte ihr den Hut auf, wickelte sie in ihre Decke. Dann hob er sie in seine Arme. Als er sie hielt, fielen Blutstropfen, frisch und rot wie die Blüten eines fernen Frühlings, in den Schnee. Ebenso lautlos, wie er gekommen war, entfernte sich der Mann dem Wald entgegen, dunkel und unwirklich ins ungewisse Zwielicht. Die Temperatur fiel ständig, und seine Schritte hinterließen auf der gefrorenen Kruste kaum eine Spur.

Und dann war nichts mehr da. Nur der leise wispernde Wind, und Einsamkeit und Trauer.

1. Kapitel

Am 5. September wurde ich dreiunddreißig Jahre alt. Es war ein Tag, an dem sich etwas ereignete: das Ende eines Zustands, der Beginn von etwas Neuem. Die Schwerkraft vollführte eine Bewegung und wanderte durch mich hindurch. Diesen Augenblick der Verwandlung erlebte ich mit kalter Überraschung. Es war spätabends. Aber schon am frühen Morgen rumorte es in meinem Leib, und oberhalb beider Nieren tat mir der Rücken weh. Die Schmerzen, ein immer wiederkehrendes Ärgernis, meldeten sich mit heimtückischer Verlässlichkeit, sobald ich innerlich aufgeregt war. Doch die Ärzte hatten nie etwas gefunden, weder einen Tumor noch irgendeine Entzündung. Ihre Diagnosen waren ausweichend, und im Laufe vieler Jahre wuchsen ihre Erklärungen zu ganz unsinnigen Vermutungen an.

Zu meiner Lebensweise gehörte, dass ich Geburtstage nicht beachtete, aber Nicolas und seine Schwester Emilie wollten mir unbedingt eine Freude machen. Das Restaurant am Eiffelturm war nicht nur für seine Geflügel- und Fischgerichte, sondern auch für seine exzellente Weinkarte bekannt. Und weil Nicolas ein Feinschmecker war, wenn auch einer von der pedantischen Sorte, bestellte er zu der Ente mit Pfirsich einen phantastischen Beaujolais. Das Mittagessen war hervorragend, ich fühlte mich in gehobener Stimmung, so dass es mir leid tat, als Nicolas sich vor dem Kaffee verabschiedete. »Ich habe einen Termin, Jeanne, ich kann den Mann nicht warten lassen. Aber ich gehe sehr ungern.«

»Ja, wenn es sein muss.«

Er stand langsam auf, zeigte dasselbe zärtlich-unsichere Lächeln, mit dem er mich bei unserer ersten Begegnung für sich gewonnen hatte, und küsste mich auf den Mund. Wir umarmten einander. Dann blickte ich seiner hochgewachsenen Gestalt nach, die zwischen den Tischen hindurch zur Tür ging, und lächelte etwas nervös. Emilie tat so, als ob sie nichts bemerkte.

»Wie es momentan aussieht, traut sich kein Anwalt mehr, einen Gewerkschaftsvertreter mehr als fünf Minuten warten zu lassen. Aber du und ich, wir können uns ja Zeit lassen.«

Wir beobachteten, wie Nicolas draußen nach einem Taxi Ausschau hielt, und freuten uns auf den Kaffee.

»Warum kann er dich nicht Uma nennen, wie jeder andere?«, fragte Emilie in beiläufigem Tonfall.

»Er hat sich bemüht, aber er bringt es nicht fertig.«

»Woher kommt dein Name eigentlich?«

Ich hob lässig die Schultern. »Meine Mutter hat ihn irgendwo aufgeschnappt. Aber du weißt ja, wie es damals war. Der Standesbeamte sagte, der Name sei kein christlicher und folglich nicht zugelassen. ›Dann nenne ich das Kind eben Uma-Jeanne‹, konterte meine Mutter und behielt somit das letzte Wort.«

»Wie kam sie ausgerechnet auf Jeanne?«

»Wegen Jeanne Moreau, du weißt doch, die Schauspielerin. *Jules und Jim* war ihr Lieblingsfilm.«

»Aufschlussreich.« Emilies hübsche Zähne blitzten. »Und hat sie dir gesagt, was Uma bedeutet?«

»Ich habe erst spät gefragt, kurz vor ihrem Tod. Vorher nie. Uma oder Umane kommt aus der alten indischen Sprache und bezeichnet die ungenutzte Kraft dieser Erde. Als Gott die Erde schuf, hat er eine unvorstellbare Kraft dazu gebraucht. Doch er behielt noch Kraft zurück. Unverbrauchte Kraft, die im Dunkeln wirkt.«

»Solche Erklärungen mag Nicolas gar nicht.« Emilie sprach mit nachsichtigem Spott. »Manche Dinge weist er von sich. Sei ihm nicht böse.«

»Ich bin ihm nicht böse.«

»Du kennst ja unsere Eltern und weißt, wie wir erzogen wurden. Es war nicht unbedingt lustig. Ich habe mich umgeschaut, aber Nicolas ist heute noch konservativ bis auf die Knochen. Das soll nicht heißen, dass er zu einer innigen Beziehung nicht fähig wäre.«

Ich erwiderte ihr weiches Lächeln. Es bestand eine tiefe Sympathie zwischen uns. Wir waren sehr verschieden, aber wir verstanden uns.

»Er hatte ein großes Verlangen nach Beständigkeit und Panik vor Veränderungen. Vielleicht haben wir unserer Liebe keine echte Chance gegeben.«

»Willst du es noch einmal versuchen?«

»Es kann nicht mehr sein.«

Wir tranken unseren Kaffee in nachdenklicher, einvernehmlicher Stimmung. Zwei Jahre war ich mit Nicolas zusammen gewesen, wir hatten uns auch eine Wohnung geteilt. Unsere Trennung war friedlich verlaufen, ohne hässliche Szenen. Wir sahen uns noch oft, unterhielten uns viel und waren aufrichtig zu einander. Lügen mied ich aus Prinzip, Nicolas aus Bequemlichkeit. »Mein Leben ist langweilig«, sagte er, »und es gibt vieles, was ich nur dir erzählen kann.« Auch dass ich mit Emilie befreundet geblieben war, schätzte er in seiner redlichen Art, selbst wenn meine Motive kompliziert waren. Immerhin musste mir die Trennung schwerer gefallen sein, als ich dachte, und das Wiedersehen mit Nicolas verdrängte Gefühle geweckt haben, denn plötzlich hörte ich mich zu Emilie sagen, dass es mir nichts ausmachen würde, unter mein jetziges Leben einen Schlussstrich zu ziehen. Emilie konnte Menschen verstehen. Sie war Psychologin, was ihren therapeutischen Interessen entsprach, bevor sie auf Umwegen beim Fernsehen gelandet war, wo sie Politiker und Filmstars interviewte, und selbst zu einem kleinen Star geworden war. Emilie beobachtete die geheime Sprache des Körpers, die nicht die Sprache des Intellektes ist. Tarotkarten und Rorschach-Test waren bei ihr nicht immer bloße Requisiten. Aber sie blieb dezent bei allem, was sie sagte, zerstörte keine Existenzen und machte sich keine klaren Feinde. In ihrer Sendung zeigte sie routinierten Glamour, passte ihr Outfit den Farben des Wetters an und verdiente unverschämt viel Geld.

»Nicolas ist für das Dauerhafte gemacht. Ich nicht. Ich könnte morgen losziehen, das Leben mit beiden Händen packen und, was immer ich täte, nur meiner Laune folgen, ohne dass etwas an mir hängen bliebe, ohne Sicherheit.«

»Ja, warum nicht«, sagte Emilie belustigt. »Wenn es dir Spaß macht.«

»Es macht mir keinen Spaß.«

Sie lächelte entspannt. Privat trug sie eine hübsche randlose Brille. Sie zeigte ihre liebenswerte Seite, ohne aufsehenerregende Spekulationen und scharfe Anspielungen.

»Und was würdest du jetzt gerne tun?«

»Keine Ahnung«, erwiderte ich ernst. »Vielleicht sollte ich mich stärker politisieren?« Ich grinste sie an.

»Mein Gott«, rief sie aus. »Die Sache mit Nicolas konnte ja nur schiefgehen!«

»Erklärungen setzen Interesse voraus«, erwiderte ich, mit Wehmut im Herzen, denn ich hatte Nicolas sehr geliebt. »Das Problem war, dass er nie die richtigen Fragen stellte.«

»Als Anwalt? Ich bin überrascht.« Emilie verzog das Gesicht.

»Lass uns nicht darüber sprechen, es würde nichts bringen.« Ich schüttelte den Kopf. So wie ich redete, könnte man glauben, dass es nicht schlimm gewesen war. Doch das war nur meine Art, mich von schmerzhaften Dingen fernzuhalten, eine erlernte stumme Sprache der Traurigkeit.

»Du trägst ihm nichts nach«, sagte Emilie mitfühlend.

»Er konnte mich nicht verstehen. Ich sage dir das ganz ehrlich, Emilie. Mein Beruf verlangt von mir eine Lebensform ganz eigener Art, sie ist weder Arbeit noch Spiel. Kreativität hat einen eigenen Rhythmus. Vieles, was ich normal fand, störte Nicolas. Und vieles, was Nicolas wollte, verstand ich nicht. Es sind nur wenige, die so leben können wie ich. Und trotzdem glaube ich nicht, wie so viele, dass ich einzigartig bin.«

»Du widersprichst dir aber.«

»Ich weiß.«

»Und im Grunde erwartest du keinerlei Antwort von irgendwem.«

»Ich habe keine Familie mehr, mit der ich reden kann«, sagte ich. »Einzige Tochter, unbekannter Vater, die Mutter seit achtzehn Jahren tot.«

Solche und ähnliche Äußerungen hörte Emilie täglich. »Hat Marie dir nie gesagt, wer dein Vater war?«

»Sie wusste es wohl selbst nicht. Irgendein Schauspieler vom Living Theater. Sie lebte damals in einer Kommune. Antibürgerlich. Antigesellschaftlich. Jeder schlief mit jedem, ein wildes Durcheinander. Und dann bekam Marie ein Kind, mich, war dreißig Jahre alt und plötzlich gezwungen, Geld zu verdienen. Das hatte sie immer als komplette Zeitverschwendung angesehen. Und trotzdem hat sie es irgendwie geschafft, mich großzuziehen.«

»Ja, und du bist ihr nicht schlecht gelungen.«

Seit ich auf der Welt war, hatte Marie viel gearbeitet. Wenn sie konnte, nachts. Drei oder vier Stunden Schlaf genügten ihr vollkommen. Sie arbeitete als Statistin beim Film und war gleichzeitig im Theater für die Requisiten zuständig. Dann und wann brachte sie es zu einer kleinen Nebenrolle. Der große Durchbruch kam nie. Das »Living« war gefährlich sentimental und ideologisch tot. Nebenbei hatte sie sich in einer alten Garage ein Atelier eingerichtet. Sie stöberte in Schrotthandlungen, schnitt mit dem Lötkolben Wellblechstücke aus Autowracks heraus, die sie zu Pferdefiguren umgestaltete. Sie formte nur Pferde, in ganz unmöglichen, erotischen Stellungen. Es gab Liebhaber für solche Sachen.

Nach ihrem Tod löste ich ihr Atelier auf, verletzte mich an rostigem Altmetall, zog mir Beulen am Kopf zu. Einige ihrer Arbeiten verkaufte ich, ein Müllwagen holte den Rest. Emilie besaß mehr Einfühlungsvermögen als andere. Sollte ich ihr die näheren Umstände meiner Kindheit anvertrauen? Warum nicht? Es gab diese Unruhe in mir, die sie zwangsläufig spürte, eine Unruhe, die nicht mit Dingen zusammenhing, die klar oder hell waren und sich in den üblichen Bahnen bewegten, wo eine Psychologin sie aufspüren konnte. Unruhe ist ein Gespenst – so grau wie ein Grabstein für das Herz, dem Schatten alter Bäume nahe. Und da ich ahnte, dass jeder, der solchen Dingen zu nahe kam, aus dem Gleichgewicht fallen mochte, zog ich mich zurück und sagte lediglich: »Ich habe eine gute Ausbildung bekommen. Marie hat dafür geschuftet.«

»Du grübelst zu viel, das wird es wohl sein.«

»Ich kann meine Gedanken nicht abstellen. Und ich kann mich nicht trösten lassen, wenn es mir schlecht geht. Weder von Nicolas noch von dir, tut mir leid. Dabei würde es kaum zehn Minuten beanspruchen.«

Emilie rief den Kellner, bestellte noch zwei Kaffee.

»Wie geht es eigentlich deiner Großmutter?«

»Elinor? Die lebt in einem Heim und schweigt.«

Emilie strich sich das Haar aus der Stirn. Sah sie sich einer unklaren Situation gegenüber, erstarrte ihr freundliches Gesicht zu einem konzentrierten Ausdruck. Ich hatte das oft an ihr auf dem Bildschirm beobachtet.

»Willst du damit andeuten, dass sie geisteskrank ist?«

»Ich habe Elinor nie anders gekannt. Marie sagte, es hätte nach meiner Geburt angefangen.«

»War sie nicht Bildhauerin?«

»Ihre Arbeiten sind in Nevers zu sehen. Im Musée Henriette de Clèves, im dritten Stock.«

»Weißt du, warum sie verrückt wurde?«

»Sag du es mir, Emilie. Warum wird man verrückt?«

»Es kann eine Veranlagung bestehen. Krankheiten. Liebeskummer. Tod. Ungefähr in dieser Reihenfolge.«

»Elinor scheint alles vergessen zu haben. Zeit und Entfernungen sind ihr keine Begriffe mehr.«

»Das kann ein Selbstschutz sein. Vielleicht auch die Verweigerung der Wirklichkeit. Die Schulpsychiatrie nennt diesen Zustand Depression.«

Der Kellner brachte den Kaffee. Ich rührte viel Zucker in die Tasse und trank.

»Du verbrennst dir die Zunge«, sagte Emilie.

»Nein, er ist gut.«

»Deine Großmutter interessiert mich«, sagte Emilie.

»Dich interessieren nur Menschen, die verschroben sind.«

Sie parierte gleichmütig: »Ich bin neugierig. Berufsmäßig neugierig.«

»Falls du Elinor in deiner Sendung haben willst, denk daran, dass sie im Rollstuhl sitzt. Angeschnallt, vornübergebeugt. Die Zunge hängt ihr heraus, und sie spricht kein Wort.«

Emilie seufzte. »Daran habe ich überhaupt nicht gedacht. Sag mal, was hat sie denn als Bildhauerin gemacht? Kennst du ihre Werke?«

Plötzlich spürte ich wieder das Stechen im Rücken, ein aufflackernder Schmerz, der in die Lenden ausstrahlte. Ich drückte das Kreuz fest durch. Nach ein paar Atemzügen verzog sich der Schmerz.

»Marie mochte Elinors Arbeiten nicht, hasste sie geradezu. Habe ich dir nie davon erzählt? Ich war neun, da ging sie mit mir zum ersten und einzigen Mal in das Museum, zehn Minuten bevor man schloss. Ich weiß noch genau, als wir in den Raum kamen, fiel Licht aus einer Kuppel. Alle Kunstwerke schienen in dem Licht zu verschmelzen. Ein paar Touristen sprachen leise miteinander, bevor sie ihren Weg durch die Säle fortsetzten. Es war seltsam, kaum sah ich die Skulpturen, da wurde mir schlecht. Als ob blaues Wasser mir über meine Augen rieselte. Danach – nichts mehr. Als ich wieder zu mir kam, fühlte ich den Granitboden unter mir, kalt wie Schnee. Ich lag da, den Kopf in Maries Schoß gebetet. Die Touristen blickten auf mich herab und machten betroffene Gesichter. Ich hatte einen epileptischen Anfall gehabt.«

Emilie beugte sich leicht vor. »Wie sahen die Skulpturen aus?«

»Elinor arbeitete zumeist mit Bronze, gelegentlich auch mit Marmor. Eine Plastik ist mir in Erinnerung geblieben: grüne Bronze, auf einem Sockel. Es war die Figur eines liegenden Mannes.«

»Nackt?«, unterbrach sie mich.

»Nein. Eingehüllt in Mantel und Schal. Er streckte die Hand aus, als ob er wollte, dass man ihm wieder auf die Beine half. Aus irgendeinem Grund fand ich die Figur grauenhaft. Meinst du, das hat etwas mit Sex zu tun?«

»Nein, eher nicht.«

»Danach bin ich nie wieder in dieses Museum gegangen.«

»Wie schade.«

»Was meinst du damit?«

»Ich meine«, sagte sie langsam, »man entdeckt, was man entdecken soll, wenn der richtige Augenblick gekommen ist. Du solltest dich überwinden und wieder hingehen«, setzte sie beiläufig hinzu.

Ich hatte einen schalen Geschmack im Mund, griff tastend nach der Tasse. »Na ja, ich bin schließlich alt genug, um Kitsch zu erkennen, wenn ich ihn sehe.«

»Ach, jetzt werde nicht boshaft. Kitsch weckt keinen solchen Widerhall. Und als Kinder haben wir alle gelitten.«

Ertappt blickte ich in ihr vernünftiges Gesicht, das am Ende doch ein großes Lächeln und Nachsicht zeigte. Ich trank einen Schluck Kaffee.

»Du hast recht. Nach dieser Sache hatte ich überhaupt keine Ruhe mehr. Alpträume, Angstzustände, Magersucht. Mir ging es erst besser, als ich in die Pubertät kam. Dabei gab es überhaupt keinen Grund, warum ich so extrem reagierte. Ich bin mit Kunst aufgewachsen. Schon mein Urgroßvater war Bildhauer gewesen. Ich weiß nicht, ob er besonders talentiert war oder nicht. Na ja, er muss gut gewesen sein, sonst hätte ihn Rodin nicht in seinem Atelier aufgenommen.«

»Wie«, rief Emilie erstaunt. »Er hat bei Auguste Rodin gearbeitet?«

»Sag ich doch. Er soll an dem Entwurf der *Bürger von Calais* und der *Höllenpforte* beteiligt gewesen sein. Aber ausgestellt hat er nie, jedenfalls nicht unter seinem Namen, und berühmt war er auch nicht. Er starb 1920 an der spanischen Grippe.«

»Er war doch Amerikaner, oder?«

»Ja, er kam mit seiner Frau Mary nach Frankreich. Warte, das war 1895. Er hieß Alan. Alan Sherman Carter. Ein wohlhabender Mann, er hatte von seinen Eltern ein Vermögen geerbt. Bei seinem Tod ging alles an Mary, und dann an ihre einzige Tochter. Elinor hatte schon immer ihren eigenen Kopf. Sie wurde schwanger, aber den Vater ihres Kindes wollte sie nicht heiraten. Armand de Villeneuve leitete eine Druckerei in Nevers. Elinor lebte ohne Trauschein mit ihm zusammen, das war natürlich schockierend und sehr verpönt. Was Armands gutbürgerliche Familie dazu sagte, kannst du dir vorstellen. Zum Glück hatte Armand noch eine ältere Schwester, Gabrielle, die Elinor sehr mochte und wohl auch zu ihr hielt.

Den Zweiten Weltkrieg erlebten Armands Eltern nicht mehr. Aber Armand wurde deportiert, weil er Jude war. Sein und Elinors Vermögen wurde beschlagnahmt. Elinor war es noch gelungen, Gabrielle bei sich zu verstecken. Marie erzählte mir einmal, dass Gabrielle an Lungenentzündung erkrankte und sich in Elinors Bett verborgen hielt. Elinor blieb bei ihr Tag und Nacht. Sie schlief vor dem Bett auf dem Boden, neben sich einen Revolver. Als der Krieg vorbei war und die Züge mit den Deportierten aus Deutschland zurückkamen, fehlte von Armand jede Spur. Elinor gönnte sich keine Ruhe, sie schrieb Briefe und belagerte das Rote Kreuz, bis sie endlich erfuhr, dass Armand kurz vor Kriegsende erschossen worden war. Was Elinor damals durchmachte, weiß keiner. Sie sprach niemals darüber. Von dem Vermögen war nichts übrig geblieben, außer ein paar Aktien. Sie zog ihre Tochter groß und pflegte Gabrielle, die sich nie wieder ganz erholte und drei Jahre später starb. Elinor muss eine großzügige Frau gewesen sein, die nie rechnete und das Geld ausgab, bis nichts mehr da war.«

»Besuchst du sie manchmal?«

»Selten. Sie konnte meine Mutter nicht leiden.«

»Wie? Die eigene Tochter ...«

»Elinor war sehr gebieterisch. Ich glaube, Marie hatte Angst vor ihr. Das war seltsam, weil meine Mutter von Natur aus nicht ängstlich war. Mich dagegen mochte Elinor sehr, mehr als Marie lieb war. Ein paarmal im Jahr besuchten wir sie im Heim, zu Weihnachten oder zu Ostern, dann saß sie da mit gespreizten Beinen in ihrem Kittel, der zwei große Taschen aufwies, und winkte mich zu sich. In den Taschen steckten kleine, in Seidenpapier eingewickelte Süßigkeiten. Manchmal war es auch nur ein Kaugummi. Wenn ich die Sachen gefunden hatte, nahm mich Elinor zwischen ihre Beine und drückte sie gegeneinander, bevor sie mich wieder losließ. Das war ihre merkwürdige Art, mir Zuneigung zu zeigen. Als Kind war es mir egal. Was mich beeindruckte, war, wie sie knüpfen konnte.«

»Knüpfen?«

Ich nickte.

»Sie holte immer eine längere Schnur aus irgendeiner Tasche, in die sie langsam und sorgfältig Knoten schlang. Jeder Knoten war anders geformt. Sie zeigte mir, wie sie es machte, und freute sich offenbar, wenn es mir gelang, solche Knoten wie sie zu knüpfen. Marie hatte nie die Geduld dazu, ärgerte sich über diese ›dummen Spiele‹, wie sie es nannte. Sie blieb nie lange bei ihrer Mutter. Saß ich bei Elinor und übte mit ihr die Knoten, ging Marie auf der Veranda auf und ab und rauchte. Ich sehe sie noch heute vor mir. Sie trug eine schwarze Lederjacke und schwarze Jeans und wirkte von weitem wie ein Mann. Ein gut aussehender Mann übrigens. Sie hatte so schlanke Hüften ...«

»Schwarze Lederjacke, schwarze Jeans ...«

Emilie sah an mir herunter. Ich folgte ihrem Blick und musste lachen. Zu meinem Ärger hörte es sich etwas verlegen an.

»Ich habe dabei nie an Marie gedacht.«

Sie kniff ihre Augen zusammen, die haselnussbraun und sehr schön waren. »Nie?«

»Nie!« Ich antwortete ehrlich und selbst überrascht. »Es fällt mir erst jetzt auf.«

Sie spielte mit ihrer Kaffeetasse und überlegte. »Komisch, dass wir uns verstehen«, meinte sie schließlich. »So verschieden, wie wir sind ...«

Ich nickte.

»Wir sind nicht nur verschieden, sondern sogar recht gegensätzlich. Du und Nicolas: Großbürgertum und Sorbonne. Verhältnisse, wie sie geordneter nicht sein könnten. Meine Familie ist bizarr, in Teilen genial, in anderen schwachsinnig.«

»Aber was Nicolas und ich als Kinder erlebten, war meistens so uninteressant und langweilig. Du scheinst immer eine Wahl gehabt zu haben, und Abenteuer.«

»Ich wusste schon früh, was ich nicht wollte. Ich bin eine Einzelgängerin, und dann auch noch epileptisch veranlagt. Wenn das mein Fahrlehrer gewusst hätte, dürfte ich nicht Motorrad fahren. Glaub mir, ich schleppe genug Neurosen mit mir rum, um irgendwann wie Elinor im Irrenhaus zu landen. Aber Verrücktheit wird nicht nur gewährt, sie muss auch angenommen werden. Für mich ist sie nicht sinnvoll, verstehst du das, Emilie?«

»Nein. Meinst du, dass sie für Elinor sinnvoll ist?« Emilie sprach freundschaftlich, gleichzeitig aber auch ganz neutral. Ihre Frage war berechtigt.

»Vielleicht. Manchmal denke ich, es gibt eine Stärke, die nicht von außen zu sehen ist. Und ich kann mir vorstellen, dass ein Mensch, der diese Stärke in sich spürt, sie lieber zurückhalten will. Wie ist es, wenn man sich fühlt, als hätte man Flügel, große Schwingen in der Farbe des Regenbogens? Solche Schwingen tragen weit, in der Luft gibt es keine Grenzen. Vielleicht entzieht sich Elinor jenen, die versuchen, ihren Willen gegen den ihren zu setzen? Vielleicht duldet sie nur ihren eigenen Willen? Hat sie in sich eine neue Macht entdeckt? Soll keiner ihren Stolz brechen und keiner sie berühren? Lässt sie sich von ihren Flügeln tragen? Kann es sein, dass unbeholfenes Mitleid sie kaltlässt, dass sie taktlose Fragen nicht hören will? Dass sie Pillen schluckt, um in Ruhe gelassen zu werden, und sich nur auf die eigene Kraft konzentriert? Auf die Kraft, die sie einst in ihre Skulpturen legte, die mich damals so aufwühlten, dass ich zusammenbrach. Dann hat sie auch kein Redebedürfnis mehr, kein Ess- und auch kein Schlafbedürfnis. Weißt du, was ich mich frage, Emilie? Was ist, wenn sie in Wirklichkeit gar nicht irre ist? Wenn wir nur ihr Geheimnis nicht begriffen haben?«

»Welches Geheimnis, Uma?«

»Sie will ganz einfach nur für sich sein und träumen.«

Hatte ich zu freimütig geantwortet? Emilies kluge Augen ließen nicht von mir ab.

»Glaubst du wirklich, dass es so sein könnte?«

Ich stemmte beide Hände in den Rücken, drückte mein Kreuz fest durch. Aber es half alles nichts, der Schmerz war so intensiv, dass ich ihn nahezu flackernd vor Augen hatte: zwei phosphoreszierende Punkte in Nierenhöhe. Ich trank meinen letzten Schluck Kaffee aus und sagte: »Möglicherweise bilde ich es mir nur ein.«

2. *Kapitel*

Der Tag war noch nicht zu Ende für mich. Vielleicht ahnte ich es bereits, nahm die Signale wahr, ohne sie zu verstehen. Meine Wohnung befand sich ganz in der Nähe des Cafés. Ich ging zu Fuß, war in ein paar Minuten da.

Das Haus stammte aus der Zeit der vorletzten Jahrhundertwende. Die Wände meiner Wohnung waren vier Meter hoch und die Decken mit alten Stuckaturen verziert. Die großzügigen Zimmerfluchten von acht oder zehn Räumen waren in den frühen siebziger Jahren in kleine Eigentumswohnungen aufgeteilt worden, die damals kaum einer wollte. Marie hatte die Wohnung im fünften Stockwerk spottbillig gekauft, und nach und nach funktionierende Heizkörper, eine neue Küche und ein modernes Badezimmer eingebaut. Aber der alte Parkettboden quietschte bei jedem Schritt, und nachts hörte man das Wasser in den Rohren tropfen. Nicolas hatte das Haus nie gemocht, hasste seine vornehme Düsterkeit, den Geruch nach Müll und Bratfleisch in den Gängen. Die Granittreppen waren abgenutzt. Die breite Wohnungstür, weiß gestrichen, hatte im oberen Teil zwei blinde Scheiben und bot nicht viel Sicherheit. Drinnen schob ich einfach den Riegel vor. Die kunterbunt zusammengewürfelten Möbel stammten vom Flohmarkt. Ich hatte keinen Sinn für elegante Einrichtungen, liebte das Provisorische, die ewige Aufbruchsstimmung. Seit zehn Jahren schlief ich auf einer Matratze am Boden. »Bei dir sieht es aus wie in einem Wohnwagen!«, sagte Nicolas gerne, der selbst pingelig Ordnung hielt.

Das zentrale Möbel war mein Arbeitstisch, gute vier Meter lang. Tag und Nacht flimmerten die Monitore. Manchmal kam mir mein Büro wie eine Raumstation vor; ich blickte über die Dächer von Paris, sah nachts den Eiffelturm blinken, während die Jets vom Flughafen aus in den Himmel stiegen.

Warum war ich so unruhig? Hing es mit meinem Geburtstag zusammen? Es war ein Geburtstag wie alle anderen auch. Es musste an dem Wein liegen. Wein bekam mir nicht, ich hätte daran denken sollen. Nicolas trank nie viel, aber für ihn gehörte ein gutes Glas Wein einfach dazu. Richtig betrunken hatte ich ihn nur einmal erlebt; es hatte mich angewidert, was ich ihn deutlich wissen ließ. Mit einem mustergültigen Kinnhaken. Ich war ein sanfter Mensch, aber in manchen Dingen reagierte ich unbeherrscht und überempfindlich. Nicolas nannte mich »schwer verdaulich«, womit er gewiss recht hatte.

Marie. Auch sie wird »schwer verdaulich« gewesen sein. Ich erinnerte mich, dass sie wenig sprach, dafür sehr aufmerksam zuhörte. Noch bei strahlendstem Sonnenschein trug sie Schwarz, und wenn sie Farben wählte, dann höchstens einmal Violett oder Türkisblau. Sie war immer stark geschminkt, als ob sie ihr Gesicht hinter einer Maske zu verbergen suchte.

Ich besaß ein paar Fotos, die ich achtlos in einer Schuhschachtel aufbewahrte. Bevor ich mich zum Arbeiten an meinen Schreibtisch setzte, holte ich sie aus der Schublade hervor. Ich hockte mich im Schneidersitz nieder, schüttete den Inhalt der Schachtel vor mir auf den Boden. Mein ganzes Leben, in ein paar Aufnahmen eingefangen: Ich im Kinderwagen, ich unter dem Weihnachtsbaum. Ich als Schülerin, abseits stehend, mit finsterem Gesichtsausdruck. Die Aufnahmen von Marie legte ich sorgfältig in eine Reihe und stützte das Kinn in die Hand, um sie aufmerksam zu betrachten. Ich kannte die Fotos ja, aber ich hatte sie lange nicht angeschaut und mir war, als sähe ich sie heute mit neuem Blick.

Auf jedem Bild trug Marie Jeans oder Shorts und Stiefel. Ihr Haar war immer ungekämmt und pechschwarz, ihre Augen dunkel umrandet mit einem Lidstrich bis zu den Schläfen. Auf einem Bild hängte sie Wäsche auf. Man sah sie von hinten, mit Laufmaschen in den Strumpfhosen. Eine Großaufnahme zeigte sie mit einer Zigarette in der Hand, an jedem Finger einen silbernen Ring, ihre zur Seite blickenden Augen wirkten gespenstisch groß. Auf einem der Fotos saß sie halb nackt auf dem Teppich und gab mir die Brust. Es war das einzige Bild, auf dem sie ungeschminkt war. Der Fotograf hatte sie in der Bewegung festgehalten. Sie strich sich das Haar mit der freien Hand zurück, und ihr Gesicht hatte einen liebevollen, verletzlichen Ausdruck. Eine seltsame Rührung überkam mich. Ich legte das Bild beiseite, nahm ein anderes in die Hand. Ein älteres Porträt, das einen jungen Mann zeigte, blass und dunkel gelockt, mit sinnlichen Lippen. Er trug eine runde Brille, sah ernst und verantwortungsbewusst aus. »Armand, 1942« stand knapp auf der Rückseite. Ich suchte weiter, fand die einzige Aufnahme meines Urgroßvaters.

Das Bild wies eine bräunliche Färbung auf, als hätte man es an eine Flamme gehalten. Alan Sherman Carters Gesicht war unter der Hutkrempe nur als Umriss sichtbar. Das verkniffene Profil war bartlos, das Haar ziemlich lang. Er sah fast zu elegant aus in seinem gut geschnittenen Anzug, so übertrieben elegant, dass man ihn für den geschniegelten Neureichen hätte halten können, der er vermutlich auch war. Doch er zeigte keine Spur von Selbstdarstellung, sondern hatte etwas Grimmiges und Verstohlenes an sich, und er hielt die Arme abwehrend verschränkt. In einer Zeit, da abgebildet zu werden ein Privileg war, schien Alan Sherman Carter den Fotografen auf Distanz zu halten.

Die nächste Aufnahme war um nichts heiterer. Sie zeigte zwei Frauen, eine alte und eine junge. Die alte Frau, völlig weißhaarig, starrte den Fotografen an, als ob sie ihn erschlagen wollte. Ihr Ausdruck war hochmütig, die Augen böse, der Mund fest zusammengepresst, ein stummes Zeugnis ihrer Missbilligung. Sie trug ein hochgeschlossenes Kleid, das halb nach Trauer aussah. Die jüngere Frau wirkte gelöster. Ihr glattes schwarzes Haar war aufgetürmt und über beiden Ohren mit Kämmen festgesteckt. Ihr Gesicht war durchaus liebreizend. Ich drehte das Bild um. »Grandmother Mary and Elinor, 1938« war auf der Rückseite in feiner Schrift mit Tinte geschrieben. Erneut betrachtete ich das im Licht schimmernde Foto. Aus Elinors Augen sprachen Intelligenz und Herausforderung; sie hielt sich übertrieben gerade, fast hölzern. Was mochte geschehen sein, dass sie irgendwann ihre eigene Realität über die der Welt stellte und mit niemandem mehr sprechen wollte? Ich verglich die Aufnahme mit den Fotos meiner Mutter. Maria war ihr ähnlich: das schmale markante Gesicht, die kleinen Ohren, diese besondere Art, den Kopf hoch zu tragen. In meiner Erinnerung sah ich sie immer wieder auf der Veranda des Heims auf und ab gehen, mit den geschmeidigen Schritten einer Raubkatze. Sie war ungeduldig, weil ich mich so lange bei Elinor aufhielt und Knoten übte. Sie rauchte eine Zigarette nach der anderen. Die Schwestern, die dann und wann vorbeihuschten, gingen ihr behutsam aus dem Weg.

Aus der Schachtel waren noch zwei Seiten gefallen, die aus einem Schulheft stammten. Diese Zeilen hatte ich mir bis zum Schluss aufgehoben. Marie hatte immer Tagebuch geführt, das sie jedoch kurz vor ihrem Tod weggeworfen hatte. Monate später fand ich diese beiden zerrissenen Seiten unter dem Küchenschrank und klebte sie wieder zusammen. Marie schrieb mit Kugelschreiber oder Bleistift, ihre Handschrift, unbeholfen und eckig, war bereits am Verblassen.

»Sciencefiction ist für mich wie Dixieland-Jazz. Die Möglichkeiten des Lebens sind phantastischer. Wenn ich durch die Straßen gehe, wissen die Leute nicht, wer ich bin. Ich weiß es auch nicht. Ich dachte, Haschisch sei der Schlüssel, der die rostige Tür in meinem Kopf öffnen könnte. Aber hinter der Tür ist nur eine Wand, gegen die ich mit den Fäusten trommle. Neuerdings glaube ich, dass ich die Wand zertrümmern kann. Steven hat mir phantastische Tabletten gegeben. Jetzt trage ich viel Kraft in mir und bin jähzornig geworden. Gestern wollte ich aus Wut eine Flasche zerschlagen. Die ganze Nacht lief ich mit der Flasche in der Hand durch die Straßen und suchte meine Wut zu beherrschen. Man sollte seine Handlungen unter Kontrolle haben.

Ich hoffe die Entstehung der Welt zu erleben, den Beginn aller Handlungen. Ich will über die drei Stufen der Gewalt – Ritus, Action, Vision – zur Erlösung und zum Paradies kommen. Aber da ist immer diese Wand. Ich trinke zu viel und muss mich häufig übergeben. Stevens Tabletten helfen auch nicht mehr. Ich bin in meiner Haut eingezwängt, in meiner Zeit, in meinem Leben. Die Frage lautet: Wie lange will ich es noch aushalten?«

Sehr lange nicht mehr: Sie starb, als ich fünfzehn war. Herzversagen. Bemerkenswert, dachte ich, wie sie die Dinge formulierte. Aber eigentlich war das nichts Neues für mich. Obwohl sie mich in ein Internat gesteckt hatte, wusste ich immer, dass sie Drogen nahm und trank. Seitdem hatte ich eine solche Abneigung dagegen. Die Internatsjahre in Etretat hatten bei mir keine schlechte Erinnerung hinterlassen; ich mochte das Meer. Trotzdem sollte man die Schatten der Vergangenheit ruhen lassen. Sie zerstörten sonst jene Kraft, die den Menschen befähigt, zu überlegen und zu handeln. Also warf ich die Bilder in die Schachtel und legte sie zurück in die Schublade. Dann ging ich in die Küche und machte mir einen Tee, bevor ich mich vor den Computer setzte.

Meine Wahl, selbständig für Werbeagenturen zu arbeiten, hatte ich vor fünf Jahren getroffen. Dabei waren meine Ausbildung als Grafikerin und meine technischen Kenntnisse gute Voraussetzungen gewesen. Außerdem hatte ich eine Zeitlang als Medienplanerin für einen großen Konzern gearbeitet. Der Anfang war schwer gewesen, ich musste Kunden gewinnen und arbeitete auf eigenes Risiko. Dann hatten einige gelungene

Projekte zu weiteren Aufträgen geführt. Ich war frei. Ich konnte von überall auf der Welt aus arbeiten, und es machte mir nichts aus, rund um die Uhr und auch am Wochenende für die Kunden da zu sein. Ich arbeitete, wann mir der Sinn danach stand, und mein Einkommen war gut. Zu meinen regelmäßigen Kunden gehörten ein Kreditinstitut, ein Möbelgeschäft, zwei weltweit führende Modeateliers, ein Schweizer Uhrenhersteller, eine Stoffmanufaktur in Florenz und ein großer Name in der Parfümerie. Ich war sehr gut im Geschäft, und diese Kunden konnten mich in Atem halten. Während ich meinen Tee trank, zog ich mir einen Ausdruck heran und verglich ihn mit dem Bild auf dem Monitor. Manchmal, wenn ich sah, wie der Computer die Bilder und Muster, die ich eingab, immer wieder neu verwandelte, fragte ich mich, ob ich nicht genauso leicht Musik hätte komponieren können. Das Spiel mit den Farben und Bildern schenkte mir Freude und Befriedigung, flüchtig und vergänglich, wie die Dinge im Leben eben sind. Was wollte ich mehr?

Ich hielt den Blick fest auf den Monitor gerichtet und verwandelte das Bild in eine dreidimensionale Darstellung. Das Bild stellte ein Wohnzimmer dar, die Einrichtung hieß »Zen«. Folglich suchte ich nach einem Thema, das gleichzeitig Behaglichkeit und fernöstliches Lebensgefühl ausdrücken sollte – nichts, was mir besonderes Kopfzerbrechen machte. Ich bewegte die Maus, war aber nicht bei der Sache. Da war wieder diese Unruhe. Mir fiel nichts ein, sosehr ich mich auch darum bemühte. Es war, als ob ein geheimes Uhrwerk sich in mir in Bewegung gesetzt hatte, als ob die Zeiger rastlos tickten. Mir bleibt nicht mehr viel Zeit, dachte ich, ohne dass ich für diesen Gedanken eine Erklärung fand. Zeit wozu?

Obwohl die Fenster schalldicht waren, hörte ich den Verkehr; ein summendes Geräusch, das mir Unbehagen verursachte. Der Schmerz in meinem Rücken war nicht sehr stark, es war mehr ein Jucken, aber jede Kleinigkeit lenkte mich ab. Meine Stimmung war gedrückt, und ich fragte mich, ob ich krank wurde. Mein Gehirn war überreizt. Ich hätte nicht in den alten Fotos stöbern und Maries Aufzeichnungen lesen sollen, das hatte ich jetzt davon. Oder war das Essen zu schwer gewesen? Vielleicht sollte ich eine Stunde joggen gehen? Ich liebte die gleichmäßige Bewegung des Laufens, zockelte ohne viel Anstrengung in meinem eigenen Trott dahin.

Entnervt schaltete ich den Monitor aus, als das Telefon läutete. Ich fuhr zusammen, schwenkte meinen Stuhl herum und griff nach dem Hörer.

»Ja?«

»Das Heim Sainte-Rosalie. Schwester Claire am Apparat. Guten Tag, spreche ich mit Frau Uma Carter?«

Ich musste schwer schlucken.

»Guten Tag. Ja, ich bin Uma Carter.«

»Ihre Großmutter Elinor Carter …« Die Stimme klang von weit her, seltsam kühl und unwirklich, als ob sie durch Raum und Zeit wisperte.

»Ja, was ist mit ihr?«

»Sie will Sie sehen.«

»Wie! Sie spricht wieder?«, rief ich überrascht.

»In letzter Zeit, ja, sie hat angefangen zu sprechen. Aber es geht ihr nicht gut. Bitte kommen Sie schnell. Wir glauben, dass sie die Nacht nicht übersteht …«

Ich holte tief Luft. Und während ich ihre Stimme vernahm, fühlte ich, wie eine unbekannte weiße, helle Ruhe in mich einströmte. Das war es also gewesen. Die gewaltige Hand der Unruhe lockerte ihren Griff um mich, mein Kopf wurde wieder klar.

»Ich komme«, sagte ich und fügte hinzu, mit einem Blick auf die Uhr: »Wenn ich sofort losfahre, bin ich in zwei Stunden da.«

»Wir erwarten Sie«, sagte Schwester Claire. »Aber fahren Sie vorsichtig.«

Ich brachte meine Tasse in die Küche und stellte sie in die Spülmaschine. Dann warf ich ein paar Sachen in einen Rucksack, zog alle Vorhänge zu. Ich schlüpfte in den Parka, nahm meinen Helm und lief die fünf Stockwerke hinunter. Mein Motorrad stand in der Tiefgarage auf der anderen Straßenseite. Es war eine Yamaha 600 Tenere aus dem Jahr 1989, ein protziges Stück mit riesigem Tank, speziellen Stoßdämpfern, offenem Auspuff und grobstolligen Reifen. Ich hatte das Spielzeug von einem Typ erworben, der drei Mal am Paris-Dakar-Rennen teilgenommen hatte, beim vierten Mal in Ghardaia gestürzt war und sich den Arm zersplittert hatte. Er wollte sein Monstrum schnell loswerden, und nach einem kurzen Aufenthalt in der Werkstatt war die Yamaha wieder in Hochform.

Vor Jahren war ich stolze Besitzerin einer Harley gewesen, hatte auf der großartigen Maschine zwei Mal an der Rallye durch die Sahara teilgenommen, die Tiefsandpassagen und Geröllhänge mit Speed und ohne Crash überwunden. Im ersten Jahr hatte ich in meiner Kategorie den achten Platz erreicht, im zweiten den fünften. Nicht übel. Ein Jahr später wurde mir die Harley in Amsterdam gestohlen, und ich sah ein, dass ich mit der alten Yamaha besser bedient war. Die Maschine sah so furchterregend unmodern aus, dass niemand auf den Gedanken kam, sie zu klauen. Ich konnte sie überall parken und stets sicher sein, dass ich sie unbeschädigt wiederfand.

In der Tiefgarage stülpte ich meinen Helm auf, setzte die Maschine in Bewegung, Das Wellblechtor ging hoch, und oben an der Rampe leuchtete mir die tief stehende Sonne grell in die Augen.

Es war sechs Uhr. Abendverkehr. Ich fuhr eine Weile im Schritttempo, bevor ich um ein paar Straßen kurvte, die Porte d'Italie und die Autobahn erreichte. Im dichten Verkehr vorwärts zu kommen war für mich eine Sache, die mich weder Kraft noch Nerven kostete. Ich ließ die graue Wüste der Vororte hinter mir, die verwahrlosten Hochhäuser und die herumlungernden Jugendlichen. Die Septemberluft war leicht diesig, ich schmeckte den warmen Asphalt, den Geruch nach Staub und Benzin, gemischt mit dem Duft der Äcker und Wiesen.

Die sinkende Sonne schien mir auf die Schultern, so dass meine Sicht klar war. Als der Verkehr flüssiger wurde, erreichte ich hundertdreißig, die Geschwindigkeit erkannte ich nur durch den Blick auf den Tachometer. Aber wenn ich nach unten blickte, sah ich, wie schnell der Boden davonraste. Die Landschaft selbst bewegte sich langsam an mir vorbei, Kilometer um Kilometer flog ich so dahin. Die Gedanken kamen von allein, ich ließ sie zu, wie sie gerade kamen. In ihrem Zentrum war immer Elinor Carter.

Was wusste ich von ihr? Dass sie 1911 geboren worden war, in Nevers ausgewachsen war, in Paris an der Akademie der schönen Künste studiert hatte. Als junges Mädchen war sie ein paarmal in Amerika gewesen. Exzentrisch und scharfzüngig, wie sie war, erklärte sie später, dass sie die meisten Menschen, die sie dort kennengelernt hatte, nie hatte kennenlernen wollen und dass es einiger Energie bedurft hatte, solche Bekanntschaften zu umgehen. Das war eine ihrer Äußerungen gewesen, an die sich Marie noch erinnerte. Nach Kriegsende bekam Elinor die Médaille de la Résistance der französischen Regierung verliehen. Wie sich herausstellte, gehörte sie während der deutschen Besatzung zu den tapfersten Widerstandskämpfern. Armand war deportiert worden. Wurde Elinor seinetwegen Mitglied der Résistance? Sie muss ihn sehr geliebt haben, denn nach seinem Tod blieb sie allein, ohne eine neue feste Bindung.

Wer sie sah, mochte glauben, dass sie wenig Wert auf ihr Äußeres legte. Dabei war mir recht oft bestätigt worden, dass sie eine schöne Frau gewesen war, überschlank, mit zarten Gelenken und kräftigem Haar, das sie meist hochgesteckt trug. Sie wirkte zerbrechlich, ihre innere Kraft muss jedoch groß gewesen sein. Sie hatte sich als Bildhauerin einen Namen gemacht, ihr wurden etliche wichtige Preise verliehen, und Kunstkritiker und Sammler waren auf sie aufmerksam geworden. Ob sie es genoss, berühmt zu sein? Was sie über alle Maßen liebte, waren Bücher. Sie steckte viel Geld in den Kauf von Originalausgaben. Von Chateaubriand, von Lamartine, von Anne Hébert, von Nathaniel Hawthorne. Später erzielte ihre Sammlung bei Dobiaschofsky hohe Preise. Sie hatte ein Atelier in der Rue Voltaire, nahe dem Flohmarkt von Clignancourt. Und noch ein zweites in Nevers, in der alten Druckerei, die in den neunziger Jahren abgerissen wurde. Auch von dieser Veränderung wusste Elinor nichts. Sie hatte in einer anderen Zeit gelebt. Ihre damaligen Freunde hießen Roel D'Haese, Sonia Delaunay, Jean Cocteau, Noel Coward, Paul Eluard und Marie-Laure de Noailles. Sie gehörte also zu den Künstlern, die im Nachkriegsfrankreich tonangebend waren. Um Marie, die eine teure Schule in Neuilly besuchte, kümmerte sich ein Kindermädchen.

Dann begann Elinors Rückzug aus der Welt. Meine Mutter mochte nie darüber sprechen, aber ich habe über die Jahre ein paar Geschichten gehört. Offenbar hatte Elinor nur für ihre Kunst gelebt, ihre Arbeiten unter Einsatz ihrer ganzen Person geformt und die Alpträume, die sie verzehrten, zu Skulpturen gemacht. Ihre Werke nahmen keine Rücksichten. Irgendwann hatte die innere Auszehrung sie verbrannt. Sie unternahm erste Versuche, der Normalität zu entfliehen, unterließ die Gesten, die man in der Welt von ihr erwartete. Marie hatte die Schule beendet. Sie lebte mit einem Jazzmusiker, einem Vetter von Django Reinhardt, nahm Schauspielunterricht. Vielleicht stimmt es, dass Elinor »nicht mehr konnte«, wie man so treffend sagt. Ich aber glaube, dass Elinor sich zurückzog, weil sie ihre Aufgabe als beendet ansah. Weil sie alle Werke geformt hatte, die sie formen wollte. Das Verhältnis zu ihrer Tochter war angespannt. Nur noch ein feiner Faden verband die beiden Frauen, der bald zerrissen werden sollte.

Elinor mochte eine andere Welt entdeckt haben, eine Welt jenseits dieser Wirklichkeit. Elinor hatte sich nie gescheut, die Regeln des guten Benehmens zu übertreten. Auch in dieser Sache verhielt sie sich nicht so, wie die Gesellschaft es von ihr erwartete. Statt in aller Stille Schlaftabletten zu schlucken, setzte sie sich auf dem Friedhof Père Lachaise vor dem Grab ihrer Eltern auf eine Marmorbank.

Alan Sherman und Mary Carter waren eingeäschert worden, was damals sehr unüblich war. Elinor stellte Blumen auf das Grab und zündete zwei Kerzen an, bevor sie sich bis zur Taille entblößte und sich mit einem Messer die Venen aufschnitt. Aufruhr und Geschrei zerrissen die Stille des Friedhofs, ein Gärtner fiel in Ohnmacht. Ein Krankenwagen kam, die Sanitäter gaben Elinor ein Beruhigungsmittel und stillten das Blut, das die Verbandsstreifen tränkte. Elinor spürte wahrscheinlich kaum noch, wie man sie auf die Trage legte. Ich stellte mir vor, wie die Bilder und Geräusche dieser Welt für sie verblassten, abgelöst wurden durch andere Bilder und andere Geräusche, die ihre Aufmerksamkeit in Anspruch nahmen. Ihr ganzer Körper hallte mit jedem dröhnenden Herzschlag wider, eine unangenehme Begleiterscheinung, die ihre Konzentration beschwerte.

Elinor brachte diesen Vorgang zum Stillstand. In Gedanken sah ich sie, wie sie über ihrem blutüberströmten Körper schwebte. Möglicherweise war sie schon weit fort, als man die Trage in den Krankenwagen hob, die Türen zuwarf. In weiter Ferne heulte eine Sirene, ein Blaulicht flackerte. Und das war alles. Was mit ihrer physischen Form in dieser Welt geschah, interessierte Elinor nicht mehr.

Und nun raste ich zu ihr, um sie noch einmal zu sehen. Die Luft war kristallklar, von Sonnenstrahlen durchwoben. Es schien, als ob ich in einer gläsernen Hülle dahinglitt. Erstaunt hörte ich die Geräusche darin, ein beständiges Pochen und Summen. Meine Sinne waren geschärft, die quälende Unruhe war fort.

Ich musste den Verkehr im Blick behalten, Geschwindigkeitsbegrenzungen beachten, Entfernungen berechnen. Immer wieder schaute ich in den Rückspiegel, nahm die Umrisse der Lastwagen und Personenautos wahr, an denen ich mit hoher Geschwindigkeit vorbeischwebte. Sie waren nur Schatten, aber ich durfte sie nicht aus den Augen verlieren. Dies war kein Spiel, sondern purer Leichtsinn. Doch ich hatte keine Angst.

Eine seltsame Unbekümmertheit trug mich. Ich war so leicht wie Luft, leichter als Luft.

Und ich, die immer Beweise verlangte, bezweifelte nicht mehr, dass das, was ich empfand oder zu sehen glaubte, auch für Elinor einst Wirklichkeit gewesen war.

3. *Kapitel*

Nevers bei Sonnenuntergang. Lila Hochhäuser, purpurne Festungswälle, silbrig flirrende Pappeln. Nevers war nie eine Stadt gewesen, an der mein Herz hing. Die Außenbezirke wucherten in zwei Tälern, auf der einen Seite begrenzt von der Loire, auf der anderen von den alten Festungswällen. Aus der Stadtmitte ragten die Türme des alten Herzogpalastes, der Kirche Sainte-Etienne, der Kirche Saint-Lazare, und dazwischen, glutrot, die schrägen Ziegeldächer am Marsfeldplatz. Im Abendlicht fuhr ich die Loire entlang, ein Fluss ohne jegliche Schifffahrt, breit und traurig, immer leer: zu wenig Wasser, zu viele Sandbänke. Beim Baden hatte ich mich einmal an einer Glasscherbe verletzt. Damals war ich zwölf gewesen. In der Erinnerung sah ich noch das Blut, wie es aus meinem Fuß in den Sand tropfte.

Das Heim Sainte-Rosalie befand sich in der Nähe der Brücke, am Zusammenfluss der Loire und der Nièvre. Der Altbau, frisch geweißt, mit einer breiten Treppe und schwingenden Drehtür, lag in einer kleinen Parkanlage. Frauen saßen ruhig auf der Terrasse, während Fledermäuse unter den Bäumen hin und her schossen. Manche der Patientinnen hatten seltsam geformte Gesichter, stützten sich auf einen Stock oder auf Krücken. Ein paar saßen im Rollstuhl. Alle trugen die gleichen farblosen Kittel, die gleichen gelben Socken und Sandalen aus Plastik. Wenn eine Frau weglief und in der Stadt umherirrte, erkannten die Leute an den gelben Socken, woher sie kam, und brachten sie wieder zurück.

Ich stellte die Yamaha neben die Treppe, nahm meinen Helm ab und ging die Stufen hinauf. Drinnen empfing mich ein Geruch nach Desinfektionsmitteln, Arzneien und kaltem Essen. Schwester Claire, die am Empfang saß und telefonierte, nickte mir zu. Ich ging mit schleppenden Schritten zum Automaten, steckte eine Münze ein und holte mir eine Flasche Mineralwasser. Nach einer Weile legte die Schwester den Hörer auf, nannte mich freundlich beim Namen.

»Frau Carter? Danke, dass Sie gekommen sind. Ihr Besuch wird Ihre Großmutter vielleicht beruhigen. Sie ist so nervös. Wir mussten ihr Tabletten geben.«

Ich strich mir eine verschwitzte Strähne aus der Stirn.

»Was hat sie?«

»Unregelmäßiger Herzschlag, schon seit Wochen. Durch die Medikamente hatten wir das gut im Griff. Aber jetzt ist ihr Kreislauf abgesackt, dazu eine Blutvergiftung. Die Nieren versagen. Eine Operation würde sie nicht mehr verkraften.«

Unwillkürlich glitt meine Hand an mein Rückgrat, wo der Schmerz plötzlich wieder aufflammte. Ich schluckte.

»Wann kann ich sie sehen?«

»Jetzt gleich, wenn Sie wollen.«

Ich trank mein Wasser aus, während Schwester Claire mit jemandem telefonierte und mich durchwinkte. Ich kannte den Weg. Die Treppe in den ersten Stock, dann rechts, den Gang entlang. Die Stille war bedrückend. Ich hatte das Gefühl, dass meine Stiefel bei jedem Schritt zu viel Lärm machten. Vor einer Glasscheibe wartete ich, bis mir die Tür aufgeschlossen wurde. Die Pflegerin war eine Nordafrikanerin, mit matter dunkler Hautfarbe und intelligentem Blick. Sie stellte sich als Schwester Fatima vor.

»Sie wird froh sein, dass Sie da sind«, sagte sie, während sie mich durch den Gang führte. »Sie spricht viel in letzter Zeit.«

»Sie spricht?« Ich konnte es immer noch nicht glauben. »Was sagt Elinor denn?«

Die Schwester schüttelte den Kopf.

»Wir verstehen es nicht. Es hört sich nach einer fremden Sprache an, oder sie erfindet die Worte. Aber Ihr Name kommt immer wieder vor.«

»Das begreife ich nicht …«

»Wissen Sie«, sagte die Schwester, »wir erleben bei Sterbenden häufiger, dass sie ihr Schweigen plötzlich brechen. Dann dauert es nicht mehr lange. Der Priester war schon bei ihr«, setzte sie hinzu.

Ich sah sie von der Seite an. Schwester Fatima berührte flüchtig das Kreuz auf ihrer Brust. »Sie war sehr … aufgeregt. Aber das macht nichts. Gott erkennt die Seinen.«

Sie wartete, dass ich etwas sagte. Ich schwieg und wandte die Augen ab. Sie seufzte hörbar auf, führte mich in ein Vierbettzimmer. Es war ein Raum mit grün gestrichenen Wänden. Betten und Nachttische waren aus Eisen. An der Decke verbreitete eine Neonröhre trübes Licht, über jedem Bett brannte ein grünes Nachtlämpchen. Die Frauen schliefen bereits. Unter ihrer kalkweißen Gesichtshaut traten die Knochen schattenhaft hervor. Der Anblick war zugleich ergreifend und anrührend komisch, weil alle drei auf den Rücken lagen und den Mund weit aufsperrten. Elinors Bett, etwas abseits, war hinter weißen Vorhängen verborgen, aus Rücksicht auf die anderen Frauen, nahm ich an.

Schwester Fatima zog die Vorhänge einen Spaltbreit auf. Ich trat näher. Elinor schien zu schlafen. Ihr schütter gewordenes Haar war nicht weiß, sondern silbrig schwarz. Sie war gekämmt worden, so dass sie sehr ordentlich und gepflegt aussah. Ihr Mund war nicht offen, wie bei den anderen Schlafenden, sondern fest zugepresst. Ich war überrascht, wie sehr sich ihre braune Haut von den weißen Kissen abhob. Sie war so dünn, dass sie den Eindruck erweckte, ihre Glieder müssten wie Glas oder wie ein Stück Holz brechen, sobald man sie berührte. Ihr Gesicht war auf besondere Art vertrocknet, als ob die runzelige Haut auf den Knochen klebte. Auf den ersten Blick hätte man nicht sagen können, ob die liegende Gestalt ein Mann oder eine Frau war, ihr Gesicht war jedenfalls auffallend schön. Die wohlgebildeten Knochen machten, dass das ausgemergelte Antlitz mit dem feinen Mund, der edlen Nase und dem spitzen Kinn eine harmonische Ruhe ausstrahlte.

Während ich Elinor betrachtete, kam die Schwester zurück, brachte einen Stuhl, auf den ich mich schwerfällig setzte. Minuten vergingen; ich hörte mich atmen. Elinor rührte sich nicht. Eine Kanüle steckte in ihrem Arm, das andere Ende war an einer Infusionsflasche angebracht.

»Ihre Venen waren durch den Blutdruckabfall nicht mehr sichtbar«, flüsterte Schwester Fatima. »Wir mussten uns zu einer Punktion der Schlüsselbeinvene entschließen. Aber ihr Blutdruck fällt ständig. Wir führen ihr flüssige Nahrung durch die Nase ein; es ist nur ein kleines Röhrchen, das tut nicht weh.«

Ich nickte, blieb stumm. Die Schwester wandte sich ab, entfernte sich auf ihren leisen Gummisohlen. Ich beugte mich über die Schlafende. Ihr Atem war kaum hörbar. Zögernd berührte ich ihr Handgelenk. Die Haut fühlte sich heiß und trocken an. Leise sprach ich ihren Namen aus.

»Elinor ...«

Sie bewegte den Kopf, hob die Lider. Ihr Blick war zunächst verschwommen, bevor er plötzlich aufflammte, fast phosphoreszierend leuchtete. Auch ihr Ausdruck veränderte sich; die Konturen ihres Gesichtes wurden fester. Der Mund, der eben noch so eng zusammengepresst war, zeigte plötzlich den Anflug eines Lächelns. Mir war, als ob durch das Gesicht der alten Frau ein anderes Gesicht schimmerte, mit straffen, fast jugendlichen Zügen. Ich sah ihre Lippen mit der weißen Speichelspur, wie sie zuckten, sich bewegten. Und als sie endlich sprach, war auch ihre Stimme eine ganz andere, als ihr Zustand erwarten ließ: eine Stimme, die weder heiser noch brüchig klang, sondern warm und klar.

»Tashunka Witko«, sagte sie.

Meine Großmutter hatte gesprochen, nach Jahren des Schweigens! Ich drückte behutsam ihre Hand, die wie ein knochiger kleiner Vogelkörper in meiner lag.

»Was hast du gesagt, Elinor?«

»Tashunka Witko«, wiederholte die Alte. Weitere, unverständliche Worte folgten. Sie schaute aufwärts, an mir vorbei, doch hinter mir war nichts, nur der weiße Vorhang.

»Elinor«, sagte ich leise. »Ich bin es, Uma. Erkennst du mich nicht?«

Ihr Kopf hob sich ein wenig. Sie roch nach Schweiß, ungewaschener Haut und Urin. Mit der Hygiene schien man es hier nicht so genau zu nehmen.

»Oh ja, ich erkenne dich sehr gut«, sagte sie. »Du bist stark und vernünftig. Nicht wie deine Mutter, das arme Ding! Alkohol, Drogen, so ein Unsinn! Ich … ich hatte ein besseres Leben …«

»Ein besseres Leben?«, murmelte ich. »Hier?«

»Ich war nicht hier«, erwiderte sie, plötzlich gereizt. »Wie kommst du darauf?«

Sie richtete sich leicht auf. Ihre Augen glänzten und schweiften umher. »Genug jetzt! Ich trage einen Katheder und pisse Blut, wie damals. Aber da ging es schneller, um Mitternacht hatte ich Ruhe. Hier dauert mir alles viel zu lange. Gestern Abend auch, als sie mir den Schwarzrock schickten. Meine innere Stimme rief: ›Schwindler!‹ Da putzte er sich die Nase, ging und kam nicht wieder. Und jetzt bist du endlich hier, und wir wollen die Sache schnell hinter uns bringen.«

Nierenkranke sind oft verwirrt, weil sie die Giftstoffe nicht ausscheiden. Ich streichelte ihre Hand, die leicht zitterte.

»Es tut mir leid, Elinor. Du warst eine Zeitlang nicht ansprechbar.«

Sie richtete sich leicht auf, bewegte ihre freie Hand, als wollte sie ihren Worten mit einer Art Zeichensprache Nachdruck verleihen.

»Verhandlungen sind mir zuwider, das weißt du doch! Früher nahm ich einfach meine Pfeife und stieg auf einen Hügel.

Und danach wusste ich, was ich zu tun hatte. Dabei habe ich nie schwebend am Sonnenpfahl gehangen. Das war eine Sache für Tatanka Yotanka. Mein Herz sank vor Scham, als er später mit Cody auf Reisen ging. Beide schüttelten sich die Hände. ›Ich habe viele Büffel getötet‹, sagte Cody. ›Und ich viele Soldaten‹, erwiderte Tatanka Yotanka. Er hatte seine Kraft für das Volk eingesetzt, und jetzt das! Ich suchte nach ihm. ›Onkel‹, sagte ich, ›warum zeigst du dich mit diesem bösen Mann?‹ Er antwortete traurig, aber ohne Zorn und Erregung: ›Es muss sein. Ich habe von Donnervögeln geträumt, und hinterher war alles anders. Sei jedoch getröstet, der Traum bindet mich, nicht aber meine Zunge. Doch was immer ich auch sage, meine Schmähreden bleiben ungehört. Kein Dolmetscher bringt sie über die Lippen.‹ Seine Tapferkeit berührte mich schmerzlich. Und später, als sie ihn erschossen, starb er ohne einen Klagelaut.«

Ich starrte Elinor an, überwältigt und sprachlos. Wie seltsam, diese Ausdrucksweise, wie aus einem alten Buch. Aber früher, als sie noch ein Kind war, waren solche Bücher ja der übliche Lesestoff. Das Gedächtnis ist ein Knäuel, dachte ich, und es löst sich heraus aus sich selbst, von Anfang an und Stück für Stück. Ich war nicht ganz sicher, ob sie wirklich wahnsinnig war oder nur mit dem Entwirren weitermachte und daraus nahm, was gerade in ihrem Bewusstsein auftauchte. Als sie wieder still wurde, streifte ich ihre Hand mit einem Kuss.

»Gibt es etwas, was ich für dich tun kann?«

Sie antwortete in völlig sachlichem Tonfall.

»Leonard muss wissen, dass es genug ist. Dass er sich jetzt ausruhen soll. Der Baum trägt Knospen. Alles wird gut.«

»Wer ist Leonard, Elinor?«

Einer ihrer früheren Liebhaber, nahm ich an. Ihr offenkundiges geistiges Chaos, die in ihr sich vollziehende Entwirrung von Raum und Zeit ließ mich annehmen, dass er längst gestorben war. Doch sie schien meine Gedanken zu lesen, und mehr, als mir lieb war, denn sie schüttelte heftig den Kopf. Es war noch viel Kraft in ihr. Kein Wunder, dass der Priester sich vor ihr gefürchtet hatte.

»Sei doch nicht so dumm! Alle kennen ihn. Peltier. Er singt uns das Lied vor: ›*Maka sitomni ukiye* – Die ganze Welt kommt!‹ Welche Schmach für uns, dass wir sein Lied nicht hören! Jetzt ist er krank und müde und hasst jeden einzelnen Tag. Ich aber höre sein Lied und singe mit ihm: ›Ich liebe meine Kinder! Lasst uns zu einer Nation wachsen!‹«

Ihre Stimme tat mir weh. Ich verstand nicht ein Wort von dem, was sie sagte. Sie redete und redete und war gleichsam am Verlöschen wie eine ausgebrannte Batterie.

»… und später sagte ich zu Mary: ›Führ mich dorthin, wo es geschah!‹ Doch Mary sagte weinend: ›Ich kann an diesem Ort kein zweites Mal sein!‹ So ging ich allein und sah, was ich sehen musste. Ich streckte die Hände aus, ich sprach zu den Ermordeten, und sie gaben Antwort. Sie sagten: ›Wir helfen dir!‹, und füllten meine Hände mit Kraft. Auf diese Weise machte ich sie wieder lebendig. Ich formte die Geister, damit die Welt sie sehen konnte. Und jetzt bin ich fertig, jetzt gehe ich zu den anderen. Sie rufen mich schon lange. Du wirst mir folgen, wenn es für dich an der Zeit ist. Aber vor dir liegt ein langer Weg.«

Sie stemmte sich auf ihr Bett, versuchte sich aufzurichten. Ärgerlich brummend sank sie zurück, seufzte tief und schloss die Augen. Nach einer Weile ging ihr Atem so ruhig, dass ich ihn kaum hören konnte. Und als ich glaubte, nun sei das Ende nahe, da sagte sie wieder das seltsame Wort, das vielleicht ein Name war.

»Tashunka Witko!«

Ich fuhr erschauernd zusammen. Manchmal flüstern uns Geister etwas zu. Wir müssen sie nicht lange suchen, sie sind ganz nahe, in uns drinnen.

»Tashunka Witko.«

Elinor hielt die Augen wieder offen und sah zu mir empor.

Ich muss wohl recht verwirrt ausgehen haben, denn ihre trockenen Finger schlossen sich eng um meine.

»Spiritmaker lag im Sterben, als er mich zu sich rief. Eigentlich hätte ich nicht zu ihm dürfen, weil seine Krankheit ansteckend war. Doch ich lief weinend an sein Bett. Er tröstete mich. ›Halte dich gut. Die anderen beobachten dich. Sie sind ganz nahe, siehst du sie nicht? Eines Tages werden sie auch auf dich warten. Jetzt aber zeige, wie Sitanka und die Seinen gestorben sind. Ich wollte es ja tun, jahrelang habe ich nur dafür gearbeitet. Aber ich war nicht gut genug. Wenn du so weit bist, wirst du's besser fertigbringen. Wie schlimm es da draußen war, hat Mary dir gesagt. Mache, dass es unvergesslich bleibt.‹«

Sie redete irre, ich verlor sie im Gestrüpp ihrer Gedanken. Und das war ganz unerträglich, weil ich so viele Fragen hatte und sie keine beantwortete.

»Elinor, ich weiß nicht, wovon du redest.«

Sie zischte wie eine Schlange.

»Ich weiß, wovon ich rede! Es ist doch klar zu erkennen! Ich – bin – Tashunka – Witko!« Sie sprach die Worte langsam aus, betonte jede Silbe mit großem Nachdruck. »Wiederhole das!«

Ihre Stimme duldete keinen Widerspruch. Ich starrte sie an. Mein Kopf war so leer, als wollte er wegschwimmen. Da war keine Angst vor irgendetwas, nur brennende Aufregung, die mich fröstelnd durchschüttelte. Und gleichzeitig spürte ich, dass die Kraft sich aus ihren Fingern zurückzog. Ich sprach die Worte nach, wie sie es wünschte.

»Ich bin … Tashunka Witko!«

»Du sprichst es nicht übel aus«, meinte sie. »Das freut mich.«

Von einem Atemzug zum anderen war sie wieder ganz sachlich.

»Sie ist ja auch noch da, denke daran! Warte nur ab, du wirst sie schon finden. Sie war schon früher bereit, etwas Vernünftiges zu tun, während ich mit Marie nichts anfangen konnte. Drogen!« Elinor schnaubte verächtlich. »Man kann es anders machen, und besser. Ja, ja, es wird Zeit, dass wir wieder zusammenkommen. Obwohl jetzt alles umgekehrt ist …«

Sie kicherte vor sich hin. Sie hatte wieder schlecht von Marie gesprochen, was mich traurig machte. Immerhin war sie ruhiger geworden. Ich dachte, vielleicht schläft sie ein. Doch bald regte sie sich von neuem und hielt eine Art Ansprache, ernst und zeremoniell, als ob sie die Worte auswendig kannte und in ihrem kranken Geist unablässig hin und her wälzte.

»Ich bin der, der niemals sterben kann. Das ist die Wahrheit. Eine rückläufige Umdrehung der Welt wäre eigentlich das Beste. Leider ist die Geschichte nicht rückläufig zu machen. Zum Glück gibt es Risse in der Zeit, ich kenne die richtigen Stellen. Die Natur ist unendlich. Vor dreißig Jahren begann ich zu wandern, über Zeiten und Kontinente hinweg. Jetzt bin ich dabei zu zerfallen. ›Unser Dasein ist hell wie die brennende Sonne, hinein aber kann unser Auge nicht blicken.‹ Was macht das schon aus? Ich fühle mich an hundert Stellen wachsen, wie die Knospen am heiligen Baum. Mein Volk versammelt sich dort. *Mitakuye oyasin* – alle meine Verwandten! Sie kommen aus den vier Himmelsrichtungen. Siehst du sie nicht? Hörst du sie nicht? Sie betreten den heiligen Kreis. Alle, die Toten und die Lebenden. Ich spreche zu ihnen und rufe: ›Ich bin da!‹«

Lautlos explodierte die Luft um mich herum. Meine zwei Schädelhälften schienen geöffnet zu sein, randvoll mit blauer Flüssigkeit gefüllt, die mir über die Augen tropfte. So hatte ich mich damals im Museum gefühlt, bevor ich das Bewusstsein verlor. Speichel sammelte sich in meinem Mund, und klebriger Schweiß rann mir über den Rücken. Doch diesmal war es anders. Diesmal gelang es mir, bei Bewusstsein zu bleiben, obwohl ich nicht aufhören konnte zu zittern.

»Es ist spät …«, stieß ich würgend hervor. »Warum schläfst du nicht? Ich werde morgen wieder zu dir kommen.«

Sie antwortete im normalen Plauderton: »Warte noch. Mitternacht passt mir am besten.«

Vollkommen ruhig lag sie da. Als ob sie etwas gehütet hätte, eine Kenntnis, die sie mir übertragen hatte, so dass das Sterben für sie ganz einfach sein würde, ein Knäuel, dass sich abgespult und entrollt hatte. Ergriffen sah ich zu, wie sie stufenweise ihre Körperfunktionen einstellte, wie Muskeln und Nerven erschlafften, in einer Lockerung nach der anderen, die sie gänzlich entspannten. Eine Erlösung, die sich vor meinen Augen vollzog, deutlich sichtbar zwischen einem Hinsehen und dem nächsten. Ihr Atem wurde schwach, noch schwächer, versagte, nein, noch nicht, er rasselte wieder! Jetzt murmelte sie leise Worte, die wie ein Gebet klangen. Ihre Augen wanderten, schon vom Tod geblendet, ruhelos suchend umher. Noch rieben ihre Arme am Bettzeug, ihre Füße bewegten sich und zuckten. Plötzlich deuteten ihre Lippen ein Lächeln an.

»*Tunkashila, onshimala* … Ich gehe jetzt. Meine Aufgabe ist beendet.«

Draußen begann eine Kirchenuhr langsam und wuchtig zu schlagen. Elinor seufzte tief auf, es war, als ob sie sich innerlich streckte. Ihre Augen waren jetzt starr und übergroß, von metallischem Glanz. Ganz allmählich verloren ihre Finger jede Kraft, bis sie schlaff auf die Decke zurückfielen. Ich beugte mich vor, drückte ihr die Augen zu, fuhr behutsam mit der Hand durch ihr Haar. Ich dachte, dass sich Elinor in all diesen stummen Jahren eine eigene Welt aufgebaut, eine eigene Sprache erfunden, eine eigene Metaphysik zurechtgelegt haben musste.

Schwerfällig richtete ich mich auf. Gegenüber dem Bett, auf der anderen Seite, befand sich ein Fenster. Ich sah mein Spiegelbild in der schwarzen Scheibe. Auf einmal war mir, als ob sich dieser Umriss verwandelte; ich meinte einen Schatten zu sehen, als stände hinter mir eine zweite, größere Gestalt. Unwillkürlich wandte ich mich um; was ich gesehen hatte, war nur mein Schatten an der Wand. Aber mein Rückgrat schmerzte, und ein Ziehen ging durch meine Haare, als würden sie auf die falsche Seite gekämmt. Der Schatten war verschwunden. War er überhaupt vorhanden gewesen? Ich stand am Fußende des Bettes und sah ihn nicht mehr. Dabei schenkte mir meine Einbildung ein seltsames Gefühl, als ob ich schwebte und gleichsam dichter wurde. Da hörte ich ein leichtes Geräusch. Im Raum stand tatsächlich ein Schatten. Nicht meiner, wie ich gedacht hatte, sondern der von Schwester Fatima. Unbemerkt war sie hereingekommen.

»Sie ist tot«, sagte ich mit kehliger Stimme.

Die Schwester trat näher. Mir war, als ob sie über den Boden schwebte.

»Seit wann?«

»Ich glaube, seit Mitternacht.«

»Warum haben Sie mich nicht gerufen?«

Ich schüttelte matt den Kopf. »Ich habe nicht daran gedacht.«

Sie beugte sich über Elinor, fühlte ihren Puls, legte ihr die Hand auf die Stirn.

»Sehen Sie, es war gut, dass Sie gekommen sind«, sagte Schwester Fatima leise, bevor sie langsam das Laken über das dunkle Gesicht zog. Fröstelnd und wie benommen erkannte ich in diesem letzten Augenblick, wie sehr Elinor mir glich. Als ob ich selbst es war, die dort lag, in Bronze gegossen. Schon verschwand das Gesicht unter dem weißen Tuch, meinen Augen entzogen, auf ewig verborgen. Schwester Fatima richtete sich auf.

»Wir haben ein freies Gästezimmer. Wollen Sie sich nicht etwas ausruhen?«

4. Kapitel

Das Zimmer war klein, grün gestrichen, mit einem Kruzifix an der Wand. Ein Waschbecken war vorhanden, die Toilette war im Gang. Ich wusch mich, so gut es ging, zog meine verschwitzten Sachen aus und legte mich ins Bett. Ich lag da und mir war schwindlig. Das Zimmer drehte sich wie ein Karussell. Man sagt, dass der Leib mancher Verstorbenen einen sehr süßen Geruch ausatmet. So war es bei Elinor gewesen. Ich hatte diesen Geruch noch in der Nase. Was für ein Mensch mochte sie gewesen sein? Wie konnte ich mehr über sie herausfinden, ohne irgendwelche Bezugspunkte? Mit diesen Gedanken schlief ich ein, doch es war ein leichter, unruhiger Schlaf.

Um halb sechs fiel Licht durch die Fensterläden. Das Haus erwachte. Im Flur sprachen Stimmen, Füße huschten vorbei, Töpfe klapperten. Es duftete nach frischem Kaffee. Als ich gewaschen und angezogen war, ging ich diesem Geruch nach und fand einen kleinen Speisesaal, wo Pflegerinnen und Ärzte ihr Frühstück einnahmen. Sie begrüßten mich zurückhaltend mitfühlend, sprachen mir ihr Beileid aus und rückten einen Stuhl für mich zurecht. Ich setzte mich neben Schwester Claire. Der Kaffee war stark und wirklich gut, das frische Brot schmackhaft. Der Schwester lag noch etwas auf dem Herzen.

»Seitdem ich hier bin, und das sind mehr als dreißig Jahre, hat Ihre Großmutter nie, unter keinen Umständen, ein Wort über die Lippen gebracht. Sie ging vorsichtig, unsicher. In letzter Zeit verließ sie kaum noch ihren Rollstuhl. Wir mussten sie füttern. Wir führten sie auch im Garten spazieren. Ob sie das glücklich machte oder nicht? Ihr Gesicht trug immer den gleichen Ausdruck.«

»Und nachts?«, fragte ich.

»Nachts schlief sie ruhig. Auch wegen der Medikamente.«

Ich hatte mir für Elinor eine Einäscherung gewünscht, was gegen die katholischen Geflogenheiten verstieß. Ich entschied, dass Elinor auf dem Friedhof von Nevers eine Grabstätte in der Nähe von Marie finden sollte. Ich buchte ein Hotelzimmer und veranlasste das Nötige.

Elinors einziger Nachlass war ein kleiner Lederkoffer, fleckig und unhandlich, mit Riemen geschlossen. Ich brachte den Koffer in mein Hotelzimmer, stellte ihn auf mein Bett. Schwester Claire hatte mir auch einen kleinen Schlüsselbund ausgehändigt. Darunter war ein Schlüssel, der passte. Ich öffnete den Koffer, aus dem ein muffiger Geruch strömte. Drinnen fand ich ein paar Kleidungstücke, zusammengerollte Nylonstrümpfe und schwarze Pumps. Die eingedrückte Sohle zeigte, dass Elinor das gleiche Einwärtssetzen der Zehen hatte, das auch für Marie und mich typisch war. Ich entdeckte ein Parfüm von Piguet – Bandit – das noch verschlossen war. Ich löste den Stöpsel. Es gab Parfüms, die, nicht der Luft ausgesetzt, jahrzehntelang hielten. Ich tupfte mir ein wenig auf das Handgelenk. Bandit roch nach Amber, Zibet und tropischen Hölzern. Mir gefiel der herbe, fast maskuline Duft; einige Herzschläge lang war mir, als ob ich ihn von früher kannte. In einer Schatulle mit dem eingravierten Schriftzug »Cartier« lag eine Kette aus Saphiren und grauen tropfenförmigen Perlen. Der Verschluss war beschädigt, und die Perlen hatten ihren Glanz verloren. Ein brillantenbesetztes Armband im Art-déco-Stil, das die Form einer Eidechse hatte, war zu eng für mein Handgelenk. Für kostbare Schmuckstücke hatte ich wenig übrig, aber zu Elinors Sachen gehörte auch ein Amulett, wertlos, doch ungewöhnlich. Es war die Kralle irgendeines Raubtiers, in Sterlingsilber eingefasst. Die Lederschnur war alt und zerschlissen, aber noch fest. Der Knoten war nicht mehr zu lösen und die Schnur so eng, dass ich sie nur mit Mühe über den Kopf ziehen konnte. Schließlich spürte ich das Amulett am Halsansatz, ein überraschend vertrauter Druck, als hätte es schon immer mir gehört. Elinors Erbe, dachte ich, mit einem seltsamen Geschmack im Mund.

Ich fand noch einige Haarklammern, eine vertrocknete Coldcream, einen ranzigen Lippenstift von Bourjois und einen Rest roten Nagellack. In einer verbeulten schwarzen Handtasche befanden sich ein Stadtplan von New York, eine Anzahl Fahrkarten für die U-Bahn, ein gebrauchtes Taschentuch, ein leeres Brillenetui und ein Adressbuch aus rotem Leder, klein und handlich, in dem ich blätterte. Lauter Kleinkram aus dem Jahr 1975: ein Termin bei Alexandre, dem damaligen Starfriseur, ein Abendessen im Lutezia mit P. (wer war P.?), der Besuch eines Handwerkers, der ein Fenster ausbessern sollte, ein Treffen mit G. (wer war G.?). Dazu eine Anzahl hingekritzelter Namen und Adressen, durchgestrichen oder unleserlich. Leonard, ich suchte den Namen vergeblich. Tut mir leid, dachte ich, dann kann ich ihm nicht sagen, dass der Baum Knospen trägt. Stattdessen fand ich zwei bekannte Namen und eine Notiz: »Gilbert Bécaud bei Sao Schlumberger. 18 Uhr. Eine Rose mitbringen!« Und dann ein Name und eine Adresse, in Großbuchstaben eingetragen: Pandora S. Bellecourt, 14, Van Dam Street. Brooklyn NY 11222. Dazu eine Telefonnummer.

»Und sie ist ja auch noch da, du wirst sie finden«, hatte Elinor gesagt. Hatte sie womöglich Pandora gemeint? Aber wie alt musste Pandora jetzt sein?

Ich nahm den Schmuck, das Parfüm und das Adressbuch an mich. Der Rest kam in den Müll. Noch am gleichen Tag löste ich Elinors Bankkonto auf; von ihrem Geld blieb kaum etwas übrig. Ich bestimmte eine Spende zugunsten des Heims und gab einen Grabstein in Auftrag.

Und das war alles.

Die Beisetzung fand in aller Stille statt. Außer mir waren nur die Schwestern und das Pflegepersonal anwesend. Ich stand vor dem offenen Grab, und der Priester sprach mit den weichen ausdrucksvollen Gesten seines Berufstandes von der Reise durch die eigene Fremde und von dem Tod als natürlichem Ziel. Ich fühlte mich unangenehm berührt, schob die Hände in die Hosentaschen. Ich stellte mir Elinor vor, mit wehendem Haar, trunken vor Freiheit und Glück in einer Leere, wo die Schwerkraft, die sie in der Nähe der Erde hielt, nicht mehr wirkte. Endlich las der Priester ein Gebet, und dann war es vorbei, eine weitere halbe Stunde hätte ich es nicht ausgehalten. Das Grab wurde hastig zugeschaufelt. Ich bedankte mich bei den Schwestern, ich weiß nicht, zum wievielten Male, fand warmherzige Worte für den Priester, der getan hatte, was er konnte. Ich war nicht ganz bei der Sache. Da war noch etwas, das ich zu erledigen hatte. Elinor, wo auch immer sie jetzt sein mochte, ließ mir keine Wahl. Aber zuvor setzte ich mich in ein Café und bestellte einen doppelten Espresso. Das Museum schloss um sechs. Ich hatte noch reichlich Zeit.

Das Museum war die ehemalige Residenz eines Grafen, massiv, dreistöckig, von rosagrauem Anstrich und mit einem Innengarten. In der Mitte befand sich ein alter quadratischer Brunnen. Eine schattige Galerie lief um den Hof. Zwei Gärtner arbeiteten in einem Beet. Ich musste an Elinors Grab denken und wandte die Augen ab.

An der Kasse hatte ich einen Prospekt erhalten, ihn gleichgültig in die Tasche geschoben. Schwerfällig stieg ich die Treppe hinauf. Das Geländer war aus Marmor und kalt unter meiner Hand. Meine Gelenke fühlten sich steif an, alles tat mir weh. Endlich war ich oben, im dritten Stock, trat durch die Verbindungstür in den Saal. Ich blieb stehen, weil ich nicht wusste, was ich zuerst anschauen sollte. Der Anblick der Skulpturen erinnerte mich an Dinge, von denen ich manchmal träumte. Wahrscheinlich würden die Träume wiederkehren, das war unvermeidlich. Meine Beklemmung war aus dem Kopf in den Bauch gesunken. Ich machte kehrt und suchte die nahe Toilette auf. Danach fühlte ich mich ein wenig wohler. In dem Spiegel über dem kleinen Waschbecken sah ich mein blasses Gesicht. »Feigling!«, zischte ich mir zu, bevor ich festen Schrittes zurück in den Raum ging. Außer mir waren keine Besucher anwesend.

Die Skulptur, die ich am meisten fürchtete, befand sich genau in der Mitte des Raumes. Ihr gegenüber war eine Bank aufgestellt worden. Nach kurzem Zögern setzte ich mich. Ich fühlte mich gefesselt, gebannt, aber nicht mehr dieser unterbewussten, eiskalten Angst ausgeliefert wie beim ersten Mal. Der Sockel aus Granit befand sich in Augenhöhe. Ich erkannte den liegenden Mann, er schien mir vertraut, als hätte ich ihn erst gestern gesehen. Er lehnte sich zurück, mit angewinkelten Beinen, in einer qualvoll verkrümmten Stellung. Dabei hob er die Hand, weder abwehrend noch streitbar, sondern wie ein Mann, der höflich ist und Höflichkeit fordert. Als ob er erwartete, dass jemand – aus einem natürlichen Gefühl heraus – mit beiden Händen nach ihm greifen und ihn stützen würde. Als ob er es für gänzlich unmöglich hielt, dass man ihm diese Hilfe verweigerte. Er trug einen Mantel und klobige Schuhe. Ein Schal ließ sein Gesicht nur teilweise erkennen. Zögernd hob ich die Augen zu diesem Gesicht empor. Eine Gänsehaut überlief alle meine Glieder. Dieser Mann hatte ein Gesicht wie das Schicksal selbst; von Krankheit ausgehöhlt, vor ungläubigem Entsetzen und mörderischer Kälte erstarrt. Mir war, als müsste auch ich erstarren, von innen heraus. Mein Herz würde brechen, wenn ich ihn länger betrachtete. Ich wandte die Augen von ihm ab, richtete sie auf den Sockel, wo ein Schild angebracht war. Ich las den Namen »Sitanka« und das Datum 1890.

Ich erhob mich mit zitternden Knien, wanderte zwischen den kleineren Skulpturen umher. Halb nackte Menschen, die Arme abwehrend gehoben, angstverzerrte Gesichter. Wie abgrundtief war das Unglück, der Schmerz, das Nichtbegreifen in ihren aufgerissenen Augen! Ein alter Mann lag auf dem Rücken, beide Hände auf die Brust gepresst, den Mund in einem lautlosen Schrei weit geöffnet. Eine Frau hielt ein Kind, dessen Kopf halb vom Hals getrennt war, eine andere verbarg ihr totes Baby unter dem Schal. Obwohl im naturalistischen Stil gehalten, waren alle bronzenen Figuren auf Disproportionen aufgebaut. Eine unerhörte, expressive Kraft ging von ihnen aus, eine unerträgliche Verzweiflung, ein ungläubiges Entsetzen.

Ich ging zurück zu der Bank, setzte mich mit zitternden Knien. Ich hatte selten in meinem Leben geweint. »Uma weint nie, außer im Zorn«, pflegte Marie von mir zu sagen. Ich empfand einen Schmerz, der kaum zu ertragen war, der mich wie Fieberschauer schüttelte. Ein Schmerz, der sich nur in Tränen lösen konnte. Warum weinen? Womöglich war das Weinen ein Fehler? Wenn ich verstehen würde, warum ich weinen musste, könnte ich vielleicht die Tränen ersticken, mit dem Schmerz fertig werden, der etwas sehr Geheimnisvolles war. Nach und nach beruhigte ich mich, mein Atem ging wieder gleichmäßig. Kein wasserblaues Rieseln vor den Augen diesmal, auch keine Dunkelheit im Kopf. Ich hatte den gefährlichen Punkt überwunden, jetzt konnte eigentlich nicht mehr viel passieren. Verstohlen trocknete ich mein Gesicht mit dem Handrücken, suchte tastend in meiner Jackentasche. Ich glättete den zerknüllten Prospekt und las.

»Elinor Carter, gebürtige Amerikanerin, hat einen Großteil ihres Lebens in Nevers verbracht. Ihr Stil wurde früh durch die Werke ihres Vaters geprägt, der ein Schüler Auguste Rodins war. Elinor Carters Schaffen zeichnet sich durch Eigenständigkeit und ausdrucksstarken Realismus aus. Die hier ausgestellten Werke verweisen auf ein tragisches Ereignis in der Geschichte des amerikanischen Westens. Im Dezember 1890 wurden in der Nähe von Wounded Knee etwa dreihundert unbewaffnete Ureinwohner von der siebten US-Kavallerie gnadenlos niedergeschossen. Elinor Carter, zu deren Vorfahren Überlebende des Gemetzels gehörten, nahm sich alte Fotografien zum Vorbild, um den Opfern ein eindrucksvolles Denkmal zu setzen.«

5. Kapitel

Es war schon spät, als ich wieder in Paris ankam. Ich stellte die Yamaha in die Tiefgarage, stieg müde die fünf Stockwerke hoch. In der Wohnung roch es nach eingeschlossener Hitze, und ich zog alle Rollläden auf, lüftete. Die Wärme von draußen war noch in mir, auch der Fahrtwind. Ich trank ein Glas Wasser, schob eine Pizza in den Ofen. Nach einer Dusche fühlte ich mich besser. Beim Abtrocknen bemerkte ich das Amulett. Die nasse Schnur lag kühl um meinen Nacken. Ich sah mich im Spiegel, mit der Kralle auf der feuchten Haut: halblanges, blond gefärbtes Haar, die schmalen Augen hellgolden. Scharfe Gesichtszüge in vollkommenem Gleichgewicht, eine herbe, nachlässige Art, mich zu bewegen.

In T-Shirt und Shorts setzte ich mich vor meinen Schreibtisch, sah meine E-Mails durch. Es hatte sich viel angesammelt, Sachen, die sofort erledigt werden mussten, und Sachen, die warten konnten. Das Übliche. Vor einigen Tagen hatte eine Versicherungsgesellschaft aus Roissy angerufen. Es ging um eine Werbekampagne für Risikosportler. Ich hatte einige Vorschläge gemacht, die gefielen. Ein Treffen mit dem Verantwortlichen war für den nächsten Morgen um zehn angesetzt, bis dahin sollte ich das Konzept ausarbeiten. Ich hätte es längst fertig haben sollen, aber Elinor war mir dazwischengekommen. Während ich meine Pizza verschlang, arbeitete ich zwei Stunden lang daran. Nach zwei Stunden war ich mit dem Konzept zufrieden, trank einen Kaffee und ging ins Internet. Ich brauchte nicht lange zu suchen, innerhalb von zwanzig Minuten hatte ich die gewünschten Informationen. Namen und Fakten fasste ich zusammen, legte mir eine kleine Datenbank an. Für den Anfang reichte das. Später würde ich weitersuchen.

Ganz gleich, wie stark Elinors Gedanken auch verwirrt gewesen waren, die von ihr erwähnten Begebenheiten stimmten. Die Erinnerungen mussten in ihr gewesen sein, und die Rhythmusveränderungen in ihrem Körper, der verlangsamte Blutkreislauf, die Wirkung der Medikamente hatten sie erst jetzt hervorgeholt. Das Ganze erinnerte mich an ein missglücktes Filmdrehbuch. Nichts passte zusammen. Die Geschichte, wie kleine Mosaikteilchen zusammengefügt, entbehrte jeden Sinn. Aber die von ihr erwähnten Namen, Gestalten und Situationen stimmten.

»Tashunka Witko, vor allem unter seinem englischen Namen Crazy Horse bekannt, war eine Schlüsselfigur im Widerstand der amerikanischen Ureinwohner gegen die Weißen. Nie ließ er sich fotografieren oder malen. Am 25. Juni 1876 endete die berühmte Schlacht am Little Big Horn River mit der Vernichtung der siebten US-Kavallerie. Unter der Führung von Crazy Horse und Sitting Bull bereiten Lakota und Cheyenne den US-Truppen eine schmerzliche Niederlage.«

»Tatanka Yotanka – Sitting Bull – berühmter Medizinmann der Hunkpapa-Lakota, kämpfte viele Jahre erfolgreich gegen die Weißen, bevor er in William Codys ›Buffalo Bill Wildwest Show‹ auftrat. Eine Zeitlang reiste er mit ihm durch das Land, wobei er aus der Manege heraus die Zuschauer in seiner Sprache derart beschimpfte, dass die nervösen Dolmetscher nicht wussten, wie sie seine beleidigenden Worte entschärfen konnten. Sitting Bull wurde am 13. Dezember 1890 in Kanada erschossen.«

»Sitanka – auch Big Foot genannt. Nach dem Mord an Sitting Bull führte Chief Sitanka seine Miniconjou-Sioux durch die verschneiten Badlands. In der Hoffnung, bei dem einflussreichen Chief Red Cloud im Reservat Pine Ridge Sicherheit zu finden, machte sich der Stamm auf seine zweihundert Kilometer lange Wanderung. Sitanka selbst, an Lungenentzündung schwer erkrankt, wurde in einem offenen Wagen mitgezogen. In der Nähe von Wounded Knee Creek schnitt ihnen die siebte Kavallerie den Weg ab und eröffnete das Feuer. Mit dem Massaker von Wounded Knee endeten die Indianerkriege.«

»Leonard Peltier: der bekannteste indianische Bürgerrechtler der Gegenwart. Seit über dreißig Jahren fristet Peltier sein Leben in der Zelle eines Hochsicherheitsgefängnisses. Aufgrund fragwürdiger Indizien wurde er des Mordes an zwei FBI-Beamten für schuldig erklärt und verurteilt. Bisher haben zwanzig Millionen Menschen Bittgesuche für seine Freilassung unterschrieben. Die internationale Juristenkommission, das Europäische Parlament, Amnesty International und Politiker aus aller Welt setzten sich vergeblich für seine Begnadigung ein.«

»Pandora Shana Bellecourt. Rechtsanwältin. Aktives Mitglied des American Indian Movement (AIM). Gehörte 1972 zu den Initiatoren des *Trail of Broken Treaties*, des Pfads der gebrochenen Verträge. Der Marsch begann in Minnesota und endete mit der Besetzung des Bureau of Indian Affairs (BIA) in Washington, wo der US-Regierung ein Zwanzig-Punkte-Plan vorgelegt wurde. Pandora Shana Bellecourt wurde 1990 erschossen.«

Um drei Uhr morgens schaltete ich meinen Computer aus. Schlagartig hatte sich das Wetter geändert, es regnete in Strömen. Das monotone Plätschern wirkte einschläfernd. Ich putzte mir die Zähne, warf mich in T-Shirt und Schlüpfer aufs Bett und schlief ein, mit dem Rauschen des Regens in den Ohren. Oder zumindest glaubte ich zu schlafen. Ich merkte auf einmal, dass das Rauschen nicht vom Regen, sondern vom Wind kam. Es war ein gewaltiger, voller Wind, der mir die Nasenlöcher öffnete und reinigte. Ein Duft stieg auf, ein warmer Duft nach Absinth, herb und würzig. Wie sonderbar, dachte ich, dass man im Traum einen Geruch wahrnehmen kann! Ebenso sonderbar war, dass mich dieser Geruch an Bandit, das Parfüm meiner Großmutter, erinnerte. Im Traum glaubte ich zu sehen, wie hohe Gräser sich vor mir teilten. Ich erblickte emportanzende Schmetterlinge und Schwärme flirrender Libellen. Die Wiesenblumen waren zahllos und wunderbarer, als ich sie je gesehen hatte. Mir war, als ob ich flog, aber nicht hoch am Himmel, sondern nahe über dem Erdboden. Vielleicht fuhr ich Motorrad. Aber das konnte nicht sein, denn kein Motorrad vermochte sich einen Weg durch solche Gräser zu bahnen. Ein rhythmisches Klopfen war in meinem Ohr, als ob mein Herz bei jedem Schlag laut dröhnte. Dann sah ich, neben mir am Boden, einen Schatten, der mein eigener sein mochte – aber es war kein menschlicher Schatten, sondern der Schatten eines riesigen Vogels. Und plötzlich wurde mir bewusst, dass ich ein Pferd ritt! Das Pferd selbst sah ich nicht, nur seinen Schatten. Das Tier musste eine überaus lange Mähne haben, die sich blähte wie ein Flügel ... Oder war es mein eigenes Haar, das lang und füllig über meinen Rücken wippte? Es war ein aufwühlendes Gefühl: ein Traum, so deutlich wie eine Erinnerung. Aber eine Erinnerung konnte es nicht sein, denn ich hatte noch nie auf einem Pferd gesessen. Und doch fühlte ich mich seltsam eins mit dieser Traumfigur, die ich nicht einmal erblicken konnte. Ich empfand eine tiefe, verwirrende Sehnsucht nach dieser Landschaft, nach diesem wunderbaren Meer aus Gras, das sich in grünen, licht schimmernden Wellen vor mir teilte. In weiter Ferne ragten Bergkuppen empor, aber sie waren so weit weg und die Gräser so hoch, dass sie beinahe flach wirkten. Von der schwingenden Bewegung, die mich trug, ging etwas Betäubendes aus. Ich gab mich ihr hin, bis mich eine plötzliche Disharmonie aus dem Rhythmus brachte. Der Wind war voller schriller Geräusche, die schmerzhaft mein Gehör trafen. Ich musste diesem Scheppern ein Ende bereiten, setzte mich wütend hoch, streckte den Arm aus.

Schlagartig wurde ich wach, mit einem schalen Geschmack im Mund. Sieben Uhr! Ich hatte den Wecker gestellt. Es regnete noch immer; die Windstöße, die prasselnden Tropfen klangen wie Blechgeschmetter. Ganz Paris schien im Zentrum eines Wolkenbruchs zu liegen. Ich taumelte ans Fenster, zog die Rollläden hoch. In den Straßen flossen Sturzbäche, die vorbeifahrenden Wagen wirbelten Wasser empor. Die Menschen, die früh zur Arbeit gingen, wateten durch Pfützen und kämpften mit ihren Regenschirmen. Als ich etwas später im Bademantel meinen Kaffee trank, stellte ich den Fernseher an. Der Wetterbericht verhieß nichts Gutes: weiterhin starke Regenfälle und keine Aussicht auf Besserung bis in die Abendstunden. Ich beschloss, meine Yamaha in der Garage zu lassen und mit der U-Bahn zu fahren.

6. *Kapitel*

Die U-Bahn war heiß, stickig und überfüllt. Ich stand mit meiner Präsentationsmappe eingepfercht im Gewühl, inmitten tropfender Schirme. Die Leute sahen mürrisch aus, ihr Haar war zerzaust oder von Nässe verklebt. Viele hielten eine aufgeweichte Tageszeitung zusammengefaltet vor sich, um im Gedränge lesen zu können. Die schlecht beleuchteten Wagen, die vielen Menschen hatten mir schon immer Unbehagen verursacht. Heute war es besonders arg. Ich fühlte die Übelkeit im Magen. Ich versuchte mich abzulenken, indem ich an meine Ideen für die Werbekampagne dachte und mir überlegte, wo ich noch etwas verbessern könnte. Doch mein Kopf war schwer, und ich hatte ein starkes Bedürfnis nach Schlaf. Meine Stimmung war gedrückt. Das Geschubse der Menge war mir zuwider, das zischende Rumpeln der fahrenden Räder, das Schleifen der sich öffnenden und schließenden Türen bewirkte in mir ein unangenehmes Nervenkribbeln. Ich fragte mich, ob ich wohl Fieber hatte. Und gleichzeitig empfand ich eine sonderbare Angst, zu spät zu kommen.

Wirklich, du übertreibst!, dachte ich. Es ist erst zwanzig nach neun, du steckst nicht im Stau fest, die U-Bahn streikt auch nicht. Wozu also die Unruhe? Ich redete mir Vernunft ein, aber nichts half. Mein Unbehagen wuchs, als die U-Bahn sich mit Studenten füllte, die in Gruppen beieinanderstanden, alle mit iPods ausgerüstet. Die Musikfetzen, das Geschwätz und Gelächter riss an meinen Nerven. Ich verübelte den Studenten, dass sie so sorglos sein konnten. Porte de la Chapelle. Hier musste ich umsteigen. Ich lief einen Gang entlang, eine Treppe hinauf. Die U-Bahn, auf die ich wartete, würde brechend voll sein. Ich sah auf die Uhr. Noch zehn Minuten. Die Rückfahrt um die Mittagszeit würde angenehmer sein. Meine Augen schweiften umher. Ich hatte wieder diesen sonderbaren Gedanken, dass ich rechtzeitig gekommen war.

Ein paar Schritte vor mir stand ein Mann. Ich konnte nicht sagen, warum ausgerechnet dieser Mann mir auffiel. Er trug einen grauen Jogginganzug mit Kapuze, auf dem Rücken einen schwarzen Rucksack. Sein leicht gebräuntes Gesicht hatte angenehme Züge, wobei sein Ausdruck mir merkwürdig aufmerksam und gesammelt vorkam. Er wartete auf die U-Bahn, wie wir alle, aber er hatte einen besonderen Grund. Das wusste ich, mit unerschütterlicher Sicherheit. Er hielt die Hand am Riemen seines Rucksacks, seine dunklen Augen waren ständig in Bewegung. Meine Unruhe flackerte auf, verstärkte sich mit jedem Atemzug. Es war ein schierer Reflex gesteigerter Wahrnehmungsfähigkeit, ein von tausend winzigen Beobachtungen geschärfter Sinn, der meine Konzentration auf das lenkte, wovon alle anderen wegsahen. Alle anderen, die gleich sterben würden.

Mein Blick war auf den Mann gerichtet, ich spürte die Gefahr, die von ihm ausging. Ich spürte sie durch alle anderen Gefühle hindurch, wie eine schwarze, todbringende Aura. Und plötzlich drehte er leicht den Kopf. Im Bruchteil einer Sekunde begegneten sich unsere Augen. Er sah mich an mit einem Blick, der, so unvergesslich er auch sein mochte, sich wohl jeder Beschreibung entzog. Eine absolute Kälte war in diesem Blick. Schon wurden im Tunnel die Scheinwerfer des herannahenden Zuges sichtbar. Ich hörte das scharfe Kreischen der Bremsen. Der Mann sah weg, ging dann, ganz unwillkürlich, zwei Schritte auf den Rand des Bahnsteigs zu. Er wirkte wie ein Reisender, der sich vordrängen wollte, doch da war etwas anderes. Ich spürte die Warnung trotz meiner Benommenheit, sie dröhnte und hallte durch meinen Kopf. Panische Angst erfüllte mich, als sei nicht nur mein Leben, sondern das Leben vieler in höchster Gefahr. Was tun? Wie viele Sekunden blieben noch? Keine mehr! Es musste jetzt sein. Und als ich mich auf den Mann warf, ihn mit voller Kraft über den Rand des Bahnsteigs stieß, kam es mir wie die einzige und zwingende Handlung vor, zu der ich fähig war. Das Kreischen der Bremsen, ohrenbetäubend, ertönte einen Sekundenbruchteil bevor Donnergetöse die Station erfüllte und eine weiße Flamme von der Stelle aufschoss, wo der Mann auf den Schienen aufgeschlagen war. Die Druckwelle riss mir die Füße unter dem Körper weg, schleuderte mich über den Boden. Ich hörte, wie ich auf die Bodenplatten fiel, empfand jedoch nicht den geringsten Schmerz. Der Zug stand still, nur wenige Meter von dem Feuer entfernt. Der klebrige Brandgeruch ließ mich husten und würgen. Ich kämpfte darum, Luft in die Lungen zu bekommen. Meine Ohren waren taub, mein Mund mit blutiger Spucke gefüllt. Ich kroch in die andere Richtung, griff nach meiner Mappe und konnte sie nicht finden, weil überall um mich herum fremde Sachen lagen, von fliehenden Menschen oder von Verletzten, die sich krümmten und bluteten. Ich selbst hatte das seltsame Gefühl, dass ich ganz langsam, fast in Zeitlupentempo, mich auflöste und in Stücke zerfiel. Und nach einer Weile wurde alles dunkel und still.

Als Nächstes sah ich eine weiße Wand. Ich hatte diese Wand nie gesehen; auch das Bett, auf dem ich lag, war mir fremd. Ich hatte Schmerzen im Arm; meine tastenden Finger spürten Verbandzeug. Offenbar war ich verletzt. Schlimm? Ich stützte mich auf meinen unversehrten Arm. Als ich mich aufrichten wollte, schob sich das Gesicht einer Frau zwischen mich und die Wand. Sie war eine hübsche Schwarze, nicht mehr jung. Ihr Ausdruck war mütterlich, und sie trug einen Arztkittel.

»Wie geht es Ihnen?«, fragte sie.

Meine Lippen fühlten sich geschwollen und trocken an.

»Danke, gut. Wie spät ist es?«

»Halb fünf.«

»Ich muss zu einer Besprechung.«

»Tut mir leid«, sagte die Frau. »Sie bleiben erst einmal im Krankenhaus. Mindestens bis morgen. Zur Beobachtung.«

»Was ist mit mir?«

»Sie hatten einen Nagel im Arm. Einen dicken und sehr langen. Wir mussten ihn herausoperieren. Zum Glück ist der Knochen unversehrt, sonst hätten Sie jetzt einen Gips.« Die Frau sah mich besorgt an.

»Können Sie sich an Ihren Namen erinnern? An Ihre Adresse?«

Ich sagte, wie ich hieß, wo ich wohnte. Sie fragte nach meiner Telefonnummer. Auch die konnte ich ihr geben. Sie nickte zufrieden.

»Eigentlich sieht es gut mit Ihnen aus. Sie stehen unter Schock, das ist alles.«

»Hatte ich einen Unfall?«, fragte ich.

Sie verdrehte die schönen Augen, verzog ihr Gesicht zu einem merkwürdigen Ausdruck, der zugleich Empörung und Anerkennung ausdrückte.

»So wie es aussieht, haben Sie einen Unfall verhindert.«

»Wie meinen Sie das?«

Sie streichelte meine Schulter. Die Bewegung ihrer Hand wirkte tröstend.

»Denken Sie nicht zu viel nach. Ich gebe Ihnen jetzt ein Schlafmittel. Morgen werden Sie sich an alles erinnern.«

Sie füllte ein Glas Wasser; ich schluckte brav die Tablette, bevor ich auf mein Kissen zurückfiel. In der Tiefe meines Bewusstseins schwebten Erinnerungen, die ich aber nicht näher holen konnte, um sie zu überprüfen. Ich sah mich wie in einem Film die U-Bahn verlassen und in einer Menschenmenge durch die Gänge gehen. Es hatte geregnet, die Fliesen waren nass. Und dann sah ich den nächsten Zug aus dem Tunnel auftauchen. Die Scheinwerfer blinkten wie zwei riesige gelbe Augen. Da war auch ein Mann mit einem Rucksack, der irgendeine Rolle in meiner Geschichte spielte. Das war alles. Schon vermischten sich Formen und Farben, die Welt um mich herum versank. Ich schlief ein.

Irgendwann in der Nacht wachte ich auf, mein Kopf war klar. Ich starrte auf die kleine grüne Nachtlampe, und meine Erinnerung nahm ganz automatisch ihre Arbeit an jener Stelle wieder auf, wo sie unterbrochen worden war. Ich sah deutlich den Mann im grauen Jogginganzug und wie er den Rucksack mit dem Arm stützte. Ein Selbstmordattentäter. Noch ein paar Sekunden, und die Bahn würde halten, eilige Leute ein- und aussteigen. Der perfekte Augenblick, um möglichst viele Opfer mit in den Tod zu reißen. Glück, ja, Glück hatten diese Menschen gehabt. Als ich knapp vor dem ankommenden Zug den Mörder auf die Schienen stieß, hatte der Sprengstoff gezündet und die Hunderte von Nägeln hochgeschleudert, mit denen die Bombe gefüllt gewesen war. Die Ladung war tief unterhalb der Mauer explodiert, was die Druckwelle zerschlagen und, so unbeschreiblich schrecklich das alles auch war, noch schlimmere Schäden verhindert hatte. Was ich nicht ganz begriff: Wie hatte ich die Absicht des Attentäters voraussehen können? Wie seltsam ist das doch, dachte ich, dass ich es vor allen anderen gemerkt hatte; dass ich, obwohl zu Tode erschrocken, nicht davongerannt, nicht in Zittern oder Geschrei ausgebrochen war, sondern kaltblütig getan hatte, was getan werden musste.

»Natürlich blieb von dem Mann nicht viel übrig.« Der Besucher, der sich als Inspektor Surcouf vorgestellt hatte, sprach ohne Gefühl.

Ich atmete flach, führte die Hand zum Mund. Der Inspektor griff nach dem Glas Wasser auf den Nachttisch. »Trinken Sie.«

Er sah zu, wie ich trank, wie ich mir die Nase putzte.

»Besser?«

»Ja, danke. Es geht schon …«

Surcouf nickte mir verständnisvoll zu, jedoch wie in Gedanken versunken. Mir fiel auf, dass ein Tonband lief. Es war mir gleichgültig.

»So was haut jeden um«, sagte er in seiner bedächtigen Redeweise. »Auch uns. Wissen Sie, wir waren nicht unvorbereitet. Drohungen, die ein zweites ›London‹ oder ein zweites ›Madrid‹ versprachen, waren eingegangen. Meistens handelt es sich um Selbstdarstellungen oder Einschüchterungen. Aber wir waren wachsam. Und als es passierte, waren wir in wenigen Minuten zur Stelle.«

Ich flüsterte rau: »Wurden viele Menschen verletzt?«

»Einige. Nägel richten böse Schäden an. Der Fahrer der U-Bahn wird auf einem Auge blind bleiben. Eine Schwangere hat ihr Baby verloren und ein Mann beide Beine. Schlimm, das Ganze. Aber eines ist klar: Ohne Ihr Eingreifen wäre es zu einem entsetzlichen Blutbad gekommen.«

Ein kurzes Schweigen folgte, während er mich scharf musterte.

»Was uns noch interessiert: Wie haben Sie den Attentäter erkannt?«

Etwas in der Luft schien mich einzuholen. Ein Frösteln breitete sich auf meiner Haut aus.

»Da war etwas an ihm. Ich kann nicht sagen, was es war …«

»Sie haben alles aufs Spiel gesetzt. Warum haben Sie das getan?« Surcouf ließ mich nicht aus den Augen.

»Ich weiß es nicht. Zum Teil hatte ich sehr vernünftige Gedanken …«

Er beugte sich in gespannter Haltung vor. »Was ich eigentlich sagen will: Sie haben riskiert, einen Unschuldigen zu töten.«

»Nun ja. Ich war mir bewusst, dass … Aber da war ein kritischer Punkt. Ich musste den Mann ausschalten, verstehen Sie?«

»Nicht ganz«, erwiderte er ernst.

In meinem Kopf sprach eine Stimme: Stell dich nicht so an,

Uma. Du musst ihm das jetzt gut erklären. Sonst hält er dich für eine Verrückte.

»Ich meine … ich musste eine Entscheidung treffen. Es ging um Sekunden, der Zug war schon im Tunnel. Auf den Schienen, dachte ich, richtet die Bombe weniger Schaden an. Aber sie durfte nicht unter den Rädern explodieren. Sonst wären wir alle in die Luft geflogen.«

»Sie mutmaßen gut.«

»Manchmal hängt unser Leben davon ab, ob wir gut mutmaßen können oder nicht.«

Er schwieg.

»Mit ihrer Mutmaßung«, antwortete er endlich, »haben Sie vielen Menschen das Leben gerettet.«

»Auch mein eigenes, nehme ich an.«

»Zweifellos.«

Surcouf schaltete sein Tonband aus und erhob sich. Er sagte, dass ich mich jetzt ausruhen sollte. Dass ich, nach meiner Entlassung aus dem Krankenhaus, noch aufgefordert würde, zusätzliche Fragen zu beantworten. Und dass mein Eingreifen viele Zeugen gehabt hatte und die Zeitungen natürlich auf die Sensation aus waren. Er würde jedoch versuchen, auch zu meinem Schutz, dass ich vorerst anonym blieb. Beim Abschied schüttelte er mir die Hand.

»Wir möchten Ihnen für Ihre Mitarbeit danken. Waren Sie eigentlich beim Militär?«

Ich starrte ihn überrascht an. »Wie kommen Sie darauf?«

»Weil wir uns wundern, wie kaltblütig sie gehandelt haben. Als seien Sie kriegserprobt.«

»Uniformen sind mir nicht gerade sympathisch …«

Surcouf zeigte ein müdes Lächeln und ging. Er war nett, aber mir lag wenig daran, ihn wiederzusehen. Als er weg war, stieg eine leichte Übelkeit in mir auf, zusammen mit dem Fieber. Ich sollte schlafen, dachte ich, aber Bilder kamen, die sehr hartnäckig waren. Und ich schwankte zwischen klaren Augenblicken, während ich die flimmernden Sequenzen beobachtete, und solchen, da ich vor mich hin döste und auch die Bilder verblassten. Ich konnte nicht zwischen den Bildern wählen, weil manchmal das eine, dann wieder das nächste deutlicher wurde.

Die Wahrheit war, dass ich einen Menschen getötet hatte und mit diesem Gedanken fertig werden musste. Doch ich strengte mich vergeblich an, Gewissenbisse zu verspüren. Fanatiker waren treue Diener des Hasses, Mörder in ihrer perfidesten Vollkommenheit. Man darf zu dem, der sich selbst und andere Menschen umbringt, nicht sagen: Weil du deine Sache als gerecht empfindest, sind wir einverstanden damit, dass du uns alle in Stücke sprengst. Man hindert ihn nach Möglichkeit daran.

Was hatte der Inspektor gesagt? Ich hätte kriegserprobt gehandelt? Die Worte erweckten Tagträume in mir, aber ich schien die Fähigkeit, zwischen Einbildung und Wirklichkeit zu unterscheiden, verlernt zu haben. Die Traumsequenzen rannen dahin wie träges Wasser, das Schlamm und Geröll mit sich schleppt. Aber darunter war ein persönlicher Stoff, irgendein vererbter Ballast, so dass ich mich als Gemisch aus meiner eigenen Individualität und einem mir wesensfremden Element begriff. Damit musste ich erst einmal klarkommen.

»Hat Sie der Inspektor sehr ermüdet?«, fragte die schwarze Ärztin, die Aurelia Cocteau hieß. »Eigentlich war es viel zu früh. Sie stehen noch unter Schock.«

»Es geht mir schon besser«, sagte ich.

»Sie sind aber nicht über den Berg, denken Sie das ja nicht.«

Dr. Cocteau war gekommen, um sich meine Verletzung anzusehen. Ich hatte zwei Schnittwunden, beide nicht sehr groß, aber angeschwollen und schmerzhaft. Der Arm war dick und hart, ein roter Streifen lief bis zur Schulter.

»Blutvergiftung«, sagte die Ärztin. »Die Nägel in der Bombe waren rostig.«

Am Morgen war ich untersucht worden. Man hatte keine inneren Blutungen entdeckt. Auch keine Veränderung im Gehirn. Die Gleichgewichtsstörungen seien vorübergehend, das Trommelfell war nicht zerstört.

»Sie haben Glück gehabt«, meinte Dr. Cocteau. »Es hätte Sie böse erwischen können.«

»Wann kann ich hier raus?«, fragte ich.

Sie lächelte munter. »Geduld. Wir behalten Sie hier, bis die Sepsis abgeklungen ist. Wann, glauben Sie, können Sie die Presse empfangen?«

Ich starrte sie an. »Die Presse?«

»Die Leute von *Paris Match* sind schon zweimal da gewesen.«

»Ich will sie nicht sehen.«

»Sie wollen über Sie schreiben. Und einige Fotos machen.«

»Richten Sie ihnen aus, dass ich Fieber habe.«

Dr. Cocteau sah auf das Thermometer und nickte mir fröhlich zu. »Achtunddreißig neun. Keine Besucher!«

Dann, am nächsten Tag, stand plötzlich und unter aufflammenden Blitzlichtern ein Minister an meinem Bett. Ich hatte ihn oft im Fernsehen gesehen, diesmal erlebte ich ihn »live«. Er sah überraschend jugendlich aus, auch die Haarfarbe war anders, dunkler. Jetzt hielt er meine Hand, mimte Betroffenheit und Mitgefühl. Er fragte, wie ich mich fühlte, sprach nobel klingende Worte und lobte meine Kaltblütigkeit. Inzwischen machte sich ein Fernsehteam mit Kamera, Beleuchtung und Mikrophon zu schaffen. Sie waren mit dem Minister gekommen. Das Zimmer war viel zu klein für so viele Leute, die sich gegenseitig auf die Füße traten. Später erschienen Reporter vom *Daily Mirror,* von der *Sun* und vom *Observer*. Ich redete schlapp, ließ mich teilnahmslos fotografieren. Als sie weg waren, roch es nach nassen Pullovern und abgestandenem Zigarettenrauch bis in den Gang.

»Alle wollen Sie sehen«, sagte Selma, die junge Krankenschwester, sichtlich stolz auf ihre berühmte Patientin. »Schauen Sie nur, die vielen Blumen!«

Mein ganzes Zimmer war voller Blumen, die jeden Abend

rausgebracht werden mussten. Auch Nicolas hatte gelbe Rosen geschickt. Dazu kamen jede Menge Briefe und kleine Päckchen, die sorgfältig von den Wache haltenden Polizisten untersucht wurden. Ich erhielt auch Drohbriefe. Einer der Polizisten, ein freundlicher Kerl, nahm diese Briefe an sich. Das Übliche, meinte er. Es brächte mir nichts, diese Briefe zu lesen. Sie seien nur für die Ermittler wichtig.

Emilie rief an, fragte, wie es mir ging.

»Nicht so schlimm«, sagte ich. »Eine Blutvergiftung. Der Nagel war rostig.«

»Mach mir keine Angst, das ertrage ich nicht!«

»Das Fieber ist schon gesunken.«

»Dass dir das passieren musste, unglaublich!«

»Na ja.«

»Erst der Tod deiner Großmutter«, sagte sie, »und jetzt das!«

»Da sehe ich eigentlich keinen Zusammenhang.«

Sie ließ sich nicht beirren. »Du nicht. Das versteht sich doch von selbst.«

Die Antibiotika machten mich träge. Ich döste vor mich hin, beobachtete die eigenartigen Bilder, die sich von oben oder seitwärts in mein Blickfeld schoben. Unentwegt zogen Figuren oder Landschaften vorbei, trieben sich eine Weile umher, fanden sich zusammen wie ein Kaleidoskop und wehten wieder auseinander. Da war eine ungeheure Weite. Baumgruppen und in der Ferne grasende Tiere erweckten das Gefühl von nicht endender Ausdehnung. Der Himmel war unermesslich groß, die Wolken segelten auf ihm dahin, und ihre Schatten wanderten über das Land wie auf Wasser. Irgendeine Landschaft, die ich nie gesehen hatte, die mir aber wie eine Erinnerung im Blut lag.

Die Bilder zwangen meine Einbildungskraft, sich mit ihnen zu befassen. Zuweilen waren sie sehr komplex, eingeteilt durch Umrisse oder Schatten. Sie waren unermüdlich, und mir schien mit der Zeit, dass sie deutlicher wurden. Irgendetwas wuchs in mir, etwas, das kein Gesicht, kein Geschlecht hatte, noch roh und ungeschickt und elementar war. Wie war es zu mir gekommen? Durch Elinor? Ich hatte sie tot gesehen, hatte erlebt, wie der Spaten Erde auf ihren Sarg schaufelte. Und doch war etwas von ihr in mir vorhanden, balancierte in meinem Geist wie an einem Faden gehalten, im labilen Gleichgewicht.

Nach zwei Tagen wurde ich entlassen. Die Schwellung hatte sich zurückgebildet, die Ränder der Wunden waren sauber. Ich musste noch Antibiotika schlucken, aber der Arm war eindeutig am Heilen. Ich bekam Polizeischutz, auf Anordnung des Ministers.

In meiner Wohnung befanden sich manche Dinge nicht ganz dort, wo sie hingehörten. Auch witterte ich einen Geruch, der nicht zu mir gehörte. Offenbar war die Wohnung in meiner Abwesenheit durchsucht worden. Gleich morgen, dachte ich, werde ich das Schloss wechseln lassen. Ich ging ins Badezimmer, zog mich aus, betrachtete mich im Spiegel. An meinem Hals leuchtete, fremdartig und vertraut, Elinors Amulett. Vorsichtig bewegte ich den Arm. Die Muskeln waren noch steif, und die Bewegung verursachte einen Schmerz, den ich zu ignorieren versuchte. Mein Gesicht hatte sich verändert, war schmaler, kantiger geworden. An dieses Gesicht musste ich mich noch gewöhnen. Der Spiegel zog mich an, forderte mich heraus. Wenn ich jetzt dieses neue Aussehen hatte, war dies vielleicht mein wahres Gesicht?

An meinem Haaransatz wuchs es schwarz nach. Entweder musste ich das Haar jetzt neu färben oder es wachsen lassen, wie es von Natur aus war. Menschen, die ins Kloster gehen, opfern ihr Haar. Auch ich erlebte einen Neuanfang. Ich griff zur Schere.

»Musste das sein?«, seufzte Emilie, als sie mich zwei Tage später besuchte.

»Es wächst dunkel nach, siehst du?«

»Die Sache hat dich aus der Fassung gebracht. Wage bloß nicht zu leugnen.«

»Ich leugne nichts.«

Das Lächeln kehrte in ihr Gesicht zurück. »Du hast eine schöne Kopfform.«

»Danke.«

Ich stellte die Kaffeemaschine an. Sie zog ein paar Illustrierte aus ihrer Schultertasche. Einige Zeitschriften machten groß mit mir auf. »Sie rettete vielen Menschen das Leben, jetzt liegt sie schwer verletzt im Krankenhaus.« Mich umwehte ein Hauch von Heldentum, wobei der Minister, wie er meine Hand tätschelte, das vornehme Profil den Fotografen zugewandt, mir eindeutig die Show stahl. Die Leser erfuhren jedoch nicht viel, ein dünnes Mindestmaß an Informationen. Von Name und Vorname waren nur die Anfangsbuchstaben gedruckt. Mein hoher Besucher allerdings, »der aus einer Sitzung herbeigeeilt war«, wurde mit vollem Namen mehrere Male erwähnt.

»Mitgefühl als medialer Selbstzweck«, kommentierte Emilie. »Das funktioniert meistens.«

»Ja, wenn die Show stimmt. Hoffentlich ist er zufrieden. Ich fand, er sah gut aus. Er hatte kaum Falten im Gesicht.«

»Er hat sie in einer Schweizer Klinik gelassen.«

»Woher weißt du das?«

Emile lächelte. »Von der Visagistin. Ich hatte ihn in einer Sendung. Er sagte, in letzter Zeit sei er philosophischer und weitsichtiger geworden.«

»Gratuliere!«

Ich ging in die Küche, stellte die Kaffeetassen bereit. Emilie zog ihre Pumps aus.

»Warte nur ab, er verleiht dir bestimmt einen Orden.«

»Den kann er sich an den Hut stecken.«

»Er trägt keinen. Nur beim Skifahren eine blaue Pudelmütze. Du bist so ungerührt. Ist dir nicht klar, dass du bewacht werden musst?«

»Du meinst, bespitzelt? Ich hasse das.«

»Aber du bist in Gefahr. Die Verbündeten des Attentäters könnten dich entführen.«

»Warum nicht auf der Stelle köpfen?«

»Dein Sinn für Humor ist heute nicht lustig.«

»Ich bin gegen diese Presse, ich kann damit nichts anfangen. Was denken die sich eigentlich? Schreiben die nur, was der Minister ihnen vorkaut? Der soll doch, verdammt noch mal, bei seinen Leisten blieben und über die Steuern debattieren!«

»Warum bist du denn so erbost?«, fragte Emilie. »Warte einfach ab, Aktualität ist kurzlebig. Bald gibt es neue Schlagzeilen.«

»Nein. Meine Geduld ist am Ende. Tom und Jerry waren auch schon da.«

»Tom und Jerry?«, fragte sie entgeistert.

Die Kaffeemaschine zischte. Ich ließ den Kaffee in die Tassen einlaufen.

»Zwei Typen vom Inlandsgeheimdienst.«

»Ich kann es nicht glauben!«, rief sie verblüfft. »Was zum Teufel wollten die von dir?«

»Mich anwerben, was sonst? Leider haben sie die Falsche gefragt. Was macht ein Spion eigentlich den ganzen Tag?«

Emilie starrte mich an.

»Hast du dir deswegen das Haar geschoren? Zur Tarnung?«

»Das hat damit nichts zu tun.

Emilie setzte sich im Schneidersitz auf mein unbequemes Sofa. »Hoffentlich lebe ich lange genug, um das meinen Enkeln zu erzählen!«

Sie waren am Morgen gekommen, zwei diskret gekleidete Typen: schwarze Hosen, helles T-Shirt, Allwetterjacken aus Mikrofasern. Sie trugen ein verbindliches Lächeln zur Schau, das ebenso falsch war wie ihre freundlichen Worte. Wären mir die Kerle auf der Straße begegnet, ich wäre schnurstracks an ihnen vorbeigegangen. Jetzt saßen beide in meinem Wohnzimmer. Tom war schwerknochig und durchtrainiert, Jerry eher klein, mit abstehenden Ohren, die ihm das Schülerdasein vermiest und das Liebesleben erschwert haben mussten. Sie gaben mir ihre Karten mit Decknamen, Mailadresse und Mobiltelefonnummer. Ich machte mir nicht die Mühe, ihre Namen zu behalten. Für mich waren sie Tom und Jerry.

Französisch ist eine Sprache mit vielen Höflichkeitsfloskeln. Das Spiel mag so krumm sein wie das Hinterbein eines streunenden Hundes, man kann alles in hübsche Worte kleiden. Jerry erklärte, dass mein vorausschauendes Denken aufgefallen sei. Seine Aufgabe sei, Leute wie mich davon zu überzeugen, dass es in ihrem wie auch immer gearteten Interesse sei, zu kooperieren. Das Know-how für die Einsätze könnte ich mir ohne weiteres aneignen. Nach einer mehr oder weniger langen Ausbildungszeit – »maßgeschneidert«, betonte Jerry – würde ich sehr selbständig arbeiten und ein gutes Gehalt bekommen.

Tom, der Jerry mit wiederholtem Kopfnicken unterstützte, zählte die Vorteile an den Fingern ab.

»Erstens: Sie arbeiten eng mit den Behörden zusammen. Die Operationen, an denen Sie teilnehmen, sind also legal. Zweitens: Sie erhalten einen diplomatischen Pass. Drittens: Flüge in der Businessclass sind selbstverständlich. Viertens: Sie logieren stets in den besten Häusern am Ort. Uns stehen auch eine Anzahl recht komfortabler Wohnungen zur Verfügung. Fünftens: Sie erleben Interessantes, nutzen Ihre kulturellen Kenntnisse und tragen zur nationalen Sicherheit bei. Würde Ihnen das nicht gefallen?«

Tom warf mir mit der Frage ein dünnes Lächeln zu, während ich an Mozart dachte. Aber Leporellos große Arie war ihm vermutlich nicht vertraut. Ich lächelte ebenso dünn zurück, entgegnete, dass ich mir Sache überlegen würde. Aber zunächst wollte ich Urlaub machen. Tom und Jerry hatten offenbar nichts einzuwenden. Wohin denn die Reise ginge?

»Nach Amerika«, sagte ich.

»Eine ausgezeichnete Idee«, meinte Tom, »wo Sie doch amerikanische Vorfahren haben.«

»So, das wissen Sie auch schon?«, sagte ich spröde.

»Oh, das ist eine Kleinigkeit für uns.« Tom zeigte Zähne, die makellos und offenbar echt waren.

Jerry sagte, er würde der amerikanischen Botschaft eine Nachricht zukommen lassen. Falls irgendwelche Schwierigkeiten auftauchten, man könnte ja nie wissen. Beide bedachten mich mit wohlwollendem Nicken. Wenn irgend möglich, würden sie mir behilflich sein. Rund um die Uhr seien sie zu erreichen. Und über ihr Angebot sollte ich in aller Ruhe nachdenken. Gut Ding will Weile haben, das sei nicht bloß eine Redensart.

»Schon gar nicht in unserem Beruf«, setzte Tom vielsagend hinzu.

Ich bedankte mich ganz unverbindlich und atmete auf, als beide aus meiner Wohnung verschwanden.

»Der Minister hat allerlei mit dir vor, wie? Sag bloß, der Job würde dir Spaß machen?« Emilie blinzelte mir zu, halb lachend, halb betroffen.

»Nein, danke. Businessclass kann ich mir selber leisten. Und was ich gesagt habe, stimmt sogar. Ich fahre nach New York. Die Abwechslung wird mir guttun.«

»Hast du das Gefühl«, fragte sie langsam, »dass New York jetzt das richtige Pflaster für dich ist?«

Langsam rührte ich ein Stück Zucker in meiner Tasse um.

»Es hängt mit Elinor zusammen. Zum ersten Mal seit dreißig Jahren hat sie wieder gesprochen. Stell dir das mal vor! Ihre Stimme hörte sich nicht einmal eingerostet an.«

»Hat sie dich wiedererkannt?«

»Ich glaube schon. Aber mehrmals schien sie eine andere Person in mir zu sehen.«

»Das kommt im Alter schon mal vor.«

»Ich weiß. Aber ich musste mich zuerst daran gewöhnen.«

»Worüber sprach sie denn?«

»Über Dinge, die ihr im Kopf herumgingen. Manchmal war es, als ob sie Bilder beschrieb. Alles klang so haarsträubend und dann plötzlich wieder absolut vernünftig. Den Sinn verstand ich erst später, als ich mir nach der Beisetzung ihre Skulpturen ansah.«

Emilie beobachtete mich scharf durch ihre randlose Brille.

»Ach, bist du endlich wieder in diesem Museum gewesen? Nun, wir war's?«

Ich erzählte, innerlich zitternd. Emilie hörte zu, auf ihrem Gesicht der professionelle Ausdruck, der auf dem Bildschirm immer gut ankam, aufmerksam und undurchschaubar. Aber meine Geschichte war sogar für Emilie zu übertrieben. Und am Ende wirkte sie recht niedergeschlagen.

»Ich glaube dir. Dabei bin ich mir nicht einmal sicher, ob du nicht einfach eine gewaltige Depression durchmachst. Oje! Wie willst du mit der Sache fertig werden? Ich versuche das so rücksichtsvoll wie möglich auszudrücken ...«

Ich seufzte. Ich hatte gehofft, von ihr etwas wirklich Hilfreiches zu erfahren.

»Du kannst die Schlüsse daraus ziehen, die du willst. Aber lass mich ausreden: In Elinors Adressbuch fand ich den Namen einer Frau und eine Anschrift in Brooklyn. Sie war Anwältin und ist vom FBI erschossen worden.«

»Mein Gott, das darf doch nicht wahr sein!« Emilie war aufrichtig erschüttert. »In deiner Nähe scheint der Tod sich wohlzufühlen.«

»Das war vor fünfzehn Jahren. Mit mir hat das nichts zu tun.«

»Bist du ganz sicher?«

»Ganz sicher bin ich nicht. Noch etwas: in Elinors Adressbuch stand auch eine Telefonnummer. Ich rief an. Die Nummer war noch gültig.«

Ich trank einen Schluck. Emilie wartete.

»Und?«

»Ein Mann nahm den Hörer ab«, antwortete ich langsam. »Wir unterhielten uns eine Weile. Er sagte, dass er mir einiges über die Familie erzählen könnte.«

»Ist er ein Verwandter?«

»Ich weiß es nicht.«

»Wie heißt er denn?«

Er hatte mir seinen Namen genannt. Und als ich ihn vor Emilie jetzt aussprach, empfand ich wieder diesen samtigen

Schauer, der den Namen begleitete. Nicht als klingende, sondern als emotionale Vibration.

»Er heißt Night. Night H. Casadore.«

Sie antwortete sachlich: »Ist das sein richtiger Name?«

Wortlos zog ich die Schultern hoch.

»Ich möchte um nichts in der Welt, dass du Schwierigkeiten bekommst«, sagte sie in bekümmertem Tonfall.

»Ich passe schon auf mich auf.«

»Hat er dir gesagt, was er macht?«

»Ich habe ihm auch nicht gesagt, was ich mache.«

»Dass du Möchtegernmärtyrer in den heiß ersehnten Himmel schickst, das hast du ihm verschwiegen?«

»Ich habe das aus meinem Kopf gestrichen. Wir sprachen nur über Elinor.«

»Sagte ihm der Name etwas?«

»Es scheint so.«

Ein Schweigen folgte, das Emilie schließlich brach.

»Du warst schon immer anders. Du gehst durch die Welt wie eine Mondsüchtige – die Zerstreutheit in Person. Dir fehlt auch jeder Begriff von Zeit. Doch plötzlich handelst du blitzschnell und genau richtig. Und da merkt man, dass du nicht träumst, sondern wach bist. Hellwach.«

»Das hast du deiner Psycho-Kiste entnommen.«

»Ich rede ständig mit Verrückten«, sagte sie, so dass ich sie verstand und lachend antwortete: »Vielleicht bin ich die Verrückteste von allen?«

Sie lachte auch. »Es gibt schlimmere.«

»Du ahnst nicht«, sagte ich wieder ernst, »wie scheußlich ich mich fühle.«

»Ich kann es mir ein wenig vorstellen.«

Ich schüttelte den Kopf. »Nein, kannst du nicht.«

»Wie fühlst du dich denn?«

»Als ob mein Körper aus lauter ungelenken Gliedern besteht, die nicht zusammenpassen. Als ob ich mich an Dinge aus einem früheren Leben erinnere, und mein jetziges Leben kommt einfach nur so obendrauf. Ich vermische und verwechsle alles.« Ich machte eine Pause, versuchte zu lächeln. »So, und was sagt die Psychologin dazu?«

»Ich sage, dass nur wenige von uns Einbildung und Wirklichkeit gut auseinanderhalten. Aber wir verstellen uns aus Angst, unsere Schwächen könnten uns im Berufs- oder im Privatleben behindern. Es ist uns peinlich. Sogar in der Freizeit laufen wir vor uns selbst davon. Du dagegen setzt auf Veränderung. Das ist gesünder.«

»Du hast mir gut in die Seele geschaut.«

»Ich mache das jeden Abend im Fernsehen.«

Ich nahm ihren Kopf in beide Hände und küsste sie auf den Mund.

»Ich bin in dich verliebt, hast du das gewusst?«, sagte ich nach einer Weile, als sich unsere Lippen voneinander lösten. Ihre Wangen hatten etwas Farbe bekommen.

»Du küsst wie ein Mann«, sagte sie.

Sie trug ein weißes Top, das die Arme frei ließ. Ich spielte mit den kleinen Ösen der Träger.

»Eigentlich wäre ich lieber ein Mann. Entweder bin ich dreist oder schizophren.«

Sie lehnte sich zurück. Mein Arm lag über dem Kissen, und ihr Nacken stützte sich dagegen. Ihre Haut war etwas klamm.

»Schizophrenie ist keine Krankheit«, sagte sie, »sondern unser natürlicher Zustand.«

Ich nahm ihr die Brille ab und streichelte ihr Gesicht. In ihren Augen lag etwas Freundliches, und ihre Augenbrauen vermittelten den Eindruck heiterer Ruhe. Ihre Nase war klein, der Mund, hinter dem ich ein Aufleuchten weißer Zähne sah, war ausdrucksvoll und etwas puritanisch. Und da ich wusste, dass ihre Liebschaften diskret, aber zahlreich waren, hoffte ich auf meine Chance. Ich legte meine Finger in ihre Halsbeuge, strich langsam abwärts. Emilie behielt – wie immer – die Oberhand. Sie drehte ihr Gesicht von mir weg, rückte auch mit ihren Beinen etwas zur Seite.

»Du bist dreist, falls du es genau wissen willst. Aber jetzt ist es zu spät.«

»Zu spät?«

»Zu spät für Gefühle, meine ich.«

»Du bist die Einzige«, sagte ich, »die mir immer richtig zugehört hat.«

Sie parierte leichthin: »Das hängt mit meinem Beruf zusammen. Würdest du mal in meine Sendung kommen?«

»Auf keinen Fall!«

»Da siehst du!«

Wir lachten beide, aber nicht wirklich von Herzen. Wenn die Trennung naht, bleiben nur wenige Worte; es blieben allein Erinnerungen, an Blicke, die man falsch interpretiert, an Gesten, die man verpasst hatte. Mein unterdrücktes Verlangen nach ihrer ausgestreckten Hand. Die Wehmut einer ungenutzten Gelegenheit.

»Entschuldige«, sagte Emilie und lachte nicht mehr, »aber jetzt muss ich weinen. Du, du weinst ja nie.«

»Ich weine auch. Gelegentlich.«

Ich streichelte sie, bis sie ruhiger wurde. Bisher brauchte ich bei ihr nie nach Worten oder Gedanken zu suchen. Jetzt wusste ich plötzlich nicht mehr, was ich ihr sagen konnte. Sie sollte Nicolas von mir grüßen, war das Einzige, was mir einfiel.

Nachdem sie gegangen war, starrte ich auf das Telefon neben dem Sofa. Viermal hatte ich vergeblich die Nummer gewählt, bis endlich der Hörer abgenommen wurde.

»Ja?«, hatte sich eine Stimme gemeldet.

Sie war sanft und klangvoll, diese Stimme, und hätte ebenso gut die einer Frau sein können. Es gibt Frauen, die solche Stimmen haben. Sie brauchen nicht einmal Raucherinnen zu sein. Und doch war es eindeutig die Stimme eines Mannes.

»Guten Abend, ich bin Uma Jeanne Carter«, stellte ich mich vor. »Elinor, meine Großmutter, ist gestorben. Ich fand diese Telefonnummer in ihrem Adressbuch. Und den Namen Pandora Bellecourt.«

Ein paar Sekunden Stille. Dann, sehr langsam: »Was wissen Sie von Pandora?«

Ich hielt es für das Beste, ihm die Wahrheit zu sagen.

»Was ich im Internet gefunden habe. Sie war Anwältin und wurde getötet, stimmt das?«

»Richtig«, sagte die Stimme.

»Meine Großmutter hatte amerikanische Vorfahren, Ureinwohner, um genau zu sein. Sie war Bildhauerin …«

»Wir kennen Elinor Carter«, antwortete der Mann. »Wann ist sie gestorben?«

»Vor einer Woche. Und seitdem ist einiges geschehen …«

»Irgendwelche Probleme?«

Die Stimme klang nach wie vor ruhig. Doch ich spürte den Schmerz im Rücken und rieb versonnen die Stelle.

»Hören Sie, ich möchte nach New York kommen und mit Ihnen darüber sprechen. Wann passt es Ihnen?«

»Jederzeit.«

»Wer sind Sie überhaupt?«

»Mein Name ist Night H. Casadore.«

Einen Augenblick lang verlor ich, während er das sagte, die Beziehung zu dem, was wir Wirklichkeit nennen, zu dem Sofa, auf dem ich saß, zu dem Hörer, den ich in der Hand hielt. Eine musselinweiche Welle überspülte mich langsam von den Schultern zu den Fersen, ein leichtes Streicheln im Innern, warm und pulsierend.

»Sind Sie ein Verwandter von ihr?«, fragte ich leicht benommen.

Ein leises Lachen, nachsichtig und kehlig, begleitete die Antwort. »Wir sind alle ein wenig verwandt.«

Ich schluckte und sagte: »Ich werde Sie wissen lassen, wenn mein Flug ankommt.«

»Nehmen Sie den Bus bis zur Central Station. Ich hole Sie dort ab.«

»Danke! Das wäre schön.« Ich atmete erfreut auf.

»Ich maile Ihnen eine Skizze von unserem Treffpunkt und

auch meine persönliche Handynummer. Wenn ich nicht zu erreichen bin, hinterlassen Sie eine Nachricht.«

Die Welt schnellte zurück an ihren Platz. Was ich fühlte, war das Dehnen und Zusammenziehen meiner Rippen und darunter das langsam flatternde Herz.

»Ja, danke«, wiederholte ich. »Aber wie erkenne ich Sie?«

»Mich können Sie nicht übersehen«, sagte Night H. Casadore.

7. Kapitel

Ich bin in einem Land geboren, das bis auf den heutigen Tag, nach vielen tausend Jahren, unverändert ist. Das Hochland fällt nach Osten zu den Plains hinab, das Reich der spiegelnden Wasserläufe und der blauen Gräser. Von Felswänden eingeschlossen, steigen die Täler von Stufe zu Stufe, bis in die zerfließende Grenze des Himmels. Wir leben von den Herden und von der Jagd; wir gründen niemals Städte. Ist das Gras abgeweidet, ziehen wir dorthin, wo es welches gibt. Wir pflücken die Früchte und Beeren, die die Erde hervorbringt, aber wir bauen sie nie an. Unsere Hände sind geschickt, das verlangt das harte Wetter: Unser Leben mag davon abhängen, wie schnell wir ein Zelt bauen oder ein Kleid anfertigen. Das hat uns mutig und selbstbewusst gemacht. Noch immer sind wir Wanderer. Eine eigene Schrift haben wir nicht, obwohl gesagt wird, dass die Begründer unserer Nation eine kannten. Unsere Bilder, so einfach, dass ein Kind sie versteht, zeigen die mächtigsten Symbole der Menschheit. Auch haben uns die Vorfahren gelehrt, die Gestirne zu beobachten. Wir wissen, dass sie keine glühenden Punkte, sondern Welten am dunklen Himmel sind. Auch unsere Erde ist ein Stern, ein Organismus, der im Weltenraum kreist. Die Erde ist unsere Mutter, die alles Leben hervorbringt. Ihre eigene Mutter ist die Sonne, das göttliche Gestirn; ihr Vater der gute Mond, der die wachsenden Pflanzen beschützt. Ja, und manchmal gibt es fallende Sterne mit langen Flammenhaaren, die gute oder böse Vorzeichen bringen.

Und stets lebt, in unseren Mythen und Sagen, die Erinnerung an das goldene Zeitalter, als salzige Meere noch die Täler füllten und wir die Sprache der Tiere verstanden.

Als ich ein Kind war, kamen bereits viele Weiße in das Land. Aber das Land war immer noch groß genug, dass alle darin Platz haben konnten. Und so wuchs ich in einer Landschaft auf, wo die einzige Bewegung das Dahinschweben der Adler sein mochte oder der Schatten eines Wolfes im Gras. Eine Landschaft, über die der Blick in immer fernere und fernere Weiten wanderte.

Meine Kindheit war heiter. Großeltern und Verwandte lachten viel mit uns, und an den Abenden der langen, schneereichen Winter brachten wir Kinder viel Zeit neben der glühenden Holzkohle im Tipi zu und lauschten ihren Geschichten, die seit Generationen überliefert wurden. Erzählungen von räuberischen Abenteuern und großen Taten weckten Phantasien in unseren neugierigen und empfindsamen Kinderherzen. Durch solche Geschichten wurden Jungen und Mädchen mutig gemacht. Natürlich verbrachten wir viel Zeit beim Spiel, und jedes machte mir Freude. Wir hatten Spiele für die verschiedenen Jahreszeiten, beschauliche oder lärmende, vom lustigen Würfelspiel bis zum aufregenden Wettkampf mit Pfeil und Bogen. Spiele, die uns erfinderisch, gesund und stark machten.

In den westlichen Prärien besteht unsere Nation aus sieben Völkern, die viele tausend Jahre Freiheit in den Knochen haben. Mein Vater war ein Oglala, meine Mutter eine Bruleé. Aber der Vater zählt bei uns wenig. Es ist die Mutter, die die Zukunft der Linie sichert. Good Song, meine Mutter, war klein von Gestalt, sanftmütig und freundlich. Sie war eine Frau, die gerne lachte, die sich an Dingen belustigte, die andere nur mäßig oder überhaupt nicht komisch fanden. Sie war die jüngere Schwester von Spotted Tail, den neu ernannten Chief der Sicangu, einem Stamm der Bruleé, den mein Bruder Little Hawk und ich sehr fürchteten, weil er im Gegensatz zu unserer fröhlichen Mutter selbst Kindern gegenüber ein Gesicht zeigte, das die Merkmale eines harten und unnachgiebigen Wesens trug.

Mein Vater nahm eine besondere Stellung ein. Er war kein Krieger, sondern ein Heiler. Ich sehe ihn noch vor mir: ein schmächtiger Mann, bedeutend älter als meine Mutter und bereits weißhaarig. Nur die Brauen standen als seltsamer Kontrast wie ein schwarzer Strich über den tief liegenden gütigen Augen. Er war ein besonnener Mann, der viel Schlaf brauchte und wenig sprach. Doch er genoss das Geplauder meiner Mutter sehr. Er beobachtete zärtlich jeden Blick, jeden Schritt von ihr und stimmte rückhaltlos allem zu, was sie sagte. Und da Good Song das beste Gedächtnis und die geläufigste Zunge von allen hatte, besaß sie einen schier unerschöpflichen Vorrat an komischen Geschichten, die ihn amüsiert blinzeln oder verhalten auflachen ließen.

Als Kind war ich fröhlich, unbeschwert und leichtfüßig. Das änderte sich nach der Pubertät, als mein Geist begann, unzufrieden und rastlos zu werden. Ich gab unhöfliche Antworten, sonderte mich ab und fühlte mich recht jammervoll. Meine Mutter schalt mich, weil ich des Öfteren durch das Lager ging, ohne dabei, wie es schien, auch nur irgendjemand wahrzunehmen. Ich merkte selbst, dass mir diese Haltung wenig Zuneigung einbrachte und mir aus den Tagen meiner sorglosen Kindheit nur wenige Freunde blieben. Ich langweilte sie – nicht zu Unrecht, nahm ich an. Aber eher würden Sapa, meiner Jagdstute, Flügel wachsen, als dass ich Freude an den Prahlereien der Jungen fand. Sapas Fell war kastanienbraun und glänzend, ihre Mähne ein wenig gelockt, der Schweif lang und seidig. Sie war feingliedrig und ausdauernd, und ihr Gefühl so gut ausgebildet, dass sie im Voraus ahnte, was ich von ihr fordern würde. Wenn ich meinen Kopf an ihren Kopf legte und in ihre gelb umrandeten Augen blickte, sah ich mich selbst wie in einem fernen Spiegel.

Allein mit Sapa und mit meinen Gedanken war ich am glücklichsten. Doch mein Vater kannte mich besser. Übertrug er mir eine Verantwortung, gab ich stets mein Bestes. So verträumt ich auch erscheinen mochte, meine Sinne waren immer wachsam, und mir entging sehr wenig. Also sorgte mein Vater dafür, dass mir in manchen Nächten die Überwachung der Mustangs anvertraut wurde. Das war eine große Ehre für einen Halbwüchsigen. Die Pferde waren unser kostbarstes Gut. Mir lag am Herzen, die Aufgabe redlich zu erfüllen. Leider nahm der Junge, der mit mir wachen sollte, die Aufgabe nicht so genau. Wiederholt vernachlässigte White Deer seine Pflicht, indem er sich mit einem Mädchen davonschlich. Ich wollte die beiden nicht verraten und hielt den Mund. So kam es, dass eines Nachts, als ich wieder einmal allein war, drei Pawnee-Krieger sich kurz vor Morgengrauen an die Herde heranpirschten. Die Pawnee sind die besten Pferdediebe, von ihnen kann man viel lernen. Ich aber hatte feine Ohren und hörte sie kommen. Es war zu spät, um Hilfe zu holen. Ich dachte nicht viel nach und handelte schnell. Als ich aus dem Dickicht trat, sahen mich die Räuber, drei erwachsene Männer, und stürmten mir mit Kriegsbeil und Lanze entgegen. Doch ich hatte schon meinen Köcher umgeschlungen und hielt den Bogen bereit. Es war ein Bogen, den ich selbst angefertigt hatte, kurz und stark. Ich schüttelte das Band von der Schulter und legte den Pfeil auf die Sehne. Weil ich so jung war, meinten die Männer wohl, dass ich wahnsinnig sei, und verhöhnten mich. Ich aber vertraute meinem Können, ließ sie dicht herankommen, bevor ich, Schlag auf Schlag, drei Pfeile abschoss.

Den ersten Krieger traf ich in die Brust, den zweiten unter dem Arm, und beide Wunden waren tödlich. Den dritten verletzte ich so, dass er sein Beil fallen ließ und die Flucht ergriff. Ich erbeutete die beiden Pferde der Besiegten und ritt ins Lager zurück. Alle hörten begeistert zu, wie ich, unserer Gewohnheit entsprechend, meine Großtat vortrug. Junge Männer haben eine hohe Meinung von sich selbst, umso mehr, da mir mein Vater bei dieser Gelegenheit seinen eigenen Namen übertrug. Bisher nannten mich alle Curly – der Gelockte –, ein

Kindername, den ich jetzt endlich loswurde. Und so hieß ich fortan, wie mein Vater in der Blüte seiner Kraft geheißen hatte: Tashunka Witko – Ungestümes Pferd. Die Weißen nannten mich Crazy Horse. Mein Vater hatte als Medizinmann einen neuen Namen gewählt. Er nannte sich jetzt Worm. Es war kein ehrenvoller Name, geschweige denn ein schöner, aber alle lobten seine Bescheidenheit.

Jeder junger Mensch spürt, wenn er eine Vision braucht. Es ist der Augenblick, da er von Lebenskraft erfüllt ist, jedoch nicht weiß, wie er sie nutzen kann. Die Kraft fließt ungezügelt durch seinen Körper, lässt ihn törichte Dinge sagen und tun. Von einem Jungen in dieser Verfassung wird erwartet, dass er Rat bei seinem Vater oder einem älteren Mann sucht. Der große Augenblick einer Vision sollte gut vorbereitet werden. Man muss fasten, seinen Körper im Dampf der Schwitzhütte reinigen. Ich tat nichts von alldem, denn die Wahrheit war: Ich hatte bereits Visionen. Sie entstanden ganz von selbst. Undeutliche Gestalten umgaben mich; Gestalten, die ich nicht ignorieren konnte. Gelang es mir einmal, eine dieser Gestalten in Gedanken aufzulösen, kam sogleich eine neue auf mich zu, die mich mit derselben Intensität bedrängte wie die eben besiegte.

Das Unheimliche dabei war, dass mir diese Gestalten stets den Rücken zukehrten. Niemals sah ich ihre Gesichter.

Das ließ mir keine Ruhe. »Wer bin ich?« war meine immer wiederkehrende Frage. Es war natürlich die Frage, sie sich jeder am Anfang seines Lebensweges stellt, aber für mich war sie Ursache einer beständigen Unruhe. Schließlich fasste ich den Entschluss, mich für einige Tage vom Lager zu entfernen. Mein Vorhaben behielt ich für mich, ich wollte keinen Menschen um mich haben. Ich würde auf Essen verzichten, auf Schlaf, und somit die völlige Trennung von allem erreichen. Ich war fest entschlossen, alles zu tun, um endlich zu erfahren, wer diese Gestalten waren, die mich so hartnäckig verfolgten. Sie standen um mich herum, nicht bedrohlich, eher abwartend. Sie schienen ein Geheimnis zu hüten, das mich betraf. Ich spürte dieses Geheimnis wohl, ahnte aber nicht, was es war und wie ich es finden konnte. Ein Geheimnis ist schließlich nichts anderes als Ungewissheit, der Vorgeschmack auf etwas Neues. Was mir fehlte, war Klarsicht. Und ich hätte besser doch die Riten beachten sollen.

Aber nun war es zu spät; ich hatte mich schon weit von unserem Zeltlager entfernt. Im Tal kreuzte ich mehrmals die Fährten fremder Reiter. Dass sich Crows oder Pawnee in der Gegend aufhalten konnten, beachtete ich nicht. Wir bekämpften uns seit Menschengedenken, konnten aber auch, verlangte es die Notwendigkeit, zu Verbündeten werden. Dennoch war es klüger, ihnen aus dem Weg zu gehen. Ich sah auch den Rauch ferner Lagerfeuer; doch die klare Luft täuschte: In Wirklichkeit waren diese Feuer mehr als einen Tagesritt von mir entfernt.

Allein ritt ich durch die weite, lebendige Landschaft, gönnte Sapa ausgiebig Nahrung und Wasser, während ich nicht das Geringste zu mir nahm. Frühmorgens schimmerten die Berge in geisterhaft dunkler Pracht; manchmal zog eine Wolke vorbei, und die grellen Lichtmassen zerwehten sie wie weiße Flügel, bis die Mittagshitze in dumpfen Schweigen niedersank und die Sonne über den Bäumen flimmerte. Dann, gegen Ende des Nachmittags, zerflossen alle Spiegelungen, der Himmel wurde tiefblau und klar, sobald das Sonnenrot sich verdunkelte. Die Gräser dufteten herb, die Wälder verwandelten sich in schwarzgrünes Schattenland. Bald fiel Dunkelheit herab wie ein Tuch, von Sternenbildern durchwebt. Ich verbrachte die Nächte abwechselnd wachend und schlafend. Ich spürte das Leben unserer Mutter, die Erde, ihr Schwingen im Weltenraum, die Schläge ihres mächtigen Herzens. Die Geräusche der Natur, das Rascheln und Murmeln der Gräser, der sanfte Flügelschlag einer Eule, das nadelscharfe Kläffen jagender Tiere, waren mir vertraut wie mein eigener Atem. Nach und nach vergaß ich meine bewussten Gedanken. Und nach zwei Tagen merkte ich kaum, wie ich das Grasland verließ und den Bergen entgegenritt. Mein Geist schwang sich empor wie die Adler, die in den Felsen wohnten und hoch oben im Blau ihre Kreise drehten. Ich ruhte mit ihnen in diesem Netz aus Luft, erfuhr ihre Freiheit und Gewichtslosigkeit. Sapa ging ruhig, erkundete den Pfad mit tastenden Hufen, bei jedem Schritt voller Aufmerksamkeit und Vorsicht. Es war mehr ein Klettern als ein Laufen. Ich aber vertraute ihr völlig, lebte nur durch meine in die Ferne gerichteten Augen.

In den ersten Tagen kamen die Gestalten nicht zu mir, obwohl ich sie gelegentlich wie grauen Nebel in der Ferne zu erkennen glaubte. Am dritten oder vierten Tag war die Luft so schwer, dass ich sie wie eine Berührung empfand. Der Aufstieg war steil, Sapas Fell glitschig vor Schweiß, mein ganzer Körper erhitzt. Gegen Mittag kamen die Gestalten. Ich sah sie auf einem Baum. Es war das erste Mal, dass sie Reittiere dabeihatten. Sie standen mit ihren Pferden auf den Zweigen. Während ich sie betrachtete, saugte der Wind sie auf, hob sie in schwindelnde Höhen; sie zogen Kreise, hingen in der Luft zwischen mir und der Sonne. Ich dachte, sie verspotten mich oder sie weisen mir den Weg. Ganz in ihren Anblick versunken, merkte ich kaum, wie der Wind auffrischte. Der ganze Berg war von Seufzen, Knarren und Knirschen erfüllt. Hoch über der Lichtung wirbelten Luftmassen wie Strudel. Obwohl der Sturm bereits die hohen Fichten schüttelte, war noch keine Abkühlung zu spüren. Die Wolken wurden dichter, auch ihre Farbe wechselte. Das Hellgrau verwandelte sich in drohendes Schwarz. Plötzlich sah ich Vogelschwärme am Himmel, die sich in großen Kreisen sammelten und ostwärts flüchteten. Ihr aufgeregtes Kreischen ging mir durch Mark und Bein. Mit einem Schlag war es stockfinster geworden. Es schimmerte nur ein schmaler blauer Himmelsstreifen durch die Felsgrate hoch über uns, dann verschwand auch dieser. Und im selben Augenblick riss mich der Wind fast vom Pferd. Der brausende Sturm hatte die Gewalt eines Orkans, in hundertfachem Echo warfen die Felswände sein Heulen zurück. Da vernahm ich ein seltsames Geräusch, dem Nagen gieriger Tiere ähnlich. Das Knirschen und Prasseln wurde lauter, und plötzlich erfüllten Sturmwind und Donner den Raum mit krachenden, reißenden und brüllenden Geräuschen. Die Donnerschläge ließen an Lawinen denken, an Erdrutsche und klaffende Spalten. Sapa blieb stehen, wagte nicht weiterzugehen. Im Schutz der Felswand, an die sich die Stute gepresst hatte, um nicht umgeweht zu werden, ließ ich mich zu Boden gleiten. In eiliger Hast band ich sie fest an einen Baum, so dass sie nicht blindlings die Flucht ergreifen konnte und ihr Leben in Gefahr brachte. Die Stute bebte am ganzen Körper. Ich drückte mich an ihre schweißnasse Flanke, streichelte sie, sprach ihr Mut zu.

»*H'gun! H'gun!* Mut! *Waste, waste,* mein Liebes. Gleich ist es vorbei …«

Noch während ich keuchend zu ihr sprach, fegte ein schweres Prasseln heran. Ich spürte so etwas wie Messerschläge quer über mein Gesicht und duckte mich, in die Knie sinkend, dicht an den Baum. Schon öffnete sich der Himmel mit einem Brüllen. Ungeheure Lichter sprangen umher. Eisstücke, groß wie Steine, rollten über die Bergflanke. Meine Hände, die ich schützend über meinen Kopf hielt, fingen an zu bluten. Sapa wieherte vor Schreck, stampfte und drehte sich, versuchte sich loszureißen. In kürzester Zeit waren auch meine Schultern und mein Rücken verschrammt und aufgerissen. Dicht an meinen Ohren schienen Steine zu platzen. Ich war ganz taub davon. Die Hagelstücke flogen durch den Wald, zerschlugen Äste und spalteten junge Bäume. Ich hatte ein Gefühl, als ob sich selbst der kleinste Nerv unter meiner Haut zitternd zusammenkrümmte. Der Himmel war von Blitzen angefüllt, die von oben nach unten und von unten nach oben züngelten. Ich sah nichts mehr vor lauter rasendem Licht. In meinen Schläfen, in meinen Ohren hämmerte wilder Schmerz. Dann – von einem Atemzug zum anderen – trat Stille ein. Ich sah, wie Sapa die Augen rollte. Ihr Maul stand wiehernd offen, doch ich konnte nichts hören. Auf einmal gab es einen Knacks in meinem Ohr.

Ein feiner Ton summte in der Stille, bevor das Summen wie eine Blase platzte. Mein Schädel schien zu bersten, und plötzlich war die Taubheit vorbei, ich konnte wieder hören. Überall lag Hagel, er strömte Kälte aus, und es sollte mehrere Tage dauern, bis auch die letzten Reste von der Sonne geschmolzen waren.

Ich war zutiefst erschrocken. Hier hatten sich die Himmels- und Wassergeister aufs heftigste bekämpft, und ich war den Donnervögeln begegnet. Allein von ihnen zu träumen war ein Los, das alle fürchteten. Nachdem ich Sapa trocken gerieben hatte, setzte ich mich vorsichtig wieder in Bewegung, wobei ich mein Reittier am Zügel führte. Die Wolkenfläche lag jetzt dicht und weiß um die Berge. Beißende Kälte kroch über die Steine. Jede Wärme wich aus mir, als würde sie von mir abgezogen. Meine Beine verloren jede Kraft. Zum Glück fand ich unter einem Felsvorsprung eine kleine Höhle, in der sich etwas Wärme gehalten hatte. Es gelang mir, trockene Zweige zu finden und ein Feuer zu entfachen. Das feuchte Holz qualmte stark; es dauerte lange, bis die Flammen hochschlugen. Ich schmolz einige Eisstücke, damit wir zu trinken hatten, holte Sapa Grasbüschel, die sie mir aus der Hand fraß. Dann, mit Koseworten und Schmeicheleien, brachte ich die ermüdete Stute dazu, sich auf den trockenen Boden zu legen. Sapa gehorchte, hob dann ihren Kopf, lehnte ihn an meine Schulter. Ich lag an ihre Flanke gedrückt. Meine Decke war durchnässt und gab mir keine Wärme. Ich fühlte mich unendlich schwach, doch ich wollte meinem Gelübde treu bleiben, keine Nahrung zu mir zu nehmen. Aus lauter Angst, von Donnervögeln zu träumen, wollte ich auch nicht einschlafen. Aber es gelang mir nicht. Die Augen fielen mir zu, und ich verlor mich in den Schlaf der vollkommenen Erschöpfung.

8. Kapitel

Als ich erwachte, brach im Osten bereits der graue Schein der Dämmerung hervor. Mir war heiß, mein Hals war geschwollen, und meine Kopfhaut kribbelte, als wanderten Ameisen meine langen Haarflechten hinauf. Als die Sonne aufging, wurde es schnell warm, und ich fühlte mich besser. Unter Anstrengung zog ich mich auf Sapas Rücken. Die Luft schmeckte würzig, und vom Horizont lösten sich leuchtende Wolken, die quer über die Berghänge schwebten. Irgendwann entdeckte ich in der Ferne die Gestalten wieder. Sie ritten gleichmäßig weiter, der Bergspitze entgegen. Manchmal verschwanden sie im Licht, verschmolzen mit dem Sonnenglanz. Ich führte Sapa nicht mehr, Sapa war es, die mich führte. Ich hätte nicht sagen können, auf welchen Pfaden wir ritten. Die Sonne stieg unentwegt, die Hitze nahm zu. Plötzlich blieb die Stute ruckartig stehen. Ihre aufgerichteten Ohren zuckten, ihre Muskeln unter meinen Knien waren angespannt. Ich musste im Reiten eingeschlafen sein; jetzt hob ich den Kopf, blickte staunend umher. Von einem Atemzug zum anderen fiel jede Müdigkeit von mir ab. Ich konnte nicht glauben, was ich sah! Wir befanden uns an dem schönsten Ort, den der große Geist den Menschen zum Geschenk machen konnte. Ein Hochtal öffnete sich in weichen, warmen Mulden. Libellenschwärme flirrten in der Sonne. Über Wiesenblumen und Erdbeerbüscheln tanzten Schmetterlinge, und in der Ferne sah ich Rehe grasen. Einige Wolken lagen über dem Tal, sie waren schillernd und ungewiss, und um sie herum schwebte ein ganz zarter Schimmer in den Farben des Regenbogens. Der warme Wind wehte mir seinen duftenden Atem ins Gesicht. Und auf einmal sah ich, ganz nahe und gläsern klar, die von mir gesuchten Gestalten. Sie saßen auf ihren Pferden, während ich langsam zwischen ihnen hindurchritt, dicht an einigen vorbei. Sie hielten, wie in meinen Träumen, die Gesichter abgewandt, doch jetzt konnte ich erkennen, dass sie über ihren hirschledernen Gewändern kostbar bestickte Umhänge trugen, mit Fransen und kleinen Schellen geschmückt. Auch Zügel und Zaum ihrer Pferde waren mit Silberplättchen behängt, die funkelten und klirrten. Sie glichen einander irgendwie. Männer und Frauen unterschieden sich nur durch Haartracht und Schmuck. Manche trugen Kronen von blütenweißen Adlerfedern, die ihnen bis zu den Hüften hinabwallten. Andere hatten ihr Kriegsbeil auf die Schulter ihres Pferdes gelegt, wieder andere hielten einen Speer oder einen wunderbar bemalten Schild aus Büffelhaut. Das schimmernde Haar der Frauen wehte im Wind, ihr schwerer Türkisschmuck leuchtete blau oder grün, in den Farben des Himmels und der Gewässer. Alle standen ganz ruhig, selbst ihre Pferde schienen nicht neugierig zu sein. Ich wartete, doch sie sprachen nicht, sahen stumm an mir vorbei. Alles war so anders und schwebend und seltsam. Mir war, als ob die Fremden gleichsam zu den Gräsern und den ziehenden Wolken gehörten und auch ihre Pferde etwas von den Geflügelten hatten, die mit den Strömen des Himmels zogen. Und gleichzeitig hatte ich das Gefühl, sie zu kennen. Ich wollte zu ihnen sprechen, doch jedes Wort wäre zudringlich gewesen, unpassend. Gleichwohl war mir, als ob sie etwas von mir erwarteten. Und da ich nicht wusste, was ich tun sollte, hob ich langsam die Hand zum Gruß. Da ging eine Bewegung durch die verhüllten Reiter. Sie zogen die rechte Hand unter ihrem Umhang hervor, erwiderten langsam und bedeutungsschwer den Gruß. Zum ersten Mal sah ich ihre Gesichter deutlich. Und da wurde meine Verwirrung grenzenlos. Konnte ich meinen Augen trauen? Denn diese Unbekannten hatten alle mein Gesicht! Doch beim genaueren Hinsehen merkte ich, dass es nicht ganz stimmte, dass ich mir diese Ähnlichkeit nur eingebildet hatte. Tatsächlich sahen die Männer und Frauen ganz anders aus als ich, größer oder kleiner, jünger oder älter. Und nicht alle gehörten zur Sioux Nation, das war es, was mich so verwunderte. Manche trugen unter ihren Umhängen fremdartige Kleider und seltsamen Schmuck. Auch ihre Haare waren nicht immer schwarz, sondern braun oder sogar hell. Wer waren diese Wesen? Mit wem oder was hatte ich es hier zu tun? Ich musste dieser Ungewissheit ein Ende setzen. Und als mir ein hochgewachsener Mann mit bis zu den Hüften hinabreichenden Haarflechten einige Schritte entgegenritt, senkte ich nicht die Augen vor seinem Blick. Nach einer angemessenen Pause deutete ich auf mich und nannte den Namen, den mir jüngst mein Vater verliehen hatte.

»Tashunka Witko – Crazy Horse.«

Da bewegten sich die Gestalten, flüsterten miteinander. Ihr Schmuck und ihre Waffen glitzerten in der Sonne. Einzig der Reiter mir gegenüber hatte sich nicht gerührt. Auf seinem Gesicht war kein Gefühl zu erkennen. Er schien mich zu sehen und gleichzeitig durch mich hindurchzublicken.

»Wir wissen, wer du bist«, sagte er, mit einer Stimme, die so tief war wie das Grollen eines Bären und ebenso fesselnd. »Du bist ein Traumjäger und einer von uns. Wir kennen auch den Namen, der dir nach deiner Geburt verliehen wurde. Der Name, den niemand benutzt.«

»Ich kenne diesen Namen nicht«, antwortete ich demütig.

»Du bist der, der niemals sterben kann. Wir alle tragen diesen Namen.«

Ich versuchte, nicht allzu eingeschüchtert zu wirken.

»Dann sag mir, was ich nicht begreifen kann. Ich dachte, ich sei allein auf dieser Welt. Und hier stehen viele. Ich sehe sie wie durch Wasser, aber alle haben mein Gesicht.«

Wieder bewegten sich die Gestalten. Mir war, als ob einige lachten. Doch der Reiter antwortete geduldig.

»Du bist nicht du. Du bist wie wir alle ein *Nagi* – ein Geist – vorübergehend in deinem Körper eingeschlossen. Der *Nagi* geht von den Anfängen der Menschheit aus, umfasst Gegenwart und Zukunft. Es schafft sich selbst in Ewigkeit.«

»Das verstehe ich nicht«, sagte ich befangen.

Der Reiter nickte mir gütig zu.

»Du wirst es verstehen. Die Unsterblichkeit gilt für alle Lebewesen; nur die äußerliche Hülle altert und wird zu Staub. Menschen, Tiere, Pflanzen und sogar Steine nehmen an dieser Erneuerung teil. Doch reden wir von den Menschen. Viele erkennen nicht, dass ihr Leben sich mit dem Leben des Universums deckt. Sie verschlafen viele Zeitalter, mögen hässliche oder armselige Leben führen, bis der *Nagi* in ihnen erwacht. So jung bist du, und doch weißt du bereits – ohne es mit Worten erklären zu können –, dass dein Körper sterben wird, dein Geist jedoch mit dem Universum lebt, mit den kreisenden Gestirnen und dem Atem und Herzschlag aller Lebewesen.«

»Dann sag mir, warum erkenne ich dich nicht, und sonst auch keinen von euch?«

»Zwischen den lebenden Körpern ist viel Zeit vergangen. Wir sind die, die du einst warst, mal Mann, mal Frau. Auch in Zukunft wirst du beides wieder sein. Stirbst du in Frieden, verschmilzt dein Geist mit unserem Geist. Doch jede gute Tat und jeder gute Gedanke bringen dich weiter auf den Weg der Vollkommenheit. Es mag aber sein, dass du in Unruhe stirbst. Dass du Menschen hinterlässt, die dir teuer sind. Dass ein Unrecht geschieht, das du nicht verhindern kannst.«

»Was kann ich dagegen tun?«, fragte ich.

»Du musst deinen Geist einem geliebten Menschen anvertrauen.«

Ich war ratlos und verwirrt. Ich stellte Fragen und bekam Antworten, die noch mehr Fragen hervorriefen.

»Wie kann ich meinen *Nagi* verschenken? Und wer soll ihn haben?«

»Deine Frau oder dein Kind, wenn sie sich dafür eignen. Wenn nicht, dann nicht.«

»Wer sonst?«

»Ein Freund. Ein Verwandter. Es ist an dir zu wählen. Nach eigenem Herzen und eigener Vernunft. Fortan ist dieser Mensch ein Teil von dir. Er nimmt deinen Geist auf seinem Lebenspfad mit sich. Im Allgemeinen führen die Wege, die er wählt, an dein Ziel oder wenigstens in dessen Nähe. Und wenn er selbst mit den Dingen hier fertig ist, werden Nachkommen oder Freunde sein Erbe weiterführen. So lebt dein Geist in vielen Menschen, wie die Wurzeln eines Baumes, die unter der Erde heimlich und gewaltig wachsen ...«

Seine Worte waren so wirkungsvoll auf mich übertragen worden, wie die Nahrung durch die Nabelschnur von der Mutter zum Fötus geht.

»Das ist ein großes Geheimnis«, sagte ich staunend.

Er antwortete sanft: »Das älteste unseres Menschengeschlechts. Aber nur wenige kennen es und wissen, wozu es gut ist.«

Ich holte Atem, um zu reden. Dann aber merkte ich, dass ich sprechen würde wie ein Kind, und überlegte gut, bevor ich fragte:

»Wie tritt mein Geist in den fremden Körper ein?«

»Du musst es wollen. Und der andere Mensch muss bereit sein. Nimmt er deinen Geist in sich auf, lässt du ihn an deiner Unsterblichkeit teilhaben. Wisse, es ist eine große Ehre, aber auch eine Bürde. Er oder seine Nachkommen könnten daran zerbrechen. Das Verhängnis ist auf dem Weg. Das Volk wird eine schwere Last tragen – und es ist nicht bereit.«

»Werde ich die Weißen bekämpfen?«, rief ich eifrig.

Er erwiderte mit großem Nachdruck:

»Du wirst deine Feinde bekämpfen. Aus dir wird ein großer Krieger, eine Legende. Aber du wirst deine Aufgabe nicht beenden können. Ich, Grauer Bär, sehe in kommende Zeiten. Alle Dinge stehen vor mir, als wären sie mit leuchtenden Farben gemalt. Ich gräme mich um unsere Schwestern und Brüder, weil die Tage ihrer Freiheit zu Ende gehen und sie dich in ferner Zukunft mehr brauchen werden als jetzt.«

»Gibt es viele, die so sind wie ich?«

»Nicht viele. Einige. Aber wo immer ihr euch begegnet, ihr werdet einander erkennen. Manchmal werdet ihr in Liebe vereint sein, dann wieder getrennt, oder in Freundschaft verbunden. Ihr werdet Schreckliches und Wunderbares erleben, bis euer Geist seine weit zurückreichende Geschichte ebenso erforscht, wie er in zukünftigen Zeiten den Himmelsraum durchquert und eine Sprache spricht, die nur von den Gestirnen oder dem Sonnenwind verstanden wird.«

Ich sah ihn verstört an. Seine Gedanken waren beunruhigend und sonderbar. Doch die vielen auf mich gerichteten Augen brachten mir mein Selbstvertrauen zurück.

»Was muss ich tun?«

Er antwortete langsam, damit ich mir jedes Wort einprägen konnte.

»Lebe gut und ehrenvoll und diene dem Volk. Je stärker du bist, desto bescheidener sollst du auftreten. Kein Federschmuck, eine einzige Adlerfeder soll dir gestattet sein. Bevor du in den Kampf reitest, streue Staub auf dich und dein Pferd und trage hinter dem Ohr einen Kiesel. Übe Mitleid, sei immer freigiebig und behalte nie irgendetwas für dich, außer das, was du zum Leben brauchst. Weder Kugel noch Pfeile werden dich streifen; verwundbar wirst du erst dann sein, wenn dir jemand aus deinem eigenen Volk die Arme festhält.«

Kaum hatte er die letzten Worte gesprochen, da kam – wie aus dem Nichts – ein Windstoß auf. Alle Reiter bewegten sich, als suchten sie ihr Gleichgewicht, um sich auf der Stelle zu halten. Am Anfang war es, als versuchten sie dem Wind zu widerstehen, doch dann wurden ihre Bewegungen fließender und schneller. Sie überließen sich dem Luftstrom, begannen zunächst seitwärts zu treiben, wurden blasser, so dass ich durch sie hindurchsehen konnte, bevor sie, wie Herbstlaub, emporwirbelten. Dabei schwebten sie mit größter Leichtigkeit, als benützten sie eine Kraft, die ich weder kannte noch zu verstehen vermochte, bis sie nicht mehr waren als glanzlose Schatten. Und dann zerfloss auch das Weiß und wurde zu Nebel, der sich kaum noch von den hellen Wolken abhob. Und schließlich waren sie ganz verschwunden.

Ich hörte mich selbst sprechen, Satzfetzen stammeln, irgendwelche Worte wiederholen. Auf einmal zuckte ich zusammen. Eine Hand schüttelte meine Schulter. Mein Blick kehrte in die Wirklichkeit zurück. Ich sah, über mich gebeugt, das besorgte Gesicht meines Vaters. Neben ihm stand eine zweite Gestalt. Ich erkannte Hump, einen der wenigen Freunde, die mir aus Kindertagen geblieben waren. Beide hatten sich Sorgen gemacht, nicht nur, weil sich feindliche Stämme in der Gegend aufhielten, sondern auch, weil das Unwetter im Lager große Schäden angerichtet hatte. Mein Vater war erbost in seiner verhaltenen Art, weil ich mich auf die Visionssuche begeben hatte, ohne es ihm zu sagen und ohne mich richtig darauf vorzubereiten. Er ließ mich wissen, dass ich gegen Anstand und Sitten verstoßen hatte. Doch als er sah, wie fiebrig und elend ich mich fühlte, legte sich sein Zorn. Er hüllte mich in eine warme Decke, ich aß und trank gierig, was er mir gab. Als ich wieder bei Kräften war, sagte Worm:

»Gewiss hast du dich umsonst in Gefahr begeben. Vor langer Zeit haben kluge Männer festgelegt, welche Vorbereitungen die *hanblechia* – die Visionssuche – erfordert. Doch für diesmal will ich dir keine Strafe auferlegen. Lass dir Zeit, gewähre dir selbst eine Frist. Dann aber befolge meine Anweisungen. Die Vision wird sich einstellen, wenn Geist und Körper im Einklang sind.«

Ich hielt die Augen gesenkt und widersprach auch nicht. Doch als Hump und ich, abseits von ihm, heimwärts ritten, fiel mir das ungewohnte Schweigen meines Freundes auf.

»Was ist?«, fragte ich.

Er antwortete zögernd, den Blick auf die Ohren seines Tieres gerichtet.

»Dein Vater hörte nicht, was ich gehört habe, denn ich war es, der dich fand. Du weintest, und seltsame Worte kamen aus deinem Mund.«

»Was habe ich gesagt?«

»Du sprachst mit der Stimme eines alten Mannes. Du sagtest, du müsstest ungeschmückt in den Krieg reiten. Nur einen Kiesel hinter dem Ohr tragen. Nie etwas für dich behalten. Und Staub über dich und dein Pferd streuen. Und verletzt kannst du nur werden, wenn dir jemand aus deinem eigenen Volk die Arme festhält. Und dann hast du uralte Worte benutzt, Worte, die ich nicht verstehen konnte ...«

»Genug!«, unterbrach ich ihn aufgewühlt.

»Warum zweifelst du? Ich spreche die Wahrheit, mein Freund.«

Hump war beunruhigt und bewegt. Ich legte ihm die Hand auf die Schulter.

»Ich weiß. Und es stimmt, dass ich meinen *Nagi* sah, der mir manches beibrachte.«

»Dann hast du deine *hanblechia* gehabt. Warum hast du es nicht deinem Vater gesagt? Er hätte die Vision für dich gedeutet.«

Ich schüttelte wortlos den Kopf. Mein Herz war tief betrübt, aber ich konnte mit meinen Vater nicht reden. Tatsächlich vergingen viele Tage, bevor ich über meine Vision mit ihm sprechen konnte.

Wir ritten zusammen aus, fasteten und bauten eine Schwitzhütte, wie es sich gehörte. Als ich ihm alles gesagt hatte, erzählte mir Worm, dass er mich als Baby zu einem Namengeber gebracht hatte. Solche Menschen haben die Gabe der Vorsehung, und den geheimen Namen, den sie für das Neugeborene aussuchen, halten wir für besonders mächtig. Der geheime Name, der mir verliehen wurde, lautete »Der, der niemals sterben kann«, doch sollte er mir erst bei meiner *hanblechia* offenbart werden. Zum Dank hatte Worm dem Namengeber ein gutes Pferd geschenkt. Nun war er zutiefst erschüttert. Es zeigte sich ja, dass ich die Vision tatsächlich erlebt hatte. Worm bedauerte seine Vorwürfe, verwies auf seine große Sorge und bestätigte in allen Dingen die Ermahnungen meines *Nagi*. Und da Blitz, Donner und Eis meine Vision herbeigeführt hätten, sagte Worm, ich dürfe mein Gesicht nur auf drei Arten bemalen: ein schwarzer Strich für den Donner, eine weiße Zickzacklinie für den Blitz und einige weiße Tupfen für den Hagel. An diese Anweisungen habe ich mich gehalten.

9. Kapitel

Die Maschine nach New York startete am Nachmittag; die Tageshelle begleitete mich, während wir den Atlantik überquerten. Eine Reise, wenn sie problemlos und bequem ist, schafft leichte, gelöste Entspannung. Die vorbeischwebenden Wolken tief unten verbergen alle menschlichen Lebensvorgänge. Die Welt verlangt nicht mehr unsere fortwährende Aufmerksamkeit; die gleitende Leere hat etwas Befreiendes. Mein bisheriges Leben ließ ich hinter mir, es war wie die Häutung einer Schlange. Dieser Flug war ein Weg, um die Dinge in mir aus ihren Fesseln zu lösen. Ich kam zur Ruhe.

Bald hörte ich die Stewardessen hinter dem Vorhang hantieren; sie hatten sich eine kleine Schürze umgebunden, trugen Tabletts herein. Das Essen war reichlich und gut. Später schaltete ich mein Handy an. Ich hatte eine Nachricht von Night bekommen: »Angst vorm Fliegen?« Ich tippte die Antwort ein: »Zu viel Ballast.« Zehn Minuten später kamen die Worte: »Alles abwerfen!« Ich lachte vor mich hin, und gleichzeitig zog eine Stichflamme der Erwartung durch mich, in der Magengrube spürte ich eine leicht pulsierende Wärme. Nur noch wenige Stunden, und ich würde diesem Mann begegnen. Wer war er? Wie mochte er aussehen? Die Fragen zogen durch meinen Kopf wie Wolken, und die Zeit verging. Als das Frühstück serviert wurde, hatte ich ein Musikprogramm gehört, zwei Filme angeschaut und etwas geschlafen. Der Kaffee weckte mich.

Bei der Landung wurde das Flugzeug von Windstößen geschüttelt. Der Kennedy Airport war groß, hell, von Rolltreppen und Menschenströmen durchzogen. Hoffentlich dauern die Kontrollen nicht zu lange, dachte ich. Mein Wunsch wurde erfüllt. Es ging alles schnell, fast zu schnell. Tom und Jerry? Wurde ich auch hier beschattet? Ich schob den Gedanken ärgerlich beiseite. Schluss jetzt mit dieser Paranoia! Auch auf mein Gepäck musste ich nicht warten. Außer einer Schultertasche, die meinen Laptop und einige Sachen zum Wechseln enthielt, hatte ich nichts dabei. Alles, was ich zusätzlich brauchte, konnte ich kaufen. Ich besorgte mir eine Fahrkarte und wartete auf dem Bus. Er kam, pünktlich auf die Minute. Die Reisenden drängten sich hinein, mit Taschen und Gepäck beladen. Der Bus war bequem, die Klimaanlage blies. Auf den vielspurigen Autobahnen bewegten sich Wagenkolonnen. Mir kam die darunterliegende Erde in den Sinn, die braune, lockere Erde mit ihrem Gedächtnis, das verschüttet wurde.

Ich betrachtete die vorbeiziehende Landschaft, sah nichts als flache Felder, Parkplätze, Werbetafeln in grellbunten Farben. Neben Tankstellen standen verrostete Autowracks. Bald säumten mehrstöckige Häuser die Autobahn. Die Stadt kam näher, umschloss mich von allen Seiten, rückte mir auf die Haut. Die Häuser, versehen mit den landesüblichen Feuerwehrleitern, waren mit Graffiti beschmiert. Allmählich wurden die Häuserreihen dichter, höher, unübersichtlich. Immer mehr Verkehrsampeln, immer mehr Menschen auf den Straßen. Immer längere Wagenkolonnen, die sich stauten. Wir näherten uns dem Stadtinneren. Neben unbebauten Grundstücken standen Gebäude mit Tausenden von getönten Glasscheiben, in denen sich der Himmel spiegelte. Die Hochhäuser wurden zahlreicher, wuchsen, wurden zu Türmen. Ich kannte New York nur aus den vielen Filmen. Es war ein Wiedererkennen, aber ein künstliches. Bilder und Erinnerungen flatterten durch meinen Kopf wie Schnappschüsse, verursachten ein vages Unbehagen. In der maßlosen Größe der Stadt, in der verwirrenden Mischung aller Baumuster entdeckte ich gelegentlich Orte, an denen ich, schien mir, schon einmal gewesen war. Aber alles blieb zersplittert, auseinandergerissen; nichts kannte ich wirklich.

Central Station. Der Bus drosselte die Geschwindigkeit, hielt mit sanftem Stoß. Ich folgte den anderen Reisenden, die im Sonnenlicht leicht taumelten, Rucksäcke schleppten oder Koffer auf kleinen Rädern mehr oder weniger geschickt durch die Menge zogen. Verloren ging ich mit ihnen, trat in die Halle, hörte die Durchsagen, sah mich um. Ich schaute auf den Plan, den Night mir gemailt hatte. Als ich mich umwandte, sah ich ihn. Unbeweglich stand er da, einer dunklen Säule gleich. Das Erste, was mir auffiel, war seine Körpergröße. Viele Amerikaner sind hochgewachsen, aber er überragte die meisten um Haupteslänge. Er trug einen langen schwarzen Ledermantel, die Hände lässig in den Taschen vergraben. Seine Haut war gebräunt, sein Haar lang und dick und vollkommen glatt. Es fiel ihm, mit einem grünlichen Schimmer, bis an die Hüften herab. Sein Gesicht war etwas länglich, die Brauen dicht und schwarz über den weit auseinander stehenden Augen. Die Nase war gerade, der Mund gut gezeichnet und großzügig. Ich sah ihn, und etwas in mir begann heftig zu zittern. Meine Knie wurden weich, die Handflächen feucht. Es war, als versänke ich in mich selbst, wie in einem Abgrund; als schwebte ich durch alle Nächte meines Lebens hindurch, wo ich ihn – ohne zu wissen, wer er war – in hundert Träumen gesehen hatte. Er begegnete mir aus den Tiefen der Zeit, doch ich war unfähig, die letzten paar Schritte zu gehen, die mich zu ihm brachten. Die Distanz war wie eine Brücke, über eine finstere Schlucht gespannt, die vielleicht der Zeitraum mehrerer Leben war. Und nun war er es, Night, der auf mich zutrat, gelassen, ohne die Hände aus den Taschen zu nehmen. Und dann stand er vor mir, seine Augen forschten in meinen Augen, er lächelte ein wenig und nannte meinen Namen.

»Uma Carter?«

Er hatte eine sanfte, etwas träge Stimme; wie ein tiefer, ganz tiefer Glockenton. Eine Stimme, die nicht laut werden konnte, nicht laut werden brauchte. Ich lächelte ihn an. Jede Frau hätte ihn angelächelt.

»Vielleicht hätte ich früher kommen sollen?«

Er betrachtete mich. Seine Augen waren von einem vergoldeten Schwarz, mit großer Pupille und einem aufmerksamen, fast femininen Blick. Er erwiderte leichthin:

»Vielleicht ist jetzt erst der richtige Augenblick?«

Er reichte mir die Hand, die lang und feingliedrig war. Der feste warme Druck gab mir meine Ruhe zurück. In mir war ein Muster vorhanden, ein uraltes Traumbild, das sich verwirklichte.

»Komm«, sagte er und nahm mir meine Tasche ab.

Er drehte sich um und ging mir voraus, mit langen, geschmeidigen Schritten. Er schien es als völlig natürlich anzusehen, dass die Menschen ihm, wie zufällig, den Weg frei machten. Er zeigte Selbstvertrauen, das jedoch frei war von Eitelkeit oder Eigenliebe. In der rechten Hand schwenkte er nachlässig einen Autoschlüssel. Wir nahmen den Aufzug in die Tiefgarage. Nights Wagen war ein gelber Pick-up mit einer Ladepritsche. Er warf meine Tasche schwungvoll auf den Rücksitz, und ich setzte mich neben ihn. Unter dem Mantel trug er ein schwarzes T-Shirt und Jeans. Dazu kniehohe Stiefel, mit schuppigem Leder besetzt, das dunkelgrün schillerte, wie sein Haar. Schlangenleder? Sein Gürtel war ziemlich breit und die Silberschnalle mit Türkisen besetzt. So exzentrisch die Aufmachung war, ich hätte mir für ihn keine andere vorstellen können. Ich konnte mich nicht erinnern, in meinem Leben jemanden wie Night gekannt zu haben. Ich beobachtete ihn, wie er den Wagen in Bewegung setzte, entspannt und ruhig. Er saß aufrecht auf dem hohen Autositz, der Pick-up hatte einen starken Motor, den er mühelos kontrollierte. Es schien ihm Spaß zu machen, das Fahrzeug unter den Händen zu spüren und ganz genau messen zu können, wie es auf jede Berührung reagierte. Als wir in die Straße einbogen, brach ich das Schweigen:

»Ich habe keinen Wagen. Ich fahre Motorrad.«

Er drehte mir leicht das Profil zu.

»Auch gut. Aber Requisiten, Kostüme und Werkzeuge für die Bühnenbilder brauchen viel Platz, wenn wir auf Tournee sind.«

»Was bist du von Beruf? Schauspieler?«

»Nein, ich bin Tanzlehrer und leite ein kleines Ensemble. Und du?«

»Ich bin selbständig. Ich habe eine Werbeagentur.«

»Davon verstehe ich nichts. Das musst du mir erklären.«

»Man kann viel draus machen. Und wie steht es mit dem Tanz?«

»Man kann viel draus machen.«

»Davon verstehe ich nichts. Das musst du mir erklären.«

»Alles«, sagte er.

»Vielleicht«, meinte ich, »sollten wir auch noch von der Familie reden.«

»Wenn du willst.«

Der Pick-up bremste sanft vor einem Rotlicht. Night sah mich an und grinste breit. »Ich sehe schon, wir haben Gesprächsstoff. Nur noch ein paar Straßen rauf, und wir sind da«, fügte er hinzu.

Ich fühlte mich so wohl neben ihm, dass ich gerne noch eine Stunde weitergefahren wäre. Doch nach ein paar Minuten schon bremste er vor einem düsteren Backsteinhaus. Night ließ mich aussteigen, bevor er den Wagen in eine Garage voller Gerümpel fuhr. Ich wartete und spürte salzigen Wind im Gesicht.

»Acht Stockwerke ohne Aufzug«, warnte er mich. »Man wollte einen einbauen. Die Mieter haben alle dagegen gestimmt. Keiner wollte mehr bezahlen. Gute Wohnungen sind Mangelware. Hier ist es ruhig, und die U-Bahn-Station ist gleich um die Ecke. So was zählt in New York.«

Mühelos stieg er die Steinstufen hinauf, sein weiter Mantel wehte hinter ihm her. Das Tageslicht hatte gegen die kleinen Fenster kaum eine Chance, und die Stufen waren altmodisch hoch. Die schwere Tür oben war gut gesichert. In der Wohnung roch es nach eingeschlossener Luft. Die hohen Wände waren mit einer verblichenen Streifentapete bespannt, die blausilbern schimmerte. Der Parkettfußboden hatte Risse, abgenutzte Teppiche dämpften unsere Schritte. Das Wohnzimmer war verdunkelt, weil die Fenster zur Straße hin unter schweren Vorhängen verborgen waren. Night hob sie hoch mit einer leichten Bewegung der Fingerspitzen

»Die Aussicht ist nicht schön. Da drüben wird gebaut.«

Ich trat neben ihn; ich nahm den leichten Geruch wahr, der von ihm ausging. Er roch nach warmem Leder, Baumwolle und leicht erhitzter Haut. Eine vertraute Spannung ergriff meinen Körper; was ich je an Verlangen gewaltsam unterdrückt hatte, war plötzlich wach, ich spürte einen Druck im Unterleib und wie mein Herz bebte. Zerstreut warf ich einen Blick auf die Baustelle mit ihren großen Lastenaufzügen und Hebekränen. Night ließ den Vorhang wieder fallen.

»Kaffee?«, fragte er. »Oder magst du härtere Sachen?«

»Nein, lieber Kaffee.«

Er ließ seinen Mantel einfach von den Schultern gleiten. Die Küche war klein, aber die Einrichtung neu. Ein großer Eisschrank nahm viel Platz ein. Auch die Kaffeemaschine war ein teures Modell.

»Ich könnte ohne Kaffee nicht leben«, sagte ich.

»Ich auch nicht.«

»Und Wein? Trinkst du auch Wein?«

Er schüttelte den Kopf. »Gelegentlich Whiskey.« Er hielt in seiner Bewegung inne. »Aber nur so viel, dass ich gut gelaunt werde und nicht unsicher auf den Beinen.«

Ich sah mich in der Wohnung um. Nach europäischen Begriffen war die Einrichtung scheußlich. Das Sofa aus schwerem Leder war abgewetzt. Ein alter Wandschrank aus schwarzem Lack war mit zerlesenen Büchern und vergilbten Zeitschriften so beladen, dass sich die Regalbretter durchgebogen hatten. Daneben befand sich, ebenfalls mit Büchern gefüllt, ein überdimensionales Aquarium. Ein paar Stühle standen um einen runden Tisch, auf dem eine unpassende Spitzendecke lag. An den Wänden hingen eingerahmte Familienporträts, große und kleinere. Eine Anzahl Schwarzweißaufnahmen waren an die Tapete geheftet. Alle zeigten Tänzerinnen und Tänzer, beim Training oder auf der Bühne. Durch eine halb offene Tür sah ich ein Schlafzimmer mit einem ungemachten Bett und einem alten Spiegelschrank. Das Badezimmer war ein schlauchartiger Raum mit einer wuchtigen Badewanne, außen gelb und innen blau, und einem winzigen Waschbecken. Alle Wasserhähne waren aus Messing und in der Form eines Schwanes. Das WC daneben war aus Porzellan und mit Rosen geschmückt. Ich blickte mich nach Night um, der Tassen aus dem Wandschrank holte.

»Gehört dir die Wohnung?«

Er nickte mit einem sonderbaren Ausdruck im Gesicht.

»Ziemlich viele Dinge sprechen dafür, dass ich umziehe. Aber ich konnte mich bisher nicht dazu entschließen. Und die Tanzschule befindet sich ganz in der Nähe.«

»Tanzt du selbst auch?«

»Früher war ich Solist. Und wenn sich die Gelegenheit bietet, trete ich schon mal auf. Unser Körper ist dazu da, sich zu bewegen. Aber leider sind wir sesshaft geworden, faul, träge und dick wie Mastgänse …«

Ich lachte. »Aber du doch nicht.«

»Nein, ich nicht. Ich trainiere ja täglich.« Er blinzelte mir zu.

Meine Neugierde war stärker als mein Taktgefühl.

»Lebst du allein?«

Fältchen zeigten sich in seinen Augenwinkeln.

»Nicht immer. Aber im Augenblick ja, da lebe ich allein. Es gibt eben Frauen, die schlecht zu mir passen.«

Ich lachte; wir lachten beide. Die Kaffeemaschine rappelte. Night ging in die Küche und füllte zwei große Tassen. Beide stellte er auf ein Tablett, sah mich kurz an.

»Wie trinkst du deinen Kaffee?«

»Ohne Milch und mit viel Zucker.«

»Hast du schon mal Ahornsirup probiert?«

»Nein, kenne ich nicht.«

Er stellte eine kleine Flasche auf das Tablett. Im Wohnzimmer ließ er die braune Flüssigkeit direkt in den schwarzen Kaffee träufeln.

»Da, probier mal!«

Ich kostete vorsichtig, behielt den schwarzen Kaffee eine Weile im Mund.

»Schmeckt großartig!«

Er nickte zufrieden.

»Morgens, wenn ich aufstehe, stelle ich als Erstes die Maschine an. Und bevor ich trinke, biete ich einen Teelöffel den Geistern an, die hier zu Besuch sind. Die Geister mögen Kaffee sehr, hast du das gewusst?«

Bisher hatte mich seine schillernde, leicht hochmütige Persönlichkeit in einer Art Staunen gehalten. Dass er so etwas Abwegiges sagte, verstärkte noch dieses Gefühl, einem ungewöhnlichen Menschen gegenüberzusitzen. Ich stutzte. Wieder überkam mich das seltsame Frösteln. Ich dachte an Elinor, und meine Hände wurden plötzlich kalt.

»Night, hast du Elinor gekannt?«

Er lehnte sich zurück, schlug lässig die langen Beine übereinander.

»Ich nicht, nein. Aber ich habe viel über sie gehört. Auch, dass sie Bildhauerin war und 1956 in New York ausgestellt hat. In einer bekannten Galerie, nahe dem Metropolitan Museum. Sie hat dort einen gewaltigen Skandal provoziert, und ein gewisser Cole McGentry, der eine Pistole in der Tasche versteckt hatte, schoss auf sie. Die Kugel schlug neben Elinor in die Wand.«

Ich traute meinen Ohren nicht.

»Warum hat er das getan?«

»Nun, Mister McGentry fühlte sich gekränkt. Eine New Yorker Galerie zeigte eine Ausstellung zu Ehren der amerikanischen Ureinwohner, wo doch ein Vorfahre von ihm am Rosebud River von Indianern getötet worden war.«

»Und Elinor?«

»Elinor schlug McGentry mit der geballten Faust und herrschte ihn an: ›Tu's ein zweites Mal! Wenn du den Mut hast!‹ McGentry hob die Pistole. Der zweite Schuss löste sich und landete in der Decke. Worauf Elinor ihm die Pistole aus der Hand riss und McGentry weinend zusammenbrach. Man zeigte Verständnis für ihn, der verhaftet und am gleichen Tag wieder freigelassen wurde. Er brauchte nicht einmal eine Kaution zu zahlen.«

So war Elinor also, dachte ich mit einem unbestimmten Kribbeln im Bauch, eine Frau, die es nicht für eine verdammt blöde Idee hielt, einem bewaffneten Nervenbündel die Pistole zu entreißen.

»Es war ein Spiel mit dem Feuer«, sagte Night. »Ein Spiel nicht um des Spiels willen. Sondern ein Spiel um des Herzens und der Ehre willen. Elinor hätte ihr Leben dabei verlieren können. Aber Elinor nahm ihr Leben in diesem und in manch anderem Augenblick nicht so wichtig.«

»Diese Geschichte kannte ich nicht – wie so viele«, sagte ich bitter. »Aber ich habe ihre Skulpturen gesehen. Sie stehen in Nevers, im Musée Henriette de Clèves.«

»Die sah ich wiederum nie«, sagte Night. »Elinor ließ die Bronzen nach Europa einschiffen, nachdem man sie mit Exkrementen beschmiert hatte. *Tales of Wounded Knee* hatte sie die Skulpturen genannt. Dass ihre Werke angefeindet wurden, war eine Sache, dass man sich an ihnen vergriff, ertrug sie nicht. Elinor war Französin, aber ihre Mutter Mary war eine Miniconjou und hatte das Massaker am Wounded Knee Creek miterlebt – die toten Frauen und ihre Kinder. Sie hatte gesehen, wie ihr Vater, Chief Sitanka, mit anderen Toten auf einen Karren geladen und in einem Massengrab verscharrt wurde.«

Die Sonne hinter den Vorhängen glitt weiter, und es wurde

noch dunkler. Ich spürte die Luft um mich herum, sie war dicht und eindringlich. Die Geister, mit denen Night in vertrauter Weise verkehrte, kamen näher.

»Elinor soll Sitankas Statue nach einer alten Fotografie geformt haben.«

»Ich kenne das Bild«, erwiderte er mit langsamem Kopfnicken. Seine weit geöffneten Augen schienen die Geister zu betrachten, die sich in dem Zimmer bewegten. Ich sah sie nicht. Aber ich wusste, dass wir von ihnen umgeben waren. Und zweifellos waren es gute Geister. Sie waren lediglich traurig.

»Mary wird ihrer Tochter die Geschichte viele Male erzählt haben. Das Problem ist, dass wir keine Schrift kennen. Unsere Geschichte ist mündliche Überlieferung. Erzählen wir sie den Kindern nicht, geht sie verloren. Aber Elinor erzählte sie auf ihre Art, indem sie die Figuren in Bronze goss.«

Ich trank meine Tasse leer.

»Von meinen Urgroßeltern weiß ich gar nichts, außer dass sie Amerikaner waren und mein Urgroßvater im Atelier von Rodin gearbeitet hatte. Aber er ist vergessen, während Elinor berühmt wurde. Übrigens erzählte Marie, meine Mutter, dass Elinor ein paarmal in Amerika war. Damals reiste man mit dem Schiff, und sie blieb immer lange fort.«

Night spielte mit seinem Haar, wie Frauen es manchmal tun, selbstvergessen und ohne die geringste Affektiertheit.

»Elinor wird der Berühmtheit sehr misstraut haben. Es muss ihr unwürdig erschienen sein, sich von dem Glanz blenden zu lassen und die Scheußlichkeit der Welt zu vergessen. Sie misstraute aber ebenso ihrem eigenen Zynismus. Sie hatte die Kraft zu lachen; aber sie wusste nie, wann der Schmerz hinterhältig mit der Pranke zuschlug, ins eigene Herz hinein.«

»Du hast viel über sie nachgedacht«, sagte ich überrascht.

Er nickte. »Ja. Mich störte die hartnäckige Stille, die sie umgab. Von Pandora weiß ich, dass Elinor die Vereinigten Staaten besser kannte als sie selbst. Sie ist in Kanada, in Mexiko und

Südamerika herumgereist. Elinor sah sich als Verliererin, betrogen um ihr geistiges Erbe. Sie wollte den Kontinent erkunden, der vor Ankunft der Weißen fünfhundert eigenständigen Nationen gehört hatte. Sie kannte die ältesten Legenden, die schönsten Liebesgedichte und jede Menge wahrer Geschichten. Sie bewahrte unsere Traditionen auf. Namen, Deutungen, Dialekte. Sie liebte das Land ihrer Ahnen, leidenschaftlich und hoffnungslos, und fühlte sich gleichzeitig als Französin, was ihrem Geltungsbedürfnis entsprach und ihr eine gehörige Portion bösen Witz gab. Auf der Vernissage in New York kleidete sie sich wie ihre indianischen Vorfahren und rief die Namen der ersten sechs Männer auf, die am Wounded Knee Creek unter der weißen Fahne des Friedens getötet wurden: Big Foot, Spotted Thunder, Horn Cloud, Ghost Horse, Iron Eyes, Wounded Hand. Dieser Brauch, die Namen aufzurufen, ist wie ein Anwesenheitsappell. Er wird in einigen indianischen Familien jedes Jahr am Erinnerungstag des Massakers gepflegt. Wir haben auch eine Zeremonie, um feindlichen Stämmen zu vergeben, die *Tokaklah*-Zeremonie, die tausend Jahre alt ist. Und nun eröffnete Elinor die Ausstellung, indem sie die Nachkommen der siebten US-Kavallerie aufforderte, sich zu entschuldigen. Kein Wunder, dass McGentry mit der Pistole herumfuchtelte, Demonstranten vorbeizogen und die Galerie Drohbriefe erhielt. Die Ausstellung wurde vorzeitig geschlossen.«

Ich rieb mir die Schläfen. Wie wenig wusste ich doch von Elinor.

»Alle sagten, dass Elinor verrückt war. War sie verrückt, Night?«

Er bewegte langsam den Kopf, wobei die dunkle Haarfülle leicht hin und her schwang.

»Im Gegenteil, sie war sehr klarsichtig. Sie ahnte, dass sie explodieren könnte an ihrem Hass, wenn sie in ihrer Arbeit fortfahren würde. Sie fühlte sich wie eine junge Schlange, die aggressiv und gereizt ist, und am Boden kriechen muss in einer Welt, die zu groß für sie ist. Elinor hasste dieses Gefühl. Sie zog sich zurück, in ihre eigene Traumwelt. Diese Art von Klarsicht ist sehr weise.«

»Ich bin froh, dass du es so empfindest«, sagte ich und fühlte mich ein wenig erleichtert. »Ich wurde aus ihr nicht klug. Und gleichzeitig hatte ich das Gefühl, dass ich verstand, wie es in ihr aussah ...«

Nights Augen waren ins Leere gerichtet, mit diesem ganz merkwürdigen Blick, der ihm eigen war. Er antwortete leise, wie im Selbstgespräch.

»Es mag wie ein Bild sein, das wir zunächst ganz unscharf sehen. Das Bild will sich formen, wir möchten es klarer und in allen Einzelheiten sehen. Die innere Energie wird immer lebhafter und wichtiger. Und schließlich erträumen wir uns eine ganze Welt, die viel schöner ist. Sie weitet sich ständig aus, sie ist eine allgegenwärtige Kraft, ist ein Gefühl von Flut, Ozean, Weltenraum – wie das Licht von Sonne und Mond. Wir sind nicht mehr im Raum, wir sind ›außerhalb‹. Wir essen Frühstück, Mittagessen und Abendbrot, damit unser Körper funktionstüchtig bleibt. Aber die Welt in uns nimmt uns zu sehr in Anspruch, als dass wir noch Lust hätten, uns mit Albernheiten zu befassen.«

»Elinor hat dreißig Jahre im Rollstuhl verbracht. Zum Schluss wurde sie künstlich ernährt. Zu mir sagte sie, als sie starb: ›Ich hatte ein besseres Leben.‹«

Er lächelte vor sich hin, still und herzlich. »Das ist es ja, was ich meine.«

Er saß entspannt vor mir. Ich hatte nie einen schöneren Mann gesehen, schön, wie ein Hirsch oder ein Leopard es sein konnte, ein Geschöpf, dass sich zu schmücken wusste und dabei völlig ursprünglich und natürlich blieb. Was musste das für ein Volk gewesen sein, das solche Schönheit hervorbrachte?

»Und du glaubst«, fragte ich, »dass Elinor so dachte?«

»Es wäre vielleicht eine Erklärung. Was hat sie gesagt, als sie starb?«, fragte er und setzte gleich hinzu: »Aber vielleicht willst du lieber nicht davon reden?«

Ich berührte mit dem Finger das Spitzendeckchen.

»Das ist eine lange Geschichte.«

»Du wirst sie mir erzählen.«

»Das werde ich. Und ich will wissen, wer Pandora war.«

Er antwortete versonnen.

»Sie war eine Kriegerin, wie Elinor es war. Ein Mann, der besiegt am Boden liegt, greift zum Schnaps; eine Frau steht auf und greift zur Waffe. Ja, ich werde dir von Pandora erzählen.« Er stockte mit einem Blick auf seine Armbanduhr. Eine gute, teure Marke, die locker um sein schmales Handgelenk lag. »Tut mir leid, jetzt habe ich keine Zeit dazu. Mein Unterricht beginnt um fünf. Und ich lasse die Kids nie warten. Willst du dich inzwischen etwas hinlegen und schlafen?«

»Du kannst von einer Frau, die einen achtstündigen Flug in den Knochen hat, nicht erwarten, dass sie bei ihrer Ankunft gleich zu Bett geht«, sagte ich. »Ich bin viel zu überdreht, um müde zu sein.«

»Dann komm und sieh dir den Unterricht an.«

10. Kapitel

New York war voller Leute, Lichter und Fahrzeuge; eine vor Leben pulsierende Andersartigkeit, die ich wie hinter einer Glasscheibe betrachtete. Die Straßen kreuzten sich schachbrettartig, in geometrischer Ordnung. Die Gründerväter hätten mit Erstaunen gesehen, wie die wachsende Stadt ihre Planquadrate sprengte, in die Höhe und Breite wucherte. Und auch in die Tiefe, denn der Boden dröhnte jedes Mal, wenn mit schnell verhallendem Donnern die U-Bahn vorbeifuhr.

»Es ist nicht weit«, hatte Night gesagt, »wir gehen zu Fuß.«

Er schritt mit seinen langen Beinen weit aus, den Kopf hochmütig erhoben. Er ging wie ein König, der sein Reich in Besitz nahm. Der Wind bewegte sein Haar, der offene Mantel wallte wie Vogelschwingen.

Die Tanzschule befand sich in einem Haus aus den frühen siebziger Jahren, das vermodert und verkommen wirkte. Die verschmierten Wände waren mit Graffiti und alten Plakatfetzen bedeckt. Das Studio im dritten Stockwerk war ein großer, nüchterner Raum, dunkelgrün gestrichen. Es roch nach Mörtel, Schweiß und verstopfter Kanalisation. In Nights Garderobe brannte eine Reihe Glühbirnen über einem kleinen Spiegel. Kühl und achtlos warf er seinen Mantel über die Stuhllehne, zog sein T-Shirt über den Kopf, stieg aus seinen Jeans. Meine Anwesenheit schien ihn nicht zu stören. Sein Körper war honigbraun, nur spärlich behaart, völlig makellos; jede seiner Bewegungen ließ unter der glatten Haut lange feine

Muskeln hervortreten, die geschmeidig, aber von äußerster Stärke waren. Seine ungekünstelte Sinnlichkeit verwirrte mich. Er streifte schwarze Leggins über, ein dunkles Trikot. Dann warf er sein Haar schwungvoll über die Schultern, bevor er es hochhob und im Nacken zu einem Pferdeschwanz band.

Schon seit einer Weile wurden draußen Schritte und Stimmen laut. Die Tänzer fanden sich ein. Trainingsanzüge, Pullover, Beinstulpen und Übungstrikots in allen Farben lagen herum. Jeder schien eine Wasserflasche dabeizuhaben. Es roch wie in den Turnhallen meiner Jugend. Mir fiel auf, dass sich fast ebenso viele Jungen wie Mädchen eingefunden hatten. Die meisten waren Schwarze oder Hispanos; einige Asiatinnen waren auch darunter, mit schön gepflegtem, glänzendem Haar und perfekter Körperhaltung. Ein paar Jungen lehnten an der Wand, unterhielten sich, lachten, schlugen sich einander auf die Schulter. Alle wurden mit einem Mal still, als Night den Raum betrat. Das Studio kam mir im selben Augenblick viel kleiner vor. Der Unterricht begann mit dem Aufwärmen: langsame Dehnübungen und Bodenübungen, um die Muskeln zu lockern. Dann folgte das Training an der Stange, die Enchainements, der Jazzwalk, die Sprünge. Ganz allmählich wechselte das Tempo. Vom Ballett verstand ich nicht viel und hatte es Night auch gesagt. Immerhin erkannte ich, dass er die Ballett- und Jazzschritte auf besondere Art vermischte. Sein Stil verlangte gleichzeitig Präzision und Nonchalance. Night hatte eine organische und reine Bewegungsästhetik entwickelt, die viel von den Tänzern verlangte. Stets war es nur Night, den ich sah, obwohl er nie zögerte, sich in einen Reigen einzugliedern oder eine Schülerin oder Schüler in den Mittelpunkt zu stellen. Dann plötzlich war es, als ob ein innerer Bewegungsstrudel ihn mitzog; es wirkte fast kaleidoskopisch, ein blitzschnelles Zusammenballen und Loslassen von Bewegung, sein stampfender, sich drehender Körper, gleichsam schwerelos und kraftvoll. Die Arme hingen dabei locker, die Hände waren leicht aufwärts gedreht, wobei seine Füße sich im hämmernden Stakkato bewegten, das Gesicht aber völlig unbeweglich blieb, die Augen halb geschlossen, wie entrückt. Das dauerte nicht lange; es war, als ob er sich sofort zügelte, sozusagen innerlich zur Ordnung rief. Schon wurde er wieder ruhig, ging von einem Schüler zum anderen, korrigierte hier eine Haltung, dort eine Bewegung. Die Schüler waren konzentriert, ganz Aufmerksamkeit. Die Musik, die Night bei den Übungen einsetzte, war eine höchst sonderbare Zusammenstellung. Ich erkannte Klaus Nomi ebenso wie *Tod und Verklärung* von Strauss, Carl Orffs *Carmina Burana,* einen kraftvollen Hip-Hop und einen seltsamen Männerchor, der, wie ich später erfuhr, von den Maori auf Neuseeland bei der Kriegerweihe gesungen wurde. Das alles schuf eine kraftvoll faszinierende Stimmung, die mich in ihren Bann zog. Ich saß einfach da, auf einem Stuhl, und schaute zu. Doch mir war, als ob der Unterricht auch mich verwandelte, mein Körpergefühl empfänglicher und hellhöriger machte.

»Wie bist du dazu gekommen, Tanzlehrer zu werden?«, fragte ich Night, als wir nach dem Unterricht in einem Café ein Sandwich aßen.

»Die Natur tanzt ja auch«, sagte er. »Aufnahmen im Zeitraffer zeigen, dass sogar Pflanzen sich immer wieder der Sonne zuwenden, sich rhythmisch bewegen, um sich zu befruchten oder Samen auszustreuen. Dabei führen manche große spiralförmige Bewegungen aus – und keiner weiß, warum. Auch Tiere tanzen. Hast du nie gesehen, wie Vogelmännchen sich aufplustern, die Federn spreizen und die Weibchen umtanzen? Auch Schwäne und Kraniche tanzen in der Paarungszeit. Im Grunde tanzen alle Tiere, aus Aggressivität oder aus reiner Lebensfreude. Und die Menschen natürlich auch. Sogar Kleinkinder hüpfen und wiegen sich im Takt der Musik, noch bevor sie richtig laufen können. Der Tanz wirkt sich auf unser soziales Leben aus. Es gibt Gesellschaftstänze, die mich sehr an die Paarungstänze der Tiere erinnern. Und dann gibt es andere zur Begrüßung der Sonne oder um den Regen zu rufen oder die Toten zu ehren. Oh ja, der Tanz ist Ausdruck der Religion, oder zumindest des Glaubens. Hast nie darüber nachgedacht?«

»Über Tanz kann ich mich nicht intelligent unterhalten«, sagte ich.

»Und ich nicht über die Gesetze der Werbung.« Er blinzelte mir zu.

Wir lachten beide. Ich fragte: »Warum bist du eigentlich Tänzer geworden?«

Sein Lachen erlosch. Er antwortete nachdenklich: »Zunächst war der Tanz für mich wie eine Fremdsprache, ein verschwommener spiritueller Vorgang. Aber der Tanz ist vor allem ein persönliches Erleben. Als ich die ersten Schritte lernte, öffnete sich mir eine neue und außergewöhnliche Wahrnehmung, kraftvoll, magisch und unerhört.«

»Wie kam das?«

»Eine Zeitlang war ich sehr unstabil, bewegte mich am Rande des Infernos. Und daher ...«

Er stockte, seine Brauen zogen sich leicht zusammen. Was für einen seltsamen Blick er hat, dachte ich. Eine ganz sonderbare Art von Selbstvertrauen lag darin.

»... und daher«, fuhr er fort, »verlief meine persönliche Entwicklung recht chaotisch. Um es kurz zu machen: Ich hatte eine klassische Ballett- und Musikausbildung, nahm an Wettbewerben teil und war acht Jahre lang Mitglied im American Ballet Theatre, das eigentlich nur klassische Tänze im Repertoire hat. Aber ich wollte die Dinge nicht begrenzen, suchte neue Ideen und Experimente. Eine eigene Tanzgruppe zu gründen war schon immer mein Ziel. Und irgendwann kam mir die Idee, Jugendlichen, die ihrem eigenen Körper fremd sind, die nie zur Selbstdisziplin erzogen wurden, die jede Sensibilität gegenüber anderen ebenso wie das Bewusstsein für die eigenen Gefühle verloren hatten, zu helfen. Ich war davon überzeugt, dass der Tanz bei ihnen etwas bewirken konnte. Quasi als Therapie, als Vermittler von Selbstbewusstsein, Intelligenz und Verlangen nach dem Schönen. Ich setzte auf eine berechtigte Hoffnung, wollte aus Maulwürfen Adler machen! Ich schrieb an viele öffentliche Institutionen, versuchte sie für mein Projekt zu gewinnen, bis man mir endlich eine bescheidene Unterstützung genehmigte. Nun, wir leben von der Hand in den Mund. Die Geldmittel können uns von einem Monat zum anderen gestrichen werden. Aber bisher funktioniert es. Und so lebe ich neun Monate im Jahr in New York und gehe mit den Kids auf Tournee. Die anderen drei Monate unterrichte ich in Pine Ridge. Idealismus gehört schon dazu.«

»Wo liegt Pine Ridge, Night?«

»In Süddakota. Das Pine-Ridge-Reservat wurde uns gnädigst von der US-Regierung überlassen, weil die Quecksilbersäulen der Thermometer dort Höhenrekorde erreichen und dort nur Bleichgesichter leben, die anderswo keine Chance hätten. In den siebziger Jahren hatte Pine Ridge die höchste Kriminalitätsrate der USA, höher noch als die der Bronx hier in New York. Tja, sie haben uns ganz schön fertiggemacht. Man schmeckt die Trauer, wenn man in Pine Ridge geboren wurde. Wir Kinder fühlten die Demütigung, aber mit unseren Eltern konnten wir darüber nicht reden. Sie waren sprachlos vor Scham, die meisten dazu noch betrunken. Ich spreche hier von unserem Volk, dem einst dieser Kontinent gehörte. Wir stehen herum um das andere Volk, das uns das Land raubte, wie ein schweigender Chor, gleich dem Chor der griechischen Tragödie. Nur dass der Gott des Stolzes uns verlassen hat. Doch die schamvolle Rückzugstaktik, gepaart mit schmollenden Ressentiments, wäre beinahe unser Todesurteil gewesen. Vereinzelte kluge Köpfe haben das gerade noch rechtzeitig erkannt. Es war eine Minute vor Torschluss. Jetzt erheben wir unsere Nase wieder aus dem Dreck, haben endlich unsere eigenen Lehrer statt Bleichgesichter, die uns zur Begrüßung in der ersten Klasse die Zöpfe abschnitten. Als ob nur Kahlgeschorenen der Zutritt zu Wissen gestattet sei. Vieles hat sich geändert, zum Glück. Unsere Kids erblicken nicht mehr, wenn es um ihre eigene

Geschichte geht, eine Gruft, randvoll mit vermoderten Knochen. Aber die Eltern finden noch immer keine Arbeit, und wenn, dann nur die gefährlichste, die schmutzigste oder die am schlechtesten bezahlte. Aber was der Tanzunterricht für Kids bedeuten mag, die nach wie vor ein hartes Stück Jugend erleben, weiß ich aus Erfahrung.«

Er lehnte sich zurück, die Hände in den Jeanstaschen. Es war eine tiefe Empfindsamkeit in ihm. Und gleichzeitig der Hochmut des Besiegten, der sich adlig gefühlt hatte, als man ihn und sein Volk in die Knie zwang.

»Bei Elinor, natürlich, war alles anders …«

Ich runzelte die Stirn. »Anders? Was willst du damit sagen?«

Er griff nach seinem Mantel und stand auf, um an der Kasse zu zahlen.

»Du wirst es besser verstehen, wenn du das Bild siehst.«

11. Kapitel

Wie überall«, sagte Night, »zieht sich ein Faden durch unsere persönliche Geschichte. Gewöhnlich erwarten wir von einem Faden, dass er irgendwo anfängt. Aber unser Faden verschwindet im Chaos der Jahrhunderte, und wir müssen ihn irgendwo aufgreifen. Da die Kontinuität des Fadens aus dem Erinnern besteht, kehren wir am besten zu einem Anfang zurück, den wir verstehen können.

Dein Urgroßvater, Alan Carter, stammte aus einer Mischlingsfamilie. Ein Gesetz, das Ehen zwischen Weißen und Indianern verbot, kam erst später auf. Alans Vater war zur Hälfte Cherokee. Seine Mutter Lovely Eyes war eine Lakota, eine ältere Schwester Makhpiya Lutas, besser bekannt unter dem Namen Red Cloud, der 1868 mit einer Anzahl von Chiefs auf Einladung der US-Regierung mit der Eisenbahn nach Washington fuhr. Zweck der Reise war, mit Präsident Ulysses S. Grant die Bedingungen eines Vertrages zu verhandeln, der, nachdem er den leseunkundigen Chiefs vorgelesen worden war, von den Weißen jedoch völlig anders abgefasst wurde. Der Versuch, Red Cloud zu betrügen, schlug fehl. Red Cloud wies den gefälschten Vertrag zornig zurück und wiederholte: ›Darin stehen lauter Lügen!‹, bevor er im Cooper Institute eine viel beachtete Rede hielt. Nun gut, das ist eine andere Geschichte. Hier geht es um Alans Mutter Lovely Eyes, die sich von Josef Carter und von den drei Pferden, die er ihren Eltern schenkte, betören ließ.«

»Ach«, unterbrach ich Night mit einem etwas erbosten Auflachen, »war eine Frau bei euch nur drei Pferde wert?«

»Fehleinschätzung!« Night ließ sich nicht aus der Ruhe bringen. »So primitiv waren wir nicht. Bei uns waren Frauen und Männer gleichgestellt.«

»Aber es gab doch Männer, die zwei Frauen hatten?«

»Oder sogar drei. Oft fielen die Männer ja im Krieg, und wohin mit den einsamen Frauen? Wie sollten sie mit kleinen Kindern auf die Jagd gehen? Da suchten sie sich lieber die Männer aus, die sie ernähren konnten.«

»Die stärksten vielleicht?«

»Ganz recht – Stärke ist sexy, und wir waren nicht prüde. Eine junge Frau konnte sich mit vielen Männern gut verstehen, zur Heirat wurde sie niemals gezwungen. Wenn ihr ein Mann nicht gefiel – dann gefiel er ihr eben nicht. Und was die Pferde betrifft, die waren lediglich ein Hochzeitsgeschenk, wie es bei den Weißen auch üblich ist. Nichts war wertvoller als gute Pferde. Und Josef Carter kannte sich aus. Sein Vater, ein Baske, war ein besonders gerissener Pferdehändler gewesen. Der heranwachsende Josef hatte bei seinen Streifzügen kreuz und quer durch die Plains jeden Trick von ihm gelernt. Die Lakota hätte er allerdings nicht gewagt übers Ohr zu hauen, die hätten ihm umgehend den Schädel eingeschlagen. Und Lovely Eyes wäre es bis zum letzten Augenblick gestattet gewesen zu sagen: ›Verschwinde mit deinen Pferden, ich habe es mir anders überlegt!‹ Eine solche Abfuhr hätte bei den Weißen jede Menge Gezeter ausgelöst, weil die Ringe ja bereits angepasst und die Einladungen im Voraus verschickt waren. Wir nahmen diese Dinge weitaus gelassener.«

»Aber warum nur drei Pferde und nicht vier oder fünf?«

»Mehr als drei galten als geschmacklos. Die Leute hätten getuschelt, dass die Braut diesen Mann eigentlich nicht heiraten wollte, das Geschenk aber so grandios war, dass die Eltern nicht nein sagen konnten und die junge Frau für ein paar Pferde verkauft hatten. Und alle hätten sich zutiefst beleidigt gefühlt.

Natürlich waren Lovely Eyes Eltern von der Ehe nicht unbedingt begeistert. Sie hätten lieber einen Schwiegersohn aus dem Volk gehabt, einen, der sich im Alter um sie kümmerte. Außerdem gab es besondere Regeln im Umgang mit den Schwiegereltern. Zum Beispiel durfte der Schwiegersohn nie das Wort an die Schwiegermutter richten, sondern musste warten, bis diese als Erste mit ihm sprach. Er durfte ihr auch keine Gegenstände von Hand zu Hand reichen. Der schlimmste Fauxpas war, ihr direkt ins Gesicht zu schauen. Und Josef Carter hatte für Familienbande ebenso wenig Sinn wie für komplizierte Tabus. Er hatte andere Pläne. Nachdem ein Priester Lovely Eyes auf den Namen Lucinda getauft und die Ehe formell gesegnet hatte, ging er mit seiner jungen Frau zunächst nach Seattle, dann nach Oklahoma.«

Im Wohnzimmer war die Deckenbeleuchtung schwach. Night erhob sich von seinem Stuhl und knipste die Stehlampe an. Er hielt sie hoch, damit Licht auf die Familienporträts fiel, die alle in einer Reihe hingen. Die Männer und Frauen, die ungerührt aus den ovalen Rahmen blickten, glichen sich alle.

Night hielt das Licht dicht an eine kleine Fotografie, postkartengroß, ein Gruppenbild: ein Mann, zwei Frauen, ein Junge und ein Baby. Die Frauen trugen Krinolinen, darüber war der Stoff in kunstvollen Wirbeln angeordnet. Ihre Hüte waren mit Bändern geschmückt, die Schleier elegant zurückgeschlagen. Die sitzende Frau, die etwas füllig, aber sehr schön war, hielt das Baby auf dem Schoß. Als der Fotograf auf den Auslöser drückte, musste sich das Kleinkind bewegt haben. Sein Gesichtchen war unscharf, wie weggewischt. Die jüngere Frau zeigte einen Ausdruck anmutiger Bescheidenheit, wobei der kindliche Mund ein Lächeln andeutete. Ihre Rechte hielt einen weißen herunterhängenden Handschuh. Noch war in ihrem Gesicht etwas Zurückhaltendes, Unentschlossenes, das, einmal gereift, bezaubernd sein würde. Der ebenfalls sitzende Mann hielt sich übertrieben gerade, die Knie gespreizt. Er trug einen schwarzen Cutaway, dazu fein gestreifte Hosen, ein steifes Hemd mit Fliege. Das strähnige schwarze Haar war zurückgekämmt, die Brauen lagen buschig über den finsteren Augen. Ein langer Schnurrbart hob das kantige Kinn hervor. Er hatte ein hartes Gesicht, mit einem Zug unverkennbarem Hochmut. An seiner Schulter lehnte ein blonder Junge in Schuluniform. Etwas war an diesem Jungen, das mich veranlasste, mehrere Sekunden lang nichts außer ihm wahrzunehmen. Der Junge zeigte eine verkrampfte Haltung. Der Fotograf musste ihn aufgefordert haben, sich an den Vater zu lehnen, was dem Jungen sichtlich missfallen hatte. Er stand da wie ein kleiner störrischer Widder, die Fäuste geballt, den Mund fest zusammengepresst. Die eigensinnige Stirn schien leicht gerunzelt; die Augen, kaum als schwarze Schatten zu erkennen, schienen aus dem fernen Jenseits in meine zu blicken, als versuchten sie mich zu erkennen und meine Gedanken zu lesen. Das Gefühl war vollkommen absurd; und doch empfand ich gleichzeitig ein Würgen dabei, fast eine Übelkeit. Nur mit Mühe wandte ich die Augen ab, sah fragend zu Night hinüber, der mir zunickte.

»Josef Carter und seine Familie. Das Daguerreotyp stammt aus dem Jahre 1848 und ist für seine Zeit bemerkenswert. Aber Carter konnte sich den besten Fotografen leisten. Lucinda hält ihren kleinen Sohn Robert, der an Pocken sterben sollte, auf dem Schoß. Die junge Frau ist Becky, die älteste Tochter. Der Schuljunge ist dein Urgroßvater Alan.«

»Aber die Familie sieht ja überhaupt nicht …« Ich stockte, biss mir auf die Lippen.

»… indianisch aus, meinst du?« Night beendete meinen Satz. »Nein, natürlich nicht. Es gab eine Mischlingsaristokratie. Wer das Zeug dazu hatte, und genügend Geld, passte sich der Lebensweise der Weißen an.«

»Wie kam denn Josef Carter zu seinem Vermögen?«

Nights dunkle Lippen kräuselten sich höhnisch. »Ganz einfach: Er belieferte die Armee mit Pferden und Maultieren, bevor er sich einem lukrativeren Geschäft zuwandte und nicht mehr mit Pferden, sondern mit Menschen handelte.«

Ich traute meinen Ohren nicht.

»Du meinst, dass er Sklavenhändler war?«

»Erraten!« Night brachte die Stehlampe wieder an ihren Platz. »Carter importierte Schwarze aus Westafrika, wobei er sie nach Körpergröße und Muskelkraft aussuchte. Er achtete auf ihre Gesundheit und ernährte sie gut. Ließ er sie auspeitschen, was damals für Sklaven die übliche Strafe war, musste immer ein Arzt dabei sein, der sagte, wann es genug war. Auf diese Weise blieb die ›Ware‹ stets im besten Zustand, erzielte hohe Preise, und Josef William Carter wurde bald steinreich.«

»Und von diesem Mistkerl stamme ich ab!«, murmelte ich niedergeschlagen.

»Oh, er galt als sehr human, weil er die Mütter nie von ihren Kindern trennte.«

»Eigentlich hätte ich jetzt gerne einen Whiskey«, sagte ich matt.

Night grinste, bevor er sich an einer monströsen Hausbar aus den fünfziger Jahren zu schaffen machte und mir ein Glas reichte, in das er nur wenig Whiskey gegossen und es mit Sodawasser aufgefüllt hatte. Ich trank einen Schluck, wobei ich das Glas zwischen beiden Händen hielt. Inzwischen warf Night Eis in ein zweites Glas und goss Bourbon hinzu. Er lehnte an der Bar, nahm von Zeit zu Zeit einen Schluck.

»Da Carter ein Vermögen angehäuft hatte, öffneten sich ihm viele Türen. Er hatte, bevor er Lucinda in die Gesellschaft einführte, dafür gesorgt, dass sie bei französischen Nonnen den Schliff einer Dame bekam. Lucinda war groß und gut gewachsen, mit heller Haut. Ihr ursprünglicher Name Lovely Eyes war nicht aus der Luft gegriffen, hatte sie doch, was bei uns manchmal vorkommt, grüne Augen. Neben Lesen, Schreiben und tadellosen Manieren hatten ihr die Nonnen auch einige Brocken Französisch beigebracht. Das Schleppende ihres indianischen Akzents war ausgelöscht; ihr blieb nur die raue Aussprache der Konsonanten, was übrigens mit ihrem klaren, etwas behäbigen Charme vorzüglich zusammenpasste. Alles, was Carter noch zu tun blieb, war, eine einleuchtende Geschichte in Umlauf zu bringen. Und so erzählte er jedem, der es hören wollte, dass Lucinda die Tochter eines Vetters war, die, früh verwaist, im französischen Saint-Jean-de-Luz von den Nonnen erzogen worden war.«

»Und was hielt Lucinda von der Maskerade?«

Night nippte an seinem Glas, langsam, bedächtig.

»Lucinda spielte mit. Sie hatte in den Tipis Hungersnot und viele harte Winter erlebt. Der täglich reich gedeckte Tisch war für sie der zwingendste Grund auf der Welt, um das zu tun, was ihr Mann von ihr verlangte. Ein Stück ihrer Seele für Josef und Fleisch und Pfannkuchen zum Tausch, das war für sie ein faires Geschäft. Lucinda wurde bald fett dabei. Doch sie war nach wie vor wunderschön. Und die Leute, auf die sie ihre grünen Augen richtete, waren zu ungeschliffen, um die wenigen Fehler, die ihr Benehmen gelegentlich aufwies, zu bemerken. Tatsächlich waren die meisten Menschen zu solcher Anstrengung nicht fähig. Lucinda setzte ihre guten Manieren raffiniert ein. Wer empfindsam oder schöngeistig war, wer nicht rücksichtslos seine Stellung hielt, hatte im damaligen Amerika keinen Platz. Es war ein Land ohne Erbarmen. Natürlich gab es unschöne Augenblicke. Carter bekannte sich nie zu seinem indianischen Teil, rückte stets seine baskische Abstammung in den Vordergrund. Für ihn war es sozial undenkbar, anders zu handeln. Er unterstützte das Sendungsbewusstsein der Weißen, teilte uneingeschränkt ihren Eroberungswillen. Die Weißen sagten: ›Das Land gehört uns!‹ Die Indianer antworteten: ›Wie kann euch ein Land gehören?‹ Sein indianischer Teil stand Carter dabei im Weg; er gab ihm in seiner Seele keine Chance.«

Night stellte sein Glas auf den Tisch. Er hatte nur am Rand genippt.

»Josefs Tochter Becky versprach eine ebensolche Schönheit wie ihre Mutter zu werden. Er verheiratete sie mit James ›Earl‹ Wingfield, einem angenehm degenerierten englischen Edelmann, der Baumwollpflanzer im Mississippidelta war. Wingfield fiel im Bürgerkrieg, das Gut würde verwüstet. Becky tat, was sie konnte. Sie nahm eine Hypothek auf und musste das Gut schließlich verkaufen. Sie zog mit ihren Töchtern nach Oklahoma und starb später an einem Fieber. Die Wingfields gibt es nicht mehr, dieser Zweig der Familie ist ausgestorben.«

Night machte eine Pause, fuhr sich versonnen durchs Haar.

»Alans Schicksal verlief völlig anders. Sein Vater hatte große Pläne für ihn: teures Internat, Hochschule, die Militärakademie West Point. Alan, der grünäugige Junge mit den blonden Locken, den niemand nach seiner Herkunft fragte, der sich nie zu rechtfertigen hatte, der in seiner ganzen Gestalt den Gleichmut, die Raffinesse, den lockeren Zynismus der Südstaatler zeigte, sollte das Leben führen, das sein Vater für ihn bestimmt hatte. Aber Carters Rechnung ging nicht auf. Denn in Alans Brust schlug ein durch und durch indianisches Herz. Sein Leben ist seltsam genug. Und sein Geist, der sich zunehmend nach Einsamkeit, nach abstrakten Gedanken sehnte, fand vorübergehend die Erfüllung, die er suchte.«

Nights Stimme hatte sich nicht verändert; und doch hörte es sich an, als spräche er aus weiter Ferne und aus drückenden Luftschichten zu mir. Kleine Tropfen zogen vor meinen Augen dahin, hielten inne, sanken dann nieder, als ob mein Kopf in quellenden Luftblasen steckte. Auf einmal zerplatzte die Welt und wurde weiß, so dass ich wie in Milch schwamm. Eine seltsame Art von Kälte erfasste meinen Kopf. Innerhalb des Schädels erbebte mein Gehirn, öffnete sich einer anderen Welt oder einer anderen Dimension. Mein Atem ging schnell, und mein Herz hämmerte, während sich im unbestimmten Milchweiß ein Wort formte, das ich, obwohl es nur kurz war, mit Mühe aussprach.

»*Hunka*!«

Dann nichts mehr. Das als Form empfundene Wort verschwand. Die langsame Bewegung meines Gehirns ließ nach. Eine Zeitlang empfingen meine Augen Eindrücke, ohne sie zu sehen. Sogar das Licht, das von den Wänden zurückgestrahlt wurde, blendete mich. In der flimmernden Helle vernahm ich ein ständiges Summen; das Rauschen der Augenblicke, die in mir kamen und gingen. In diesem Zimmer geschah etwas Außergewöhnliches. Plötzlich wurde mein ganzer Körper wie von innen geschüttelt. Die Nebel teilten sich. Ein Gesicht, begrenzt durch das Dunkel der Haut und der darüberhängenden Haare, schob sich in mein Blickfeld. Mein Kopf wurde angehoben, ein Gefäß berührte meine Lippen. Ich trank gierig. Tee, dachte ich, mit Ahornsirup. Dann bemerkte ich, dass ich alles, was ich sah, erfassen konnte und auf Nights Sofa lag.

»Was war mit mir?«, stammelte ich.

Er antwortete ruhig: »Der Whiskey scheint dir nicht zu bekommen. Ich habe dir Tee gemacht.«

»Wie lange liege ich hier schon?«, murmelte ich.

»Seit sieben oder acht Minuten.«

Ich setzte mich behutsam auf, stellte die Füße auf den Boden.

»Als Kind hatte ich diese Anfälle ziemlich oft.«

»Epilepsie?«

»Ich kann es nicht genau sagen. Die Ärzte waren sich nie einig. Und es ist auch schon lange nicht mehr vorgekommen.«

»Bleib ruhig sitzen«, sagte er.

»Es geht schon.«

Ich legte die Hand auf die Brust, spürte noch immer den summenden Lärm in mir.

»Habe ich etwas gesagt?«

Er saß auf dem Boden, die Hände vor den Knien gefaltet. Das Haar fiel weit über seinen Rücken, während er zu mir emporblickte.

»Wir haben von deinem Urgroßvater Alan gesprochen. Und da hast du plötzlich ›*hunka*‹ gesagt.«

Meine Zähne schlugen an den Rand der Tasse. »Hat das irgendetwas zu bedeuten?«

»Wer hat dir das Wort beigebracht? Elinor?«

Ich trank den heißen Tee in kleinen Schlucken.

»Nicht dass ich mich entsinne.«

Night sprach, als ob er laut dachte: »Das Wort bezeichnet eine Freundschaft besonderer Art, etwas sehr Entscheidendes: die Blutsbrüderschaft. Es ist ein sehr intimer, sehr geheimer Schwur. Blutsbrüder unterziehen sich einer Zeremonie; sie sind füreinander da, auf Leben und Tod. So war es früher. Wir sahen die Welt aus einem anderen Winkel. Sie war eine einfache Welt, aber die Gefühle waren stark. Heute leben wir in einer komplizierten Welt, aber unsere Gefühle sind verwässert. Tauchen Verpflichtungen auf, springen wir zur Seite wie ein scheuendes Pferd.«

Allmählich beruhigte sich mein Herzschlag. Ich konnte wieder klar denken.

»Als ich Elinor reden hörte, dachte ich, was reimt sie sich für seltsames Zeug zusammen! Dabei waren ihre Vorstellungen so deutlich! Als ob die Bilder aller früheren Erinnerungen auf sie einstürzten! Sie nannte Namen von Leuten, die real existierten, alles amerikanische Ureinwohner: Crazy Horse, Sitting Bull, Big Foot. Elinor benutzte ihre indianischen Namen. Obwohl sie diese Leute ja gar nicht gekannt haben konnte. Elinor war noch gar nicht auf der Welt, als sie lebten. Daneben sprach sie von einer Frau, die auf mich wartete. Sie sagte nicht, wer diese Frau war. Als ich ihr Adressbuch fand, dachte ich, dass es sich nur um Pandora handeln könnte. Dass Pandora längst tot war, konnte Elinor natürlich nicht wissen. Im Internet habe ich dann einiges über sie erfahren.«

Er nickte, anscheinend gleichmütig.

»Im Internet findest du seitenweise Informationen über Pandora.«

»Ich hatte keine Zeit, lange zu suchen. Ich hatte einen Auftrag zu erledigen. Verdammt, ich war schon spät dran! Und dann kam diese hirnverbrannte Sache dazwischen …«

»Welche Sache?«

Ich drückte die Tasse an meine Stirn. »Absolut zum Kotzen, das garantiere ich dir.«

»Sag doch.«

Ich drehte die Tasse an meiner Stirn hin und her.

»Jetzt nicht. Später erzähle ich dir alles. Ich ... ich war in einer schwierigen Situation. Das Ganze war grauenhaft. So ging es nicht mehr weiter.«

»Bist du deswegen weggefahren?«

»Wegfahren war das Einzige, was für mich in Frage kam. Warte, lass mich ausreden. Das Wort *hunka* ... Nein, Elinor hat es nie benutzt. Kein einziges Mal. Ich habe ein gutes Gedächtnis, Night, auch wenn ich manchmal das Gefühl habe, durchzudrehen.«

Er schwieg eine Weile. Als er sprach, schwang eine Art Staunen in seiner Stimme mit: »Du sagtest, dass du von der Familie nichts wusstest?«

»Kaum etwas, das ist es ja eben.«

»Dann ist dir auch nicht bekannt, dass Alan – Colonel Alan Sherman Carter – ein Deserteur war. Dass er zu den Sioux ging und Tashunka Witkos Blutsbruder wurde ...«

Der Name erweckte in mir die beruhigende Vorstellung von etwas Bekanntem. Mein Kopf wurde plötzlich schwer, als ob man mir eine Platte auf den Schädel drückte. Schlagartig bewegten sich meine Gedanken rückwärts. Tashunka Witko war der Name, den die sterbende Elinor mehrmals ausgesprochen hatte. Ich wusste nicht, welche Ebene der Magie sie mit ihm betreten hatte, ich wollte lieber die Dinge auf der Ebene der Wirklichkeit erleben. Allerdings bewirkte dieser Entschluss nicht, dass ich mich besser fühlte.

»Elinor hat nur von Tashunka Witko gesprochen. Warum hatte sie ihn ständig im Kopf? Warum bloß?«

»Sag du es mir.«

Ich rieb mir die Schläfen mit beiden Handflächen. Das Reiben tat gut.

»Mir kam es so vor ... Sie sprach von ihm, als ob sie selbst in seiner Haut steckte ...«

Nights Atem stockte. Ich sah seine plötzliche Wachsamkeit.

Und ich sah noch etwas anderes: ein Erschauern auf seinem nackten Arm, ein Zusammenziehen der Poren.

»Und was hast du dir dabei gedacht?«, fragte er eindringlich.

Meine Nierenschmerzen flackerten auf, zwei feurig heiße Stiche im Rücken. Ich hatte sie selten so stark gespürt. Ächzend drückte ich das Kreuz durch, tastete mit der Hand über die schmerzenden Stellen.

»Ich wusste einfach nicht, woran ich mit ihr war. Sie redete irre. Und dann wieder ... auch nicht. Sie verlangte von mir, dass ich den Namen Tashunka Witko wiederholte, bis ich ihn richtig aussprechen konnte. Und zum Schluss sagte sie zu mir: ›So, jetzt bist du Tashunka Witko, und Mitternacht ist für mich die richtige Zeit.‹ Und als es draußen zwölf Uhr schlug, starb sie.«

Night stieß zischend die Luft aus. Seine Augen waren schmal und dunkel geworden. Ich fühlte seinen Blick wie eine Berührung auf dem Grund meiner Seele. Als er sprach, klang seine Stimme dumpf.

»Hast du Schmerzen?«

»Ja, im Rücken. Immer, wenn ich mich aufrege. Ich bin da irgendwie empfindlich. Nichts hilft. Auch keine Medikamente, höchstens dann und wann eine Beruhigungstablette.«

Nights Ausdruck war plötzlich steinern geworden. Er ließ einen Augenblick verstreichen. Dann antwortete er in völlig sachlichem Tonfall: »Tashunka Witko, bei den Weißen unter dem Namen Crazy Horse bekannt, wurde im Alter von dreiunddreißig Jahren am 5. September 1877 tödlich verwundet. Mit zwei Bajonettstößen durch die Nieren. Er starb um Mitternacht.«

12. Kapitel

Ich lag verborgen hinter Krüppelzederngebüsch auf der Granitwand hoch über dem Tal und hatte die vorbeireitenden Soldaten gut im Blick.

Sie ritten dicht nebeneinander, was zeigte, das sie wachsam waren. Jenseits des Powder River hatten sie später ihre Zelte aufgeschlagen. Ich wusste, dass sich diese Truppeneinheit verirrt hatte; ihre Anwesenheit in dieser Gegend war überraschend. Sie hatten zwei Maschinen auf Rädern bei sich, die von Maultieren mit größter Mühe gezogen wurden. Ich beobachtete die Männer, die in Gruppen beisammenstanden oder -saßen. Sie ließen ihre Pferde nicht grasen, ohne angepflockt zu sein. Ich konnte mir denken, dass sie beunruhigt waren. Ich wusste auch andere Dinge. Zum Beispiel, dass die sehr fernen Lichtsignale etwas zu bedeuten hatten. Ich wusste ebenfalls, wer sie gezündet hatte. Makhpiya Luta – Red Cloud – kannte dieses Gebiet wie die Linien in seiner Hand. Die Pferdesoldaten waren wenige, und sie hätten nicht hier sein dürfen. Red Cloud war über alles Reden und Verhandeln längst hinaus. Es würde nicht mehr lange dauern, und der Chief und seine Krieger würden über den Abhang kommen. Die Blauröcke, diese Narren, hatten es selbst verschuldet. Ich konnte mir nicht vorstellen, was sie in dieses Tal fernab des Virginia-City-Trails geführt hatte. Aber die *wasicun* machten manchmal unverständliche Dinge. Zum Beispiel, dass sie Feuer anzündeten, die man von weit her sehen konnte. Makhpiya Luta und seine Männer mochten Tränen lachen über so viel Einfalt. Aber der Chief war ein Mann, der sich Zeit nahm. Der Angriff konnte in dieser Nacht oder erst in zwei oder drei Nächten erfolgen. Ich würde mich nicht einmischen. Wer in den Krieg zieht, muss bereit sein. Die Frage des Todes ist eine große Frage für alle Menschen, noch dringlicher aber ist sie für den Krieger, dessen Dasein dem Kampf geweiht ist, und der den Gedanken an den Tod allzeit im Herzen tragen muss. Er ist *wakan tanka* am nächsten, weil er diese Bürde auf sich genommen hat. Solange er nur im Geringsten daran denkt, wie er heil davonkommen könnte, ist er schon verloren.

Es gibt zwei Zeremonien für den Mann, der in den Krieg zieht: die erste ist ernst und schlicht. Der Krieger erneuert seine Bereitschaft, zu kämpfen oder zu sterben. Dann folgt die Zeremonie des Bemalens und Bewaffnens. Ein Krieger geht selbstlos, aber in großer Schönheit, und auf seinem Körper leuchten die Insignien der Macht.

Yunke-lo, der Tod, warf bereits seinen Schatten über diese Männer. Es gefiel mir, dass die Weißen Fehler machten. Makhpiya Lutas Medizin war gut.

Der Lichtschein der Kochfeuer fiel auf den Boden. Auf dem von Petroleumlampen erhellten Zeltplatz konnte ich einzelne Gestalten erkennen. Die Soldaten hatten ihre Gewehre zu Pyramiden zusammengestellt, Posten hielten Wache. Gegen Mitternacht gab es plötzlich Unruhe. Ich hörte aufgebrachte Stimmen und zorniges Geschrei. Dann war es für lange Zeit still. Kurz vor Tagesanbruch brach erneut ein gewaltiger Lärm aus. Zwei Schüsse krachten, lösten in den Hügeln einen Widerhall aus. Dann vernahm ich den Galopp eines sich entfernenden Pferdes. Ich konnte nicht viel mehr tun als den Morgen abwarten. Bei Sonnenaufgang sah ich die Leiche. Die Blauröcke schaufelten ein Grab, bevor sie das Lager abbrachen. Sie hatten aus zwei Ästen ein Kreuz gebaut. Ich sah gleichmütig zu, wie sich die Truppe in Bewegung setzte. Die schweren Maschinen rumpelten hart und blinkten in der Sonne. Ich ließ die schmutzverkrusteten Reiter ziehen. Sie ritten in den Tod. Ich wünschte diesen Männern, auch wenn sie nicht besonders geschult waren für den Weg des Kriegers, dass sie ihren Geist mit guten Gedanken füllten und bereit sein würden.

Der Mann aber, der geflohen war, ritt nach Osten. Ich folgte ihm. Seine Chancen standen schlecht, denn er war schwer verletzt. Ich sah es an der Farbe des Blutes, das auf Sand und Steine tropfte. Trotzdem war er ausdauernd, ritt lange Stunden weiter, die Beine in die Steigbügel verwickelt. Doch allmählich schwanden seine Kräfte. Als die Sonne stieg, fiel er vornüber, lag mit dem Gesicht auf der Mähne seines Tieres. Manchmal verlor ich ihn aus den Augen, aber es war für mich leicht, ihm zu folgen. Hier begannen die Badlands, ein unermessliches braunes Land des Schweigens. Hier findet der Geist Frieden. Mir kam in den Sinn, dass es ein guter Ort war zum Sterben. Gegen Mittag erkannte ich an der Spur, dass das Pferd den Reiter abgeworfen hatte und dieser jetzt zu Fuß ging. Das verwunderte mich. Unsere Pferde spüren die Gedanken des Reiters; sind wir in Gefahr, lassen sie uns niemals im Stich. Sie stellen sich schützend über die Verletzten, verteidigen sie mit Zähnen und Hufschlägen. Dieses Pferd war kein gutes Pferd, oder es misstraute seinem Reiter. Die Blutspur im Sand war frisch; der Mann konnte nicht weit sein. Im Schatten einiger Felsen fand ich ihn dann.

Er saß gegen einen Stein gelehnt und schien zu schlafen, oder er war tot. Ich ließ meine Stute einen großen Halbkreis laufen und langsamer gehen. Während ich mich vorsichtig näherte, dachte ich, dass er wohl nicht kämpfen würde. Wer so viel Blut verliert, hat nicht mehr die Kraft, seine schwere Pistole zu heben. Ich ließ mich zu Boden gleiten, näherte mich ihm behutsam, überlegte, ob es Sinn hätte, ihm die Kehle zu durchschneiden. Sein Gesicht war jetzt keine zwei Armlängen mehr von mir entfernt. Trotz der dicken Staubkruste sah ich, dass es jugendlich war. Das von Schweiß und Blut verklebte Haar war blond. Ich betrachtete die dichten Brauen, die dunkler waren als sein Haar, die Augen, über die sich die Haut herabzog wie nach innen gesaugt. Er lag im Sterben. Ich setzte mich hin und beobachtete ihn. An der rechten Seite des Waffenrocks war ein dunkelroter Fleck, wenn der Mann tief atmete, wurde der Fleck feucht und glänzte. Dann saugte das Gewand das Blut von neuem auf. Die Zeit verstrich langsam. Aufmerksam lauschte ich auf den schwachen Atem des Sterbenden. Er stank widerlich nach Blut, Alkohol und Erbrochenem. Nun, sagte ich im Geiste zu ihm, ich warte jetzt, bis du tot bist. Dann nehme ich deine Waffe und wälze einige Steine auf dich, damit du von wilden Tieren verschont bleibst. Ich habe dich nicht im Kampf besiegt und schulde dir diese Ehre. Und da war es, als ob ich laut zu ihm gesprochen hätte. Er hob die Lider und starrte mich an. Seine blutigen Lippen bewegten sich.

»Ich heiße Alan Sherman Carter.«

Das Flüstern war kaum hörbar. Weil ich vor ihm kauerte, waren seine Augen fast auf gleicher Höhe mit meinem Gesicht. Mir fiel auf, dass sie grün waren, klar wie vereiste Gewässer. Dass er mir seinen Namen gesagt hatte, änderte alles. Mehrere Gefühle kämpften in mir, doch nie in meinem Leben war ich von dem Grundsatz abgewichen, es stets an Höflichkeit dem anderen gleichzutun. Und daher benahm ich mich jetzt, trotz meines Widerwillens, wie es sich gehörte. Ich deutete auf mich und nannte meinen Namen. »Tashunka Witko.«

Er nickte, wobei er einen Hustenanfall bekam und ihm ein Blutsfaden aus dem Mund lief. Mein Englisch war unbeholfen, aber ich gab mir Mühe. »Dein Pferd hat dich verlassen.«

Er fuhr mit der Zunge über die verkrusteten Lippen.

»Es war nicht mein Pferd.«

»Ich verstehe«, sagte ich.

Ein Stöhnen drang über seine Lippen. Ich spürte seinen heißen, alkoholsauren Atem. Seine Zunge war so geschwollen, dass er sie kaum im Mund bewegen konnte. Ich fasste einen Entschluss.

»Ich bringe dich zu meinem Vater. Er kann dich heilen.«

Ich packte ihn, zog ihn hoch. Schwankend stand er aufrecht, sein Gesicht war wie eine Totenmaske, in der sich die Lippen fast lautlos bewegten. Dann brach er zusammen. Ich pfiff Sapa, die geduldig wartete. Sie kam angetrabt, scheute jedoch, als ich sie näher an den Verletzten heranzog. Der Blutgeruch war ihr unheimlich. Ich sprach besänftigend auf sie ein, bis sie mich herankommen ließ. Ich hob den Verletzten auf den Pferderücken, schwang mich hinter ihn und ritt dem Lager entgegen.

Es gab keinen Hitzedunst mehr, der Himmel war ganz blank und von lockender Leichtigkeit, als ich von weitem die ersten Tipis sah. Sie standen im Halbkreis an eine Schleife des Powder River. Es war ein guter Platz an einem schützenden Berghang, und das Wasser war nahe. Hoch über dem Zeltlager kreisten Sperber. Wir hatten vor einigen Tagen Büffel erlegt; vor den Tipis lag noch das frische Fleisch, das in der Sonne trocknen musste, bevor es geräuchert wurde. Fliegenschwärme brummten, und der Geruch des verwesenden Fleisches zog kleine Raubtiere an, die sich jedoch nicht in die Nähe der Menschen trauten. Im Abendlicht boten die Tipis ein friedliches Bild, wobei alle Zelte nach dem Rang ihrer Bewohner aufgebaut waren. Die Malereien auf den Büffelhäuten leuchteten in all ihrer Farbenpracht. Kläffende Hunde liefen mir entgegen; ich verscheuchte sie. Das Licht der sinkenden Sonne war milder geworden, aber die Luft war noch warm, so dass die spielenden Kinder nackt waren. Frauen und Männer trugen rehlederne Kleidung mit bunter Perlenstickerei; die Männer hatten ihre Zöpfe mit Fett eingerieben und mit farbigen Tuchstreifen umwickelt. Die Alten, die immer froren, waren in Decken gehüllt. Unsere Mustangherde breitete sich am Fluss gegenüber der Zeltstadt aus. Das Wiehern, Stampfen und Kämpfen der Pferde erzeugte einen ständigen Strom von Energie, der sich auf unser tägliches Leben übertrug, eine Glück bringende Wechselwirkung. Meine Ankunft verursachte Aufruhr. Alle kamen angelaufen, als ich Sapa vor dem schwarzroten Zelt meiner Eltern zum Stehen brachte. Doch selbst die Kinder hielten ihre Neugierde zurück. Worms Pfeife und Schild hingen an der Türklappe, was bedeutete, dass er im Zelt war. Schon trat er hervor, gefolgt von meiner Mutter. Beide sahen zu, wie ich den Verletzten vom Pferd hob und in ihr Zelt brachte.

Meine Eltern fragten nicht, was mich bewogen hatte, den *wasicun* in ihr Zelt zu bringen. Alan war wieder halb bewusstlos. Er trank gierig, als ihn Good Song ein mit Wasser gefülltes Büffelhorn an die Lippen hielt. Dann schürte sie das Feuer; die Flammen züngelten hoch, während der Rauch durch die Öffnung des Zeltes entfloh. Nachdem Worm den Verletzten lange und sorgfältig untersucht hatte, sagte er zu mir: »Die Kugel steckt nahe beim Herzen. Wenn er morgen noch am Leben sein will, muss ich sie jetzt entfernen.«

Alan öffnete die Augen und sah mich an. Ich übersetzte seine Worte. Alans Kopf fiel matt zurück.

»Ich bin bereit«, sagte er.

Mein Vater schüttelte den Kopf.

»Noch nicht«, erwiderte er.

Good Song gab Alan eine Flüssigkeit zu trinken, die ihn einschläferte. Worm wartete eine Weile, bevor er Alan ansprach: »Ich muss dich knebeln und fesseln.«

»Ich bin kein Tier.«

»Genau deshalb kann ich kein Risiko eingehen«, sagte Worm.

Er packte Alan an den Armen, kreuzte sie hinter seinem Rücken und band die Handgelenke fest zusammen. Mein Vater fesselte ihm auch die Beine. Als Alan flach ausgestreckt dalag, steckte er ihm zusätzlich noch einen Streifen Stoff als Knebel in den Mund. Alan rührte sich kaum; der Schlaftrunk wirkte allmählich.

Worm desinfizierte zuerst sein Messer, indem er es in das Feuer legte, bis es glühte. Dann machte er sich an die Arbeit. Im roten Flammenlicht sah ich ihn als Schattenbild auf der Zeltwand. Wie umsichtig er gehandelt hatte, zeigte sich bald. Einer der Unsrigen hätte jetzt seinen Ehrgeiz darangesetzt, alles, auch den furchtbarsten Schmerz, geduldig zu ertragen. Doch Alan war ein *wasicun*. Während das Messer langsam in sein Fleisch drang, bäumten sich seine Glieder, die er nicht mehr beherrschte, wild auf. Aber je mehr er sich bewegte, desto tiefer schnitten die Fesseln in seine Haut ein, sie gaben nicht nach. Alans Zähne gruben sich in den Knebel, und er schrie, schrie schweigend, ohne Unterlass. Endlich zog mein Vater das Messer behutsam hervor, brachte die Kugel zum Vorschein. Die Wunde blutete stark. Worm reinigte sie mit den Blättern einer Pflanze, die er in warmem Wasser eingeweicht und zu kleinen Umschlägen geknetet hatte. *Taopi pejuta* wächst in den Badlands zwischen den Knochen uralter Riesenechsen und ist besonders bei Schusswunden wirksam. So geschickt und sicher seine Hände auch waren, Alan zuckte mehrmals heftig zusammen. Danach wickelte Good Song Tücher um Alans Brust, zog sie fest an, bis die Blutung allmählich nachließ. Alan lag jetzt still. Worm befreite ihn sanft vom Knebel und von den Fesseln, sah mich an und nickte.

»Er ist jung. Er kann wieder gesund werden.«

»Er friert!«, murmelte Good Song. Sie nahm eine Decke und breitete sie über dem Verletzten aus. »Er soll jetzt schlafen. Wenn sein Geist zurückkehrt, wird er großen Durst haben.«

In der Nacht wachte ich mehrmals auf; ich schlief neben Alan auf dem Boden, lauschte aufmerksam auf seinen Atem, den mein eigenes Herzklopfen zu übertönen schien. Mein Brustkorb dröhnte vor unbegreiflicher Angst. Ich war froh, dass meine Eltern schliefen und von meiner Beklemmung nichts ahnten. Woher dieses Gefühl kam, vermochte ich nicht zu sagen. Im Tageslicht treibt der Verstand das Geheimnis in den Hintergrund; aber das Geheimnis regt sich, blutwarm und gewaltig, sobald die Sterne leuchten und die Eulen jagen. Was auch immer ich für Alan empfand, es war von einer Beschaffenheit und einem Rang, vor dem ich das Haupt beugte, wie vor einem Wunder.

Am nächsten Morgen war Alan bei Bewusstsein, erduldete

seine Schmerzen mit zusammengebissenen Zähnen. Er hatte hohes Fieber. Sein Gesicht war bleich und eingefallen und die glühende Haut mit dunkelroten Flecken übersät. Worm gab dem Kranken *pejuta wahesa,* ein fiebersenkendes Mittel, das aus einer Wurzel gewonnen wird, die außen schwarz und innen rot ist. Dieses Puder flößt man, mit Wasser vermischt, den Verwundeten ein, die einen Lungenschuss erlitten haben. Doch Alans Fieber stieg unentwegt. Immer wieder wurde sein Körper von Wogen der Schwäche heimgesucht. Ich wich kaum von seinem Lager, nahm auch keine Nahrung zu mir. Wie viel Zeit verging auf diese Weise? Ich hätte es nicht sagen können. Ich bemerkte lediglich, wie Sonnenlicht oder Schatten die Zeltwände überzogen. Meine Mutter ging schweigend ihren täglichen Arbeiten nach. Immer wieder untersuchte mein Vater die Wunde, blickte zunehmend sorgenvoller. Und am Abend des dritten Tages sagte er zu mir: »Ich kann nichts mehr für ihn tun. Er stirbt.«

13. Kapitel

Die Worte meines Vaters lösten Bestürzung in mir aus. Ich saß still und starr, als wäre ich selbst ein Teil der Zeltwand, und der Schatten der Flammen auf meiner Haut schien das Einzige zu sein, was sich an mir bewegte. Doch andere Dinge regten sich im Tipi. Lautlos wie Nachtfalter tanzten die Geister ihren verzauberten Reigen. Ich hatte sie nicht gerufen, sie waren einfach gekommen. Ich sah sie über den Verletzten huschen und wirbeln; dann und wann vermeinte ich zu sehen, wie seine Haut unter der flüchtigen weichen Berührung leicht erschauerte. Alan lag vollkommen still, die Augen geschlossen. Die einzige Bewegung außer dem Auf und Nieder seines Brustkorbs war ein leises Zittern der Hand. Und plötzlich wusste ich mit untrüglicher Sicherheit, dass die Geister seinen Tod nicht wünschten. Sie waren gekommen, um es mir mitzuteilen. Ein Plan lag alldem zugrunde, eine Zweckmäßigkeit. Doch in mir waren viele Dinge, die dieser Befehl zu einer entsetzlichen Qual machte, die weniger den Verstand ergriff als das Herz.

Vor langer Zeit war ein Unrecht geschehen. Und es verging kein Tag, an dem ich nicht daran dachte! Kein Wunder, dass meine Not alles Licht verdunkelte, das die Geister mit sich brachten und das sie umgab.

Ich fragte meinen Vater: »Gibt es nichts, was du tun kannst?«

Er schwieg; die Antwort kam von meiner Mutter.

»Wenn dir wirklich so viel an ihm liegt, gibt es noch etwas, was du tun kannst, Curly. Du musst es nur wollen.«

Sie wusste um meinen großen Kummer; um ihn ein wenig zu lindern, gab sie mir den Kosenamen von früher: Curly – der Gelockte. Seitdem ich ein Mann und ein Krieger war, war sie die Einzige, die mich so nannte.

»Sonst stirbt er?«

»Er blutet innerlich«, sagte Worm. »Man kann das Blut stillen. Aber man braucht dazu eine besondere Gabe. Sie – sie hat diese Gabe. Ich nicht.«

Mein Gesicht brannte.

»Ich kann mit ihr nicht sprechen! Er ist ein *wasicun*. Sie wird nicht wollen.«

Mein Vater lehnte sich zurück. »Ich habe getan, was ich konnte.«

Die Stille zwischen uns dauerte an. Dann warf meine Mutter einen Zweig ins Feuer. Die Flammen knisterten, die Geister stoben mit den Funken empor. Der Sterbende bewegte fiebrig die Hände. Seine Lippen sprachen ein unverständliches Wort. Ich brachte mein Gesicht dicht an seines heran, beobachtete seinen Mund. Die Lippen öffneten sich und schlossen sich wieder. Diesmal erfassten meine benommenen Ohren das Wort, ehe es in das Dunkel des Zeltes hinein verschwand.

»Mein Bruder.«

Da erhob ich mich, ohne dass meine Eltern ihr Schweigen brachen. Ich öffnete die Zeltklappe, trat nach draußen. Der Tag ging zur Neige, das Licht wurde sanfter und die Hitze schwächer. Das fröhliche Geschrei spielender Kinder, das Lachen plaudernder Frauen erfüllten das Lager. Die Pferde am Flussufer witterten, zogen den Duft ein, der von der heißen Erde aufstieg, jenen Duft nach sonnenwarmen Gräsern, den der Wind ihnen zutrug.

Während ich den Weg zu No Waters Tipi einschlug, blieb ich plötzlich stehen. Es war Vollmond. Gerade hatte die schimmernde Scheibe den Horizont überschritten, noch bevor die Sonne ganz verloschen war. Er stieg empor, und sie sank. Und so kam der Augenblick, da beide, nur einige Atemzüge lang, auf gleicher Höhe verharrten, im völligen Gleichgewicht, von gleicher Farbe und gleicher Größe. Und obwohl mir der Anblick vertraut war, schien es mir doch, dass die Geister mir ein Zeichen gaben. Nichts auf der Welt stand im Gleichgewicht, alles veränderte sich. Gewiss, das Land war friedlich; die Black Hills schienen in der Ferne dunkel und ruhig wie Inseln auf nebligem Wasser zu schweben. Doch der Friede war trügerisch. Im Geist sah ich die unendlichen Prärien vor mir, über die weiße Soldaten zu Tausenden ritten. Sie waren nicht vom gleichen Blut, sie sprachen nicht die gleiche Sprache. Alle wollten uns vernichten, unser Land in Besitz nehmen. Die Gestirne aber würden kreisen, wenn unsere Knochen längst zu Staub wurden. Mein Herz war voller Zweifel und Schmerz. Doch die Geister waren mir erschienen, und Alan hatte mich »mein Bruder« genannt. Die Entscheidung lag nicht mehr bei mir.

No Waters Tipi stand etwas abseits, wie es sich für einen Kriegshäuptling gehörte, und sie saß mit ihren beiden Kindern vor der Zeltklappe und nähte. Man hatte mir berichtet, dass sie ihr drittes Kind trug. Ich grüßte verhalten. Zum Zeichen, dass ich ihr etwas zu sagen hatte, setzte ich mich unweit des Feuers, so, dass sie mit ihren Kindern auf der anderen Seite saß und wir uns nur durch die Flammen anblickten. Seit sie ihre Kinder geboren hatte, war es das erste Mal, das wir zueinander sprachen. Ich hätte mich wohler gefühlt, wäre ihr Mann in der Nähe gewesen.

Sie saß eine Weile schweigend. Ich sah sie an, obwohl die Schicklichkeit es eigentlich verlangte, dass ich den Blick nicht auf sie richtete. Trotz ihrer Schwangerschaft war sie mager. Vielleicht glaubte sie, dass ihre Augen nichts verrieten; mir sagten sie, neben vielem anderem, dass sie wusste, warum ich da war. Schließlich brach sie das Schweigen.

»Du willst mich etwas fragen?«

Ihre Stimme war die gleiche geblieben, klar und kühl wie Quellwasser im Schatten hoher Bäume. Mein Magen zog sich zusammen, und mein Bauch wurde kalt.

»Ein Verwundeter liegt in meinem Zelt. Keiner kann ihn retten, nur du.«

»Warum sollte ich?«, antwortete sie abweisend. »Er ist ein *wasicun.*«

»Er ist mein Bruder«, sagte ich.

Sie wandte sich leicht ab; ihr Profil war ruhig, doch ihr Mund verriet manchmal eine Härte, eine tiefe Verlassenheit, die sie älter machte. Ich dachte daran, wie entschlossen ich ihr viele Jahre aus dem Weg gegangen war, wie ich es vermieden hatte, auch nur ein einziges Wort an sie zu richten, und liebte sie dennoch so innig, dass jeder Muskel mir weh tat. Ein letztes mohnrotes Licht hing über den Hügeln, die Abendkälte stieg aus dem Fluss. Ein Pferd wieherte, ein anderes gab Antwort. Sie wandte leicht den Kopf, als ob sie horchte; doch sie horchte auf etwas anderes, auf etwas tief in ihr selbst. Schließlich sagte sie, mit Ruhe in der Stimme: »Wie du mich hier siehst, bin ich nicht mehr *wyan wakan.*«

»Schwester, ich brauche deine sehenden Hände.«

Um mich eingehender zu betrachten, schwenkte sie ein wenig auf ihren untergeschlagenen Beinen herum.

»Und dein Vater?«

»Er hat die Kugel aus seiner Brust entfernt. Mehr kann er nicht tun.«

»Mein Mann ist nicht da«, sagte sie. »Es ist nicht gut, dass ich in dein Zelt komme.«

Ihr Name war Sapa Tatanka Wyan – Black Buffalo Woman. Ich will sie beschreiben, wie ich sie in diesem Augenblick sah, den jüngsten Sohn auf ihren Knien, ihr älteres Kind, ein stilles, feingliedriges Mädchen, an ihre Hüfte geschmiegt. Sie saß aufrecht, mit gestrecktem Rücken. Sie trug ein schlichtes Kleid, mit Fransen versehen, das an den Seiten bis zu den Fesseln ihrer langen Beine hing, während es vorne und hinten knapp über die Knie reichte. Die weiche lederne Hülle, eng an ihren Körper geschmiegt, zeigte ihren gewölbten Leib. Ihre Stiefel aus bemaltem Leder waren abgenutzt. Ihr Gesicht war länglich wie eine Mandel und hatte die gleiche Farbe. Ihr Profil war etwas abgeflacht, die Wangenknochen kräftig und hoch angesetzt, der Hals lang und beweglich. Die vollen, sinnlichen Lippen waren in melancholischem Eigensinn herabgezogen. Im Schnitt ihrer Augen lag etwas eigenartig Kühles. Ihr Blick war scharf, während ihre Brauen den Eindruck von Klugheit und Ruhe vermittelten. Mit Schmerz entsann ich mich an ihr Lächeln, dieses lebhafte Lächeln mit seiner verlorenen Schalkhaftigkeit. Doch ihr Haar war wie früher, lang und tiefschwarz und geschmeidig, mit einem grünlichen Schimmer. Es teilte sich im Nacken und gab im Kleidausschnitt ein Stück heller Haut frei. Ihre Schönheit führte mich zu den Anfängen zurück, wie weit fort ich auch einem Stern gleich gewandert war.

Ich holte gepresst Atem und sagte: »Ich erbitte es von dir.«

Sie beugte sich zurück, wendete sich von mir fort. Nein, schien ihre Bewegung zu sagen. Meine Bitte riss längst verheilte Wunden in ihr auf; ihr nachzukommen erforderte wahren Mut. Doch stufenweise wurde auf ihrem Gesicht ein neuer Ausdruck geboren. Die eine Hand, die das Haar ihres Jüngsten streichelte, fiel ihr schlaff in den Schoß, und ihr Blick flackerte. Sie ließ die breiten Schultern hängen und erschauerte leicht, bevor sie kaum hörbar zur Antwort gab: »So sei es denn.«

Sie rief eine Frau, bat sie, ihre Kinder in Obhut zu nehmen. Dann ging sie in ihr Zelt, blieb dort eine kleine Weile. Als sie zurückkam, trug sie zwei Dinge: ein zusammengerolltes Tuch von roter Farbe, und einen Mantel aus Hirschleder. Sie hatte ihn sich über die Schulter geworfen und hielt ihn mit dem Zeigefinger am Kragen fest. Black Buffalo Woman ging weich und lautlos, ich folgte drei Schritte hinter ihr. Sie beachtete mich kaum; ihr Blick war in die Ferne gerichtet, wobei sie den Kopf leicht hängen ließ. Einst war ihr Gang beschwingt und weit ausgreifend gewesen, wie der eines Jungen. Doch das war vorbei: Die Lebensfreude war ihr genommen worden. Sie schien nicht zu bemerken, wie ihr die Leute respektvoll aus dem Weg gingen, und auch nicht zu hören, dass leise hinter ihr getuschelt wurde. Es bekümmerte sie nicht. Denn in einem Zeltlager weiß man voneinander alles. Neugierde ist eine sehr menschliche Eigenschaft, so dass bei scheinbarer Gleichgültigkeit keinem die geringste Kleinigkeit entgeht. Doch wir lassen unserem Geist viel Raum. Dinge, die wir nicht sehen sollen, sehen wir nicht. Dass No Waters Frau jedoch mein Zelt betrat, um den sterbenden *wasicun* zu pflegen, war ein besonderes Ereignis. Ich konnte es den Leuten nicht verübeln, dass sie zumindest Erstaunen zeigten.

Meine Eltern begrüßten Black Buffalo Woman mit großer Höflichkeit, wobei meine Mutter, die eigentlich nie ihr Kommen bezweifelt hatte, einen rätselhaften Ausdruck um die Lippen hatte. Black Buffalo Woman ließ ihren Mantel von der Schulter gleiten, setzte sich neben den Sterbenden in einer einzigen fließenden Bewegung. Alan stieß einen Seufzer aus, als sie die Decke zurückschlug und behutsam den Verband löste, um die entzündete Wunde zu untersuchen. Meine Eltern saßen im Hintergrund; etwas auf ihren Gesichtern zeigte Vertrauen. Unartikulierte Laute kamen aus Alans Mund, während seine Augen geschlossen blieben. Black Buffalo Woman drehte mir kurz ihr Profil zu und bat um frisches Wasser. Ich brachte ihr, wonach sie verlangte. Sie begann, indem sie ihre langen schmalen Hände sorgfältig reinigte, bevor sie sie auf die Verletzung legte. Jede Geste war sanft und wunderbar sicher. Sie hatte diese Macht in sich, die sie nie hinterfragt, lediglich für das Wohl aller angewendet hatte – bis das Schicksal zuschlug. Ich sah ihr geneigtes Antlitz, ihre ruhigen Hände, während sie langsam Alans Arme an den Körper legte, seine Schultern, Ellbogen, Handgelenke entlangstrich, um den Verlauf der Adern zu spüren. Dabei schloss sie halb die gewölbten Lider; so tief schien sie in sich versunken, dass sie weder hörte noch sah, was sich um sie herum abspielte. Sie brauchte nicht zu fragen, wo im Inneren die Gefäße zerrissen waren. Sie lauschte auf das Pochen des Blutes, fand es selbst heraus, indem sie ihren Finger wie einen Stab hielt, ihn zunächst langsam über Alans Stirn bis zum Herzen zog, wo sie eine Weile innehielt. Dann zog sie, von der Herzgrube ausgehend, Linien hinunter zum Bauch, an den Schenkeln und Beinen entlang, bis zu den Füßen. Eine Weile sah ich ihr zu, bevor ich mich abwandte, lautlos das Zelt verließ.

In eine Decke gehüllt, saß ich draußen, in der Dunkelheit. Weil das Zeltlager nahe am Waldrand stand, war der Himmel deutlich zu sehen. Ich betrachtete den sich drehenden Zeitmesser der Sterne. Wer genau beobachtet, sieht, wie die Sterne sich langsam in die ihnen zugeordnete Stellung schieben. Ich bestaunte das Wunder all dessen, was im Nichts hängt, ließ meine Gedanken zurückwandern. Denn die Zeit war nicht verloren, sondern irgendwo aufgehoben. Ist das Gedächtnis gut, können wir sie zurückholen.

14. Kapitel

Meine Erinnerungen sind wie eine vertraute Landschaft, die ich wahrnehme, aber selten betrachte. Doch vom Vergessen können wir nicht leben. Auch mit zunehmendem Alter ist es gut, der Jugend die Treue zu halten: Das macht uns kühn in unseren Plänen. Für Feiglinge haben die Geister nichts übrig.

Wir nennen uns nicht Sioux. Das ist ein Wort der Weißen, die unsere Sprache mit größerer Mühe erlernen als wir die ihre, obwohl es unserer Zunge schwerfällt. Wir nennen uns *ikce wikasa* – freie Menschen. Unsere Gesetze sind hart, doch sie sind ein Schutz für uns. Das gegebene Wort ist für uns ein ewig gültiges Siegel. Wir sprechen zu den Steinen, den Bäumen und den Tieren. Wir wollen uns die Erde nicht untertan machen; wir achten und lieben sie, wie wir unsere Mutter lieben. Denn wie sollten Blumen und Bäume blühen ohne die gute Erde, die sie nährt?

Wir sind ein Volk, das den Tod nicht fürchtet, sosehr wir auch das Leben lieben. Wir schöpfen unsere Kraft aus der Bewunderung der Frauen, aus der Zwiesprache mit den Geistern. Dass Lügen für die Weißen zum Kriegshandwerk gehören, dass sie weniger vertrauenswürdig als unsere Hunde sind, hatten wir längst gemerkt. Glaubten sie, unser Geist sei schlicht, weil unsere Herzen es sein mochten? Es gibt einen Unterschied zwischen Aufrichtigkeit und Einfalt. Ungekünsteltheit ist kein Unterpfand für Dummheit. Wir sind nicht dumm, nur weil es in unserer Sprache das Wort Lüge nicht gibt.

Unsere Chiefs waren Männer, die ihre Aufgabe kannten. Sie waren durchaus bereit, Neues zu hören. So unvorbereitet überfallen, zeigten sie trotz allem Größe und versuchten ihre Feinde zu verstehen. Doch selbst die Fähigsten unter uns erkannten erst allmählich, womit sie es zu tun hatten. Ihr Geist war zu redlich, um nicht in anderen Menschen ihr eigenes Ebenbild zu sehen. Aber die *wasicun* sind keine Gefährten, mit denen man zusammen geht, zusammen lacht, mit denen man teilen konnte. Sie glauben wohl, dass sie schlau sind. Ich für meinen Teil denke, es muss verdorbenes Blut in ihnen sein. Sie wollen nur Gold, Zerstörung und Knechtung, um wie Aasgeier von unseren Toten zu leben. Selbst die Ehrfurcht vor ihrem Gott ist falscher Schein, und ihre Priester sprechen mit falscher Zunge. Sie führen nicht nur Krieg gegen die Menschen, was wir verstehen könnten, sondern auch gegen die Tiere, ja sogar gegen die Bäume. Bei unseren Stammesfehden hatte es dergleichen nie gegeben. Doch wer ein Land erobert und einen Staat gründen will, muss seine Feinde nicht achten, sondern wie Ungeziefer ausrotten, und keine Skrupel mehr haben als angemessen. Ich teilte die Meinung Sitting Bulls, Chief der Hunkpapa, der an seinem Grundsatz festhielt, wir sollten uns nicht mit den Weißen abgeben. Die Verhandlungen mit ihnen brächten nur Verdruss; viel besser sei es, ihnen aus dem Weg zu gehen. Er brachte es tatsächlich fertig, sein Zeltlager so weit wie möglich von ihnen fernzuhalten. Aber wie lange noch? Es kamen ja immer mehr!

Und so kämpften wir dann: am Powder River, am Yellowstone, in den Black Hills. Wenn wir auch ohne Hoffnung kämpften, gab es einen Glauben, einen Stolz, der handelte und dabei wuchs.

Die Zeiten, die danach kamen, waren ruhiger. Es war eine seltsame Ruhe, wie in dem Auge eines Orkans. Die Weißen standen kurz vor einem großen Krieg zwischen dem Norden und dem Süden, einem so verheerenden Krieg, dass sie uns eine Atempause schenkten. Ihre fähigsten Offiziere kämpften an anderen Fronten. Die Forts im Westen waren leicht einzunehmen; sie wurden von Männern gehalten, die ihren Sinn weniger auf uns als auf die konföderierten Rebellen richteten. Doch wir wussten, die *wasicun* gewährten uns die Gnadenfrist nur, um später umso entschlossener zurückzuschlagen. Immerhin glaubten wir noch, dass wir verhandeln konnten. Und so versammelten sich im Spätsommer 1857 Tausende von uns an der Bear Butte, um eine Lösung zu finden. Fünf unserer sieben Teton-Völker waren anwesend: Oglala, Miniconjou, Bruleé, Two Kettles und Hunkpapa. Chief Little Robe war mit seinen Cheyenne gekommen: Von weitem waren die gewaltigen Zelte mit ihren sechzehn Pfählen zu erkennen, und etwas dahinter die einfacheren der Arapaho, deren Eingänge alle nach Osten ausgerichtet waren, um die Sonne zu begrüßen. Bei dem Treffen waren die bedeutendsten Chiefs anwesend: Red Cloud, Man Afraid, Spotted Tail, Sitting Bull sowie der riesige, gutmütige Touch the Clouds, der jeden von uns um Haupteslänge überragte.

Die Chiefs waren mit allen Insignien ihrer Macht gekommen; das Volk erkannte sie von weitem an ihren wehenden Federkronen, an ihren Schilden und prachtvollen Streitrossen und machte ihnen mit ehrfürchtigem Raunen den Weg frei. Hier waren erfahrene und weise Männer, die alle wussten, dass für ihre Stammesfehden jetzt keine Zeit mehr war. Es war sinnlos, großes Geschrei zu erheben und Scharmützel zu veranstalten, weil Krieger des einen Stammes in die Jagdgründe des anderen eingedrungen waren oder ein paar Pferde geraubt hatten. Denn es war klar, dass es die Weißen waren, die das Wild abschossen und die Büffelherden für ihren eigenen Fleischbedarf Jahr um Jahr verringerten. Das war es, was wir miteinander auszumachen hatten: ein gemeinsamer Gedanke, der uns zusammenschloss. Die Nation der Weißen hatte sich gespalten; nach Kriegsende aber würde sie wieder aufleben, und wohl mächtiger als zuvor. Wir aber waren viele kleine Nationen. Jede hing an ihrem Stolz, herrschte über ihr eigenes Gebiet nach den Sitten ihrer Vorfahren und hielt verbissen daran fest, dass kein anderer sich einmischte. Wie schwer war es, die alten Fehden zu beenden. Es schien, als liebten wir uns nicht, wie wir sollten. Doch die Ratsfeuer loderten. Das Vertrauen kam schwer, aber es kam. Wäre dies früher geschehen, wäre vielleicht alles anders gekommen. Doch wir hatten bloß gelernt, frei zu sein, uns selbst zu vertrauen, den Kopf vor den Menschen und dem Großen Geist hoch zu tragen. Das war viel; das war nicht genug.

Die Verhandlungen dauerten lange; jeden Tag trafen Nachzügler ein, und in der riesigen Ansammlung von Zelten fiel mir eines Morgens ein Tipi auf, das abseits stand. Das Zelt wies den Vierpfahl-Grundriss der südöstlichen Blackfeet auf und war mit dem Zeichen des Morgensterns versehen, in roter Farbe oben auf die Tipispitze gemalt. Das gewaltige Symbol kennzeichnete den hohen Rang seines Besitzers, obwohl kein Chief der Blackfeet an den Beratungen teilgenommen hatte. Eine kleine Gruppe von Kriegern, mit dicht am Kopf anliegenden Federn, bewachte dieses Zelt. Sie entfernten sich nie sehr weit, und ihre Ponys, deren Mähne auf besondere Art geflochten war, waren neben dem Tipi angebunden.

»Wer wohnt in diesem Zelt?«, fragte ich Touch the Clouds, mit dem ich mich angefreundet hatte.

»Es ist das Zelt *wyan wakans*«, antwortete er.

Ich hatte bereits von ihr gehört, war ihr jedoch nie begegnet. Black Buffalo Woman war eine der Nichten Red Clouds, der für seine unübersichtliche Sippschaft bekannt war. Einer seiner Söhne hatte eine Blackfeet geheiratet. Und da man wusste, dass die Frauen der Blackfeet einen starken Charakter hatten, war niemand erstaunt, als diese Frau ihren Mann bald verließ und mit ihrer kleinen Tochter zu den Eltern zurückkehrte. Seitdem waren Jahre vergangen, und aus dem Mädchen war eine junge Frau geworden. Nun glauben wir, dass ein Mädchen, wenn sie zum ersten Mal blutet, eine mächtige Kraft erlebt. Die erste Periode wird von den Eltern als etwas Heiliges gefeiert. Das Mädchen muss vier Tage lang in einer kleinen Hütte bleiben. Keiner darf sie besuchen, außer der Mutter, die ihr das Essen bringt. Sie hält sich abseits, was wir *isnati* – allein bleiben – nennen, und betet, wie auch ein Mann in der Visionsgrube es tut. In dieser Zeit geschah es, dass Black Buffalo Woman einen seltsamen Traum hatte. Als sie beide Hände zum Gebet erhob, sah sie an jeder ihrer Fingerspitzen ein menschliches Auge. Diesen Traum hatte das junge Mädchen für sich behalten. Doch kurze Zeit später wurde sie Zeuge, wie sich ein kleiner Junge eine gefährliche Schnittwunde zuzog. Sie legte ihre Hand auf die Wunde: Sofort hörte das Blut auf zu fließen. So entdeckte sie ihre Heilkraft. Es war eine Gabe, die sie seit der Geburt besaß, die ihr aber erst durch den Traum offenbart wurde. Nach und wuchs ihre Erfahrung. Sie arbeitete mit Massagen, mit verschiedenen Farben oder Steinen, am liebsten mit Tonerde, die sie am Flussufer auskratzte. Aber wie allen Auserwählten wurde auch ihr ein Opfer auferlegt. Die Gabe verlangte alles von einem Menschen; wer diesem oder jenem nachging, vergeudete sie.

Black Buffalo Woman beugte sich also dem Befehl der Geister, sich von Männern fernzuhalten. Sie fertigte eine heilige Büffelhautpuppe an und wurde *wyan wakan* – zaubermächtige Frau –, eine hochgeehrte Heilerin. Während der Jagdzeiten wohnte sie bei den verschiedenen Stämmen, wo Kranke und Verletzte sie aufsuchten. Trotz ihrer Jugend hatte sie starke Visionen; viele reisten über große Entfernungen, um mit ihr zu sprechen. Mir war zu Ohren gekommen, dass selbst die Chiefs sich heimlich mit ihr berieten. Sobald Schnee fiel, stellte sie ihr Zelt in den He Sapa auf, den Black Hills. Sie lebte dort in Abgeschiedenheit, verbrachte ihre Tage damit, ihr Wissen zu vertiefen. Sie beobachtete die Vorgänge der Natur, sprach mit den Tieren und den Pflanzen, mit den Geistern des Lichts und den Wesen der Kraft. Sie trug die große Last ihrer Einsamkeit, aber sie trug sie heiter. Sie hatte es ja selbst so bestimmt.

Die Männer, die sie bewachten, gehörten einer besonderen

Bruderschaft an. Sie hatten geschworen, niemals den Ort zu verraten, wo Black Buffalo Woman ihr Zelt aufstellte, und sie bis zum Tod zu verteidigen.

»Ich habe eine alte Wunde am Arm, die schmerzt, wenn ich den Bogen spanne«, sagte ich zu Touch the Clouds. »Vielleicht kann *wyan wakan* etwas für mich tun?«

Vor ihrem Zelt warteten bereits Kranke und Verletzte. Ich setzte mich geduldig zu ihnen. Als ich endlich vorgelassen wurde, kam mir das Zelt nach der blendenden Sonne draußen dunkel und kühl vor. Eine schmale Gestalt saß mit untergeschlagenen Beinen auf einem mit Fellen überzogenen Lager. Black Buffalo Woman schien mir kaum älter als ein Kind. Ihr Gewand aus mattgelbem Rehleder bestand aus einem Mieder und einem Rock über eng anliegenden Beinkleidern. Der schwere Stickereibesatz an den Seiten kräuselte sich, wenn sie sich bewegte, und der Ausschnitt, der die schöne Halslinie betonte, war mit einem bunten Perlenmuster und kleinen Silberplättchen geschmückt, die bei jedem Atemzug wie winzige Spiegel blitzten. Ihr Haar fiel in Wellen bis weit über die Hüften. Es schillerte grünlich und rahmte die länglichen Wangen ein. Ihr schwermütiger Mund hatte die Farbe zerdrückter roter Beeren. Ihre Augen waren lang und traumbefangen, mit starken Wimpern und flaumigen Brauen. Sie hatte das ruhige Gesicht einer Frau, die mit sich selbst im Reinen und gewohnt ist, andere Menschen zu beraten und führen. In der Beuge des linken Arms hielt sie ihre heilige Büffelhautpuppe. Zunächst schien sie halb im Schlaf, wie das bei Schamanen manchmal vorkommt.

Ich konnte nicht einmal sagen, ob sie mich bemerkt hatte. Doch plötzlich zuckten ihre Wimpern, und die schwarzbraunen, mit goldenen Glanzlichtern überzogenen Augen richteten sich auf mich. Sie trug ein weißes Stirnband, mit Silberplättchen und Türkisen geschmückt. Als sie nun den Kopf hob, spannte sich das eng gezogene Band, löste sich und fiel mir mit dem Klingeln kleiner Glöckchen zu Füßen. Ich hob es auf, ein Knie senkend, und reichte es ihr. Und während sie es entgegennahm, berührten sich unsere Hände, berührten sich unsere Augen und unser Geist. Mein Herz stockte; dann aber pochte es so heftig, dass es mich beinahe erstickte. Es war, als öffnete sich in mir ein dunkler Wirbel, dessen Mitte sich absenkte bis an die dunkle Schwelle meiner Vision, wo Traumgestalten mir offenbart hatten, dass ich mit meinem Geheimnis nicht allein war. Ein seltsamer Schauder packte mich, meine Kehle wurde eng, als wäre sie voll von Tränen. Gedanken zogen durch mein Hirn, die ich nicht hätte in Worte kleiden können, bis sie als Erste das Schweigen brach.

»Wo bist du verwundet?«

Ihre Stimme war klar, rein und kühl wie die eines Kindes. Mein ganzes Herz drängte zu ihr. Doch die Frage brachte mich wieder zur Besinnung.

»Hier am Arm. Eine Pfeilspitze.«

»Hast du Schmerzen?«

»Manchmal. Deswegen bin ich hier.«

»Gib mir deinen Arm!«, sagte sie. »Solche Wunden behindern einen Krieger.«

Ich hob ihr langsam meinen Arm entgegen. Sie nahm ihn, legte ihn an ihr Herz, und die Silberplättchen klingelten.

»Ich werde deine Wunde befragen«, sagte sie leise. »Sie wird mir Antwort geben.«

Sie verharrte ein paar Augenblicke, als ob sie lauschte. Ihre Augen blickten aufmerksam, beinahe streng und doch auf besondere Art entrückt. Ich spürte die zarte Rundung ihrer Brust, und darunter das Pochen ihres warmen, pulsierenden Lebens. Den Blick abwärts gekehrt, ließ sie einige Atemzüge verstreichen. Auf einmal war mir, als ob eine Unruhe, eine leichte Beklemmung auf ihrem Antlitz flackerte. Ich spürte, sie besaß die Kraft, eine Berührung herbeizuführen zwischen der täglichen Welt und der Welt der Träume; sie kannte die Fährte, die beide verband, und hatte sie, während sie meinen Arm an ihr Herz drückte, betreten. Und als sie zu sprechen begann, hatte ihre

Stimme eine Deutlichkeit und Klarheit, die mir Schauer über den Rücken jagte.

»Was sind Träume? Eine Sprache zum Verschweigen?«

Es klang wie eine Frage, und gleichzeitig schien sie keine Antwort zu erwarten.

»Ich träume von dem Baum. Er steht im alten Wald, du kennst ihn ja …«

Ich nickte unwillkürlich. Der Wald am Berghang war tausend Jahre alt, aber der Baum, eine Buche, war älter; es hieß, er sei von jeher da gewesen. Sein Stamm war hart wie Stein und so dick, dass vier Männer ihn kaum mit ihren Armen umspannen können. Er trug schon längst keine Blätter mehr. Seine gewaltigen Wurzeln bildeten Knollen. So heilig ist die Stelle, dass kein junger Baum hier zu wachsen gewagt hatte; wir selbst betraten sie nur in großer Ehrfurcht und brachten der Buche Geschenke: kleine Türkise oder Korallensteine, die wir an Fäden befestigten und an ihre kahlen Äste hängten. Unsere Großeltern sagten, wir müssten den Baum so lange schmücken, bis er neue Knospen und Blätter hervorbrachte. Dann würde für das Volk ein neues Zeitalter beginnen. Diese Überlieferung gehörte zu den Dingen, die sie an uns weitergaben, ohne dass wir einen tieferen Sinn darin erkannten. Aber woher hatte sie, die Fremde, davon wissen können?

Black Buffalo Woman sprach weiter; ihre Stimme klang weder schlurfend noch erstickt, wie es meistens bei Schamanen der Fall ist, sondern vollkommen beherrscht.

»Du glaubst, der Baum sei tot. Was weißt du von den Wurzeln? Sie wachsen, aus Knochen und Asche, sie ziehen ihre Kraft aus der Kraft der Toten. Ich sehe auch dich, in die Wurzeln verstrickt. Dein Herz schlägt in der Erde, hat Wasser und Nahrung und Unterschlupf, bis die Zeit da ist und der Baum erwacht, bis er atmet und Regen trinkt und die ersten Knospen wachsen! Da kommen alle und stehen ringsumher, aber sie wissen nicht mehr, wer sie sind und wer sie waren. Doch alle rufen: ›Seht! Der tote Baum trägt Grün!‹ Da erwachst auch du, brichst mit den Wurzeln aus der Erde, es ist eine Wiederkehr. Und dann stehst du aufrecht, und alle tanzen um dich herum, du immer in der Mitte. Und plötzlich tritt eine zu dir, ganz sachte. Und du erkennst sie und fragst: ›Weißt du, wer wir sind?‹ Und sie sagt ja. Da rufst du die Totengeister, du rufst die Zerfetzten, die Verbrannten, die Ermordeten. Du rufst auch die toten Tiere; die Büffel erheben sich aus dem Staub, die Hirsche schütteln ihr Geweih, die Adler steigen. Die Trommeln schlagen wie tausend Herzen. Wir stampfen im Kreis und singen das alte Lied:

Hier stehen wir, unter dem heiligen Baum
Im Mittelpunkt der Erde
Vor dem ganzen Volk
Das versammelt ist.

So singen wir und tanzen und kreisen wie die Sterne! Bald werden wir Wege gehen, die keiner kennt. Neue Zeiten ziehen uns entgegen, wie Vogelschwärme. Wir danken dir, Schöpfer! Wir danken dir mit jedem Atemzug! Wir sind wieder da, wir sind stark, wir leben, wir leben …«

Ihre Stimme verstummte ganz allmählich; ihr Oberkörper schwankte leicht. Sie hatte wie unter einem unsichtbaren Zwang gesprochen, doch schien sie eine Gewissheit zu besitzen und um eine Wahrheit zu wissen, die nichts mit der Zahl der Jahre oder der Gewohnheit der Vernunft zu tun hatte. Sie erschien mir wie jenseits allen menschlichen Herkommens, und ich bestaunte voller Ehrfurcht ihr wunderbares rätselhaftes Wesen. Doch als sie mich wieder ansah, geschah es mit der gleichen ruhevollen Kühle wie zuvor. Langsam gab sie meinen Arm wieder frei. Ich beobachtete, wie ihre Finger mit den milchweißen Nägeln sich einer nach dem anderen öffneten. Dann griffen ihre Hände nach der Büffelhautpuppe, drückten sie an ihre Brust, wie eine Mutter ihr Neugeborenes. Ich richtete mich auf. Meine Kehle war trocken, als ob ich seit Tagen kein Wasser mehr zu mir genommen hätte. Ich sagte leise und mir großer Ehrfurcht: »Du hast mich sehr nah an deinen Traum herangelassen.«

»Es war nicht mein Traum. Er kam aus dir, aus deinem Blut.«

Hatte ich geschehen lassen, dass sie aus mir heraushörte, was ich mir selbst verschwieg? Vielleicht aber war es nicht das. Vielleicht war es der *Nagi* in ihr, der ihr ein Zeichen gesandt hatte, so deutlich und klar, wie auch ich es empfangen hatte. Doch weitere Fragen mochten unzulässig sein, und so sprach ich lieber von etwas anderem.

»Ja, und was hat meine Wunde gesagt?«

Ihre Mundwinkel hoben sich leicht; ein Schatten war auf ihrer Wange, als ob sie lächelte.

»Du wirst nie wieder Schmerzen haben.«

Sie nickte mir zu, während ihre Hände langsam und zärtlich die Büffelhautpuppe streichelten. Ich neigte den Kopf zum Dank, legte die Hand an mein Herz und verließ rückwärtsgehend das Tipi. Länger zu verweilen wäre nicht schicklich gewesen.

15. Kapitel

Am nächsten Tag ging ich frühmorgens mit Pfeil und Bogen auf die Jagd. Es gibt Stämme, die in Häusern leben und Mais und Früchte anpflanzen, ich weiß es, weil ich bei ihnen zu Gast war. Wir aber sind Nomaden und Fleischesser. Wir pflücken auch Kräuter, Beeren und Pilze. Unser Wanderleben setzt strenge Regeln voraus. Nichts wird gekocht, sondern alles über dem Feuer gebraten oder eingetrocknet. Ich liebte die Jagd, diese Erziehung zur Stille. Die Stille lehrt uns, unsere Sinne zu gebrauchen, die verschiedenen Gerüche und Düfte aufzunehmen, zu schauen, wenn es allem Anschein nach nichts zu schauen gibt, und zu horchen, wenn alles ruhig scheint. Der Sommer ging zu Ende; das Laub leuchtete im sanften gelben Licht, und über das weite Grasland glitt der Schatten vereinzelter Wolken. Alle Dinge wirkten zart und verträumt. Hügel, Wasserläufe und Steine waren in ihrer Art vollkommen, geformt vom Großen Geist, wie für die Ewigkeit gemacht. Doch niemals, auch in Augenblicken der Ruhe nicht, konnte ich vergessen, dass Tod und Zerstörung nahten.

Als ich probeweise meinen Bogen spannte, bemerkte ich, dass der Schmerz in meiner Wunde tatsächlich abgeklungen war. Und wenn ich auch, in Gedanken an Black Buffalo Woman, ein seltsames Gefühl des Schwindels empfand, war mein Herz auf besondere Weise unbeschwert und froh. Als ich durch den Wald ging, dem Wasser entgegen, sah ich im Unterholz ein Reh mit seinem Kitz. Wachsam wandten sie ihre Köpfe, schauten mich an, bevor sie leichtfüßig im Gebüsch verschwanden. Ich ließ sie davoneilen. Ein Muttertier zu töten gereichte mir nicht zur Ehre. Aber wo Rehe weiden, gibt es Hasen, und ich dachte, dass ich vielleicht einen erwischen konnte. Bald beleuchtete die Sonne die Farne, die im Schatten wuchsen, und die fernen Felswände waberten in zunehmender Hitze. Ich hörte das Plätschern des Wildbaches und bemerkte gleichzeitig, wie sich etwas Helles am Ufer bewegte. Als ich aus dem Unterholz trat, sah ich die junge Frau. Sie kniete am Wasser, umgeben von flirrenden Libellen. Ihr lederner Rock war in Kniehöhe gerafft; ihre schlanken nassen Beine schimmerten golden. Sie hatte ihr Haar zu einem Knoten geschlungen, und das Laub spiegelte sich auf der glänzenden Fülle. Während sie sich über das Wasser beugte, bewegten sich ihre Brüste unter ihrem Mieder, und ihr Rock spannte sich über den schlanken Hüften. Mir war, als ob ich eine Hindin sah, niederkauernd, um zu trinken. Plötzlich schämte ich mich meiner Zudringlichkeit und wollte mich entfernen. Aber es war zu spät, schon wandte sie mir ihr Gesicht zu.

»Guten Morgen, Tashunka Witko«, sagte sie, ohne die geringste Überraschung zu zeigen. Bei unserer ersten Begegnung hatte ich den aufwühlend kühlen Ton ihrer Stimme ihrem heiligen Tun zugeschrieben. Doch es war eindeutig ihre natürliche Stimme. Langsam trat ich näher.

»Was machst du da?«, fragte ich.

»Stellst du jungen Frauen immer solche vertraulichen Fragen?«, antwortete sie mit einem Lächeln.

Ich war ein Krieger, ein wichtiger Mann in unserem Volk. Doch nun errötete ich wie ein scheuer, ungestümer Junge. Ich schluckte.

»Eigentlich nie.«

Sie kniff schelmisch die Augen zusammen.

»Warum also mir?«

»Du hast mich in deiner Vision gesehen.«

Sie ließ das Wasser über ihre Hand rieseln, bevor sie ausdruckslos antwortete: »Mir ist, als wüsste ich davon, und trotzdem ist keine Erinnerung mehr da.«

Ich hatte mir sagen lassen, dass Schamanen nach der heiligen Verzückung die Worte vergessen, die sie sprechen. Es ist ein natürlicher Selbstschutz, damit ihr Verstand keinen Schaden nimmt. Aber ich hörte allzu deutlich das Hämmern meines Blutes und erwiderte kühn: »Mein Herz entsinnt sich!«

Ihr Gesicht wurde steinern. Ich schämte mich sehr und sagte:

»Ich habe einen Fehler gemacht. Ich will dich jetzt nicht mehr belästigen.«

Als ich gehen wollte, schüttelte sie leicht den Kopf. Ihr Ausdruck veränderte sich, ihre länglichen Augen sahen mich freimütig an.

»Nein, es war kein Fehler«, sprach sie lächelnd. »Komm, ich zeige dir, was ich mache!«

Langsam trat ich näher, legte Bogen und Pfeilbündel ab und ließ mich neben ihr nieder. Das klare Wasser funkelte über polierte Steine hinweg, aber an manchen Stellen war braune Erde sichtbar. Tonerde. Mit Hilfe eines kleinen Zweiges vermengte Black Buffalo Woman Wasser mit dem Lehm und ließ die Flüssigkeit in ein Gefäß tropfen, wobei sie mir in ungezwungenem Tonfall den Vorgang erklärte.

»Der Lehm ist der Körper unserer Mutter-Erde, die denkt, die nachdenkt, die einen *Nagi* hat, wie wir. Stille ich das Blut einer Wunde und streiche ich anschließend Lehm darüber, zieht sich der Einschnitt zusammen. Schon am nächsten Tag wird die Wundöffnung viel kleiner sein. Dazu brauche ich nur meine Hände und die Erde.«

Ich nickte stumm, die Augen auf ihre Lippen gerichtet, von ihrer Schönheit befangen.

»Einmal gebraucht«, fuhr sie fort, »ist die Erde tot. Ich kann sie kein zweites Mal verwenden. Deshalb sammle ich täglich frische Tonerde. Es kommt auch vor, dass ich Kranken Wasser zu trinken gebe, in das ich etwas Ton gemischt habe. Die Erde sieht die Krankheit im Körper und heilt sie, so wie meine Hände es tun.« Ihr Lächeln kam und ging wie eine Sommerwolke. »Warum«, murmelte sie, »erzähle ich dir diese Dinge eigentlich?«

Es war, als ob sie zu sich selbst sprach. Unsere Blicke trafen sich. Ich senkte die Augen und sagte: »Vielleicht, weil du von mir geträumt hast?«

Sie schaute mich verlegen an. Ich sah das Heben und Senken ihrer Brust unter dem bestickten Mieder. Doch sie antwortete freundlich und sachlich.

»Das mag schon sein.«

»Wo sind deine Wachen?«, fragte ich.

Da lachte sie vergnügt. »Ach, die sind nicht hier. Ich habe ihnen befohlen, bei meinem Tipi zu warten. Es ist doch lästig, immer fünf Männer auf den Fersen zu haben!«

»Du könntest dich in Gefahr begeben.«

Da straffte sie sich und sagte: »Nein. Ich bin *wyan wakan.*«

Ihre Worte verrieten, wie jung sie noch war. Doch da war etwas anderes, etwas Uraltes, das aus ihr sprach, etwas, das dem Rauschen der Blätter, der hohen Gräser und Schilfrohre glich, wenn der Atem des Windes sie streifte. Seitdem ich ihr begegnet war, schien mein ganzer Körper die Dinge wahrzunehmen, einfach und klar. Ich kam mir vor wie gerade aufgestanden vom Schlaf, wie eben geboren, ein Vogel, der aus dem Ei schlüpft in eine Welt voller Licht. Und ich dachte: Empfinde ich so, wird sie das Gleiche empfinden, auch wenn sie Geheimnisse hütet, die nicht für mich gemacht sind.

Ich wollte etwas sagen, aber sie kam mir zuvor.

»Oh!«, rief sie fröhlich. »Bewege dich nicht!«

Eine große Libelle schwirrte um uns herum, wie ein grünlicher Blitz im Sonnenlicht. Black Buffalo Woman streckte den Arm aus. Die Libelle kreiste näher und ließ sich plötzlich auf ihrem Handgelenk nieder. Wir sahen den bebenden Körper des Insektes, die schillernden Flügel, die großen Netzaugen. Nach einer Weile schoss die Libelle im flirrenden Sonnenlicht davon. Wir folgten ihr mit den Augen, bevor wie uns stumm ansahen. Und dann lächelten wir beide gleichzeitig.

Später lagen wir im hohen Gras und streichelten uns mit ruhiger Innigkeit. Nur ein matter Rest Bewusstsein schwebte über uns. Black Buffalo Womans Augen waren sanft und golden; doch ein leichter Schmerz lag auf ihrem Antlitz, ein Ausdruck, den ich nicht deuten konnte, denn er schien mit tieferen Dingen vermischt. Manchmal barg sie ihr Gesicht an meiner nackten Schulter, als ob sie sich vor mir versteckte. Ihr grün schimmerndes Haar knisterte, wenn sie es zurückwarf, beide Arme um meinen Hals schlang, ihre schmalen Schenkel an meine presste. Tief und selig atmete ich ihren Geruch ein, mit dem Duft von Minze und frischer Tonerde vermischt. Ich streichelte ihre Haut, die samten und weich war wie die Haut einer Frucht. Ich berührte ihre kleinen Brüste, füllte mit ihnen meine Hände, trug diese warme, zärtliche Last. Meine Finger bewegten sich wie Späher, glitten ihre schmale Taille entlang, strichen über ihre flache Bauchgrube. Ich streichelte ihre Lenden, ihre kindlich schmalen Hüften. Unsere Körper drängten zueinander, und in unserer Erinnerung kam und ging die Zeit mit ihren Nebelschleiern. Es war, als ob die Liebe Tropfen um Tropfen aus unserem Fleisch geboren wurde, wie Honig aus einer Wabe, wie ein Echo aus fernen, verblassten Zeiten, dessen Erinnerung unser Geist bewahrt hatte. Wie träumten unsere Hände, wie vermählten sich unsere Bewegungen! Wir umarmten alle Vorfahren, die sich früher unter anderen Namen geliebt hatten, die sich in Zukunft wieder lieben würden. Wir schwebten, ineinander verschlungen, über die Abgründe anderer Epochen, wir hielten den Atem an, geboten Tod und Leben Stillstand. Trommelwirbel gingen über unsere Herzen. Meine Hände bewegten sich tiefer hinab, suchten ihren Weg zwischen ihre geschmeidigen Schenkel. Ich spürte das wilde Strahlen in meinem Unterleib, keuchte vor Verlangen, als meine Finger sich vortasteten, ihre Schamlippen fühlten, sie teilten. Da aber gebot sie mir Einhalt und löste sich von mir. Sie setzte sich auf, zog die Knie hoch, warf ihr Haar mit heftigem Schwung zurück. Die nächsten Worte, die sie sprach, trafen mich wie eine Pfeilspitze.

»Tashunka Witko, höre. Ich möchte dein Tipi für immer mit dir teilen. Aber ich bin *wyan wakan*. Das ist es, wozu ich geschaffen bin. So hat es mein Traum bestimmt.«

Als ich ihre Worte begriff, wurde es in mir totenstill. Bisher war mir, als würde ich vom Feuer verzehrt. Jetzt machte der Herbstwind, dass ich erschauerte. In den Bäumen über uns war ein Wispern und Knarren. Die ersten welken Blätter umwehten mich wie Schatten. Doch unsere Träume sind heilig und binden den Menschen. Ich richtete mich auf, deckte sie mit ihrem Gewand zu und sagte bitter:

»Träume verlangen alles von uns. Und manchmal zu viel.«

»So ist es«, erwiderte sie schlicht.

Doch ich war nicht umsonst ein Krieger und an Verhandlungen gewöhnt.

»Besitzt du die Heilkraft«, sagte ich, »dann ist es umso wichtiger, Kinder zu gebären und diese Kraft auf sie zu übertragen. Die Geister werden dir nicht danken, wenn du die Gabe vergeudest.«

Sie antwortete leise und sah dabei auf ihre Hände hinab.

»Mann und Kinder verlangen viel von einer Frau. Aber die Heilkraft fordert mehr, nämlich Alleinsein und Stille. Jeder muss etwas aufgeben, doch wird es ein Gewinn für Verletzte und Kranke, ist es ein nützlicher Verzicht. Nachher erkennen wir es deutlich.«

Sie schenkte mir ein müdes Lächeln. Ihre Losgelöstheit brach mir beinahe das Herz. Aus meinem innersten Wesen heraus verstand ich sie. Unsichtbare Mächte, höhere Einflüsse sprachen aus ihren Worten. Ihre Haltung war unangreifbar. Doch ein Mann wäre kein Mann, wenn er sich außerstande fühlte, die Dinge zu ändern. Unsere Liebe war ein Wunder an Zartheit, wie die aufschwirrende Libelle. Und so nahm ich behutsam ihre Hand, hielt sie gegen das Sonnenlicht. Sie selbst konnte sehen, dass ihre Finger hell wurden, fast durchsichtig, und auch die Handfläche. Und dann legte ich behutsam meine Hand auf ihre, bedeckte sie mit meinem Schatten. Ich sagte:

»Ich möchte Wasser für deinen Durst sein, Nahrung für deinen Hunger, ein Schutzschild gegen die Gefahren der Nacht. Jener, der dich liebt und dein Angesicht im Dunkel erkennt, besitzt dich nicht. Die Heilkraft soll dir erhalten bleiben. Mögest du sie dem Volk schenken! Doch ich werde in meinem Herzen immer auf dich warten. Ein Traum hat dich gebunden, ein anderer mag dich freigeben. Und so bete ich, dass du ruhig schläfst, bis ein Traum zu dir kommt, der dich erlöst. So möge es geschehen, wenn *wakan tanka* es will. Das ist von heute an mein Morgengebet.«

Sie sah mich an, drehte leicht ihre Hand herum, wobei sie die meine festhielt. Das Lächeln teilte ihre Lippen wie eine kleine Frucht; sanft und wunderbar erregend war es, dieses Lächeln, und brachte mir neue Hoffnung. Sie antwortete geistesabwesend; es war, als ob sie laut dachte.

»Ich danke dir, Bruder, dass du für mich beten willst. Jede Nacht ziehen Träume in uns vorbei wie Vogelschwärme. Und es mag sein, dass sie Botschaften rufen im Wind ...«

16. Kapitel

So schnell kam das Ende, dass es mich unvorbereitet traf. Auf der Suche nach seinen Feinden mag ein Krieger durch das Land wandern, er wird vorwärtsblicken und selten hinter sich und bösen Omen wenig Beachtung schenken, denn er bedarf viel Zuversicht, um am Leben zu bleiben. Die Verhandlungen am Bear Butte hatten immerhin bewirkt, dass die Völker der Prärie sich zusammenschlossen. Obwohl der Krieg zwischen den Staaten nach wie vor wütete, drangen Wagenzüge auf dem Virginia-City-Trail immer weiter vor. Sie wollten nach Montana hinauf, um dort neues Siedlerland zu suchen. Sie wurden von der Grenzmiliz begleitet, Raufbolde zumeist. Mit Black Shield, Dull Knife, Elk Nation und American Horse und über zweihundert kampferprobten Kriegern zog ich westwärts bis zu den Bighorn Mountains. Auch der junge, tapfere Chief Two Moons und mein Bruder Little Hawk gehörten dazu. Wir wollten den Weißen Einhalt gebieten. Nie hatte die Prärie den Pflug oder den Zaun willkommen geheißen; es war die Heimat grasender Tiere und wandernder Nationen. Selbst ich, noch jung an Jahren, konnte sehen, wie sich das Land veränderte, wie Straßen gezogen und Forts gebaut wurden und wie diese Veränderungen uns früher oder später zwingen würden, unser Leben zu ändern. Noch war ich des Kämpfens nicht müde. Unser Feldzug gegen den Bozeman-Trail war ein Erfolg gewesen; viele Pferdesoldaten mussten ihr Leben lassen. Mitleidlos zeigten wir uns im Kampf gegen die Whiskey- und Pelzhändler, ließen ihre Leichen unbestattet liegen. Als Abschreckung und um den Feinden zu zeigen, dass wir jetzt zusammenhielten, setzten wir blutige Zeichen. Eine Abteilung von fünfzig Blauröcken umzingelten wir zwei Tage lang, bis uns die schwer bewaffnete Kavallerie zurückschlug. Doch es war uns gelungen, fünf Männer von ihren Gefährten zu trennen. Sie kämpften mit großem Mut, aber sie kämpften vergeblich. Wir nahmen ihren Skalp. Ihr Anführer jedoch, ein Feldwebel, wurde auf besondere Weise hingerichtet: Meine Krieger durchschnitten ihm die Kehle, die Cheyenne zerhackten seinen rechten Arm, die Arapaho schlitzten ihm die Nase auf. Dann schoss jeder von uns einen Pfeil, der sich in Machart und Farbe unterschied, in den leblosen Körper. Auf diese Weise sollten die *wasicun* erkennen, dass nicht mehr ein Volk allein, sondern alle Prärie-Nationen sich am Kampf beteiligten.

So viel Grauenvolles auch auf mich einstürzte, nie, auch nur einen Augenblick, vergaß ich Black Buffalo Woman. Ich sah sie überall: Im Oval eines Blattes erkannte ich ihre Brauen, in den Blütenblättern ihr Antlitz, in den Wolken ihr grün schillerndes Haar. Denn sie war die Güte und die Schönheit selbst. In meinem Innern trug ich diese Liebe zu ihr; sie gab mir ein seltsames Gefühl von Selbstsicherheit, ja fast von Unverwundbarkeit. Und jede Nacht war mir, als ruhe sie an meiner Seite, ganz nah. Ich legte im Geist den Arm um sie, sprach leise zu ihr von der Grausamkeit des Krieges, von dem Schmerz der Trennung und dem Sog der Leere.

Zu dieser Zeit lagerten wir in den Wolf Mountains. Ein neues Fort war an der Spruce-Creek-Gabelung des Powder River im Bau. Die umgebenden Hügel gestatteten uns, jede Bewegung der Weißen zu beobachten. Rund um die Palisaden sahen wir, wie Leitern angelegt wurden und die Männer hinaufstiegen. Wollten wir handeln, musste es bald geschehen. Das Fort war vom nächsten Wald ein gutes Stück entfernt; alles Holz für den Palisadenbau musste von weither geholt werden. In der Nähe gab es auch keine Heuwiesen für ihre Pferde – unserer Meinung nach zwei verhängnisvolle Fehler, die wir nutzen konnten. Es war das bisher größte Fort, das wir gesehen hatten. Wir berieten, zunächst die täglichen Heu- und Holzfällerkommandos anzugreifen, um den Feind zu schwächen und den Bau des Forts aufzuhalten.

Einer unserer Chiefs, No Water, war ein außergewöhnlich tapferer Krieger, gut aussehend und von freundlichem Wesen. Doch es ging ihm nicht gut. Hals- und Nackenschmerzen machten, dass er kaum noch die Arme bewegen konnte. Wenn wir kämpften, vertrauten wir auf unsere Schnelligkeit und Geschicklichkeit. Ich selbst war es, der No Water den Rat gab, zurückzureiten und Black Buffalo Woman um Heilung zu bitten. Der Winter kam, und *wyan wakan* hatte ihr Zelt schon in den Bergen aufgeschlagen. No Water würde den Weg zu ihr finden. Weil er sich so schlecht fühlte, bestimmte ich vier Krieger, die mit ihm reiten sollten. Bevor er aufbrach, ging ich zu ihm. Es war üblich, den Heilern Geschenke zu machen, und ich wollte Black Buffalo Woman wissen lassen, dass ich unseren Pakt nicht vergessen hatte. In den Bergen hatte ich einen Türkisstein gefunden, makellos oval, wie von Menschenhand geschliffen, obwohl ihn die Natur so geformt hatte. Er war handtellergroß und von jenem Tiefgrün, das mich an die Schattierung ihres Haars denken ließ. Ich sagte zu No Water: »*Wyan wakan* hat meine Wunde geheilt. Danke ihr in meinem Namen und bringe ihr diesen Stein.«

No Water versprach es. Doch als er mit seinem Gefolge davonritt, kam eine Windhose auf ihn zugewirbelt, drehte dann ab und blieb stehen; es war, als ob die braungelbe Säule sie begleitete. Dann, ganz plötzlich, legte sie sich wie ein Tier vor den Reitern nieder. Und da war es, als flutete ein Schauder aus der Erde unter meinen Füßen in mich ein. Mein Herz pochte so heftig, dass es mich fast erstickte, und der Angstschweiß brach mir aus allen Poren. Ich dachte: Es ist nur ein Unwohlsein! Oder willst du schlimme Dinge auf ihn herabrufen? Doch ich wollte der Unruhe kein Gehör schenken. Auf mich wartete, was getan werden musste. Männer müssen sich ihrem Rang entsprechend verhalten, sonst werden sie von den Kriegern verlacht.

Und so besetzten wir die Hügel, brachten den Weißen schwere Verluste bei. Der Lärm der Geschosse hallte durch das Tal, der Pulverdampf reizte uns Augen und Kehle. Doch es war ein Kugelregen, den wir überwinden konnten. Aber weder Kampfes- noch Todesschreie brachten die warnende Stimme in mir zum Schweigen.

Als wir das Fort niedergebrannt, die Soldaten getötet und die Trümmer geplündert hatten, pflegten wir unsere Verletzten und bestatteten unsere Gefallenen in Ehre. Die zerfetzten Körper der Feinde ließen wir liegen, zur Abschreckung. Die Vögel sollten sie haben. Am Himmel kreisten ihrer genug.

Dann ritten wir heimwärts. Die Krieger frohlockten. Sie hatten viele Pferde und wertvolle Waffen erbeutet. Die Winchester-Repetiergewehre, die jetzt kalt und still in ihren Händen ruhten, würden bald vom Schießen wieder heiß werden. Wie sie zu gebrauchen waren, hatten wir schnell gelernt.

Nebel lag dicht und grau über den Bergen. Wir ritten durch die letzten fallenden Blätter; mir war, als welke mein Herz mit ihnen. Die Sonne ging täglich früher unter; sie schien wie zusammengezogen, eingeschrumpft. Nachts funkelte der Eismond über der gefrorenen Erde. Die Kälte raubte uns den Atem, lastete wie ein klammes Gewicht auf unseren Schultern. Wir kauerten am Feuer, in Elchfelle und Decken gehüllt. Umgeben von unseren Pferden fühlten wir uns sicher, und die Flammen hielten die Wölfe fern. Die Männer scherzten und lachten und freuten sich des Sieges. Ich starrte mit klebrigen Augen in die Glut; wehte Rauch zu mir herüber, schüttelte mich der Husten, so dass ich würgte und mich fragte, ob ich nicht krank sei. Doch immerfort spürte ich den Zwang zu reiten, schneller zu reiten. Aber wohin? Wozu? In den ersten Winterstürmen schien der Weg so lang, dass er kein Ende nahm.

Der Ort des tiefsten Leids bleibt immer die eigene Haut. Späher hatten unsere Ankunft gemeldet. Und als uns die ersten Boten entgegenritten, stand ebenso viel Triumph wie eine abwehrende, peinliche Betroffenheit in ihren Gesichtern. Denn sie brachten schlimme Nachrichten – Nachrichten, die meine böse Ahnung bestätigten. Als ich erfuhr, was sich zugetragen hatte, war mir, als würden mein Körper, mein Geist und mein Verstand von umfassender Übelkeit befallen, so dass ich auf jede Beherrschung verzichtete, zur Seite ritt und dicke, heiße Tränen weinte. Ich dachte, warum bin ich nicht im Krieg gestorben? Warum dient mein Leib nicht als Futter für die Geier, die ihn kahl fressen? Die Frau, die ich liebte, habe ich nicht retten können. Ein anderer war es, der sie gerächt hatte. Sie hatte ihm dafür ihre Weiblichkeit geschenkt, wie es der Dank, die Ehre von ihr verlangten. Das war richtig und gut: Sie sollten in Frieden leben. So dachte ich, doch in meinem Herzen war eisige Nacht.

Wir wussten, dass sich Goldgräber gelegentlich in die Nähe unserer Zeltlager wagten. Fielen sie uns in die Hände, machten wir kurzen Prozess mit ihnen. Als No Water auf dem Weg zu Black Buffalo Woman auf eine ältere Fährte stieß, war sofort sein Argwohn geweckt. Sechs Reiter waren es, die mit beladenen Maultieren ins Gebirge ritten. Trotz seiner Schmerzen war No Water noch zu kaltblütigem Denken fähig. Es blieb ihm keine Zeit mehr, Verstärkung zu holen. Möglicherweise hatten Black Buffalo Womans Leibwächter die Eindringlinge längst abgefangen und vernichtet. Doch diese Hoffnung starb, als No Water und sein Gefolge unter Schneehaufen mehrere Leichen fanden. Alle waren durch Schusswunden getötet, völlig entkleidet und skalpiert – und alle gehörten zum »Bund der gescheckten Hunde«, die Black Buffalo Woman bewachten. No Water wusste, es gab Weiße, die Indianer skalpierten – das waren die gefährlichsten Gegner. Er beriet kurz mit seinen Kriegern, was zu tun sei. Danach ritten sie schnell, bis sie eine Anzahl kleiner Zelte erblickten. Alle scharten sich um ein großes

Mittelzelt aus weißen Büffelhäuten mit einem roten Stern. Einige Pferde waren zu sehen, und Rauch stieg in den Abendhimmel. Da wusste No Water, dass die Feinde Black Buffalo Woman bereits in ihrer Gewalt hatten – falls die junge Frau überhaupt noch am Leben war. Es war gefährlich weiterzureiten; die Pferde mochten einander wittern. No Water und seine Krieger ließen die Pferde zurück und stiegen zu Fuß den Hang hinauf. Es wurde eine gefährliche Kletterei, bis sie endlich eine Stelle erreichten, von der aus sie das Lager überblicken konnten. No Water war ein Mann, der zuerst die Gegner zählte, ehe er eingriff. Und seine Krieger vertrauten ihm trotz ihrer Wut. Sie sahen Weiße kommen und gehen, und der Feuerschein erhellte ihre Gesichter. Der flammenbeleuchtete Kreis zeigte auch eine Indianerin, die den Lagerdienst verrichtete und Holz sammelte. Die Frau trug ein helles blutbeschmutztes Kleid, und ihr Haar war unter einem Kopftuch verborgen. Black Buffalo Woman lebte also noch. No Water und seine Krieger warteten geduldig. In den frühen Stunden vor Tagesanbruch, wo die Menschen am tiefsten schlafen, liefen sie schattenhaft durch das Hochtal und schlichen sich in das Lager. Nicht lange danach kauerte jeder Krieger neben dem Zelt, das er sich als Ziel ausgesucht hatte, und horchte auf den Atem der Feinde. Diese hatten, bevor sie schlafen gingen, ausgiebig getrunken, ihre Gefangene geschlagen und gedemütigt. Auf No Waters Signal schoben die Krieger die Türklappen beiseite und schlüpften mit stoßbereiten Messern in die Zelte. In dem großen weißen Zelt hatte der Anführer Black Buffalo Womans Hände gefesselt und das Ende des Seils um seine Taille gebunden, so dass jede Bewegung der jungen Frau ihn wecken konnte. Sie aber lag wach. Sie hatte die anschleichenden Krieger gehört, und No Water sah in der Dunkelheit das Weiß ihrer offenen Augen. Er kroch zu dem schnarchenden Mann und schlitzte ihm mit einer einzigen kraftvollen Bewegung die Kehle durch. Als der Körper erschlaffte, zerschnitt No Water die Fesseln der jungen Frau, führte sie behutsam aus dem Zelt. Das Licht des anbrechenden Tages zeigte die Misshandlungen, die sie erduldet hatte. Ihr Körper war von Blutergüssen und Brandwunden übersät, und jeder ihrer schwankenden Schritte hinterließ eine blutende Spur.

Black Buffalo Woman erzählte, wie die schwer bewaffneten Goldgräber ihre Wachen in einen Hinterhalt gelockt und getötet hatten. Wie oft sie vergewaltigt worden war, konnte sie nicht sagen. Sie sprach leise und stockend. Irgendwie schienen sich in ihrem übermüdeten Gehirn die Worte nicht zu formen. Doch nach einer Weile hatte sie sich wieder gefasst. Sie zog ihre besudelten Kleider aus, warf alle Gegenstände auf einen Haufen und setzte ihr Tipi eigenhändig in Brand. Und als die Flammen loderten, hob sie ihre heilige Büffelhautpuppe über den Kopf empor. Und mit den geflüsterten Worten »Vater, nimm mein Opfer an« schleuderte sie die Puppe in die Glut. Rauch quoll wie blauer Nebel hervor, wirbelte umher. Einen Augenblick lang glich die Puppe einem lebenden Wesen, das sich in der Hitze zusammenzog und dehnte, bevor sie einschrumpfte und zerfiel. Nackt, in eine Decke gehüllt, sah Black Buffalo Woman ausdruckslos zu, wie die Flammen das Tipi verzehrten, bis nur noch ein großer Kreis glimmender Asche im Schnee übrig war.

No Water war sehr bewegt. Doch er wäre kein Mann gewesen, wenn er nicht seine Chance genutzt hätte. Er bat Black Buffalo Woman, als seine Frau in sein Zelt zu kommen, und sie willigte ein. Ihre Augen blieben trocken dabei. Es war ein Opfer, das sie zu bringen hatte. Zum Weinen würde sie noch Zeit haben. Und noch später, als No Water, der ein zuverlässiger Mann war, ihr mein Geschenk überreichte, wies sie es mit den Worten zurück: »Teile Tashunka Witko mit, dass ich sein Geschenk nicht annehmen kann. Die Frau, die ich einst war, gibt es nicht mehr.«

Im Lauf der Jahre gebar sie No Water zwei Kinder. Ich hätte daraus das tragische Ende meiner Liebe schließen können, aber dem war nicht so. Ich konnte mich der großen einfachen Wahrheit meiner Gefühle immer gerade um einen Schritt fernhalten, mehr nicht: Stets sah ich nur die Frau, die ich einst in den Armen gehalten hatte, sah, wie ihr Leib sich wölbte, wie sie Kinder trug, die nicht von mir waren, und sehnte mich nach dem Tod. Doch ich war »Der, der niemals sterben kann«, und der Tod wollte von mir nichts wissen. Noch war ich jenen nicht begegnet, die mir die Arme festhalten würden.

Das Mindeste, was ich tun konnte, war, so oft wie möglich das Lager zu verlassen. Es wurden einsame Zeiten für mich. Ich kämpfte selbstlos und lebte bescheiden, um meiner Vision gerecht zu werden. Da ich für mich selbst sparsam war, konnte ich für andere eine offene Hand haben. Man sagte, dass ich ein großer Krieger war. Ich aber lebte nicht für Ruhm, sondern für Gerechtigkeit, überfiel unsere Feinde, plünderte ihre Forts, stahl ihre Pferde, teilte meine Beute mit den Armen und den Bedürftigen. Von No Waters Tipi hielt ich mich fern. Doch wenn der Zufall es wollte, dass Black Buffalo Woman und ich einander begegneten, tauschten wir einen flüchtigen Gruß, wandten sofort die Augen ab oder sahen zu Boden. Es war eine Bürde, die wir gelernt hatten zu tragen.

Um das Jahr 1865 herum, als der lange Bürgerkrieg der Weißen zu Ende ging, ließ mein Volk einen alten Brauch wieder aufleben. Der Bund der Alten kam zusammen, wählte vier junge Männer aus und ehrte sie, indem er sie zu »Hemdenträgern« ernannte. Als Erste wurden Young Man Afraid, American Horse, No Water und schließlich ich selbst ernannt. Fortan gehörten wir zum Stammesrat, und unsere Meinung wurde bei allen wichtigen Angelegenheiten eingeholt. Ich wies das Amt nicht zurück, hoffte ich doch, auf diese Weise im Dienst meines Volkes noch mehr zu bewirken. Mein Hemd war gelb und schwarz und an den Rändern mit Skalplocken verziert. Aber Kampfbegeisterung war nie meine Sache gewesen. Ich wollte nur ein Mann sein, der sein Bestes tat. Und alle im Lager wussten, dass sie in einer Stunde der Not auf mich zählen konnten.

Was manchem missfallen mochte, war, dass ich nach wie vor im Zelt meiner Eltern lebte statt im Zelt meiner Frau, wo doch mein jüngerer Bruder Little Hawk längst eine eigene Familie hatte. Aber die ehrwürdigen Alten hatten ein kluges Auge und einen weisen Sinn, und viel Verständnis für das menschliche Herz.

17. Kapitel

Wann hatte ich angefangen, über meine Vorfahren nachzudenken? Ich wusste es nicht mehr. Seltsam: Die Fotos in der Schuhschachtel hatten ein Geheimnis, das sie unwirklich machte. Diese Fotos sollten das Leben anhalten, doch das Erstarren im Bild nahm zugleich den Tod vorweg. Eine Geschichte, die mich einschloss, verlor sich an den vergilbten Rändern in Ungewissheit, jeder Herzschlag brachte sie ein Stück weiter von mir weg. Aber das Bild, das meinen Urgroßvater Alan als Jungen zeigte, kam mir in jeder Hinsicht anders vor. Ein Toter war es, der mich durch die Jahrhunderte anstarrte, ohne ein Lächeln, mit trotzigem Blick. Es lag etwas ungewöhnlich Altes in seinem Gesicht, und jedes Mal, wenn ich hinsah, veränderte es sich, wurde zum Zerrbild, zum Gespenst. Gleichzeitig war sein Blick so beharrlich und durchdringend, dass mich Schauder durchliefen. Ich kam von diesem Blick nicht los, der zu sagen schien: Ich bin ein Teil von dir! Was verbindet uns mit den Toten? Das Gewesene ist Teil unseres Körpers geworden. Was wir sind, konnten wir nur durch unsere Vorfahren werden. Ich hoffte, dass allmählich und in dämmerhaften Übergängen der eigensinnige Blick wieder erlosch und sich in die Nacht des Vergessens zurückzog, wo er hingehörte. Ich sagte zu Night: »Vielleicht sollte ich auf Distanz gehen. Das wäre gesünder.«

»Wieso?«, fragte er.

Ich saß unbequem auf der Sofakante und rieb mir das Kreuz.

»Ich habe Rückenschmerzen, mein Gedächtnis spielt mir Streiche, ich höre die Toten sprechen, gehe sexuellen Beziehungen aus dem Weg ...«

»Irgendetwas, das ich für dich tun kann?«

Sein Ton war belustigt, ein bisschen spöttisch. Ich ging irritiert darüber hinweg.

»Nett von dir. Ich werde dir sagen, wenn ich in Stimmung bin.«

»Okay«, meinte er. »Und was sonst noch?«

»Was sonst noch? Meine Träume sind Halluzinationen. Ich war immer vernünftig und sachlich, und jetzt jage ich die Welt in die Luft. Ich meine es wörtlich«, setzte ich finster hinzu. »Ist das vielleicht normal?«

»Vielleicht willst du die Welt verändern?«

Ich holte gepresst Atem.

»Du verstehst mich nicht. Klar, wie solltest du auch?«

»Es gibt Dinge, die dich beschäftigen«, sagte er ernst. »Wir sind doch keine Fremden mehr. Also, los!«

Meine Kehle wurde plötzlich eng.

»Dieser Chief, der mit Bajonettstößen ermordet wurde, sag mal, hatte der Nachkommen?«

Night schüttelte den Kopf.

»Er soll eine Tochter gehabt haben, die bis 1940 lebte. Aber Pandora meinte, dass seine Vaterschaft nur auf Vermutungen beruhte. In Wirklichkeit hatte Tashunka Witko nur ein Kind, auch eine Tochter übrigens, die an Cholera starb.«

»Meine Rückenschmerzen kann ich also vergessen. Ich bin nicht mit ihm verwandt«, antwortete ich achselzuckend.

»Warum muss es eine Blutslinie sein? Warum nicht eine Verwandtschaft des Geistes?«

Jetzt war ich doch sehr erstaunt. »Was willst du damit sagen?«

Er verzog die Brauen, die schwarz und flaumig waren, wie Federn, und antwortete, als ob er laut dachte.

»Stell dir vor, wir könnten die Menschen, die aus unserem Leben verschwinden, neu schaffen.«

»Ich stelle es mir vor. Es hört sich verrückt an.«

»Manchmal ist es verrückt. Und manchmal ist es ein Akt tiefster Liebe.«

Das war ein neuer Gedanke. Als ich seitwärts zum Foto blickte, war mir, als ob Alans Gesicht, schimmernd wie Kreide, sich leicht nach oben verschob. Ich wandte rasch die Augen ab. Mir war noch ein wenig übel.

»Wenn ich jetzt annehme, dass Elinor dreißig Jahre lang mit diesem Chief Zwiesprache hielt ...«

Er unterbrach mich mit sanftem Kopfschütteln.

»Keine Zwiesprache. Sie selbst war Tashunka Witko!«

Vielleicht hatte er zu viel getrunken? Sein Blick war eigentümlich starr. Und gleichzeitig sprach er mit einem Nachdruck und einer Gewissheit, die mich beträchtlich verunsicherten.

»Na schön. Sagen wir mal, sie hat sich mit ihm identifiziert. Aber trotzdem ...«

Er sagte langsam und etwas sarkastisch: »Offenbar hast du keinen blassen Schimmer von Romantik.«

»Nicht im Geringsten, tut mir leid. Wenn ich nur gewusst hätte, was sie von mir erwartete! Etwa, dass ich ihre Rolle übernehme?«

Er macht ein bejahendes Zeichen. »Exakt. Bloß, dass es für sie kein Rollenspiel war.«

»Mir ist kotzübel. Wie soll ich das nur aushalten?«

»Was ist denn eigentlich in Paris geschehen?«, fragte er. »Erzähl es mir doch endlich.«

Mein Blick hielt sich irgendwo fest, nur nicht an ihm.

»Ich habe einen Mann umgebracht, wenn du es genau wissen willst. Einen Selbstmordattentäter. Wenn du eine Ahnung hättest, wie schrecklich das war!«

Er antwortete langsam: »Ich glaube, ich habe eine Ahnung, ja. Hast du deswegen Frankreich verlassen?«

Ich fuhr mit der Hand über mein verschwitztes Gesicht.

»Ja ... nein! Es wäre eigentlich nicht nötig gewesen. Das Schlimmste ist, dass ich genau wusste, was der Wahninnige drei Sekunden später tun würde. Dass ich ihn, egal wie, augenblicklich aus der Welt schaffen musste.«

Er schwieg. Und in dieses Schweigen hinein erzählte ich ihm, was sich in der U-Bahn zugetragen hatte. Ich erledigte das rasch, ein bisschen allzu rasch, weil ich gewisse Bilder überging. Aber den Kopf des Mannes sah ich trotzdem, er verfolgte mich in allen Träumen, um die ganze Welt herum und wahrscheinlich auch noch in hundert Jahren. Night sagte die ganze Zeit nichts. Kein Laut der Erregung oder des Mitempfindens. Sein Gesicht schien unbeweglich. Seine Hände, die ich beobachtete, lagen entspannt und locker. Hätten sie ein Zucken der Betroffenheit gezeigt, hätten sie im unpassenden Augenblick zum Whiskeyglas gegriffen, ich hätte ihn verachtet. Aber er blieb völlig ruhig. Als ich erzählt hatte, was ich erzählen konnte, ohne dass mir dabei die Galle hochkam, sagte er gelassen: »Wie lange warst du im Krankenhaus?«

»Fünf Tage. Ich hatte eine Blutvergiftung. Dass die Sache politisch ausgenutzt wurde, war schon peinlich genug. Als dann noch Tom und Jerry auftauchten, war meine Geduld am Ende.«

Er runzelte fragend die Brauen. Ich nickte ihm wütend zu.

»Zwei Typen vom französischen Geheimdienst, die mich ködern wollten. Natürlich steckte der Minister dahinter. Ich kam mir wie in einem schlechten Krimi vor.«

»Deine Chancen für einen gewaltsamen Tod im Mittleren Osten wären enorm gestiegen.« Er lächelte unfroh.

»Ich bin davongelaufen, ich gebe es zu …«

»Du bist ein bisschen davongelaufen …«

Ich sah ihm in die Augen.

»Und seitdem stelle ich mir Tag und Nacht die Frage …« Ich stockte. Er sprach den Satz für mich zu Ende.

»… was Elinor in dir ausgelöst haben mag?«

Er versteht mich, dachte ich, er versteht mich wirklich.

Ich sagte: »Was, wenn ich einen Unschuldigen getötet hätte!«

»Hättest du zwei Sekunden länger überlegt«, erwiderte er

ruhig, »bräuchtest du dir jetzt keine Gedanken mehr zu machen.«

»Da hast du allerdings recht!«

Night saß locker, täuschend unbeteiligt, da. Er schien viel ruhiger als ich. Doch der Eindruck war falsch.

»Es ist schwierig, alles von vornherein in den Blick zu bekommen. Wenn ein Mensch stirbt, der uns nahesteht …«

»Elinor stand mir nicht nahe.«

»Doch. Sie stand dir näher, als du glaubst.«

Ich biss mir auf die Lippen.

»Also gut. Vielleicht.«

Ich lächelte ihn an. Er erwiderte das Lächeln nicht. Sein Haar fiel vornüber, bedeckte seine Stirn. Eine Zeitlang saß er stumm da. Es war plötzlich etwas an ihm, für das ich keine Bezeichnung fand, eine Starrheit in den Augen, als ob ihn ferne Bilder gefangen nahmen. Nach einer Weile brach er mit einem Seufzer das Schweigen.

»Ich muss dir von Pandora erzählen. Ich sage dir gleich, es wird mir schwerfallen. Aber wir vom Volk sind etwas sonderbar. Wir haben ständig nur unsere Familie im Kopf. Ich glaube, dass es kaum Menschen gibt, die mehr an ihr hängen als wir. Unsere Vorfahren haben uns Gefühle vererbt, die nicht sehr zeitgemäß sind. Aber die Vergangenheit lässt sich nicht abschütteln. Zwischen Menschen, die zusammen Armut und Trauer erlebten, entsteht ein Band, das stärker ist als alles andere. Und das ist gut so. Wären wir allein, auf uns selbst angewiesen, wäre es uns ganz unmöglich, in dieser Welt auch nur zu atmen …«

Er bewegte ein wenig die Schultern, als ob er fröstelte.

»Du brauchst nicht davon zu reden, wenn du nicht willst«, sagte ich.

Unvermittelt warf er sein Haar mit einer anmutigen Bewegung zurück.

»Ob ich will oder nicht, ist eigentlich egal. Wir sind uns ähnlicher, als du glaubst. Wir tun manchmal Dinge, die unserer

Natur vollkommen zuwiderlaufen, ganz und gar. Es erschüttert unser Leben für immer. Wir können es niemals, niemals vergessen, aber wir müssen uns damit abfinden und sehen, wie wir zurechtkommen. Früher habe ich deswegen schon manchmal getrunken«, setzte er versonnen hinzu. »Aber jetzt nicht mehr.«

»Ich kann dir nicht folgen«, sagte ich. »Wieso sind wir uns ähnlich?«

Er antwortete nicht. Sein Gesicht lag im Schatten. Ich sah nur den glänzenden Spalt seiner Augen, sein langes Haar mit dem grünlichen Schimmer.

»Pandora war die Halbschwester meiner Mutter«, sagte er nach kurzer Stille. »Und sie war zum Teil eine Blackfeet, hast du das gewusst?«

»Nein, ich weiß nichts.«

»Pandora redete viel. Die ganze Zeit sozusagen. Sie sagte zum Beispiel: Die Amerikaner sind wie das Meer, wir Indianer nur wie eine Handvoll Sandkörner. Deswegen müssen wir alle mitmachen. Auch jene, die nur einen Fingerhut voll indianischen Bluts in den Adern haben! Wir müssen aus Sandkörnern eine Insel bauen, die wächst und wächst und eventuell in ferner Zukunft eine vertraute geographische Form annimmt, jene Nord- und Südamerikas vielleicht, du weißt doch, dieser Kontinent, der uns entrissen wurde …«

Ich starrte ihn an. »Sagte sie solche Dinge?«

Er stand auf und reichte mir wieder ein Glas, in das er nur wenig Whiskey gegossen und es mit Sodawasser aufgefüllt hatte.

»Sie sagte solche Dinge. Sie hatte extreme Ansichten. Und sie konnte sehr überzeugend sein. Reden war das Einzige, was sie bis zum Schluss noch konnte. Sie lag schon seit Wochen im Krankenhaus. Eine Kugel hatte ihr Rückenmark zerstört. Sie konnte den kleinen Finger nicht mehr bewegen, auch ihre Lungen arbeiteten nicht mehr. Sie wurde künstlich ernährt und beatmet.«

Die Atmosphäre hatte sich plötzlich verändert. Es war, als ob eine Feder über mein Haar strich. Ein Schatten wanderte durch das Zimmer, tauchte in die Wand ein. Was trug er? Eine Schuluniform?

»Warum wurde sie erschossen, Night?«

»Weil man es satt hatte, dass sie sich einmischte. Weil man Angst vor ihr hatte. Dass wir einst gefürchtete Gegner waren, weiß jedes Kind, das vor der Glotze sitzt. Aber wir Männer haben den Mut verloren. Die Frauen nicht. Sich um das Überleben der Familie zu kümmern macht stark. Es waren die Frauen, die früher bei eisiger Kälte vor der Wohlfahrtsküche Schlange standen, um Suppe zu holen. Die zähes Fleisch vorkauten, bis ihnen der Kiefer schmerzte, damit die Alten und die kleinen Kinder zu essen hatten. Die Brot kneteten aus Mehl, in dem sich Käfer vermehrten. Unsere Frauen sind gebieterisch. Es steht ihnen zu. Pandora ging durch die Welt wie eine Königin. Für sie kam der Tod aus einem Pick-up mit verdunkelten Scheiben, der an der Straßenecke wartete. Die Special Agents des FBI sind für ihre Treffsicherheit bekannt. Ein Kopfschuss – und fertig. Aber Pandora war viel zu eingebildet, um überhaupt daran zu denken, dass man sie beseitigen könnte. Sie war auch zu schnell, zu geschickt. Beim Hinausfahren aus der Garage sah sie den weißen Blitz im Rückspiegel und duckte sich.

›Ich hätte es besser nicht tun sollen‹, meinte sie später, als ich sie im Krankenhaus besuchte.«

18. Kapitel

Das Schwierige ist, einen Anfang zu finden.« Night drehte langsam das Glas in seinen Händen. »Weil meine Kindheit eigentlich etwas anderes war als das, wofür ich sie hielt. Lange Zeit war ich der Meinung, dass ich eine Katastrophe nach der anderen erlebte; erst im Nachhinein wurde mir klar, dass ich Glück hatte und von guten Menschen umgeben war. Aber schulden wir dem Schicksal viel Dankbarkeit, kommt es eines Tages und fordert den Preis. Und ich rede aus Erfahrung. Wo ich geboren wurde? In Pine Ridge, im Abgrund der demokratischen Freiheit. Ein Reservat ist nichts anderes ist als ein Abseitsstehen, ein Aneinander-gefesselt-Sein. Ein Mikrokosmos des Hungers, des unaussprechlichen Elends, der schreienden Ungerechtigkeit. Reservat-Indianer haben eine miserable Schulbildung, schlechte Zähne, permanente Schlafstörungen und die höchste Sterberate der Vereinigten Staaten. Trotzdem sieht es so aus, ob wir mit großen Unglücken vergleichsweise leichter fertig werden könnten als andere. Wir haben da eine gewisse Übung. Und einen absurden, nahezu erschreckenden Sinn für Humor. Aber manchmal vergeht uns das Lachen. Es gibt Gefühle, mit denen man nicht leben kann, ohne zu weinen.

Steve, mein Vater, arbeitete in einer Garage, lag ständig unter einem Auto und bastelte an Motoren herum. Unsere Zweizimmerwohnung lag direkt über der Tankstelle.

Meine Mutter hieß Anna. Sie war eine zarte Frau, mit fülligem Haar, geschmeidig wie Seide. Als Kind hatte sie die Pocken gehabt; sie versteckte die Narben unter Make-up, so dass ihre Haut ganz gleichmäßig golden schimmerte. Sie gehörte zum Stammesrat, ergriff nur selten das Wort, aber das, was sie sagte, was stets von Bedeutung. Sie lachte gerne, obwohl sie harte Zeiten erlebt hatte. Für ihre Generation indianischer Kinder existierten die natürliche Sorglosigkeit und der Zauber der Kindheit nicht. Armut und Krankheit hatten ihre Jugend überschattet. Anna sprach nicht gerne darüber. Sie war Lehrerin, unterrichtete in der ersten und zweiten Klasse. Sie verdiente nicht viel, aber ausreichend. Mein Bruder Raymond und ich brauchten nie Tag für Tag von Rindfleisch in Dosen zu leben wie andere. Anna war ein Mensch, der viel las. In unserer Wohnung gab es reichlich Bücher. Ich hatte ihre Leidenschaft für das Lesen geerbt und las jedes Buch, das mir in die Finger kam, auch wenn viele Worte für mich bedeutungslos blieben. Ich las Shakespeare und Emily Dickinson und Harriet Beecher-Stowe. Die *Odyssee* konnte ich an manchen Stellen hersagen, Seite um Seite, wie ein Gedicht. Mein Vater hörte kopfschüttelnd zu und meinte, ich sollte lieber draußen spielen. ›Lass ihn doch‹, widersprach meine Mutter, ›er trainiert sein Gedächtnis, und eines Tages wird er alle Worte verstehen.‹ Weil ich so viel las, war ich in der Schule ziemlich aufgeweckt, bekam gute Noten. Natürlich rauchte ich heimlich, trank Bier und schnüffelte gelegentlich Klebstoff. Raymond, der acht Jahre älter war, rührte nie ein Buch an und war auch in der Schule keine Leuchte. Er war immer in Eile, immer außer Atem, führte niemals zu Ende, was er angefangen hatte. Dafür löste er in seiner Basketballmannschaft Begeisterungsstürme aus und zog die Bewunderung der kreischenden Mädchen auf sich. Er war so hochgewachsen, sprang so leichtfüßig und hatte so lange Arme, dass er den Ball einfach nur in den Korb zu legen schien. Mit sechzehn bestand er die Fahrprüfung. Er lieh sich den Wagen meines Vaters aus, brauste angetrunken über den Highway und fasste Clarissa unter die Bluse. Die nächste Kurve kam. Raymond verfehlte sie und war auf der Stelle tot. Clarissa lebte noch eine Stunde, eingeschlossen in dem zerbeulten Blechhaufen.

Ein Jahr später erkrankte meine Mutter. Migräneanfälle und Schmerzen in den Knochen. Sie hatte einen Tumor im Nacken, der sich wie ein Tennisball unter der Haut anfühlte. In Pine Ridge erkranken viele Leute an Tumoren. Anna kam in Sioux Falls ins Krankenhaus, wo sie Chemie schluckte und immer dünner wurde. Manchmal schien das Ergebnis der Therapie vielversprechend, doch nach einigen Tagen trat wieder ein Rückfall ein. Ihr Haar fiel büschelweise aus, sie fand es morgens auf dem Kopfkissen. Bald hatte sie kaum noch die Kraft, ihr Bett zu verlassen. Sie sprach immer weniger, hörte nur zu und lächelte abwesend. Dann sah sie aus, als ob sie meine Großmutter wäre, dabei war sie nicht einmal vierzig. Ein Kind empfindet tief; der Schmerz machte mich stumm und schwermütig. Ich war dreizehn, als sie starb und mein Vater zur Flasche griff. Früher war er nie der Typ gewesen, der schon frühmorgens trank. Aber das änderte sich nach dem Tod meiner Mutter. Die Werkstatt vergammelte, die Kunden blieben aus. Mein Vater verlor seine Stelle. Der Arzt stellte fest, dass er zuckerkrank und arbeitsunfähig war. Er bekam eine kleine Rente, und von diesem Geld mussten wir leben.

Mein Vater dachte nur an die Schulden, die er in der Kneipe machte. Er verkaufte unsere Möbel, die Vorhänge, die meine Mutter genäht hatte, sogar die Töpfe und das Geschirr. Nach und nach verkaufte er auch die Bücher. Einige waren alt und sehr schön, aber viel Geld bekam er nicht dafür. Ein paar Monate später brachte er Charlene in die Wohnung. Sie war Kellnerin in einer Bar gewesen und hatte ihre Stelle an eine Jüngere verloren. Sie war freundlich und gut, aber es mangelte ihr an Verstand. Früher musste sie recht anziehend gewesen sein, die Augen in ihrem aufgeschwemmten Gesicht waren noch schön. Sie lebte recht vergnügt mit meinem Vater, schluckte Whiskey und Tequila genauso mühelos wie er und hielt anfangs die Wohnung sauber. Wenn ich von der Schule kam, stand immer ein Teller mit Kartoffeln oder Steckrübenbrei bereit, und dann und wann gab es auch Fleisch. Trotzdem war Hunger ein Gefühl, das ich bald gut kannte, denn allmählich verschlechterte sich unsere Lage. Mein Vater und Charlene verbrachten ihre Zeit in den Kneipen, kamen erst mitten in der Nacht nach Hause. Manchmal fanden sie den Schlüssel nicht und polterten an die Tür, bis ich schlaftrunken aufstand, sie reinließ und wieder zurück ins Bett taumelte. Sie stellten sofort das Radio an, die Countrymusic lief bis morgens um sechs, und ich hörte jedes Geräusch aus ihrem Zimmer. Dann musste ich zum Unterricht.

Wären beide streitsüchtig oder brutal gewesen, hätte ich sie vermutlich gehasst oder wäre davongelaufen. Aber sie taten keiner Fliege was zuleide. Ich konnte nie richtig böse auf sie sein. Dabei wurde Charlene immer dicker, und mein Vater hustete sich die Lungen aus dem Leib. Als ich fünfzehn war, warf man uns aus der Wohnung. Wir lebten in einem alten Campingwagen, der Charlenes Bruder gehörte. Das Innere war ständig vom Flimmern des Fernsehers erleuchtet, der Tag und Nacht lief. Charlene war inzwischen so dick, dass sie kaum noch gehen konnte. Die Glotze war ihre einzige Zerstreuung. Mein Vater wurde an der Leber operiert, die Wohlfahrt zahlte. Ich versuchte Ordnung zu halten, wechselte die Bettwäsche, schaffte die leeren Bierdosen weg, hatte die Hände voller Seifenlauge. ›Was für ein guter Junge du doch bist‹, sagte Charlene glücklich und steckte mir zum Dank eine ihrer Zigaretten in den Mund. Im Sommer machte ich meine Schularbeiten draußen, solange es hell war, und schlief unter freiem Himmel, in eine Decke gewickelt. Im Winter lebte ich notgedrungen im Wohnwagen und wurde fast verrückt dabei. Steve und Charlene hatten beide Atemprobleme und schnarchten, beide waren Kettenraucher. Der Geruch, mit Schweiß und billigem Whiskey vermischt, drang ihnen wie eine ölige Substanz aus der Haut. Morgens, wenn ich mit leerem Magen aus dem Schlafsack kroch, wurde mir oft schlecht. Ich wankte nach draußen, erbrach mich. Aber nur Spucke und bittere Gallenflüssigkeit tropften aus meinem Mund. Ich hatte Frostbeulen, Läuse und entzündete Pusteln. Ich trug ausrangierte Kleider und Turnschuhe, die anderen Jungen zu klein geworden waren. Dann und wann konnte ich bei Schulfreunden übernachten; die Mütter sorgten dafür, dass ich zu essen bekam. Ich wuchs und wuchs und war krank vor Hunger; einmal fiel ich mitten im Unterricht in Ohnmacht.

Doch immer, wenn ich traurig war, verschwand mein Kummer sofort, sobald Musik erklang und getanzt wurde. Meine große Leidenschaft war Hip-Hop. Ein ausgehungerter Halbwüchsiger bringt manchmal ganz erstaunliche Kräfte auf, man fragt sich, wie. Alles drehte sich bei mir ums Essen. Stellte jemand den Ghettoblaster in voller Lautstärke auf dem Schulhof an, zeigte ich für ein Bier oder ein Sandwich akrobatische Figuren.

Schon als Kind liebte ich am meisten unsere Powwow-Treffen, also unsere intertribalen Tanzfeste. Zu den Veranstaltungen kamen die Teilnehmer von weit her. Manche machten regelrechte Powwow-Runden, um Auszeichnungen zu sammeln. Denn es gab viele Wettkämpfe unter den Tänzern, die mit Preisen belohnt wurden. *Urbans* nennen wir die Indianer, die in Großstädten leben. Jene im Reservat sind die *skins*. Aber bei Powwows wollten alle dabei sein. Und jedes Mal fiel mir auf, welche Verwandlung die Teilnehmer durchmachten. Frauen und Männer in traditioneller Kleidung traten ganz anders auf. Ihre Haltung, ihre Bewegungen hatten sich verändert. Sie sahen auf einmal wie Fabelwesen aus, die für die Dauer eines Festes auf Erden weilten, sogar solche, die entweder zu dick waren oder eine Brille hatten. Die Frauen trugen wundervoll bestickte Gewänder mit langen Fransen und Perlensträngen. Sie spielten mit Fächern aus Adlerfedern, die im Wind flatterten. Die Kleider der Männer waren mit gefärbten Stachelschweinborsten und Tierkrallen bestickt. Sie trugen Federbüschel auf dem Kopf, die bei jedem Schritt wippten und glitzerten. Ihre Gesichter waren bemalt. Gelbe, rote und schwarze Streifen, die alle eine Bedeutung hatten, zogen sich vom Haaransatz über die Nase bis zum Kinn hinunter. Von diesen Männern kannte ich jeden Einzelnen, wusste, dass sie auf Baustellen, in Werkstätten, in Bars oder überhaupt nicht arbeiteten. Leute, die tagtäglich in nass geschwitzten T-Shirts und verschmierten Overalls herumlungerten, schritten plötzlich wie Könige aus und trugen Tanzschellen an ihren Hosen. Kennst du das Geräusch? Sha, sha, sha! Bei jedem stampfenden Schritt. Und sobald die Trommeln erklangen, tauchte ich ein in eine andere Welt, in eine Welt der stampfenden Rhythmen, der wirbelnden Farben.

Schon bei den Vorbereitungen wurde ich ganz aufgeregt. Nach dem Unterricht schaute ich zu, wie die Männer das Holz in den Boden rammten und über die Zeltstangen Segeltuch spannten, das die traditionellen Büffelhäute ersetzte. Manchmal durfte ich sogar mithelfen. Ungeschickt, wie ich war, lief ich den Leuten nur vor die Füße. ›Geh aus dem Weg, Junge‹, bekam ich meistens zu hören. Ich gehorchte demütig. Als alles fertig war, sah das Ganze sehr eindrucksvoll aus. Der Duft der Herdfeuer erfüllte die Luft, es roch nach Fladenbrot, gegrilltem Fleisch und Zuckerwatte. Liebliche Gerüche, denn ich wusste, dass ich ein paar Tage lang nicht zu hungern brauchte.

Die Tanzfläche war immer ein breiter mit Gras bewachsener Kreis. Ostwärts gerichtet stand ein besonders großes Zelt, das nur von den Anführern betreten werden durfte. Die aufgemalten Jagdszenen waren erhaben, ursprünglich und gleichzeitig schlicht, wie von Kinderhand geschaffen. Eine Kunst, die nicht nach individuellem Ausdruck strebte, sondern zeitlos war. Die Erinnerung an dieses Zelt verbindet sich noch heute in mir mit der Erinnerung an meine Mutter.

Habe ich dir eigentlich gesagt, warum ich mich Night nenne? Es ist die englische Übersetzung meines indianischen Namens Hanhepi. Was mein Name bedeutet, kann man nur in unserer

Sprache richtig ausdrücken. *Hanhepi* bedeutet eigentlich Tod – aber damit ist die volle Bedeutung noch nicht wiedergegeben. Indianische Worte drücken gleichzeitig die Bilder aus, die der Klang eines solchen Wortes erweckt, und ihren symbolischen Gehalt. *Hanhepi* meint das erste Verblassen der Nacht, das die Auferstehung des Morgens einleitet. Und gleichzeitig weist *hanhepi* auf den Zustand der Menschen hin, die mit geschlossenen Augen im Dunkel beten. Es ist also ein sehr mächtiger Name. Meine Mutter hatte mir seine Bedeutung gut erklärt, aber als Kind nimmt man solche Dinge nicht so wichtig. Viele Jahre später, bei der Entlassungsfeier von der Schule, auf der meine Auszeichnungen, Leistungen und Stipendien verkündet worden waren, tanzte ich auf dem Abschlussball mit einem weißen Mädchen. Sie erzählte, dass ihr die meisten Jungen auf die Füße traten, ich aber nicht. Ich sei ein wirklich guter Tänzer, meinte sie. Wie ich denn hieße?

›Ich heiße Night‹, antwortete ich. Worauf sie mich böse ansah und fauchte: ›Denkt ihr Scheißindianer immer nur an das eine?‹

Von diesem Augenblick an hätte ich meinen Namen eigentlich hassen sollen. Das Gegenteil war der Fall: Ich wurde stolz auf ihn.«

Night sprach nicht weiter. Gedankenverloren starrte er vor sich hin.

»Ich stelle fest, dass ich nicht alles in der richtigen Reihenfolge erzähle«, fuhr er schließlich fort. »Die Vergangenheit ist manchmal dunkel, manchmal glasklar, und vieles lasse ich aus. Ich erinnere mich an einen Tag vor fünfundzwanzig Jahren, als meine Mutter mich bei der Hand nahm und mich in das Medizin-Tipi führte. Das war kurz bevor sie erkrankte.

Drinnen roch es nach frischem Holz, fettgetränktem Leder und bitteren Wurzeln. Die Luft war heiß und stickig. Durch die Öffnung oberhalb des Zeltfirstes fielen Sonnenstrahlen auf die zwölf heiligen Büffelhautpuppen, geschmückt mit Federn, Adlerklauen und Türkisen, die von den Verschnürungen der

Zeltstangen herabhingen. Die Strahlen selbst waren weiß, wie Fäden aus Licht, die Puppen schienen darin zu schweben. Als ich behutsam die Hand in die Lichtfäden streckte, bewegten sie sich auf meiner Haut wie ein magisches Muster. Still stand ich da, den Blick auf die heiligen Puppen gerichtet. Mir war, als ob die Puppen zurückstarrten. Genau genommen waren diese Puppen nur Lederbeutel, nach traditioneller Art gegerbt, prall gefüllt mit einer besonderen Erde, Adlerflaum und Zinnoberpulver. Sie trugen hölzerne Masken, schwarz, gelb oder rot. Ihr Antlitz, das kein eigentliches Gesicht war, wirkte stolz, streng und gütig. Die Augen waren aus Abalone-Muscheln und schillerten weißlich; Augen, die nicht blind, sondern auf eigentümliche Art beseelt schienen. Ihr Anblick erfüllte mich mit Staunen und Ehrfurcht. Ich spürte ihre Macht wie eine Berührung auf der Haut. Sie waren die Geister der Natur, der Fruchtbarkeit und der Jagd, die Lichtbringer. Unter ihrem Netz aus Sonnenstrahlen schienen die Figuren zu atmen. Hier lagen beide Welten – die Welt des Rationalen und die Welt der Wunder – eng beieinander. Inzwischen sprach Anna zu mir, mit leiser Stimme.

›Solche Puppen‹, erklärte sie, ›gehörten früher den *wyan wakan,* den zaubermächtigen Frauen, die Krankheiten aus den Körpern der Menschen zogen. Diese Frauen wurden mehr verehrt als die Medizinmänner. Nur den Geistern mussten sie Rede und Antwort stehen, sonst aber keinem Mann und keiner Frau auf dieser Welt. Die Geister lebten in den Büffelhautpuppen, die die Frauen selbst anfertigten. Sie waren Symbole, die auf die ersten Menschen zurückgingen, zu der Quelle aller Religionen, zum Ursprung der Kunst. Die *wyan wakan* trugen sie immer bei sich, schmückten sie und spielten mit ihnen, denn sie selbst durften keine Kinder haben.‹

Ich war erst zehn Jahre alt und hatte für das, was meine Mutter mir erzählte, wenig Verständnis. Ihre Erklärung aber überraschte mich sehr. Jede Frau hatte doch Kinder.

›Warum nicht?‹, wollte ich wissen.

›Sie hatten einen Eid geschworen. Kein Mann durfte vor ihrem Tipi warten. Manche litten sehr darunter. Wollten sie eine Familie, wie jede andere Frau, ließen sie es die Leute wissen, indem sie ihre heilige Puppe verbrannten. Das aber war ein sehr schwieriger Entschluss. Die Frauen fühlten sich wie Krieger, die im Kampf versagten. Nur wenige waren dazu bereit.‹

›Konnten sie dann die Kranken nicht mehr heilen?‹

Meine Mutter schüttelte langsam den Kopf. ›Sie arbeiteten dann für ihre Familie. Sie waren müde, ihre Kräfte ließen nach. Die Frauen wussten, dass sie es nicht mehr schaffen konnten. Die Geister waren zu mächtig. Sie selbst oder ihre Kinder hätten Schaden nehmen können.‹

›Woher weißt du das so genau?‹

Sie lächelte nachdenklich.

›Nun, eine meiner Urgroßmütter war *wyan wakan*.‹

›Hat sie ihre Puppe verbrannt?‹, rief ich neugierig.

Annas Lächeln erlosch. Sie antwortete halb abwesend. ›Sie wurde dazu gezwungen.‹

Ich wartete, dass sie weitersprach; ich hätte gerne noch mehr erfahren. Doch Anna sah an mir vorbei und murmelte: ›Ich bin wohl die Einzige, die sich an sie erinnert. Außer Pandora, natürlich.‹ Dass sie plötzlich von Pandora sprach, fand ich seltsam. Seltsam war auch der Ausdruck ihres Gesichts, der eine Art träumerischen Schmerz zeigte. Beide Frauen hatten nur wenig Kontakt – dann und wann ein Brief oder eine Postkarte, mehr nicht. Wir hatten ja kein Telefon. Ich erinnerte mich kaum an Pandora, sah ihr Gesicht nur verschwommen. Wie es bei Kindern bisweilen vorkommt, war die deutlichste Erinnerung, die ich von ihr hatte, ein Duft. Pandora benutzte ein ganz besonderes Parfüm, eine Mischung aus Rosenöl, Honig und Lebkuchen. Und genau in dem Augenblick, da meine Mutter ihren Namen aussprach, vermeinte ich es auch zu riechen, dieses Parfüm, als ob meine Einbildung die Moleküle in der Luft dazu gebracht hatte, sich zu erinnern. Anna hatte sich nicht gerührt. Ich erschauerte leicht, trotz der Hitze, und wandte mich ihr lebhaft zu.

›Warum besucht Pandora uns nicht mehr?‹

›Weil …‹ Sie schien überrumpelt, zögerte, bevor sie die Schultern hob. ›Ach, weil sie viel unterwegs ist. Ich glaube auch nicht, dass sie sich hier wohlfühlen würde. Sie führt ein anderes Leben. Wir müssen gehen‹, setzte sie hinzu. Ihre Unruhe war ganz leicht nur, aber spürbar.

Ich folgte ihr geistesabwesend. Die Luft zog an mir vorbei, trug den Duft mit sich fort. Doch als Anna die Zeltklappe hob und Sonnenschein in das Tipi fiel, blickte ich mich ein letztes Mal um, nach den lichtumflorten Büffelhautpuppen. Anna war schon im Begriff zu gehen.

›Komm jetzt, Hanhepi!‹

Ich zögerte an der Schwelle, stand zwischen Licht und Schatten wie zwischen zwei Welten, bis mir endlich einfiel, was ich fragen wollte.

›Die Urgroßmutter, weißt du, wie sie hieß?‹

›Sie hieß Sapa Tatanka Wyan‹, antwortete meine Mutter mit einer Stimme, die ein wenig zu gleichmütig klang. ›Und vergiss nicht, was ich dir erzählt habe. Es sind *lila wakan* – heilige Dinge.‹«

19. Kapitel

Pandora«, sagte Night. »Ich muss dir jetzt von Pandora erzählen, doch ich würde es lieber nicht tun. Sie war Annas Halbschwester, wie ich bereits erwähnte. Lorna, ihre Mutter, war früh Witwe geworden. Sie hatte in zweiter Ehe Hector Bellecourt geheiratet, der ein *urban* war. Beide waren mit Anna nach New York gezogen. Hector war ein Blackfeet, ein Koloss von einem Mann, der den Einstieg geschafft hatte. Er führte ein Unternehmen, das Maschinen für den Straßenbau vermittelte. Und da Lorna auch zur Hälfte eine Blackfeet war, kann man sagen, dass bei Pandora dieser Teil überwog. Sie wurde geboren, als Anna sechs Jahre alt war. Vielleicht spielte der Altersunterschied eine Rolle, jedenfalls waren ihre Wesenszüge grundverschieden. Anna war freundlich und anschmiegsam, für ein normales Leben mit einem guten Mann und vielen Kindern wie geschaffen. Pandora war herb, voll wilden Lebens, eine richtige kleine Kriegerin. Anna besuchte die Mittelschule, kehrte dann nach Pine Ridge zurück, wo sie Lehrerin wurde und Steve heiratete, der weniger gebildet war, aber ebenso gutherzig wie sie selbst. Pandora ging zur Universität, studierte amerikanische Geschichte und beteiligte sich an der Herausgabe einer Studentenzeitschrift, die dafür bekannt war, dass sie heiße Eisen aufgriff. Daneben hatte sie einen guten Geschmack, interessierte sich für Kunst und nahm Ballettunterricht. Dann verloren die Schwestern in relativ kurzem Abstand beide Eltern. Indianer, die eine entbehrungsreiche Jugend hatten, werden krank oder sterben früh. Daran ändert sich auch nichts, wenn sie zu einem späteren Zeitpunkt zu Wohlstand kommen. Ich nehme an, dass auch ich demnächst ›Es ist ein guter Tag zum Sterben‹ singen kann. Aber es ist Pandora, von der hier die Rede ist.

Nach dem Tod ihrer Eltern kam sie für ein paar Wochen nach Pine Ridge, wo sie für Aufruhr sorgte, bevor sie das Reservat überstürzt verließ. Es waren turbulente Zeiten, wir kommen noch darauf zu sprechen. Ich war erst acht Jahre alt und bekam alles nur am Rand mit. Raymond verstärkte das Rätsel noch, als er zu mir sagte: ›Sie musste abhauen, bevor die Bullen sie erwischten.‹ Ich mochte Pandora sehr. Ihre Stimme war klar und heiter, und sie hatte ein fröhliches Lachen, bei dem sie mit zurückgeworfenem Kopf ihre blendend weißen Zähne zeigte. Mein Herz war sehr beunruhigt.

›Hat sie was geklaut?‹, fragte ich. Das war eine Sache, die ich verstehen konnte.

›Wie kommst du denn darauf! Sie hat zu viel geredet, du Dummkopf!‹, lautete Raymonds Antwort, die mich nicht klüger machte.

Als Raymond einige Jahre später verunglückte, schickte Anna ihrer Halbschwester ein Telegramm. Doch Pandora kam nicht, weil sie in Europa war. Das Gleiche geschah bei Annas Tod. Mein Vater hatte versucht, sie anzurufen – mehrmals, von der Post aus, aber niemand hatte geantwortet. Er gab zwei Telegramme an sie auf – vergeblich. Anna wurde begraben, ohne dass Pandora von sich hören ließ. Wir hatten sie bis zum letzten Augenblick erwartet. Mein Vater nahm es ihr übel. Ob die Familie etwa gar nichts zähle? Pandora hielt sich offenbar für etwas Besseres, um den weiten Weg zu unserem abgelegenen, gottverlassenen Winkel zurückzulegen. Im Nachhinein stellte sich heraus, dass Pandora wieder in Europa gewesen war und nicht einmal gewusst hatte, dass Anna im Krankenhaus lag. So war sie: Sie verschwand irgendwohin, ohne eine Adresse zu hinterlassen. Nicht einmal die Post ließ sie sich nachschicken.

›Was kann man machen‹, sagte mein Vater, ›sie ist eben eine Blackfeet und unberechenbar.‹ Und als er dann zu trinken begann und mit Charlene lebte, hatte er ihre Existenz beinahe vergessen.

Bis zu meinem Wiedersehen mit Pandora sollten weitere fünf Jahre vergehen. Es war am Powwow-Fest im August, das drei Tage dauerte. Der erste Tag war der schönste, weil alle bei Kräften, in guter Laune und noch nicht sternhagelvoll waren. Ich trieb mich auf der Festwiese herum, dort wo das Essen verteilt wurde, und hielt beflissen die Hände auf dem Rücken, damit keiner auf den Gedanken kam, ich wollte etwas von den Papptellern stehlen. Die Leute an den Tischen waren fröhlich und geschwätzig, während ich nur einen Gedanken hatte: Hoffentlich bleibt noch etwas für mich übrig! Das Wasser lief mir im Mund zusammen. Ich wartete wie ein Hund, der weiß, dass er die Reste bekommt, und war nahe daran, ganz jämmerlich zu winseln. Die Sonne stand hoch, als sich die Tänzer nach dem Essen bereitmachten. Alte Leute saßen auf Klappstühlen, fächelten sich Kühlung zu und dösten. Ohne diese Alten lief gar nichts. Denn sie hatten ja genau im Kopf, wie es sein musste. Rang und Stellung der Tänzer waren ihnen vertraut, mit Kennerblick musterten sie die langen, gesunden Glieder der Mitwirkenden, wie sie Rinder oder Pferde in einem Pferch ins Auge fassen würden, nickten sich gegenseitig zu und flüsterten miteinander. Wenn die Trommeln schlugen, bewegten sie ihre Köpfe im Takt und ließen die Hände hüpfen. Sie spürten auch genau, ob der Rhythmus stimmte oder nicht. Manchmal kam es vor, dass ein Sänger eine falsche Tonart wählte, dass die Tänzer nicht ganz im Einklang mit der Musik waren. Dann legten die Alten die Stirn in Falten und ließen ein verdrießliches ›Ts, ts‹ hören. Sie waren satt und zufrieden, es machte ihnen nichts aus, dass die Sonne unbarmherzig brannte. Inzwischen kreisten vor meinen Augen schwarze Punkte, der kalte Schweiß brach mir aus, ich zitterte am ganzen Körper, bis mich die alte Mae Cotton endlich bemerkte und zu sich rief.

›Hanhepi, du siehst schlecht aus. Hast du Hunger?‹

Die Frage war rein rhetorisch. Mae Cotton füllte einen Pappteller mit Kartoffelsalat, Rührei mit Speck und einem Stück Brathuhn. Ich bedankte mich, stopfte den Kartoffelsalat in mich hinein, nagte gründlich jeden Knochen ab. Mae sah zu, wobei sie brummend mit dem Kopf nickte. Als der Teller leer war, gab sie mir eine richtig gute Tasse Kaffee. Ich schlürfte behaglich das heiße Getränk.

Noch war alles ruhig. Die Mittagspause zog sich bis spät in den Nachmittag hinein. Frauen und Männer legten ihre Gewänder an, nahmen sich viel Zeit, um sich gegenseitig zu frisieren und zu schmücken. Wie ich sie beneidete! Ich, der meine ganze Sehnsucht dem Tanz zugewandt hatte, musste abseits stehen, in verschwitztem T-Shirt und dreckigen Jeans, barfuß obendrein, weil meine einzigen Turnschuhe ein Loch hatten, in dem sich kleine Steinchen ansammelten. Kinder spielten, die Halbwüchsigen lungerten bei den Verkaufsbuden und Kunsthandwerkerständen herum oder verglichen die Autos der Fremden, die zum Powwow gekommen waren. Die meisten Indianer fuhren Klapperkisten, aber einige hatten richtig schicke Schlitten, die eine Menge Geld gekostet hatten. Polizisten aus dem Reservat bewachten den Parkplatz. Es gab ein paar Jugendliche, die lange Finger machten. Mich jedoch kannten sie und ließen mich in Ruhe. Neben den Pick-ups standen einige Motorräder, aufwändig ausgestattet, die ich gebührend bewunderte, als jemand hinter mir einen Kofferraum zuschlug. Gleichzeitig roch ich einen Duft nach Rosenöl, Honig und Lebkuchen, eine vertraute Mischung aus der Kindheit. Das Geräusch und der Duft machten, dass ich mich umdrehte.

Bei intertribalen Volksfesten traf man Leute von überall her, auch Verwandte, die man seit Jahren nicht gesehen hatte. Und die Frau, die ich erblickte, war eindeutig Pandora. Hätte ich sie nicht wiedererkannt, wäre es ihr Duft gewesen, der es mir sagte. Mein Herz schlug stürmisch. Pandora war damals sechsundvierzig und immer noch schön, hochgewachsen, mit einer ganz schmalen Taille und langen, ausdrucksvollen Armen. Sie hatte ein herzförmiges Gesicht, in das der Mund wie eine Frucht geschnitten war. Ihre Augen, von schweren Lidern beschattet, waren von einem vergoldeten Grün. Ihre Haut war samten und glatt. Ein Mittelscheitel teilte ihr Haar, das wie ein Schal über ihren Rücken fiel und grünlich schimmerte. Zwei Adlerfedern waren an ihrem Hinterkopf befestigt und zeigten über ihrer rechten Schulter nach unten. Federn sind nicht einfach Federn, sie haben eine Sprache. Nur wer Chiefs zu seinen Vorfahren zählte, durfte diese Federn tragen, sonst wäre es eine Anmaßung gewesen. Pandoras Gewand war aus Hirschleder, eine Seltenheit, und aufwändig mit Perlensträngen bestickt. Ein Kreis aus orangefarbenen und gelben Perlen in Brusthöhe bildete das mächtige Symbol des Büffels ab. Dazu trug sie Beinlinge mit Fransen und cremefarbene perlengeschmückte Mokassins. Ein großer Fächer aus Adlerfedern verlieh der Tracht ihren ganz besonderen Zauber. Pandora hielt ihn locker in der Hand, während ich sie tölpelhaft anstarrte. Sie ihrerseits schenkte mir nur einen kurzen Blick, wollte sich schon abwenden. Doch auf einmal schien ihr etwas in den Sinn zu kommen, eine Erinnerung vielleicht, denn sie blieb stehen. Einige Atemzüge lang blickten wir einander in die Augen, bis sie das Schweigen brach.

›Hanhepi, kann das sein?‹

Sie hatte immer noch die Stimme von früher, sanft und klar, wie kühles Wasser auf kühlen Steinen.

›Tag, Ma'am‹, murmelte ich. Ich war wie vor den Kopf geschlagen. Zu viel Zeit war vergangen, ich fragte mich, ob ich sie noch ›Tante‹ nennen durfte. Sie indessen musterte mich scharf, ich konnte Erstaunen in ihrem Gesicht erkennen, aber ich verstand nicht, warum sie so überrascht war. Sie musste doch gewusst haben, dass sie einen Neffen in Pine Ridge hatte!

›Ich hätte dich beinahe nicht erkannt‹, sagte sie. ›Wie alt bist du denn?‹

›Vierzehn … nein, fünfzehn!‹

›Wie geht es Steve?‹

Ich krümmte mich unter ihrem forschenden Blick.

›Ich … ich glaube nicht, dass er hier ist. Er wird wohl bei Charlene sein.‹

›Charlene?‹

Ich wühlte mit meinen nackten Zehen im Staub.

›Er ist jetzt mit ihr zusammen.‹

›Ach so‹, sagte sie. Und dann, nach kurzem Schweigen: ›Und du, wo lebst du?‹

Ich strich mit beiden Händen über mein T-Shirt, als ob ich den Schmutz wegwischen könnte. Ich merkte, dass ich nach Schweiß roch, und fühlte mich entsetzlich.

›Bei ihnen, Tante Pandora. Im Wohnwagen. Aber im Sommer schlafe ich draußen‹, fügte ich schnell hinzu.

Sie schnippte ungeduldig mit den Fingern. Es klang wie ein Peitschenschlag. Ich versteifte mich, auf weitere peinliche Fragen gefasst. Doch unvermittelt sprach sie von etwas anderem.

›Warum tanzt du nicht? Du hast doch früher so gerne getanzt?‹

Ich sah betreten an mir herunter.

›So? Das geht nicht, Tante Pandora. Ich bin auch nicht auf der Liste. Das kostet drei Dollar.‹

›Lass das »Tante« bitte weg!‹

›Ja, Ma'am.‹

›Auch nicht »Ma'am«, tu mir den Gefallen!‹

›Ja, aber … Wie soll ich denn … ‹

›Mein Name ist Pandora.‹

Sie betrachtete mich versonnen. Es war, als ob sie ihren Geist wandern ließ, etwas Unsichtbares in der Luft suchte, das vor ihren Augen langsam Form annahm.

›Komm!‹, sagte sie plötzlich.

Sie führte mich zu ihrem Wagen, öffnete den Kofferraum und wühlte in ihrem Gepäck. Es dauerte eine ganze Weile, bis sie ein Kopfband zum Vorschein brachte, weiß, mit Silberplättchen und Türkisen geschmückt. Der Stoff war vergilbt, an manchen Stellen zerschlissen, aber jeder Kenner sah auf ersten Blick, was für ein kostbares Stück es war.

›Du kannst es tragen‹, sagte sie. ›Du hast ein Recht dazu. Das Kopfband gehörte deiner Urahnin, Sapa Tatanka Wyan. Weißt du überhaupt, wer sie war?‹

Ich schluckte und sagte: ›Anna hat mir von ihr erzählt.‹

Sie nickte.

›Lass dich nicht einschüchtern, wenn einige dich schief ansehen. Die Alten werden Bescheid wissen. Und was die Jungen denken, kann dir egal sein.‹

Sie half mir, das Stirnband am Hinterkopf zu befestigen. Wir mussten es gut verknoten, damit es nicht verrutschte. Im vergangenen Sommer hatte ich Läuse gehabt und war kahl geschoren gewesen, jetzt wuchs mein Haar allmählich nach. Pandora bückte sich, hob zwei Gänseblümchen auf und befestigte sie mit einer Haarklemme hinter meinem Ohr. Ich bewegte unbehaglich die Schultern. Ich wollte nicht, dass man über mich lachte. Doch sie sagte:

›Früher trugen die Männer Blumen im Haar, wenn sie tanzten.‹

›Ist das wahr?‹ Ich sah sie zweifelnd an. Sie zeigte ein kleines Lächeln.

›Du kannst mir glauben. In alten Dingen kenne ich mich aus.‹

Mit dem Kopfband fühlte ich mich ganz verwandelt, als ob ich bei jedem Atemzug größer und kräftiger wurde. Und sie sagte auch, ich sollte mein Gesicht bemalen – Blau und Weiß seien die richtigen Farben für mich. Sie hatte verschiedene Kreiden bei sich. Wir setzten uns in ihren Wagen, wo ich einen Spiegel hatte. Pandora gab mir Anleitungen, damit ich die Bemalung richtig ausführte: fünf blaue Tupfen unter jedem Auge und darunter weiße Linien verschiedener Länge, die über die Wangen abwärts liefen. Eine Gesichtsbemalung ist nicht nur eine Bemalung. Das Muster bedeutet die fünf Finger einer jeden Hand, erklärte mir Pandora, die anerkennend mein Werk begutachtete.

›Du stellst dich nicht zu ungeschickt an, Hanhepi. Das freut mich wirklich.‹

Wir hatten noch ein Problem. Barfuß wurde kein Tänzer zugelassen, das gehörte sich einfach nicht, und Pandoras Mokassins waren mir viel zu klein. Also machte ich mich auf die Suche nach meinem Freund Martin. Für eine Packung Kaugummi durfte ich Martins alte Mokassins anziehen, die übel rochen, aber einigermaßen passten. Inzwischen hatte Pandora dafür gesorgt, dass ich auf die Liste kam. Und als das eigentliche Tanzfest begann, nahm ich an dem Umzug teil, der sich zum Klang der Trommeln zu einem großen Kreis zusammenschloss, die Frauen auf der linken, die Männer auf der rechten Seite. Mir war, als ob ich träumte. Pandora war wie ein guter Geist oder eine Fee aus den Märchenbüchern meiner Mutter erschienen, in dem Augenblick, wo ich am traurigsten war. Wunderschön und adlerhaft sahen die Teilnehmer aus, atemberaubend mit ihrem Federschmuck, ihren bestickten Gewändern und bemalten Gesichtern. Ich ging festen Schrittes unter ihnen. Ich hatte längst bemerkt, wie die Alten auf ihren Klappstühlen mein Stirnband und die Bemalung ins Auge fassten, sich gegenseitig anstießen und vielsagend mit dem Kopf nickten. Ein Nimbus umgab mich plötzlich. Es war, als trüge ich ein Diadem, ein Kennzeichen, das mich allen nicht nur ebenbürtig, sondern überlegen machte, der Vorfahren würdig, von denen ich nichts wusste, einzig, dass sie bedeutend gewesen waren und dass ich es auch war, durch sie.

Zunächst bewegten sich die Reihen eher ungeordnet, die Insignien der Tänzer klirrten und wippten, die Banner flatterten wirr durcheinander. Als der Kreis endlich gebildet war, wurde Beifall laut. Die Zuschauer stießen Freudenschreie aus, schrill wie Vogelrufe. Dann trat eine kurze Stille ein. Die Musiker standen vor ihren Trommeln, die Schlägel in den Händen. Manche hüpften ein wenig, schaukelten vor und zurück in steigender Ungeduld. Ihre Muskeln spannten sich unter der Haut, während die Kraft der Trommeln erwachte, ihnen langsam entgegenwuchs. Und als alle Kräfte im Gleichgewicht waren, als die Schlägel auf das Trommelfell fielen, klang es wie Donnergrollen, als ob der schlafende Sturmgeist erwachte und aus der Erdkruste brach. Ein ständiges Pochen war es, ein Wirbel in der Luft, eine Harmonie, die man mit dem Körper wahrnahm, die halb gedachte Gedanken und Erinnerungen wachrief, aus dem eigenen Innern, aus dem Dunkel der Träume. Und als sich die Stimmen der Sänger erhoben, erwachten alle Vorfahren, kamen zu uns auf den Flügeln der Töne. Ich sah sie nicht, aber ich fühlte ihre Anwesenheit. Sie waren gestorben, doch nur, um in ein neues, stärkeres Leben einzutreten. Jetzt zogen sie in Schwärmen am Himmel auf, blickten auf die Festwiese hinunter und tanzten über uns ihren eigenen Reigen.

Und ich – ich tanzte mit ihnen. Ich wurde eins mit den Trommeln, mit dem Gesang, ich spürte den Rhythmus bis ins Knochenmark. Ich in meinem vergammelten Zeug fiel auf, manche dachten bestimmt, ich hätte hier überhaupt nichts zu suchen. Aber ich trug den Kopfschmuck einer *wyan wakan,* und es spielte keine Rolle, dass ich nur ein Junge war, denn ihr Blut war auch mein Blut. Und hinter dem Ohr trug ich die schlichtesten, die bescheidensten Blumen der Prärie, und auch sie waren voller *wakan,* voller Heiligkeit, und ich fühlte mich wiedergeboren. Mein Atem war ein Lied, mein Körper ein Tanz. Die Zeit war nicht mehr. Die Menge wurde zum Farbenwirbel, die Trommeln schwankten in meinem Blut, mein Herz klopfte mit ihnen. Und so stampfte und drehte ich mich im Kreis, meine Füße weckten die Erde, während sich meine Arme wie Flügel hoben. Irgendwann war es dann, als ob der Himmel sich öffnete und ich die Welt aus den Augen verlor; es war auch nicht mehr wichtig, dass ich sie sah. Die Vorfahren kamen mir entgegen, auch die ältesten, deren Namen vergessen waren. Sie ergriffen meine Hände, sie zogen mich empor. Sie sprachen ohne Worte, wie Geister es zu tun pflegten, und riefen mir zu: ›Lass dich von uns nicht trennen!‹ Und ich erkannte fassungslos, dass alle mein Gesicht hatten, das in strahlendem Glanz leuchtete und von der Aureole legendenhafter Erinnerungen umwoben war.

Als die Darbietungen vorüber waren, begann der Ansager mit der Ehrung der Tänzer, die beim Wettbewerb die meisten Punkte sammeln konnten. Auf diese Ankündigung warteten alle; der Lärm der Menge verstummte allmählich.

›Bevor wir zu dem Gesamtsieger kommen‹, sagte er, ›geben wir noch eine Neuigkeit bekannt. Die Jury hat beschlossen, einen Sonderpreis für eine ganz besondere Leistung zu verleihen.‹ Ich hörte müde und abgespannt zu. Ich war überzeugt, ich hätte lausig getanzt, weil ich mich hatte ablenken lassen von wirren Phantasien, statt den Rhythmus zu beachten, und dass ich am nächsten Tag gewiss nicht mehr dabei sein durfte. Um recht gleichgültig zu wirken, schaute ich anderswohin. Umso größer war meine Überraschung, als mein Name aufgerufen wurde. Ich nahm verblüfft wahr, wie nicht nur die Zuschauer, sondern auch die Tänzer Beifall klatschten. Ein paar Leute stimmten eine Art Kriegsgeschrei an, andere steckten die Finger in den Mund, stießen scharfe, schrille Pfiffe aus und stampften mit den Füßen. Man klopfte mir auf die Schultern, schob mich vorwärts. Die Auszeichnung bestand aus einer Gürtelschnalle aus Silbernickel. Sie zeigte eine besondere Gravur, das Profil eines Chiefs, Sitting Bull offenbar, mit einer Federkrone. Ich hielt sie nach rechts und links in die Höhe, damit alle sie sehen konnten, während die Menge mir zujubelte. Tatsächlich war es nur ein Trostpreis. Man erklärte mir, dass meine Technik viel zu wünschen übrig ließ. Aber das machte nichts. Ich fühlte mich unglaublich gut. Und nachher kamen einige alte Frauen, umarmten und beglückwünschten mich, fast zu Tränen gerührt. Später dann, als ich eine Cola getrunken und mir die Farbe aus dem verschwitzten Gesicht gewaschen hatte, suchte ich Pandora, um ihr das Kopfband zurückzugeben. Sie stand mit einigen Leuten zusammen, ich wartete höflich in gebührendem Abstand, bis sie sich aus der Gruppe löste und mir entgegentrat, wobei sie mir verschmitzt zublinzelte.

›Das war wirklich eine gute Show, die du da abgezogen hast.‹

Ich stammelte ein paar Worte, um mich zu bedanken. Doch als ich das Stirnband lösen wollte, sagte sie, dass es jetzt mir gehörte.

›Warum?‹, fragte ich verwirrt. Ihr Gesicht wurde plötzlich ernst.

›Als du getanzt hast, kamen die Geister. Ich habe sie gesehen.‹

Ein unsichtbarer Flügel streifte meine Schläfe.

›Ich ... ich glaube, dass ich sie auch gesehen habe. Aber ich war nicht ganz sicher ...‹, setzte ich verstört hinzu.

›Sie waren da‹, sagte Pandora mit Nachdruck. ›Und nicht nur ich habe sie gesehen, die Alten auf ihren Klappstühlen auch. Die haben nämlich noch ein Auge dafür. Junge, Junge, wie werden die dich jetzt lieben! Das Kopfband ist dein Erbe, ein Bruchteil des Erbes, und ich rede hier nicht von Vermögen, wie die *wasicun* es tun würden, obwohl ohne Geld ja bekanntlich nichts läuft.‹ Sie lachte plötzlich auf, und ich sah ihre hübschen Zähne blitzten. ›Komm! Wir gehen jetzt zu den Verkaufsbuden. Du musst einen Gürtel für deine Schnalle haben, und Schuhe für die Füße, was macht das denn sonst für einen Eindruck! Und dann lade ich dich zum Essen ein. Hast du zufällig Hunger?‹

Ein paar Tage darauf ging Pandora mit mir zur Bank, eröffnete ein Konto auf meinen Namen, auf das sie jeden Monat eine kleine Summe überweisen wollte. Dass ich es ihr später zurückzahlte, kam nicht in Frage. Anna würde es nicht gutheißen, wenn Pandora weiterhin zuließ, dass sämtliche alten Frauen im Reservat mich fütterten. Ab da konnte ich in der Schulkantine essen und brauchte nicht mehr um abgelegte Kleidung betteln. Inzwischen fanden sich auch ein paar Leute ein, die bereit waren, mir die alten Tanzschritte richtig beizubringen. Im Lauf der Monate bekam ich Angebote, bei anderen Powwows mitzumachen, so dass ich neben der Schule etwas Geld verdienen konnte. Und ein Jahr später, als ich in Sioux Falls tanzte, kam eine Frau auf mich zu, hellhäutig und blond gelockt, sie hätte eine echte Weiße sein können. Doch es stellte sich heraus, dass Kates Vater ein Cheyenne war. Ihr gehörte ein Tanzstudio, und ich war ihr aufgefallen.

›Ich habe dich beobachtet. Du hast Talent, und ich würde dich gerne unterrichten‹, sagte sie.

Ich war natürlich sehr geschmeichelt, musste ihr jedoch sagen, dass ich noch zur Highschool ging und von einer Tante unterstützt wurde. Dass ich etwas Geld für das Nötigste, aber nicht für den Tanzunterricht hatte. Kate schüttelte ihren Lockenkopf. Nein, ich würde nichts zahlen müssen.

›Es macht mir Spaß, begabte Schüler umsonst zu unterrichten. Dafür nehme ich viel Geld von gut betuchten Eltern.‹ Sie blinzelte mir zu, wobei sie die Stirn in lustige Falten legte, und ich bedankte mich mit klopfendem Herzen. Oft fragte ich mich, wie es kam, dass ich überall Menschen guten Willens fand, die mir halfen. Aber ich fühlte im Grunde, dass meine Geradlinigkeit etwas war, das über allen schädlichen Einflüssen stand, denen ich durch die Entbehrungen und durch die Grausamkeit des Lebens ausgesetzt war. Und so wurden die bösen Dinge dieser Welt auf eine andere Weise wieder ausgeglichen.

Kate hatte siebzehn Jahre als Solistin getanzt, verfügte über ein gutes Auge und jede Menge Bühnenerfahrung. Sie ärgerte sich, wenn ein vielversprechendes Talent aus Geldmangel gefährdet war. Sie hatte eine kleine Stiftung gegründet, um junge Talente zu fördern. Dreimal in der Woche fuhr ich mit dem Bus nach Sioux Falls, und sie arbeitete mit mir. Eigentlich sei ich schon zu alt, meinte sie, und wenn ich es zu etwas bringen sollte, müsste ich mich doppelt anstrengen. Das war für mich okay.

Kates Training war auf der Basis des klassischen Balletts aufgebaut, wobei sie eine vollkommen eigenständige Pädagogik entwickelt hatte. Zunächst spielte sie uns CDs vor, wir saßen im Kreis und hörten zu, und jeder musste sagen, was er beim Anhören der Musik empfunden hatte. Nun, sagte sie dann, drückt das mal mit eurem Körper aus! Ihre Zauberformel hieß Vorstellungskraft. Es ging darum, größtmögliche Intensität in jedem kleinen Moment auszudrücken. Jedermanns Sache war das nicht, aber wir *skins* hatten den größten Spaß dabei. Bei Strawinskys *Sacre du Printemps* oder *Feuervogel* gab es nicht viel zu erklären, die Musik begriffen wir auf Anhieb. Die schwierigen Stücke kamen später, und nach einiger Zeit waren wir mit Frescobaldi und Purcell ebenso vertraut wie mit Copland und Bartók. Jazz und Rockmusik kamen als Belohnung. An dieser Methode orientiere auch ich mich heute, weil sie etwas in uns weckt, das ebenso spontan wie tief empfunden ist. Rückblickend kann ich sagen, dass Kate eine phantastische Lehrerin war. Sie öffnete uns nicht nur den Zugang zum Ballett, sondern auch zur Welt der Musik, so dass wir keine Scheu hatten, die großen Konzerte zu besuchen, was wiederum unseren Geist formte. Im Unterricht achtete sie stets auf die Dinge, die wichtig waren: dass beide Beine gleichmäßig trainiert wurden, dass wir unsere Rückenmuskulatur stärkten, um kein Hohlkreuz zu bekommen. Einige, die Gewichtsprobleme hatten, mussten auf Fastfood und Bier verzichten. Manche empfanden das als Zumutung und gaben auf. Um mich machte sich Kate richtig Sorgen: Ich war zu groß und zu dünn für mein Alter, und meine großen Hände und Füße zeigten, dass ich noch wachsen würde. Daneben legte Kate viel Wert auf Disziplin und ersparte mir weder Tadel noch Härte. Wenn ich das Tanzen zu meinen Beruf machen wollte, brauchte ich ohnehin ein dickes Fell. Unfallrisiko? Schlechte Bezahlung? Miserable soziale Absicherung? Das gehöre dazu, meinte Kate, aber wenn ich es clever anstellte, könnte ich mich über Wasser halten. Ich merkte, wie ich ein neuer Mensch wurde, wie sich neue Gefühle, neue Gedanken in mir formten. Der Tanz war mit dem Leben verknüpft, aber Herz und Geist musste ich selbst ausbilden. Von Kate lernte ich auch, dass es vor allem darauf ankam, den eigenen Rhythmus, die eigene Persönlichkeit zu spüren und zu entfalten. Wer Vorbildern nacheiferte und sich selbst dabei aus den Augen verlor, würde nie ein guter Tänzer werden.

Ich blieb drei Jahre bei Kate. Nach dem Schulabschluss sorgte sie dafür, dass ich ein Stipendium bekam und ein Jahr an der North Carolina School of Arts studieren konnte. Dann gewann ich eine Auszeichnung beim American Dance Festival und bekam mein erstes Engagement beim Pacific Northwest Ballet in Seattle. Zuerst im Ensemble, dann als Solist. Ich war stark genug, um meine Partnerin auf die Schulter zu heben, ohne dass es lächerlich aussah. Die traditionellen Ballettfiguren mögen kitschig und überholt wirken, aber sie sind Archetypen, und wer tiefer über sie nachdenkt, erkennt vertraute Erscheinungen, die die Naturkräfte ebenso ins Spiel bringen wie das Unbewusste und das Erträumte. Unsere indianische Weltanschauung lehrt uns, dass tausend Fäden, feiner als die Fäden unseres kleinen Spinnenmännchens *iktomi*, den Menschen mit dem Kosmos verbinden. Beim Tanz, beim Musikhören kam sie mir wieder in den Sinn, unsere ursprüngliche Weisheit. Sie war stets in mir gewesen; ich musste mich ihrer nur besinnen. Und wenn ich tanzte, war jeder Schritt wie ein Dankgebet.

Danach arbeitete ich zwei Jahre bei Merce Cunningham, der elektronische Musik in seinen Stücken verwendete. Es folgte eine wirklich gute Zeit bei Alwin Ailey. Seine besondere Art, primitiven Tanz, Modern Dance, Jazztanz und Ballett zu mischen, lag mir sehr. Dann starb mein Vater, der sich von Charlene getrennt hatte und einsam in einer Pension lebte, für deren Miete ich aufkam. Er hatte das Trinken aufgegeben, aber es war zu spät, seine Eingeweide waren zerstört. Ich veranlasste seine Bestattung und trauerte aufrichtig um ihn. Damals wohnte ich bereits in New York, arbeitete freiberuflich und verdiente nicht schlecht. Nach einiger Zeit ging ich noch einen Schritt weiter und begann, selbst Choreographien zu entwerfen. Dabei übernahm ich auch die Verantwortung für Bühnenbild, Kostüme und Requisiten. Ich habe geschickte Hände, entwarf Masken, die ich aus Papier, Stoff und Leder formte, mit Fellstücken und Federn schmückte. Das gab den Tänzern etwas sehr Urtümliches. Es ist ein verwirrender Augenblick, wenn ein Tänzer oder eine Tänzerin die Maske abnimmt und ein unerwartet jugendliches, argloses Gesicht im Licht der Scheinwerfer zu sehen ist. Als ob die Darsteller plötzlich zu neuer, vergeistigter Menschlichkeit erblühen.

Kate starb an einer Form der Parkinson-Krankheit, und ich gründete meine Tanzschule, wo ich – in Erinnerung an Kate – arme Schüler unentgeltlich unterrichtete. Einige der Mädchen und Jungen sind heute berühmt. Und einmal im Jahr fahre ich für drei Monate nach Pine Ridge, unterrichte jugendliche Drogensüchtige und Alkoholiker, die nicht wissen, wohin mit ihrem Körper. Die Gebärden des Tanzes verbinden sich mit dem Geist. Tanzen heißt, die Mauern seines Körpers zu überwinden. Meine Schüler sollen sich zurückbesinnen auf das, was sie sind, kein dorniges Unkraut, nein, sondern Blumen, die es mit leichter Hand zu halten gilt, damit ihnen Luftwurzeln wachsen, die sie tragen …

Dass ich ihnen helfen kann, hat einen großen Wert für mich. Es ist meine Art, mich bei Kate zu bedanken. Das Leben dieser Jugendlichen hat sich verändert, und zwar durch mich. Das ist eine Sache, auf die ich stolz bin. Nun gut, ich bin ein Schwätzer. Ich wollte von Pandora erzählen und erzähle von mir. Wobei ich mich ganz schön ins Rampenlicht dränge. Aber wir vom Volk halten nicht viel von Bescheidenheit. Gut zu reden und zu prahlen ist eine Kunst, die wir schätzen. Leider hat die Sache bei mir einen schäbigen Hintergrund. Die Wahrheit ist, dass ich Angst habe. Die Schatten der Vergangenheit sollte man ruhen lassen. Aber was, wenn die Schatten noch da sind? Wenn sie sich in uns regen wie Laub im Winde? Pandoras Besuch damals in Pine Ridge hatte einen besonderen Grund, von dem ich, der verstörte Teenager, natürlich nichts wusste.

Ein paar Tage zuvor war es ihr gelungen, Leonard Peltier, du weißt doch, der Bürgerrechtler, im Hochsicherheitsgefängnis von Leavenworth, Kansas, zu besuchen. Oh, nicht länger als zehn Minuten, aber das genügte. Ein Uniformierter stand neben ihnen, erzählte Pandora, mit einem dieser unglücklichen Schäferhunde, die man zu Killern dressiert. Ein Hund ist kein Wolf, der einen eigenen Willen hat. Ein Hund ist das, was der Mensch aus ihm macht. ›Ekelhaft, was sie mit dem Hund anstellen‹, sagte Pandora zu Leonard. Dieser nickte. ›Ja, ich wollte mit dem Tier sprechen, aber es kann mich nicht hören. Sein Herz ist tot.‹ Es war wahrscheinlich nicht das Gespräch, das der Uniformierte erwartet hatte. Sie aber hatten nicht mehr das Bedürfnis nach Worten, sprachen zueinander mit den Augen. Das Wesentliche war ja längst gesagt. Dann wurde Leonard abgeführt und Pandora nach draußen gebracht. Sie verspürte keinen Schmerz mehr, nur eine leichte Taubheit im Herzen, hatte sie ja bereits Tausende von Unterlagen gesammelt. Dass sie dadurch ihr Leben in Gefahr brachte, erfuhr ich erst Jahre später, als sie mich in Seattle nach der Vorstellung von *Salome* besuchte.«

20. Kapitel

Nights Erzählweise war ungewöhnlich, war etwas, das ich nie zuvor erlebt hatte. Und seine Offenheit erstaunte mich nicht weniger. Er agierte wie auf einer Bühne. Scheinwerfer beleuchteten einen Lebensabschnitt, dann einen anderen, ignorierten den chronologischen Ablauf. Und er verstummte nur deshalb, weil plötzlich ein schrilles Geräusch aufkam, Polizeiwagen mit heulenden Sirenen fuhren vorbei. Der Lärm flog von Hauswand zu Hauswand, über Betonbrücken und durch matt erleuchtete Straßen, bis ihn eine Unterführung verschluckte. Als es still wurde, sagte Night, scheinbar beziehungslos: »Wenn man Armut erlebt hat, wenn man nachts mit ihr eingeschlafen und morgens mit ihr aufgewacht ist, kann man sie nie völlig vergessen.«

»Das muss vieles in einem verändern«, meinte ich.

»Verändern? Kommt darauf an. Viele können sich großen Schaden dabei zufügen. Andere würden versuchen, die schlechten Dinge in gute zu verwandeln. Am Anfang weiß man solche Sachen nie genau.«

»Und wie steht es mit dir?«

»Eine Zeitlang habe ich geglaubt, dass ich einzigartig bin.« Er lachte. »Ich wundere mich selbst, dass es vielleicht doch nicht so ist.«

Es gehörte zu meiner Natur, dass ich vom Verstand geleitet wurde, methodisch überlegte. Aber Night ließ sich ganz vom Fluidum des Augenblicks tragen, spielte unbefangen mit Eingebungen und Gefühlen. In den Schneckenhäusern meiner Gedanken fühlte ich mich ziemlich allein.

»Du wirst müde sein«, sagte ich.

»Ich bin nie müde.«

»Dein Gedächtnis ist recht gut, ich bin beeindruckt.«

»Man kann über das Reden den Schlaf verlieren. Manchmal sogar den Appetit, das kommt vor.«

»Du machst dich über alles lustig«, sagte ich.

»Selbstmitleid kann eine Art von Bequemlichkeit werden.«

Ich streckte gähnend die Arme empor. »Wie spät mag es sein?«

Er legte die Hand über seine Armbanduhr, verdeckte das Zifferblatt.

»Keine Ahnung. Ich hasse Uhren. Alle Indianer hassen Uhren. Aber ich brauche eine im Beruf. Ich glaube, ich bin ein Neurotiker.«

»Mir an deiner Stelle wäre das egal«, sagte ich. »Wenn du einem Analytiker in die Hände fällst, kannst du vielleicht überhaupt nicht mehr tanzen.«

Er prustete wie ein Schuljunge. »Ja, das ist wahr.«

Ich rückte ein wenig von ihm ab.

»Ich sollte mir jetzt ein Hotel suchen. Gibt es hier eins in der Nähe?«

»Ich habe ein Doppelbett.«

Unsere Blicke hielten einander fest. Ich brach als Erste das Schweigen.

»Du bist sehr direkt. Sind Indianer immer so direkt?«

»Für gewöhnlich sind Indianer sehr scheu. Aber mich haben die *wasicun* verdorben.«

»Eigentlich war ich nicht darauf gefasst.«

»Darauf sollte man immer gefasst sein«, erwiderte er.

Er nahm meine Hand. Mein Gefühl der Unwirklichkeit war in einem solchen Maß gewachsen, dass ich es kaum bemerkte. Ich betrachtete ihn mit einer Art von Staunen. Was mir immer wieder auffiel, war seine Gesichtsform, dieses längliche Gesicht, zugleich kantig und empfindsam. Ich konnte mich an diesem Gesicht nicht satt sehen. Mich packte dabei eine so übermäßige Ungeduld und Erregung, das ich mich selbst nicht mehr verstand. Und da war noch mehr. Nights Gesicht, emporgetaucht durch wogende Erinnerungen, nahm im Mittelpunkt meiner Gedanken Platz. Ich kenne dich, sprach ich im Geist zu ihm, woher kenne ich dich nur? Aber das war keine Frage, die ich an ihn richten konnte, denn ich vermochte sie ja kaum für mich selbst in Worte zu fassen. Ich konzentrierte angestrengt meinen Blick, um dieses Gesicht, dieses Wesen, deutlicher zu betrachten. Denn ich war auf einmal sicher, dass es eine Dimension gab, die durch uns hindurchging, etwas, das wir beide allmählich erkannten. Und da hörte ich ihn sprechen, ganz leise.

»Ich habe das alles schon einmal erlebt.«

Meine Arme umfassten seine Schultern. Stumm pressten wir uns aneinander. Kein Geräusch war mehr, kein Laut außer dem Zittern in unseren Körpern – sein Herz und mein Herz. Nights Hände umfingen meinen Nacken, wanderten über meinen Hinterkopf, über mein Gesicht. Ich presste meine glühende Wange in seine Handfläche. Sein Mund berührte meine Stirn, glitt über die Augenlider, die Nasenflügel, schwebte dicht über meinem Mund.

»Früher«, flüsterte er, »da küssten wir uns nicht.«

»Nein?«

»Nein. Wir machten es anders.«

Er presste seine Nasenlöcher an meine, zog langsam und tief meinen Atem ein. Das Gefühl löste Wärme in mir aus, Flämmchen, die weiche Schauer durch mein Knochenmark lenkten, ein samtenes Feuer, aufflackernd und süß, in der Spitze meiner Brüste, im Unterleib, überall. Ich drückte mich enger an ihn, schob beide Hände unter sein T-Shirt, spürte seine Haut, diese weiche, lebendige Glätte.

»Nicht übel!«, keuchte ich, als ich wieder sprechen konnte.

»Ja, aber wir haben inzwischen dazugelernt«, sagte er rau,

bevor sein Mund sich fest um den meinen schloss. Doch er war es, der die Lippen öffnete, und ich, die meine Zunge in seinen Mund stieß. So stark wie nie zuvor spürte ich das Verlangen, einen Mann in mich aufzunehmen, ihn noch tiefer, noch näher zu spüren. Wir küssten uns, bis unsere Lippen taub wurden und pochten; es war, als ob unser Herz in ihnen schlug. Bisher, wenn ich einen Mann (oder meinetwegen eine Frau) küsste, hatte ich nie vergessen können, dass wir zweierlei Menschen waren. Doch mit ihm war es anders. Ich hatte nicht gedacht, dass mich eine Umarmung derart erregen konnte. Meine Vernunft driftete ab, strauchelte vorwärts durch unbekanntes Gebiet. Die Prinzipien waren auf den Kopf gestellt. Die besitzergreifende Ruhe in ihm erstaunte mich ebenso wie die Schüchternheit in mir. Gehemmt und unsicher war ich noch nie gewesen, warum bloß mit ihm? Mein ganzes Kontrollsystem war zusammengebrochen, Verlangen brandete durch jede Faser meines Körpers. Was wir taten, geschah wie aus einem uralten Wissen, als hätten wir uns schon vor unserer Geburt geliebt, als nähmen wir nur einen Faden wieder auf. Wir verloren uns in uns selbst; aus einem unendlich dunklen Sagenkreis wehte es herauf, das Unbewusste und das Wunderbare. Wir waren Jäger der Träume, verstört und aufgeregt, weil die vergangenen Leben, die in uns pochten, so mächtig waren. Weil die Stimmen von fern her kamen und wir sie zunehmend deutlicher hörten. Das Geheimnis, das wir teilten, erzeugte in uns eine voll bewusste Hingabe, eine Leidenschaft, die immer fordernder von uns Besitz ergriff. Die Gefühle durchbrachen die dunkle Oberfläche meiner Zurückhaltung, so dass sich die Worte in meiner Kehle wie von alleine formten.

»Ich habe so lange gewartet …«, hörte ich mich sagen.

Er antwortete nicht, zerrte mir mein T-Shirt über den Kopf. Meine Brüste waren nur klein; damals, im Internat, als ich sie mit den Brüsten anderer Mädchen verglich, hatte mich das geärgert. Aber später nie mehr. Und jetzt, wo Night beide Brüste in die Hand nahm, sie mit den Lippen umfasste, spürte ich das heftige Ziehen, das die Warzen hart werden ließ. Die Begierde war so stark, so schwindelerregend, dass ich glaubte zu ersticken. Mühelos hob er mich hoch, trug mich auf das Bett im Nebenzimmer. Meine Hände bewegten sich in helfender und fiebernder Eile, tasteten nach seiner Gürtelschnalle, hakten sie auf, wetteifernd mit seinen Händen, nach deren Kühle mein brennender Leib sich sehnte, und ich spürte, wie er sich auf mich legte und in mich eindrang, während ich ihn zitternd umklammerte, seine Achselhöhlen streichelte, die Innenseite seiner Schenkel, seine kräftigen Schultern. Sein Körper roch nach Salz und Rauch, ein merkwürdiger Geruch, der ihm wohl eigen war. Ich streichelte seine Haut, tastete sie ab, wie eine Taubstumme, als ob ich einen Kiesel glättete, ein Körper kann wie eine Landschaft sein und wie Sand ein dunkelgoldenes Sprühfeuer tragen. Seine Arme hielten mich fest umschlungen; seine Hände, die gelenkig und lang waren, bewegten sich auf meinem Bauch, strichen darüber hin und her in gleichmäßigen Bewegungen, und dann langsam den Rücken hinunter, mit stärkerem Druck. Unentwegt durchkämmten meine Finger sein Haar. Es umhüllte ihn wie eine schwarze Wolke, dieses Haar, das alle Gewitter der Welt mit sich trug. Meine Zähne fuhren über seine Schultern und Arme, drangen in seine Haut ein, bissen zu. Die Leidenschaft war höchste Lust und höchste Pein, eingefangen in einem Feuer, das die Seelenwände zerriss. Die Welt hatte aufgehört, etwas anderes zu sein als er und ich. Wir waren die ersten und letzten Liebenden, wie wir die ersten und letzten Sterblichen waren, wenn wir den Tod entdeckten, der nur eine andere Form von Leben war.

»Stärker …«, flüsterte ich, als er sich in mir bewegte.

»So, ja?«

»So ist es gut …«

Treibend, steigend und fallend, in den unberechenbaren Strömungen des Begehrens, fühlten wir uns von einer Strömung getragen, lebendig und kraftvoll wie frisches, neues, helles Blut. Er hielt mich in seinen Armen fest, während ich zu keuchen begann und er sich immer tiefer in mich hineinschob. Das Lustgefühl war so groß, dass wir es kaum ertragen konnten, und zusammen hielten wir es so lange an, wie wir vermochten.

Später löschte er das Licht. Das Zimmer war dunkel; nur ein grünlicher Lichtstreifen fiel durch den Spalt zwischen den alten Vorhängen. Ich schlief eine Weile. Als ich plötzlich erwachte, sah ich das Weiße seiner Augen in der Dunkelheit leuchten. Ich hob mein Gesicht, rieb zärtlich meine Stirn an seiner.

»Warum schläfst du nicht?«

»Weil ich daran denke, wie viel Zeit wir doch mit dem Schlafen verschwenden.«

Er umfasste meinen Nacken mit beiden Armen. Ich drückte mein Gesicht an seine Brust.

»Ich bin ja gerade erst angekommen.«

Er schwieg ein paar Atemzüge lang, bevor er sagte: »Vielleicht ist es möglich, dass du bleibst.«

Die sanfte, dunkle Stimme vibrierte unter meiner Wange. Ich küsste seine Schulter.

»Mein Flug geht am Mittwoch.«

»Gibt es in Frankreich einen Mann, der auf dich wartet? Entschuldige«, setzte er gleich hinzu, »es ist eine dumme Frage.«

»Einen solchen Mann gibt es nicht«, sagte ich. »Aber es wäre ein bisschen dumm, alles zurückzulassen.«

»Du hast keinen Grund, fortzugehen«, sagte er eindringlich, »wirklich keinen.«

Er hob mich hoch, so dass ich auf ihm zu sitzen kam, drang langsam und kraftvoll in mich ein. Ich beugte mich zu ihm hinunter, presste mein Gesicht an seines, atmete ihn ein. Seine Augen glänzten wie goldene Kiesel. Ich krallte mich an seinen Schultern fest, trank seinen Kuss, benetzte mich mit seinem Speichel. Seine Finger kreisten um meinen Nabel, streichelten meinen flachen, hastig atmenden Bauch. Jetzt hatte ich mich nicht mehr in der Gewalt. Mein Fleisch war innen bis auf die

Knochen empfindlich. Ich merkte, wie mein Schoß immer enger und härter wurde, je tiefer ich ihn in mich zog. Ich spürte ihn in meinem Leib, ein heißes, seidiges Gleiten, steigend und fallend und vermischt mit dem Summen meines eigenen Lebens, bis Night leise aufstöhnte und seine Muskeln sich spannten. Da erschauerte mein ganzer Körper, ich fiel auf ihn wie eine Ohnmächtige, hörte die Schläge seines Herzens, und vor meinen Augen hing ein schwarzer Blitz.

Und dann war es vorbei. Matt lagen wir da, immer noch miteinander verbunden. Nights Gesicht lag auf meinem Arm; er hielt die Augen geschlossen. Nach einer Weile begann mein Arm zu schmerzen. Ich rekelte mich leicht unter ihm. Da bewegte auch er sich und rollte von mir weg. Ich streckte die Hand aus, ließ sie über seine nackte Brust gleiten, und in der spielerisch-zärtlichen Bewegung erschloss sich mir in bewusstem Nacherleben dessen, was mit uns geschehen war, die Erkenntnis, dass allein die Urgewalt des Schicksals es war, die uns zusammengeführt hatte, mit fester Hand durch Raum und Zeit. Und es war, als ob Night meine Gedanken teilte, denn plötzlich hob er leicht den Kopf.

»Ich glaube nicht, dass du fortgehen wirst«, sagte er mit einem Lächeln.

Ich legte meine Hand auf seinen Mund, fühlte das leichte Zucken seiner Lippen.

»Ich werde darüber nachdenken«, sagte ich.

Dann schliefen wir beide ein. Vielleicht war es noch zu früh, als ich erwachte. Das Licht zwischen den Vorhängen hatte sich verändert. Geräusche, zuerst vereinzelt und richtungslos, wurden zum fernen Summen der Straße. Night musste gerade aufgestanden sein, ich hörte die Dusche rauschen. Ich legte mich auf das Laken, auf dem er gelegen hatte, umströmt noch von seiner Wärme, in halb verschlafener Rückerinnerung besessen von Verlangen, bis ich hörte, dass er in die Küche ging. Da richtete ich mich auf, gähnte ein paarmal, stellte tastend die Füße auf den Boden. Im Badezimmer duschte ich ausgiebig, wusch mein Strubbelhaar. Es war ein unmodernes Badezimmer, sämtliche Abflussrohre wanden sich an den Wänden entlang, das Waschbecken hatte Sprünge. Eigentlich war es ein feminines Badezimmer, hellblau gekachelt, die Regale eines billigen Wandschranks voller Make-up-Utensilien: Grundierungen, Puderquasten, Pinsel, Lippenstifte, Föhnlotionen. Mit nassem Haar schlüpfte ich in einen Morgenmantel, der da hing, und trat in die Küche. Night war gerade dabei, Cornflakes in eine Schüssel zu schütten. Er lächelte mich an, und ich sah das tiefe Glücksgefühl auf seinem Gesicht. Sein Haar war im Nacken zusammengebunden. Er trug ein sauberes weißes T-Shirt und Shorts, die ihm ausgesprochen gut standen.

»Ein bisschen müde?«, fragte er.

Ich lächelte. »Genau wie du.«

»Ich bin nie müde.«

Ich setzte mich an den Tisch und sagte: »Dein Badezimmer scheint einer Transe zu gehören. Wenn ich nicht wüsste, dass du ein Mann bist …«

Er warf den Kopf zurück und lachte aufrichtig und ungestüm.

»Gesichtsbemalung hat bei uns Tradition«, sagte er, als er sich wieder beruhigt hatte. »Außerdem bin ich Tänzer. Und es kommt durchaus vor, dass ich mich wie ein Transvestit schminke.«

»Oh«, fragte ich, plötzlich neugierig, »auch im wirklichen Leben?«

Sein Lächeln wurde nachdenklich.

»Nein, eigentlich nur auf der Bühne.« Er runzelte leicht die Brauen. »Tja, ich kann durchaus verstehen, was Transvestiten bewegt. Für uns vom Volk ist ein Mann das, wozu ihn die Natur oder seine Träume machen. Meine Träume sind Männerträume, sehr eindeutig.«

»Das kann ich mir lebhaft vorstellen«, sagte ich, worauf wir erneut in Lachen ausbrachen.

Die Kaffeemaschine zischte. Night hob die Kanne und füllte

meine Tasse. Der Kaffee war pechschwarz und heiß, so wie ich ihn mochte. Ich trank ihn mit Behagen.

»Du machst guten Kaffee.«

Er blinzelte mir zu.

»Ich bin froh, dass du es bemerkst. Wir mögen den Kaffee, wenn er so richtig stark ist, fast cremig. Die *wasicun* können keinen Kaffee kochen«, setzte er achselzuckend hinzu. »Das traurige Gebräu kann kein Mensch trinken.«

»Wenn du nach Frankreich oder Italien kommst, wirst du deine Meinung ändern.«

»Das sagte Pandora auch.«

Ich trank den Kaffee in kleinen Schlucken. Nach einem Augenblick sagte ich: »Du wolltest mir von Pandora erzählen.«

Sein ausdrucksvolles Gesicht verfinsterte sich.

»Ach ja, von Pandora.«

»Wie ist sie gestorben, Night? Ich weiß, dass sie vom FBI ermordet wurde. Aber du sagtest doch, dass der Scharfschütze sie verfehlt hat ...«

Er schüttelte langsam den Kopf.

»Nein, nicht ganz ...«

»Was willst du damit sagen?«

Er starrte vor sich hin, eine ganze Weile lang. Seine Augen hatten einen seltsamen Ausdruck. Nicht, dass sie unruhig umhergeschweift wären wie die Augen eines Mannes, der eine Ausrede sucht oder etwas zu verbergen hat. Sie waren, im Gegenteil, eher zu still, dunkel und von Kummer umwölkt. Endlich hob ein schwerer Seufzer seine Brust. Er wandte das Gesicht ab, und seine Stimme klang tonlos.

»Um die Wahrheit zu sagen: Ich bin es, der Pandora getötet hat.«

21. Kapitel

Meine erste Rolle als Solist war also der Johannes«, sagte Night, »und zwar in einer ganz neuen Choreographie von Carolyn Carlson. Ich trug ein Ziegenfell um die Hüften, und sonst nicht viel darunter. Das war, nachdem ich beim Pacific Northwest Ballet in Seattle ein paar Monate im Ensemble mitgewirkt hatte. Ich hatte Pandora eine Einladungskarte zur Premiere geschickt, ohne die geringste Hoffnung, dass sie kommen würde. Es war eher eine Geste, ich wollte ihr ein Lebenszeichen geben, damit sie wusste, dass ich noch irgendwo existierte. Sie ließ nie etwas von sich hören, bloß das Geld traf nach wie vor pünktlich ein, obwohl ich längst nicht mehr darauf angewiesen war. Die Aufführung wurde ein Erfolg; man spürt, wenn das Publikum ergriffen ist. Nach der Vorstellung sind die Tänzer erschöpft, aber nicht lange. Sobald sie sich abgeschminkt und geduscht haben, fühlen sie sich überdreht und bereit, sich die Nacht um die Ohren zu schlagen. Eigentlich haben Zuschauer hinter der Bühne nichts zu suchen, aber Pandora hatte es irgendwie geschafft, sich an Trennwänden und Bühnenbildern vorbei einen Weg zu bahnen, und stand plötzlich vor unserer Garderobe. Gerade verabschiedete ich mich von Tommy Lee Parker, der den Herodes getanzt hatte, als ich einen vertrauten Duft nach Rosenöl, Honig und Lebkuchen roch und Pandora sah, die drei Schritte von uns entfernt an der Wand lehnte. Ihr Anblick verschlug mir für einige Sekunden den Atem. Nicht nur die Freude war es, die mich aufwühlte, sondern auch die Art, wie sie sich verändert hatte. Sie war immer schlank gewesen, jetzt war sie mager. Ihr Gesicht war von trockener Härte gezeichnet, die Nase trat mehr hervor als einst, was den Lippen einen bitteren Zug gab. Das Neonlicht schien auf ihr kräftiges Haar. Es hatte immer noch den grünlichen Schimmer, war jedoch kurz geschnitten und mit grauen Strähnen durchzogen. Ihre Schönheit war nicht dahin, sondern auf eine andere Ebene gerückt. Die straffen Konturen, die fein geformten Knochen machten, dass ihr Gesicht selbst in seiner Herbheit einen gewissen Liebreiz zeigte.

›Pandora‹, sagte ich leise. Und fügte hinzu: ›Warum hast du mir nicht gesagt, dass du kommst?‹

Sie lächelte nachlässig, zog die Schultern hoch. ›Muss ich dir denn immer alles sagen?‹

›Ich hätte dir eine Unterkunft besorgt. Und …‹ Sie schüttelte den Kopf.

›Es sollte eine Überraschung sein. Gratuliere übrigens, du warst sehr überzeugend. Vor allem am Schluss, als nur dein Kopf auf dem Silberteller zu sehen war!‹

Tommy, der alles mit angehört hatte, brach in schallendes Gelächter aus.

›Da hatte er ja am wenigsten zu tun!‹

Er klopfte mir auf die Schulter und ging. Pandora und ich lachten. Ich nahm das feuchte Handtuch ab, das ich um den Hals trug, und warf mein langes Haar zurück. ›Du bist wahrhaftig so groß, wie du auf der Bühne wirkst‹, sagte Pandora. ›Wann wirst endlich aufhören zu wachsen?‹

›Ich bin zweiundzwanzig, Pandora. Ich wachse nicht mehr.‹

›Aber Hunger hast du gewiss.‹

›Hunger habe ich immer.‹

Ich ging zurück in die Garderobe, kniete mich auf den Fußboden und wühlte in meiner Tasche. Ein paar Augenblicke später brachte ich das alte Kopfband zum Vorschein und eine versilberte Pillendose, in der ich den Staub zweier vertrockneter Gänseblümchen aufbewahrte.

›Nur so zur Erinnerung‹, sagte ich. ›Das Kopfband trage ich bei bestimmten Anlässen. Sofern die Leute etwas davon verstehen.‹

In Pandoras Augen flackerte ein seltsamer Schimmer.

›Es ist wirklich erstaunlich‹, sagte sie, ›wie gut du ein Kopfband trägst, das ursprünglich einer Frau gehörte.‹

›Das will ich schwer hoffen‹, erwiderte ich. ›Und heute Abend lade ich dich zum Essen ein. Die Genugtuung wirst du mir wohl gönnen.‹

Ich führte sie in die Casa Daniela, ein Restaurant unweit des Theaters, wo Schauspieler und Tänzer verkehrten. Der Geruch von Knoblauch und gebratenem Fleisch erfüllte den Raum. Von italienischer Küche verstand ich ebenso viel wie der Kellner, der ein Iraner war. Ich bestellte Campari als Aperitif, dann ein Carbonara-Gratin und danach Vitello Tonnato. Dazu einen leichten Valpolicella, der verführerisch fruchtig schmeckte. Pandora strich lächelnd mit der Hand über das gestärkte weiße Tischtuch.

›Mir scheint, du bist anspruchsvoll geworden.‹

›Ich mag italienische Küche. Was den Wein betrifft, da bin ich meistens vernünftig.‹

Sie blinzelte mir zu.

›Wann warst du eigentlich mal unvernünftig?‹

Sie fragte, wie es mit meinem Privatleben stand. Viele Tänzer sind schwul, wir sprachen darüber ohne Peinlichkeit. Aber ich liebte die Frauen, und eine Zeitlang war mein Leben turbulent gewesen.

›Jetzt bin ich ruhiger geworden.‹

›Ach, in deinem Alter schon?‹

›Ich weiß nicht‹, sagte ich. ›Der Tanz und eine Freundin, das ist zu viel. Wenn ein Mensch wichtiger wird …‹

›Deswegen brauchst du doch deinen Tanz nicht zu verlieren‹, sagte sie.

›Nein‹, sagte ich, ›aber wenn ich anfange, meinen Tanz auf Platz zwei zu stellen …‹

Sie nippte an ihrem Glas. ›Ich verstehe …‹

Sie war bedeutend älter als ich, und ich wollte nicht anmaßend sein. Aber von ihrem Leben wusste ich fast nichts. Nur Bruchstücke.

›Bist du, entschuldige, dass ich frage, verheiratet?‹

›Geschieden‹, sagte sie knapp. ›Wenn ein Mann anfängt, auf Platz zwei zu stehen …‹

Ich lächelte ein wenig und wartete, dass sie weitersprach. Ihr Gesicht wurde plötzlich hart und verschlossen. Sie hatte zwei Fehlgeburten gehabt. Sie erzählte es mit knappen Worten. Sie war krank geworden, Schwächezustände, Herzbeklemmungen, Schlaflosigkeit. Und dann gab es andere Sachen, die wichtig für sie waren. Ihr Mann hatte das nicht verstanden. Er fühlte sich vernachlässigt.

›War er ein *urban*?‹

Sie seufzte.

›Nein, er war Ire und katholisch. Es war, als liefen wir beide in verschiedene Richtungen, und immer weiter auseinander. Eins steht für mich fest: Entweder hat das Zusammensein mit einem Mann eine Bedeutung, die mich ganz erfüllt, oder ich bleibe für mich.‹

›Und was machst du jetzt?‹

›Ich unterrichte an der Universität.‹

›Gefällt dir deine Arbeit?‹

›Ich mag sie. Und sie gibt mir außerdem den notwendigen Hintergrund für meine Nachforschungen. Ich bin eine Blackfeet, Hanhepi. Ich suche Spuren.‹

›Spuren?‹, fragte ich. ›Welche Spuren?‹

›Die der Vorfahren‹, sagte sie.

Unsere verworrene Familie, heute kaum noch gegenwärtig. Zu viele waren auf der Strecke geblieben, damals, Krankheit und Tod hatten mancherlei Gesichter. Einige waren als Bettler gestorben, hungrig und frierend und verblödet, kein Grund also zur Überheblichkeit. Aber Pandora wollte unsere Vergangenheit wiedergewinnen, unser Erbe, zumindest einen Bruchteil des Erbes.

›Ich rede nicht von Geld, Hanhepi, ich rede von Stolz. Die Stimmen der Toten, erreichen sie dich? Oh ja, du hörst sie, sie flüstern im Dunkeln, und manchmal auch am helllichten Tag. Doch es ändert nichts; was war, das war. Sie wollten unser Land, Hanhepi, und wir waren ihnen im Weg. Sie haben uns ausgerottet.‹

Ein italienisches Restaurant war eigentlich nicht der richtige Ort für ein solches Gespräch. Ich kaute Grissini und hörte ihr zu, einigermaßen eingeschüchtert, während Pandora unsere Genealogie aufsagte. Unser Stammbaum glich einem Gestrüpp, aber Pandora hatte jeden Namen im Kopf. Bei der abtrünnigen Lucinda, alias Lovely Eyes, die sich als Französin ausgegeben hatte, verweilte sie nur kurz. Dafür sprach sie umso ausführlicher von Sapa Tatanka Wyan, deren Kopfband ich trug.

›Meine Mutter hat mir von ihr erzählt‹, sagte ich. ›Aber nur wenig, vielleicht, weil ich noch zu klein war. Weißt du mehr über sie?‹

Sie schob mir ihr Glas über den Tisch. Ich schenkte ihr Wein nach, sie trank sofort.

›Sie war Träumerin und Heilerin und eine Zeitlang die mächtigste Frau in den Plains. Die Chiefs trafen keine Entscheidung, bevor sie nicht zuerst mit ihr gesprochen hatten. Ihr Leben war wunderbar und traurig. Nachdem sie von Weißen vergewaltigt worden war, gab sie ihre Privilegien auf, heiratete einen unbedeutenden Häuptling und gebar ihm mehrere Kinder. Sie wurde die Geliebte Tashunka Witkos, der für sie seine Ehre als Hemdenträger aufs Spiel setzte. Aber Sapa Tatanka Wyan hatte von Donnervögeln geträumt, und was das bedeutet, Hanhepi, ist dir bekannt. Ihr Ansehen blieb also unangetastet.‹

Sie nahm erneut einen Schluck Wein. ›Das tut gut …‹, murmelte sie.

Ich lehnte mich in meinem Stuhl zurück. Oft erlebt man bei Menschen, dass sie reden und reden und sich in eine Geschichte, in ein Schicksal hineinsteigern. Pandora hatte stets einen kühlen, beherrschten Eindruck gemacht. Ich begann zu ahnen, dass dies vielleicht nur die Oberfläche war, denn als sie weitersprach, murmelte sie wie traumbefangen.

›Oft läuft mein Gedächtnis vor dem Wind her und denkt dabei über die Träume nach, die sie damals hatte. Ihr Körper und ihr Geist wurden vom Wind bestattet. Manchmal verwirren sich meine Gedanken, und ihr Geist beginnt in mir zu weinen. Aber ich kann nicht genau sagen, ob sie weint oder ob der Wind weint. Was sind wohl seine Gedanken, Hanhepi? Er ist angefüllt mit ihren Gedanken, und ihre Gedanken kommen zu mir, darin liegt das Geheimnis. Ich lerne zu verstehen. Ihr Gesicht ist eines, das früh die Welt jenseits des Todes erblickt hatte. Und ihr Körper war wie ein Körper, der sich in irgendeine Rolle verkleidet hatte, um eine Geschichte darzustellen. Genau wie dein Körper es tut, wenn er sich auf der Bühne dem Publikum darbietet. Du verstehst mich, Hanhepi, es ist wirklich nichts anderes, wenn ein uralter Geist in einen lebenden Körper schlüpft. So jedenfalls stelle ich es mir vor …‹

Sie hielt ihre Augen, die immer noch sehr schön waren, auf mich gerichtet. Da war etwas in ihr, für das ich schwer eine Bezeichnung fand, eine Art fiebrige Schwermut. Ich konnte ihren Kummer nicht enträtseln, er schien mit tieferen Dingen vermischt. Irgendwie war es ihr dabei gelungen, mich in ihren Bann zu ziehen. Ich empfand ein Gefühl des Schwindels, als würde sich plötzlich eine andere Welt auftun und wieder versinken.

Ich spürte eine angstvolle Beklemmung und sagte spröde: ›Dein Essen wird kalt.‹

Meine Bemerkung brachte sie in die Wirklichkeit zurück. Sie wirkte auf einmal ein wenig verwirrt, wie ein Mensch, der aus tiefen Gedanken schreckt, und griff zerstreut zur Gabel.

›Du hast keinen Hunger‹, sagte ich vorwurfsvoll.

›Stimmt‹, erwiderte sie matt, ›heute Abend habe ich keinen so großen Hunger.‹

›Du musst müde sein, das wird es wohl sein.‹

Sie schüttelte den Kopf. ›Nein, ich denke zu viel, das ist alles.‹

Sie begann lustlos zu essen. Doch das Gratin war wirklich gut, und nach einer Weile wurde sie wieder gesprächig. Und da erzählte sie mir zum ersten Mal von Elinor.

Sie hatte sie vor etlichen Jahren in New York kennengelernt, in der Galerie, wo Elinor ausgestellt hatte. Pandora war Zeuge gewesen, als Elinor ihre flammende Rede hielt und Cole McGentry mit der Pistole herumfuchtelte. Sie war zur Vernissage gegangen, weil sie Elinors Arbeit bewunderte und die Künstlerin sehen wollte.

›Wounded Knee. Es war unfassbar, atemberaubend! Die Skulpturen sprachen zu mir! Ich stand da und weinte, und Elinor tröstete mich und sagte: »Sei ruhig, es ist ja schon lange her!« Und ich sagte zu ihr: »Nein, es ist ja erst gestern geschehen.« Und dann umarmten wir uns. Eine große Heulerei. Es stellte sich heraus, dass Elinor und ich verwandt waren, wenn auch nur sehr weitläufig. Ihr Vater, ein Weißer, hatte Mary, eine Tochter Sitankas, geheiratet. Nach dem Massaker von Wounded Knee war er mit ihr nach Europa gegangen. Elinor und ich verstanden uns auf Anhieb. Es war, als hätten wir uns schon immer gekannt. Sie besuchte mich in New York, wir bereisten gemeinsam die Plains, und ich sagte zu ihr: »Hier ist das geschehen und hier das.« Sie nahm alles in sich auf. Ihr Charakter war sehr eigenartig. Manchmal konnte sie stundenlang schweigen und war mit ihren Gedanken weit entfernt. Dann wieder war sie witzig und gesprächig, wir lachten wie übermütige Schulmädchen. Sie lud mich zu sich nach Paris ein, ich traf auch Marie, ihre Tochter, eine bockige Halbwüchsige, die sehr schön zu werden versprach. Elinor hatte fast jeden Abend eine Einladung, zu der sie mich mitnahm. Ich lernte eine Menge amüsante Leute kennen. Sie wollte ihre Skulpturen nach Europa bringen. Es war eine ziemliche Strapaze, sie einschiffen zu lassen. In Europa war alles anders. Ihre Arbeiten wurden von der Kritik sehr gelobt und fanden endlich in Nevers – einer französischen Kleinstadt, wo Elinor ihre Jugend verbracht hatte – einen gebührenden Platz. Eine Zeitlang war alles gut. Dann plötzlich – ich war wieder in New York – kam von Elinor ein Telegramm: »Pandora, komm bitte! Komm, so schnell du kannst.« Aber es war die Zeit der Examensarbeiten, ich konnte nicht so schnell weg, wie ich gewollt hätte. Und als ich endlich in Paris eintraf, erfuhr ich von Marie, dass Elinor nach einem Selbstmordversuch vor dem Grab ihrer Eltern in eine Anstalt eingeliefert worden war. Ich besuchte sie dort, das war in Nevers. Sie saß halb gelähmt in einem Rollstuhl und sprach kein Wort. Elinor, meine Freundin, meine Schwester, erkannte mich nicht wieder! Sie war verschwunden, wie ausgelöscht. Mein Gott, wo war sie geblieben? Wohin war sie geflogen, diese Künstlerin mit ihren starken Händen, ihrem magischen Blick? Nur ihr Körper war noch in dieser Welt, zerbrechlich und verloren, in einem Irrenhaus. Ach, dieser Schmerz! Dieser Schmerz in meinem Herzen! Es gibt Augenblicke im Leben, so starke Augenblicke, dass sie in der Tiefe unserer Seele Wurzeln schlagen. Was auch immer das Leben später für uns bereithält, wir würden davon geprägt sein.‹

Sie tastete nach dem Wein, trank von neuem. Ihre Hände auf dem Glas zitterten.

›Es ist wahr‹, sagte sie.

›Hast du keine Nachricht mehr von ihr bekommen?‹

›Nein. Schon seit fünfzehn Jahren nicht mehr. Maria hat sich nie gemeldet. Sie spielt in einer Theatergruppe, mehr weiß ich nicht. Du musst wissen, Hanhepi, als wir 1968 das American Indian Movement in Minneapolis gründeten, war Elinor eine von uns. Und beim *Trail of Broken Treaties*, 1972, war sie auch dabei. Aber die Besetzung von Wounded Knee, ein Jahr später, erlebte sie nicht mehr. Und rückblickend finde ich es seltsam, dass es ausgerechnet in dieser Zeit war, zwischen Februar und Mai, dass Elinor den Verstand verlor. Und ich frage mich manchmal …‹ Sie schluckte schwer. ›Ob sie nicht gespürt hatte, dass wir dort waren, und teilnehmen wollte? Dass sie auf diese Weise ihr Opfer brachte? Dieser Gedanke geht mir nicht aus dem Kopf, schon seit Jahren nicht. Es wäre doch möglich, verstehst du? Es wäre zumindest eine Erklärung. Aber sicher bin ich mir nicht. Wie denkst du darüber, Hanhepi? Die Ungewissheit, siehst du, ist sehr quälend.‹«

22. *Kapitel*

Viele Dinge zogen vor meinen Augen vorbei, während Black Buffalo Woman ihr Wissen einsetzte, um den jungen Fremden am Leben zu halten. Sie tat es aus Liebe zu mir, das habe ich in ihren Augen gelesen. Zeit verging; wie viel Zeit? Ich hätte es nicht sagen können. Langsam erstarb im Zeltlager jeder menschliche Laut. Kalte Luft drückte auf meine Schultern. Der Mond funkelte hinter Wolkenschleiern wie ein einsames Auge. Endlich hob sich die Zeltklappe. Ihre Gestalt erschien, dunkel gegen das Leuchten der Nacht. Sofort richtete ich mich auf, und sie wandte sich mir zu. Ihr Antlitz trug den Ausdruck einer fast übermenschlichen Müdigkeit.

»Er wird jetzt lange schlafen«, beantwortete sie meine stumme Frage. »Danach wird er großen Durst und Hunger haben.«

»Ich werde für immer in deiner Schuld bleiben«, sagte ich und drehte das Gesicht von ihr weg. Sie sollte nicht sehen, in welchem Zustand ich war. Die Höflichkeit verlangte, dass ich sie durch das Lager zurück zu ihrem Zelt begleitete. Ich ging in schicklichem Abstand, einen Schritt hinter ihr, die Augen auf ihr Haar gerichtet, das im Sternenlicht schimmerte. Nach einer Weile brach sie das Schweigen.

»Warum wolltest du, dass er lebt, obwohl er längst tot sein sollte?«

»Mir liegt viel an ihm«, erwiderte ich.

»Willst du, dass er dein Freund wird? Ich fragte dich schon einmal.«

»Wir werden Brüder sein«, sagte ich.

»Da glaubst du mehr, als ich glauben kann.«

»Vergib mir für das, worum ich dich bat.«

Sie machte eine Bewegung, als wollte sie sagen, dies alles ist nichts. Ihr Blick, leuchtend unter den dunklen Wimpern, streifte mich. Dabei zeigte sie den Anflug eines Lächelns, und mein alter Schmerz flammte von neuem auf, und noch stärker. Ich konnte nicht vergessen, dass nicht ich es war, der sie gerettet hatte. Ich konnte nur leiden. Stumm gingen wir weiter, an den Zelten der Schlafenden vorbei. Manchmal kam ein Hund und beschnüffelte uns, bevor er sich lautlos entfernte. Vor ihrem Tipi ließ sie ihren Umhang von den Schultern gleiten, drehte mir ihr ruhiges Profil zu.

»Gute Nacht, Tashunka Witko.«

Ich konnte nicht länger schweigen. Rau stieß ich hervor: »Mein Herz gehört noch immer dir.«

Sie antwortete nicht, sondern legte in hoher, schöner Bewegung ihre Hand an ihre Brust. Dann, nach kurzer Stille: »Meine Kinder schlafen in diesem Tipi«, sagte sie, bevor sie die Zeltklappe zurückschlug und in der dunklen Öffnung verschwand.

Mehrere Tage vergingen. Alan lag bewusstlos. Good Song wusch ihn, pflegte seine Wunden und gab ihm zu trinken, ohne dass er aufwachte. Es mussten böse Träume sein, die ihn heimsuchten. Manchmal murmelte er unverständliche Worte, schlug so heftig mit den Armen um sich, dass ich ihn festhalten musste. Oft stöhnte er qualvoll auf, und danach wurde sein Atem so schwach, dass ich mein Ohr gegen sein Herz legte und erst beruhigt war, wenn ich das flatternde Pochen hörte. Seine Brust war noch immer mit dunkelroten Flecken übersät. Nach und nach aber ging die Schwellung zurück. Seine Haut war warm, nicht mehr glühend. Und eines Morgens, als ich das Zelt betrat, sah ich die Augen des jungen Mannes auf mich gerichtet. Alan war blass, entsetzlich abgemagert. Doch seine erste Frage zeigte, dass er wieder bei Bewusstsein war.

»Warum bin ich hier, in deinem Tipi?«

Ich antwortete ernst: »Weil du zweimal geboren wurdest.«

»Ach«, murmelte er mit stumpfer Endgültigkeit, »was bin ich denn jetzt, wenn nicht ein Gespenst?«

In diesen Tagen hatte ich reichlich Zeit zum Nachdenken gehabt, doch auf diese Bemerkung wusste ich keine Antwort. Und so hielt ich ihm wortlos ein Gefäß an die Lippen, in dem mein Vater Wasser mit Heilkräutern vermischt hatte. Alan trank gierig. Diese einfache Anstrengung reichte aus, um ihn zu ermüden, und er ließ sich wieder zurücksinken. Ich wartete eine Weile, bevor ich ihm meinerseits eine Frage stellte: »Weißt du, wer ich bin?«

Er richtete sich schwerfällig auf den Ellbogen auf.

»Tashunka Witko …«, flüsterte er. »Mitglied der Bad-Faces-Bruderschaft, Hemdenträger und Teilnehmer im *oyate akiyu*, dem Rat der sieben Nationen. Du hast meine Soldaten getötet, und ich deine Krieger.«

Erschöpft fiel er auf sein Lager zurück. Ich sah, wie er zitterte.

»Woher weißt du diese Dinge?«, fragte ich.

Er versuchte zu lachen; sein Lachen endete in einem Hustenanfall, den er nur mit Mühe erstickte.

»Meine Mutter ist eine Lakota«, stieß er hervor, als er wieder sprechen konnte. »Und mein kürzlich verstorbener Vater war zur Hälfte ein Cherokee.«

»Und trotzdem kämpfst du gegen mein Volk?«

Ein Lächeln, voller Hohn und Schmerz, zog seine Lippen hoch.

»Ich habe dafür büßen müssen.«

An diesem Tag sprachen wir nicht weiter. Doch in der Zeit seiner Genesung kamen wir einander näher.

»Versuche dich an meine Stelle zu versetzen«, sagte er. »Hast du nie das Gefühl gehabt, am falschen Ort zu sein?«

So eine Frage hatte ich noch nie gehört. Warum begann ein

Mensch, sich solche Fragen zu stellen? Wir saßen abseits des Lagers. Die Tipis leuchteten im Sonnenschein, und die Pferde, makellos in ihrer Schönheit, spielten ihre unbekümmerten Spiele. Alans Worte ergaben für mich wenig Sinn. Nun, stattdessen herrschte Vertrauen. Und so antwortete ich, wie mein Herz es empfand.

»Dieses Land ist das Land unserer Ahnen. Unser Gedächtnis weiß, dass es immer so war. Doch nun endet unsere Zeit, ich fühle es. Das Land ruft uns zu Hilfe; wenn wir kämpfen, dann für unsere Erinnerung. Kein Fremder soll uns sagen, wohin wir zu gehen haben. Wir ziehen es vor, in Freiheit zu sterben, und nicht zu leben wie die Maultiere, die im Stall ihr Futter erhalten.«

»Ich bewundere dich, dass du so denkst«, sagte Alan. »Aber wie viel Zeit, glaubst du, verbleibt euch? Könntest du die großen Städte der *wasicun* sehen, ihre Industrien, ihre Hafenanlagen, würdest du mich besser verstehen. Ich würde keinen Dollar darauf setzen, dass es euch in zehn Jahren noch gibt.«

Ich betrachtete sein jugendliches, finsteres Gesicht, und eine Stimme in mir, die ich nicht zum Schweigen bringen konnte, flüsterte mir zu: »Er spricht die Wahrheit.« Ich sagte zu ihm: »Gefällt dir die Welt, von der du sprichst?«

»Diese Welt ist bereits tot«, antwortete er mit verhaltenem Zorn. »Habgierige Menschen nähern sich von allen Seiten, wie Ameisen einer Eidechse, die in der Sonne verfault. Sie zerstören, was schön ist, und reden von Fortschritt. Von ihrer Suche nach Reichtümern werden sie nicht ablassen, auch in tausend Jahren nicht. Nun, wenn du sie bekämpfen willst, sei willkommen!«

Er sah mich mit seinen hellen grünen Augen an. Das starke Sonnenlicht schien Linien der Trauer in sein Gesicht zu graben. So blickt ein Mann, der großen Zorn und Kummer erlebt hat. Und als er mir mit aufrichtiger Wärme für die Lebensrettung dankte, fragte ich ihn: »Mein Freund, warum hasst du die Weißen so sehr?«

Da vertraute er sich mir an, erzählte von seinem Vater, einem Sklavenhändler, steinreich, der immer eine Peitsche aus Rindsleder am Gürtel trug. Ein Vater, den er ebenso gehasst wie gefürchtet hatte. Er erzählte von der Mutter, die modische Kleider aus New York und erlesenen Schmuck trug, die ihre Vorfahren verleugnete. Sie hatte sich nie in der Gewalt. Begegneten ihr Indianer, was gelegentlich vorkam, beschimpfte sie diese als verlaustes, schmutziges Pack. Ihr schlechtes Gewissen lastete düster auf ihrem Herzen, das sie mit verschiedenen Tropfen beruhigte. Wehmütig erzählte Alan von einem früh verstorbenen Bruder und von Becky, der älteren Schwester, die von Ball zu Ball wirbelte, bezaubernd plauderte und ihre Intelligenz verbarg. In ihr steckte die ganze Schönheit der Mutter, ohne deren Seelenqualen. Becky heiratete einen Engländer, der wenig Vermögen, dafür einen großen Namen hatte.

Dass sich, wenn er von Geld sprach, Verachtung in meine Augen schlich, bemerkte er nicht. Den Hochmut aber, der machte, dass auch bei uns einige an Macht gewinnen wollten, begriff ich gut. Alan fühlte sich verstanden und sprach weiter, leise, weil er noch nicht ganz bei Kräften war.

»Mein ungebildeter Vater legte großen Wert auf Bildung. Und die militärische Laufbahn hatte er als die einzig richtige für mich ins Auge gefasst. Ich war Internatsschüler, danach Absolvent von West Point. Kaum hatte ich die Militärakademie verlassen, war ich binnen eines Jahres Leutnant, und mit einundzwanzig Stabsoffizier in der Kavallerie der Konföderierten. Nachdem ich ein paar Monate gedient hatte, wurde ich wieder befördert, diesmal zum Colonel.«

Er sprach weiter, langsam und stockend, würgte jedes Wort fast hervor.

»Dass ich den Krieg als entsetzliche Feuerprobe erlebte, erweckte bei ihm nicht einen Funken Mitgefühl. Ich aber lebte mit dem Donner der Kanonen in den Ohren, musste zusehen, wie verwundete Reiter und Pferde in einer einzigen blutenden Masse zusammenbrachen und sich am Boden vermengten. Wie im Feldlazarett operiert wurde, wie das Fleisch zerschnitten und die Knochen zersägt wurden, nicht einmal durch irgendein Medikament betäubt. Ein Soldat hat dabei nichts zu empfinden, höchstens die Genugtuung, dass nicht er es ist, der da liegt. Und die Befriedigung, eine ermüdende und schwierige Arbeit getan zu haben, eine Arbeit, die scharfe Augen und geschickte Finger erfordert.«

Ich dachte, er ist ein Krieger wie ich. Und ebenso wie ich ein Mensch, der zu viel gesehen hat und bisweilen davon träumt. Doch was er dann sagte, verstörte mich.

»Gedanken, die uns die Dinge zu spät erkennen lassen, sind immer unerfreulich. Ich begriff, dass wir nicht die Freiheit verteidigten, sondern einzig die Macht. Die Erkenntnis nützte mir nichts: Ich hatte einen Eid geleistet.«

»Auch wir leisten einen Eid«, warf ich ein. »Doch der ist eine persönliche Sache. Wir waren schon immer von Feinden umgeben.«

Alan hob müde die Hand.

»Es waren ebenbürtige Feinde, Tashunka Witko.«

Seine Worte verlangten keine Erklärung. Ich nickte. Er wartete schweigend, bis mein Blick sich wieder seinem Gesicht zuwandte.

»Warum hast du die Pferdesoldaten verlassen?«

»Ich hatte Colonel Gordon wissen lassen, dass wir genau durch das Gebiet ritten, das den Indianern vertraglich für alle Zeiten zugesprochen worden war. Und dass diese Missachtung ihrer Rechte gefährliche Folgen haben könnte. Ich bin kein Offiziershasser aus Prinzip. Aber statt entlang des Bozeman-Trails zu reiten, hatte der Narr beschlossen, eine Abkürzung zu nehmen. Mit einem Verpflegungswagen und zwei Haubitzen, die auf ihren Lafetten von Maultieren gezogen wurden. Die Kanonen blieben stecken, wir mussten die ganze Nacht Sand schaufeln. Die Männer konnten sich kaum noch auf den Beinen halten. Bei vielen hatte sich die Bindehaut entzündet. Leider war Colonel George Nathanael Gordon, der betrunken in seinem

Zelt lag, immerhin noch nüchtern genug, sich zu erinnern, was auf dem Offiziersball am Abend des 24. Dezembers geschehen war, als ich mit Louise Branville einen Virginia Reel tanzte. Weil ich wie ein Weißer aussehe, war bisher niemand auf den Gedanken gekommen, dass ich ein Mischling sein könnte. Aber auch aus den bestbewachten Häusern sickert schließlich einiges heraus – die Dienstboten reden. Oberst Branville – Louises Bruder – schlug mich mit der behandschuhten Hand. Wir trafen uns am nächsten Morgen, und ich überließ ihm die Wahl der Waffen. So regeln die weißen Männer ihre Fehden. Branville schlug den Degen vor, was unbedingt ein Fehler war. Ich tötete ihn so sauber, dass man kaum das kleine Loch sah, wo das Herz geschlagen hatte. Die Hölle ist nicht im Jenseits oder in den Köpfen der Priester zu suchen, die Hölle ist in dieser realen Welt. Branville war ein einflussreicher Mann gewesen, der sich gerade in Washington um einen Abgeordnetensitz bemühte. Ich bezahlte meine Schuld, ja, und die Zinsen dazu, indem ich meine Streifen verlor. Gesellschaftlich war ich erledigt. Mein Vater erlebte es nicht mehr, Gott sei seiner armen Seele gnädig. Ich meldete ich mich an die Front. Und wenn ich meinen Weltschmerz vergessen wollte, kam ich gerade an den richtigen Ort. Colonel Gordon aber, dem ich als Adjutant zugeteilt worden war, hatte bereits erfahren, dass er keinen reinblütigen Gentleman aus den Südstaaten vor sich hatte. Zwar war auch ich in dieser Zeit oft betrunken, aber Gordon ritt mit der Flasche in der Hand und lag nachts volltrunken in seinem Zelt. Und mitzuerleben, wie ein Trinker seine Männer ins Verderben schickte, war eindeutig zu viel für mich.«

»Du hast ihn getötet?«

Ein Lächeln, das eher eine Grimasse war, kräuselte Alans Lippen.

»Mag sein, dass viele froh sind, dass sie ihn nicht mehr sehen müssen. Die Finger zweier Hände genügten kaum, um die Männer aufzuzählen, die er beleidigt hatte. Colonel Gordon konnte nicht einmal mehr seine zwei Beine befehligen, geschweige denn seine Kompanie. ›Halten Sie Ihr dreckiges Maul, Sie lügnerischer roter Bastard!‹, brüllte er mir ins Gesicht. ›Noch ein Wort, und ich jage Ihnen eine Coltladung in den Bauch!‹ Ich rührte mich nicht, sonst hätte er mich auf der Stelle erschossen. Er rief einen Sergeant, der mich entwaffnete.

›Insubordination!‹, sagte er höhnisch zu mir. ›Es sieht wahrhaftig so aus, als ob Sie es vor das Kriegsgericht schaffen, Indianer! Und ich werde persönlich dafür sorgen, dass Sie dreißig Jahre ins Zuchthaus kommen.‹

Um ganz sicher zu sein, dass ich nicht entkam, befahl er, dass ich vor seiner Zelttür gefesselt werden sollte. Und er befahl ebenfalls, dass jeder Mann, der nicht auf Wache war, bei seinem Gewehr schlafen sollte.

Ich wollte nicht bis an mein Lebensende Steine klopfen. Ich suchte geduldig einen scharfen Kiesel, und es gelang mir, meine Fesseln durchzureiben. Die Männer waren erschöpft, und die Aufmerksamkeit der Wachposten ließ vor Tagesanbruch nach. Meine Fesseln wurde ich bald los, aber ohne Waffen taugt ein Mann nicht viel. Gordons Atem, heiser und schwer von Whiskey, tönte aus dem Zelt. Rasch entschlossen glitt ich durch den Eingang, fand meine Dragonerpistole und hielt mein Offiziersmesser in der Hand, als Gordon murmelnd erwachte. ›Was zum Teufel geht hier vor?‹

Ich schlug ihm mit der Pistole über den Kopf, aber der Kerl hatte einen Schädel wie aus Granit. Er packte mich, riss mich zu Boden. In solchen Augenblicken überlegt man nicht. Ich hörte den dumpfen Ton, als die Klinge traf. Ich ließ den Sterbenden zu Boden gleiten, schlitzte die Rückwand des Zeltes auf und schlich mit Gordons Sattel zu den Reittieren. Mein eigenes Pferd lahmte, aber Montana King, Gordons sechsjähriger Hengst, war noch bei voller Kraft. Ich schnallte gerade den Sattel fest, als Sergeant Callino erwachte und zwei Sekunden später das ganze Lager. Ich sprang auf den Pferderücken, jagte das Tier die Böschung hinab. Sergeant Callino folgte mir ein paar Schritte, brachte seelenruhig das Gewehr in Anschlag. Die Nacht war dunkel, aber er war der beste Schütze, den ich je gekannt habe. Die Kugel verfehlte nicht ihr Ziel. Und ich dachte, während die Sonne stieg und die Hitze zunahm, dass Montana King einen Toten trug. Es war ein prachtvoller Hengst, aber den Blutgeruch konnte er nicht ertragen. Er warf mich ab. Und jetzt sag mir, mein Freund, warum hast du meine Spur verfolgt?«

»Ich wollte deine Pistole.«

»Du hast sie«, sagte Alan. Er ließ eine Weile verstreichen, bevor er fragte: »Weißt du, was mit der Kompanie geschah?«

»Makhpiya Luta macht keine Gefangenen«, antwortete ich ruhig.

Er zuckte zusammen und ließ einen Laut hören, der wie ein Aufschluchzen klang.

»Was ich befürchtet habe, ist eingetroffen. Fünfzig brave, pflichtbewusste Männer – Gatten, Väter, Söhne – mussten ihr Leben lassen, weil ein Narr sie ins Verderben führte.«

»Du hattest den weißen Chief gewarnt. Aber seine Ohren waren mit Staub verstopft.«

Er sagte bitter: »Kannst du dir vorstellen, dass ich frei sein wollte? Jetzt bin ich frei, aber vielleicht wäre ich besser gestorben.«

»Der Tod ging über dich hinweg«, sagte ich. »Doch er kann dich jeden Tag einholen.«

Eine Weile saß er ganz still, schien sein Schicksal zu überdenken. Plötzlich richtete er sich auf, als hätte er entdeckt, dass alles nur ein Traum gewesen war.

»Makhpiya Luta hat mir, auf seine Weise, einen Dienst erwiesen. Vor den Weißen werde ich mich nicht als Colonel Gordons Mörder zu verantworten haben. Obwohl mir das keine Befriedigung verschafft. Ich kann nicht mehr zurückgehen. Vor dem frisch geschaufelten Grab meines Vaters hatte ich kaum etwas empfunden. Das Einzige, was ich denken konnte, war: ›Hier liegt einer begraben, der zu Lebzeiten denselben Familiennamen führte wie ich.‹ Meine Mutter, von Weinkrämpfen geschüttelt, zog zu ihrer Tochter. Der Skandal meiner Degradierung hatte auch Becky getroffen; Freunde grüßten sie plötzlich nicht mehr. Ihr exzentrischer Mann verprasste ihr Geld. Becky hatte, was ihm fehlte, nämlich einen klugen Kopf. Sie wollte wieder einen angesehenen sozialen Stand, der sie von der besten Seite zeigte. Die Bodenpreise stiegen; Becky meinte, wir sollten Elternhaus und Grundstück verkaufen. So geschah es dann auch, und wir teilten uns das Geld.«

Wir meinten, dass wir das Land von Menschen und Tieren nicht verkaufen konnten, auch nicht, wenn eine Behausung darauf errichtet war, weil das Land ja nicht uns, sondern dem Großen Geist gehörte. Meine Gedanken eilten zurück zu meinem Traum, wo mir befohlen worden war, nie etwas für mich zu behalten. Die Erinnerung daran machte mich leicht und froh, wie von Schwingen getragen. Noch konnte ich meinem Freund diese Dinge nicht so erklären, dass es einen Zweck gehabt hätte. Und ebenso wenig konnte ich schlecht von ihm denken – wer hätte das gekonnt? Ich konnte nur seinen Schmerz sehen und seine Verwirrung, und Mitgefühl empfinden. Wir waren etwa gleichaltrig, mir aber kam es vor, als sei ich ein Vater, der seinen Sohn zu verstehen und zu trösten hatte. Und daher lächelte ich ihn an, so dass er, ein wenig unsicher, zurücklächelte.

»Du gehst nicht mehr fort«, sagte ich. »Du bleibst bei uns.«

Sein Lächeln verschwand. Er senkte die Augen.

»Weil ich indianisches Blut in den Adern habe?«

»Mein Freund«, erwiderte ich, »Blut hat bei allen Menschen die gleiche Farbe.«

23. Kapitel

Die zwölf Jahre, die Alan bei uns verbrachte, verstärkten mein Gefühl, dass unsere Schicksale miteinander verwoben waren. Wie und warum, war eigentlich unbedeutend. Alan ritt, jagte und kämpfte mit uns. Er feierte unsere Feste, teilte unseren Hunger, unser Glück und Unglück. Er lernte, die Verfolgung der Büffel mitzureiten und einen Jagdpfeil bis zum Federschaft in das Herz eines angreifenden Bisons zu schießen. Er lernte die Handhabung von Speer und Kriegsbeil. Er liebte unsere Mustangs, die schnell und stark wie der Nordwind waren, und ritt bald auf unseren langmähnigen Reittieren so kühn wie wir selbst. Wenn ich ihn sah, das blonde Haar wild über die grünen Augen fallend, ein Leben führend wie das unsrige, nur auf das gestellt, was der Große Geist uns schenkte, da spürte ich, wie nahe er meinem Herzen war. Ich fand in ihm eine stille Tatkraft, die an Intensität der meinen ähnlich war, und darüber hinaus die gleiche Neigung, sein Leben in dem zu suchen, was von ihm selbst ausging, und nicht in dem, was er erbeuten konnte. Er lernte unsere Sprache schneller als ich seine, und die langen Gespräche, die wir führten, festigten meine Überzeugung, dass es zwischen uns etwas gab, das weder im Wasser ertränkt noch im Feuer gelöscht werden konnte.

Doch so viel offene Wärme Alan auch zeigte, oft war es, als ob er sich in sich selbst zurückzog. Er betrachtete die Menschen, als würden seine Augen sie einfach ausblenden und sie in ein Nichts zurückwerfen, dem sie vielleicht angehörten.

Wenn er diesen seltsamen Blick hatte, überlief mich ein Schauer. Es mochte sein *Nagi* sein, der sich in solchen Momenten in ihm regte und die Welt aus seinen Augen betrachtete.

Ich habe nicht sofort gewusst, wer er wirklich war. Ich erfuhr es erst, als ich ihn einmal am Flussufer überraschte. Er hatte geschwommen. Sein Haar hing schwer und weich über die nackten Schultern. Und als ich sah, wie er nasse Erde sammelte, zog einen Herzschlag lang vor meinem inneren Auge das Bild einer jungen Frau vorbei, von Sonnenlicht und flirrenden Libellen umgeben. Ich blinzelte, das Bild verschwand. Und da ich wusste, dass Alan kein Heiler war, trat ich ruhig näher und setzte mich neben ihn.«

Er lächelte mir wortlos zu. Das Wasser, das er über den Lehm schüttete, verband sich allmählich zu einem Brei, den Alan mit kräftigen, sicheren Bewegungen zu kneten begann. Er formte eine Kugel, strich eine Fläche glatt. Seine schlanken Hände pressten und drückten die entstehende Form. Entdeckte er eine Unvollkommenheit, verbesserte er sie sogleich, nachdem er die Finger mit Wasser befeuchtet hatte. Er arbeitete still, mit einem ununterbrochenen fließenden Bewegungsablauf. Und allmählich zeichnete sich in dem Lehm ein Gesicht ab, mit zwei Höhlen für die Augen. Dabei warf mir Alan immer wieder Blicke zu, Blicke, die mich verwunderten, weil sie so abschätzend und kühl waren. Schließlich lehnte er sich zurück, musterte scharf sein Werk, um noch einige Verbesserungen anzubringen. Das geformte Gesicht war lebensgroß, von Lehmstreifen umgeben, die an langes Haar denken ließen. Alan lächelte mich an.

»Nun?«, fragte er.

Ich blickte zuerst auf ihn, danach mit zunehmender Neugierde auf sein Werk. Die Weißen, die Spiegel hatten, konnten sich darin nach Herzenslust betrachten. Nur das Wasser, über das wir uns beugten, um zu trinken, zeigte uns unser Gesicht. Und doch erkannte ich das Antlitz, das er geformt hatte: Es war mein eigenes. Es strahlte, so schien mir, eine seltsame Heftigkeit aus. Als ob das Antlitz aus der Erde wuchs und gleichzeitig gegen den Wind ankämpfte, herausfordernd und mit zornigem Schwung.

Ich sagte nachdenklich: »Die Weißen kommen zu uns mit seltsamen Apparaten, aus denen Licht blitzt. Sie fangen uns in Bildern ein und stehlen unseren Schatten. Nie werde ich das einem Weißen erlauben. Du aber formst mein Gesicht aus der lebendigen Erde, und ich lasse es zu. Doch warum sehe ich zornig aus?«

»Ich habe dich oft so gesehen.«

»Wann?«

»Wenn du gegen den Wind reitest. Oder deine Feinde beobachtest.«

»Wer lehrte dich deine Kunst?«, fragte ich nach kurzem Schweigen.

Er lachte auf, ein etwas verlegenes Lachen.

»Um die Wahrheit zu sagen, keiner. Schon als Kind war ich nie so glücklich, als wenn ich mit Lehm und Ton spielte, kleine Figuren knetete, Menschen oder Tiere. Es war eine Beschäftigung, bei der ich für mich war. Meine Eltern ließen mich gewähren. Wenn Besucher kamen, wurde ich manchmal aufgefordert zu zeigen, was ich machte. Ebenso wie meine Schwester freundlich ermutigt wurde, sich ans Klavier zu setzen. Ich hatte das Gefühl, dass die Besucher weder an meinen Arbeiten noch an Beckys Musik interessiert waren, aber es gehörte einfach dazu. Ja, und als ich dann ins Internat kam, machte uns ein Lehrer mit einigen Grundtechniken der Bildhauerei vertraut. Wir lernten auch die Perspektive beim Zeichnen und verschiedene Auffassungen über die frühe flämische Kunst, über Botticelli und Michelangelo kennen. Diese Namen sagen dir nichts, mein Freund, aber es waren große Menschen. Eines Tages werde ich dir von ihnen erzählen. Aber jedes Mal, wenn ich ihre Werke bewunderte und in mir den Drang verspürte, ihnen gleichzutun, empfand ich die Wut eines Kindes, das ausgelacht wird. Mein Vater hätte nie geduldet, dass ich ein Künstler wurde. Etwas zu formen, was keinen Zweck erfüllte, nur einfach schön war, war für ihn Zeitverschwendung und unpassend für einen Mann. Er schickte mich nach West Point.«

Alan saß entspannt, die Arme um die Knie geschlungen. Sein Haar wurde auf der einen Seite vom Wind zerzaust, und sein Gesicht mit den hohen Wangenknochen, von Sonne und Wetter gegerbt, nahm einen kupfernen Farbton an.

Ich sagte langsam und mit großem Nachdruck: »Jetzt weiß ich, wer du bist. Du bist ein Geistermacher.«

Vielleicht verstand er nicht ganz, was ich meinte, denn er fuhr leicht zusammen und murmelte: »*Woyuonihan*!«, das einzige Wort, das in unserer Sprache als Entschuldigung angewendet wird. Es bedeutet: »Ein Fehler ist gemacht worden.«

»Nein«, erwiderte ich. »Es war gut und richtig. Denn erst jetzt habe ich mich erkannt, durch dich.«

Ich betrachtete mein Gesicht, das, einer seltsamen Pflanze gleich, aus dem Boden ragte. Der Lehm begann zu trocknen, wies verschiedene Schattierungen auf. Es war, als ob die Lippen sprechen wollten. Sehr langsam und wohlbedacht streckte ich die Hand aus, legte sie auf mein Gesicht, zerdrückte es. Alan bewegte sich nicht im Geringsten, sah ungerührt zu, wie ich sein Werk vernichtete.

»Wer sich selbst sieht«, sagte ich, »sieht nicht die Welt.«

Er nickte wortlos. Wir erhoben uns beide. Meine Rechte legte sich auf seine Schulter.

»Freunde sind wir bereits. Jetzt wollen wir *hunka* werden – Blutsbrüder. Mein Vater wird alles vorbereiten.«

Obwohl Worms Zuneigung zu Alan mit seinem heimlichen Groll gegen die Weißen in Widerstreit lag, verlieh er ihm seinen neuen Namen »Spiritmaker«, der mit seiner großen Gabe übereinstimmte. Wie jeder von uns spürte er Alans Zauber, und sein Herz musste ihn lieben, ob er wollte oder nicht. Nach der Verleihung des Namens fasteten wir drei Tage lang, atmeten Zedernrauch ein, der gute Träume schenkt. Am Abend des dritten Tages, nach einem Besuch der Schwitzhütte, kamen abseits des Lagers die Mitglieder der Bad-Faces-Bruderschaft zusammen. Die Männer bildeten einen Kreis. Alan und ich, nur mit einem Lendenschurz bekleidet, knieten in der Mitte. Vor sich auf den Boden stellte mein Vater zwei kleine silberne Schalen, die aus dem versunkenen Reich der »Gefiederten Schlange« stammten und seit Menschengedenken in unserer Familie waren.

Alles war dunkel, nur ein kleines Feuer brannte. Worm legte ein Messer in die Flammen. In der vollkommenen Stille erhob sich seine Stimme, leise und klar.

»Der ganze Mensch ist in seinem Blut. Seine Eigenschaften, die guten und die schlechten, die Merkmale seines Körpers, die Gedanken seines Gehirns und die Empfindungen seines Herzens wachsen aus seinem Blut. Der Mensch erhält dieses Blut von seiner Mutter, so wie sie es von ihrer Mutter erhalten hat, und wie der Mensch es später seinen eigenen Kindern schenken wird.« Er nahm das Messer aus dem Feuer, streckte die glühende Spitze nacheinander den vier Himmelsrichtungen entgegen, bevor er es in den Boden stieß. »Wenn das Blut der Mensch ist, ist die Erde die Mutter seiner Mutter.« Er zog das noch warme Messer aus der Erde, brachte einen Schnitt an Alans linkem Arm an, und ließ das Blut aus der Wunde in eine der Schalen tropfen. Die gleiche Handlung vollzog er an mir. Als mein Blut in die zweite Schale geflossen war, nahm er unsere beiden Hände, hielt die Handgelenke fest, so dass die Wunden fest zusammengepresst wurden. Nach einer Weile trat er zurück und reichte uns die Schalen. »Trinkt!«

Jeder hob die Schale an seine Lippen, trank das Blut des anderen. Dann streckten wir uns auf dem Boden aus. Worm fesselte uns aneinander mit Lederriemen, das gleiche Material, das wir auch für unsere Bogensehnen verwendeten. Mein Vater machte acht besonders geformte Knoten. Keiner außer ihm selbst würde diese Knoten lösen können. Er deckte uns mit einer weißgegerbten Büffelhaut zu. So lagen wir dann, und jeder spürte die Wärme und den Atem des anderen, bis der erste Schein der Sonne die He Sapa berührte. Dann erst zog mein Vater die Knoten wieder auf. Wir erhoben uns, und die Zeugen dieser heiligen Handlung entfernten sich stumm, einer nach dem anderen.

Alan und ich waren *hunka* – fast ein und dieselbe Person. Von jetzt an würden wir alles teilen: Schmerz und Freude, Leben und Tod, den letzten Bissen Essen, den letzten Schluck Wasser. Sein Körper war mein Körper, sein Herz war mein Herz. Mein Geist war sein Geist. Wir übertrugen einander eine neue Kraft, die andauerte, auch wenn wir selbst nicht mehr waren. Denn was war der Tod, wenn nicht ein neuer Pfad, den der Mensch in seinen vielen Leben zu erkunden hatte? Es war meine Vision, die ich Spiritmaker zum Geschenk machte. Und so begriff er, was vor uns lag, und war heiter und beruhigt in seiner Seele. Denn der Mensch, noch im Dunkel alter Träume gefangen, würde fortbestehen und aufblühen in immer vollkommenerer Liebe zu den anderen, so lange die Sterne sich bewegten.

24. Kapitel

Ich habe Pandora getötet«, hatte Night gesagt. Danach: ein langes Schweigen. Die Worte rührten Tumult in mir auf, stießen hart an mein Herz, so dass es in entgeistertem Unverständnis pochte. Das Schweigen hing zwischen uns, zitterte wie eine Kompassnadel, bis ich sagte: »Also, ich kann dir nicht mehr folgen.«

Er antwortete nicht; und als das Schweigen andauerte, ging mir allmählich das Unvermeidliche auf. Ich wandte sogar das Gesicht von ihm ab, denn seine Aufrichtigkeit sprang in die Augen. Still wartete er, bis mein Blick zu ihm zurückkehrte.

»Erzähl mir, warum.«

Er schien weit fort in einem Traum, aus dem heraus er abwesend antwortete.

»Sie hat mich darum gebeten.«

»Was ist das für eine Geschichte?« Ich fuhr mir mit der Hand über die Stirn.

Sein Gesicht war dem offenen Fenster zugewandt, der Straße, tief unten, mit dem brausenden Verkehr. Langsam schüttelte er den Kopf.

»Ich lüge nicht.« Eine ruhige Geste bestätigte die Worte. »Es wäre nicht sehr indianisch zu lügen.«

Ich lächelte, aber nur halbherzig. Es gab Meerestiefen in jedem Herz, und Strömungen und dunkle Inseln. Ich sagte: »Vielleicht … wenn ich es für möglich halte … dann nur aus Verzweiflung?«

»Wie du sagst: aus Verzweiflung.« Er stand plötzlich auf, nahm die Tassen, goss frischen Kaffee ein, alles ganz ruhig, bevor er sich wieder mir gegenübersetzte.

»Weiter«, sagte ich.

Er antwortete nachdenklich. Mir fiel plötzlich auf, wie empfindsam sein Gesicht eigentlich war.

»Verzweiflung kannst du nicht erklären. Sie kommt über dich, sie erfüllt dich ganz. Dann erst verstehst du sie.«

Ich nickte stumm. Er atmete mit einem kleinen Stoß aus. Er hatte immer noch diesen Blick, von aller Welt entrückt.

»Ich werde es nie vergessen. Und möchte es nicht noch einmal erleben. Auch nicht im Traum. Ich muss mich da zusammenreißen.«

Verstecktes, nicht offen angesprochenes Leid hatte mich schon immer zornig werden lassen. Ich musste plötzlich an Elinor denken und sagte es ihm. »Es ist traurig, aber Träume bringen es am Ende noch fertig, uns verrückt zu machen.«

»Elinor«, murmelte er. »Ach ja …«

Er trank einen Schluck und begann mit unerwartet ruhiger Stimme zu erzählen.

»Also, es war in Seattle, als ich zum ersten Mal von ihr hörte. Elinor spielte eine große Rolle in Pandoras Leben. Sie sprach auch noch von ihr, als wir nach dem Essen eine Bar aufsuchten. Die Uhr zeigte zwei, doch wir waren nicht müde. Was mir nicht gefiel, war, dass Pandora so viel trank. Ich konnte mich nicht entsinnen, sie jemals betrunken gesehen zu haben.

›Du trinkst nicht?‹, fragte sie mich.

›Nein, ich bin vernünftig.‹

Sie lachte vor sich hin, drehte sich eine Zigarette. Damals konnte man in jeder Bar noch rauchen. Ich gab ihr Feuer. Sie rauchte ohne ein Wort, wobei sie mir ins Gesicht sah, fast so, als sähe sie mich zum ersten Mal.

›Ist dir eigentlich schon einmal aufgefallen, wie idiotisch, wie entsetzlich dumm man wird, wenn man trinkt?‹, murmelte sie nach einer Weile.

Wo hatte sie ihren Kopf? Hatte sie meine Kindheit vergessen, meine sich langsam abspulende, herbe und bittere Jugend? ›Trink nicht mehr‹, sagte ich sanft zu ihr.

Sie zog die Schultern hoch, zeigte dabei ein kleines Lächeln. Und ganz unvermittelt gestand sie mir, dass das FBI sie überwachte. Dass ihre Wohnung abgehört wurde. Dass sie fünf Monate in Untersuchungshaft gewesen war, wieder und wieder verhört wurde. Sie sprach ganz leise, als wären überall Wanzen, sogar hier in der Bar. Aber was ich in ihrem Gesicht las, war nicht Angst, sondern Zorn. Sie war zutiefst beleidigt.«

Night kam plötzlich in Fahrt. Er hatte immer noch die gleiche, ruhevolle Stimme, aber seine Unzugänglichkeit war dahin. Ein kaum unterdrücktes Feuer in seinen Augen verriet mir, wie schwer die Vergangenheit noch auf ihm lasten mochte.

»Pandora«, erzählte er, »gehörte zu den Menschen, die nicht einsahen, warum sich die USA einerseits als die beste denkbare Demokratie feierten und andererseits ihre eigenen Bürger auf Müllhalden verkommen ließ. Sie hatte eine juristische Ausbildung absolviert, das Unterrichten half ihr lediglich, sich finanziell über Wasser zu halten. In den siebziger Jahren hatte sie Dennis Banks, einen der Gründungsväter des American Indian Movement, getroffen. Sie wurde zu seiner wichtigsten Beraterin. Als Wissenschaftlerin sah sie natürlich alle politisch-historischen Zusammenhänge. Sie sprach mit den Medien, verfasste Flugblätter, war bei Protestmärschen und Demonstrationen immer dabei. Später gehörte sie zu den Anwälten, die bei den Wounded-Knee-Prozessen die Freilassung von über dreihundert Indianern bewirkten. Sie war auch im Leonard Peltier Defense Committee, aber seine Verteidigung konnte sie nicht übernehmen. Die Behörden hatten Angst vor ihr. Sie war zu scharfzüngig, zu gut informiert. Peltier kam wegen angeblicher Ermordung zweier FBI-Beamter in Haft. Heute weiß nahezu jeder, dass Beweismaterial unterschlagen und staatliche Meineide geschworen wurden. Schusswaffenexperten machten Falschaussagen, die Richter irrten sich in ihren Entscheidungen. Sogar Geschworene wurden bestochen. Von der Bundesregierung. Ein Wirrwarr widerstreitender Taktiken und Manöver. Und am Ende konnte es so hingestellt werden, dass Peltier schuldig war.«

»Warum passierte das alles?«, fragte ich ungläubig.

Night machte eine Geste, als ob er belastende Gedanken beiseite schob. »Weil er laut sagte, was viele von uns heimlich dachten. Zum Beispiel, dass wir, die Ureinwohner, unsere uns zustehende Nation von den Vereinigten Staaten trennen müssten. Dass wir Nation gegen Nation, Souverän gegen Souverän, den Kampf wieder aufnehmen sollten.«

»Mein Gott! Hat er das wirklich gesagt?«

»In jedem Interview.«

Ich schüttelte den Kopf in nachdenklicher Verwunderung. »So was darf man natürlich nicht sagen.«

»Mutwillige Verrücktheiten sind bezeichnend für uns«, Night grinste. »Wir stehen, würde ich sagen, etwas außerhalb der Geschichte. Aber wenn ein Mensch anfängt, solche Ideen zu verbreiten, wo wäre da ein Ende? Leonard ist kein Friedensapostel, kein Pazifist. Er ist ein Krieger und macht auch keinen Hehl daraus. Unsere Tradition schreibt die Verhaltensweise des Kriegers genau vor: Er mag als Erster Hunger haben, aber er soll als Letzter essen. Er hat in Kriegszeiten seine Familie zu beschützen, jeden Feind zu bekämpfen und muss stets bereit sein, sich selbst zum Wohle seines Volkes zu opfern. Peltier berief sich auf diese Denkungsart, und zwar recht stur. Kein Wunder, dass sie sich über ihn hergemacht haben. Aber inzwischen ist Peltier zu einem Symbol geworden. Sie – ich meine unsere Regierung – hat nicht damit gerechnet, dass über zwanzig Millionen Menschen auf der ganzen Welt Petitionen für ihn unterschreiben würden. Dass die internationale Juristenkommission, das Europäische Parlament, Amnesty International seine Freilassung fordern würden. Vergeblich, natürlich. Peltier sitzt seit dreißig Jahren, man hofft, dass er bald stirbt. Er hat das Recht, jährlich einen Antrag auf Aussetzung der Strafe zu stellen. Der Antrag wird jedes Jahr abgelehnt. Wir dürfen uns nicht einmal darüber entrüsten. Er und ein paar andere, denen es nicht besser geht, haben eine Lawine ins Rollen gebracht. Staatsgefährdung nennt man das. Sie können es nicht darauf ankommen lassen.«

»Wie oft hast du ihn gesehen?«

»Nur einmal. Es war eigentlich nicht allzu schwer. Ich musste ein Gesuch stellen. 1999 hatte Peltier seine Gefängnisaufzeichnungen veröffentlicht. Sein Buch hieß *Mein Leben ist mein Sonnentanz*. Ich war da auf eine Idee gekommen, zu der ich seine Einwilligung brauchte.«

»Wie sah er aus?«, fragte ich.

Ein Seufzer dehnte Nights Brust. »Wie er aussah? Wie ein alter, kranker Mann. Das Gesicht entstellt, der Mund schief, weil sein Kiefer gebrochen war. Er hatte eine fünfstündige Operation hinter sich und vierzehn Tage im Koma gelegen. Komplikationen, angeblich. Aber es wäre ein großer Fehler gewesen, ihn sterben zu lassen. Sie haben es rechtzeitig eingesehen.«

»Konnte er sprechen?«

»Nur unter Schmerzen. Die Schmerzen hat er Tag und Nacht. Er sagt, er würde fast verrückt dabei. Aber darüber sprach er nur wenig. Er sprach von Pandora. Ihr Tod, der bereits zehn Jahre zurücklag, war ihm sehr nahe gegangen. Er murmelte unentwegt: ›Diese Dreckschweine!‹ Die Wahrheit musste ich ihm verheimlichen. Ein Wärter war immer dabei. Ein Hund auch. Und zuvor hatte man jeden Zentimeter von mir durchsucht. Wir hatten zehn Minuten, auf die Sekunde genau. Ich sagte ihm also, dass ich sein Buch choreographisch umsetzen und den Sonnentanz, so, wie wir ihn verstehen, auf die Bühne bringen wollte.«

»Worum geht es dabei, Night?«

Er sprach weiter in seiner nüchternen, leicht spöttischen Art, die den Anflug von Trauer hinter seinen Worten verbarg.

»Der Sonnentanz ist keine Mutprobe, wie die *wasicun* glauben. Es ist eine alte und großartige Zeremonie, die seit achtzig

Jahren verboten war. Für die damalige Regierung war sie ein blutiger Aberglaube, barbarisch, wild und pervers. Und politisch brisant obendrein. Man sperrte uns dafür ins Gefängnis. Heute kommen auch Weiße zu den Aufführungen und genießen sie wie einen Trip. Aber fehlt der geistige Hintergrund, ist die ganze Selbstqual nur Exhibition. Wir fügen uns nämlich Wunden zu und tanzen, an Seilen hochgezogen, bis die Vision uns heimsucht. Der Sonnentanz ist nur etwas für starke Seelen, für Menschen, die bereit sind, ein Opfer zu bringen; die ihren Körper als Gebet benutzen, zum Wohl ihres Volkes. Sie leiden, um wiedergeboren zu werden. Die Weißen wollen auch ihre Vision und schwitzen ganz gehörig, wenn sich diese nicht auf Knopfdruck einstellt. Die Sache tut ja auch verdammt weh. Werden sie ohnmächtig, schütten wir ihnen Wasser übers Gesicht und sind so nett, sie mit einem Verband zu versorgen.«

Ich spürte plötzlich, wie sich in meinem Innern Bilder regten, Formen aus Dunkel und Grau und ein Fleck Purpur, von dem ich ahnte, dass er mit einer Erinnerung verbunden war.

»Zurück zu Leonard also«, fuhr Night fort. »Ich schämte mich fast, ihm zu sagen, warum ich gekommen war. Ich dachte, der Mann hat andere Sorgen und es geschähe mir recht, wenn er mich gleich zum Teufel jagt. Doch er sagte etwas so völlig Unerwartetes, dass ich glaubte, mich verhört zu haben: ›Ich hoffe, dass ich mich dieser Ehre würdig erweise.‹ Ich musste ihn seltsam angestarrt haben, denn er fügte mit Nachdruck hinzu: ›Es ist eine große Ehre für mich!‹ Ich gab ihm zu bedenken, dass es scharfe Reaktionen geben könnte. ›Würde dich das stören?‹, fragte er, worauf wir beide lachten. Er hielt sich den Kiefer dabei, er hatte Schmerzen. Vielleicht hatte er längst den Schatten in mir bemerkt, den verkleideten Körper, der die unendliche Geschichte erzählte. Ja, ich nehme an, dass er ihn sah. Schon waren die zehn Minuten vorüber, und der Wärter gab mir einen barschen Wink. ›Tanze‹, sagte Leonard zu mir, bevor man ihn hinausführte. ›Tanze, und ich werde dich wie mein Kind lieben.‹

Ich tanzte also, beinahe nackt, zu den Klängen der *Matthäus-Passion* und einer Trommel, die von einem alten Lakota auf der Bühne geschlagen wurde. Das Stück dauerte neunzig Minuten und kam bei der New Yorker Avantgarde eigentlich gut an, wobei die Kritiken erwartungsgemäß nicht nur schlecht, sondern katastrophal waren. Die Worte ›geschmacklos‹ und ›Provokation‹ tauchten viele Male in der Presse auf. Nach vier Vorstellungen wurde das Stück vom Spielplan genommen. Immerhin hatte ich mehr Glück als Elinor: Keiner richtete eine Pistole auf mich, man kürzte mir lediglich die Subventionen. Leonard schickte ich ein Video. Ob er es erhalten hat, weiß ich nicht. Ich konnte ihn auch kein zweites Mal treffen: Mein Gesuch wurde abgelehnt. Na schön, ich hatte meinen Skandal gehabt und war zufrieden. Leonard würde es schon irgendwie erfahren und sich ins Fäustchen lachen. So war das. Aber jetzt habe ich schon wieder von mir geredet und nicht von Pandora.«

»Warum macht es dir solche Mühe?«, fragte ich.

Er kreuzte die Arme hinter dem Kopf, die dunklen Augen auf mich gerichtet, die Lippen in ironischer Selbstverachtung verzogen.

»Ach«, seufzte er nach einer Weile, »weil ich ein Feigling bin. Ich sehe keinen anderen Grund.«

Ich beobachtete sein angespanntes Gesicht.

»Wenn es nur das wäre, würdest du es nicht so schwernehmen.«

»Ich weiß nicht einmal, ob die Sache so wichtig ist, dass ich mein Leben mit Selbstvorwürfen vergifte. Pandora hätte bestimmt keine Freude daran. Ich nehme an, dass sie mich gewaltig überschätzt hat. Selbst wenn ich auf der Bühne den blutigen Sonnentanz darstellte, habe ich Angst, dass ich mir in den Finger schneiden könnte.«

»Jetzt erzähl endlich von Pandora.«

Unverwandt starrte er mich an, seine Augen blickten scharf zwischen den verengten Lidern hervor. Er hielt mich mit dem

Blick fest. Aber ich ahnte, dass er mich in Wirklichkeit gar nicht wahrnahm.

»Ich glaube nicht, dass ich Pandora idealisiere. Ich weiß noch genau, wie eigensinnig, wie irrsinnig sie sein konnte. Aber sie war ernst zu nehmen. Je mehr Niederlagen sie einstecken musste, umso verwegener wurde sie. Um die Wahrheit zu sagen, sie konnte nicht leben ohne den Kampf. Sie war eine Kriegerin, immer in vorderster Linie. Zur Rechtfertigung hatte sie sich ein Luftschloss gebaut, der Stil war reinste Romantik, doch das Fundament war solide gemauert. Mit Paragraphen und Unterlagen, in jahrelanger Kleinarbeit zusammengetragen. Sie konnte zuschlagen wie eine Wildkatze, ihr Groll war immens. Sie sah unsere sozialen Probleme mit den überhitzten Augen einer Utopistin. Was sie mit Peltier verband, war, dass auch sie von gewaltigen und gewaltsamen Änderungen träumte.

An diesem Abend in Seattle stimmte sie das alte Lied wieder an: ›Wir hatten *too much of it*. Zu viele Kriege, zu viele Gemetzel, und wir haben nur einmal den Richtigen erschossen: General George W. Custer, dieses Schwein. Uns aber haben sie erwischt, wie damals unsere guten weisen Chiefs, die das Wort Lüge niemals über die Lippen brachten. Sie starben vor den Erschießungskommandos oder im Straßengraben oder im Schnee. Oder sie wurden gehängt, wie Captain Jack, den sie danach noch köpften, damit sie seinen Kopf im Museum ausstellen konnten. Ja, die *wasicun* haben uns rot und dunkel gemacht, und böse bis auf die Knochen. Wir müssen unsere Geschichte zurückgewinnen, unseren Stolz. Lass es noch fünfzig Jahre dauern, noch hundert, aber glaube mir, wir kriegen das schon hin, Hanhepi!‹

Aber sie hatte auch Neues zu berichten und war, wie immer, perfekt informiert. Es ging um Uran, und die Sache war ziemlich heiß. Uran hatte man schon in den siebziger Jahren im westlichen Teil unseres Reservats entdeckt. Nun zeigten Satellitenbilder, dass die Uranvorkommen zehnmal größer als angenommen waren. Pandora sagte, der Uranabbau müsse gestoppt werden, solange nicht gründlich geklärt war, wem die Black Hills gehörten. Sie hatte alte Verträge hervorgekramt, die zu jahrelangen Prozessen und gigantischen Abfindungssummen führen könnten. Sie war nach Seattle gekommen, weil sie sich von mir Hilfe erhoffte. ›Ich brauche mehr Unterlagen, das ist eine verdammte Sisyphusarbeit. Du bist im Reservat groß geworden, Hanhepi, du kennst viele Leute. Wir können die Sache nicht einfach auf sich beruhen lassen, sonst schlagen die uns morgen noch die Wälder kahl!‹ Ich lauschte ihr, aufmerksam und beunruhigt, und starrte auf ihre glimmende Zigarette. Sie hatte ja recht, aber mir war dennoch nicht wohl bei der Sache. Trotzdem sagte ich zu ihr: ›Okay, ich helfe dir.‹

Sie war wie elektrisiert von ihrem Vorhaben. Mich wunderte, wie viel Zorn sie im Leib hatte. Sie suchte die Konflikte, den Adrenalinschub. Wie konnte ich ahnen, dass sie derart gefährdet war? Dass die Barometer in Washington bereits auf Sturm standen? Pandora hatte nie irgendwelche Vorsichtsmaßnahmen getroffen. Man hatte ihre Gespräche abgehört, ihren Tagesrhythmus gründlich überwacht. In Seattle waren die Vorbereitungen abgeschlossen. Man wusste, in welchem Hotel sie wohnte, wann sie morgens aus der Garage fuhr. Das Übrige besorgte drei Tage später der Scharfschütze.«

Night nahm einen Schluck Kaffee.

»In unserer Sprache gibt es das Wort *Nagi*, das Geist bedeutet. In diesem Wort wohnt eine große Macht. Nach dem Tod eines Menschen tritt der Geist aus ihm heraus. Werden zwei Menschen, die sich lieben, durch den Tod getrennt, erkennen sich ihre Geister im Jenseits wieder und ruhen nicht, bevor sie in den Körper eines Lebenden schlüpfen, um wieder zusammen zu sein. Worauf ich hinauswill: Manchmal habe ich das Gefühl, dass ich, bevor Pandora starb, bereits ihren Geist sah. Er umgab sie wie eine flackernde grünlich schimmernde Aura. Im Krankenhaus von Seattle hatte sie ein Einzelzimmer. Ich besuchte sie jeden Tag. In der ersten Zeit schien ihr Wille ungebrochen. Sie war völlig klar bei Verstand, sprach jedes Wort deutlich aus. Das beeindruckte mich am stärksten. Noch heute habe ich den kühlen Klang ihrer Stimme im Ohr. Sie sagte: ›Wir müssen zusehen, das alles richtig läuft. Es ist noch eine Menge zu erledigen.‹ Sie empfing Besucher, gab Interviews, schrieb Briefe nach Washington, die sie mir diktierte. Ihr Feuer war noch nicht runtergebrannt. Es war zuerst ihr Verstand, der sie verließ. Dann ihre Stimme, die zunehmend wegbrach, es klang, als ob sie Steine auf der Zunge hätte. Ihr Gesicht begann, sich zu einer Grimasse zu verziehen. Sie merkte es selbst. Dann hielt sie den Kopf zur Seite, wie eine Puppe, deren Nacken gebrochen war. Wahrscheinlich wurde ihr Gehirn nicht genug durchblutet. Bald konnte sie nicht einmal mehr ihre Augenlider bewegen. Mein Herz schlug heftig, als sie eines Tages zu mir sagte: ›Ich muss dich um etwas bitten, Hanhepi. Es handelt sich um eine ernste Angelegenheit. Du wirst mir helfen, ja?‹

Ich versprach es, obwohl ich nicht wusste, um was es ging. Sie ließ einen Notar kommen und vermachte mir ihre Wohnung. Ich betonte zunächst, dass ich sie wirklich nicht bräuchte. Geld und Besitz waren mir einfach nicht wichtig. Aber Pandora bestand darauf.

Sie wusste, dass ihr die Zeit davonlief. Der Notar fertigte die Dokumente an. Pandora und ich unterschrieben die Papiere, und ich wurde Eigentümer einer Dreizimmerwohnung in Brooklyn. Eine Schenkungsurkunde regelte alles. Sie sagte, ich sollte nicht um sie weinen, es sei nicht der Rede wert. Mir fiel auf, dass sie immer mehr Worte aus unserer Sprache benutzte, Redewendungen, die mir fremd waren, weil sie nur noch von einigen alten Frauen verstanden wurden. Ihr Zustand bewirkte auch, dass sie seltsame Dinge sagte.

›Ich rufe alle Verwandten, Hanhepi, aber es ist wirklich mühsam. Ich habe das Gefühl, dass sie mich nicht richtig hören. Früher ging alles ganz leicht, erinnerst du dich? Ich kannte die richtigen Worte, die richtigen Gesten. Damals war ich sehr *wakan*, sehr zauberkräftig. Ich hatte Augen an jedem

Finger! Legte ich meine Hand auf die Büffelhautpuppe, gab sie Antwort. Heute dauert alles viel länger. Aber ich schaffe es schon!‹

Schaute ich in ihr abgezehrtes Gesicht, sah ich in ihren Augen das Leuchten, das seinen Ursprung schon jenseits dieser Welt hatte, und mich überkam tiefer Schmerz, aber auch der Mut, sie niemals im Stich zu lassen.

›Lass mich nicht allein, Hanhepi.‹

›Du kannst ganz beruhigt sein, ich bin da.‹

›Ich brauche mehr Kraft.‹

›Ich gebe dir meine.‹

›Ich weiß. Ich spüre sie. Ich habe mir zu viel vorgenommen in diesem Leben, das war nicht sehr klug von mir.‹

Bevor ihr Verstand versagte und das langsame Gewicht der Lähmung sich auf ihre Stimme legte, fragte sie mich, ob ich es für sie tun würde. Kein anderer als ich käme dafür in Frage. In meinem Kopf drehten sich die Gedanken. Die Hölle geheimer Ängste brach in mir los. Aber ich hatte keine Wahl, sie vertraute mir. Sie lag schon vier Monate in diesem Krankenhausbett, und allmählich hatte sie es satt. Pandora würde ohne Hilfe nicht sterben können. Die Kraft, die ich ihr schenkte, von Mund zu Mund, von Herz zu Herz, kehrte langsam, ganz langsam zu mir zurück. Manchmal glaubte ich, sanft lodernde grünliche Flämmchen zu sehen, die über die weißen Laken huschten. Das war natürlich eine Täuschung; ich schlief viel zu wenig, ständige Kopfschmerzen plagten mich, meine Augen waren klebrig und brannten.

In Pandoras Blut stiegen die Sauerstoffblasen immer langsamer auf. Die Lähmung entstellte ihre Züge. Ihre Augen lagen in tiefen Höhlen. Die Gehirnzellen starben ab, ihr Verstand löste sich auf. Sie wurde künstlich beatmet, künstlich ernährt. In jeder Vene steckte eine Kanüle. ›Sie hat das Herz einer jungen Frau‹, hatte der Arzt gesagt. Mit einem solchen Herz konnte sie noch Monate, noch Jahre weiterleben. Man würde sie in ein Heim überweisen.

›Kommt nicht in Frage!‹, röchelte Pandora. ›Hilf mir, hilf mir!‹

›Sobald du bereit bist.‹

Ein ständiges Würgen quälte mich. Vor Müdigkeit hatte ich das Gefühl zu schweben, ebenso wie der Fernseher und das Bett, auf dem Pandora lag. Als würde ich durch die Dinge hindurchschauen. Als hätten sie kein Gewicht mehr und würden im Raum schweben. Nichts hatte mehr Gewicht. Das einzig Wirkliche waren Pandoras stockende Worte, ihre kalte Haut, wenn ich mein Gesicht an das ihre legte. Ich sah ihre Augen, zwei leuchtende schwarze Sterne, warmes Obsidian. Augen, die zu viel gesehen hatten. Ich hörte sie an meinem Mund flüstern: ›Vater, nimm mein Opfer an!‹

Opfer gehören dazu. Nicht der Sieg war es, sondern der Kampf, der die Ehre verdient. Auch Pandoras Opfer hatte einen Sinn. Ihr Herz mochte jung sein und gleichmäßig schlagen, sie selbst war hundert Jahre alt. Und dann kam der Morgen, an dem sie mir sagte: ›Hanhepi, ich bin bereit.‹

Der Augenblick war gut gewählt: die Krankenschwestern nahmen ihre Mahlzeit ein. Wir hatten eine halbe Stunde, das genügte. Ich drückte Pandoras Hand, doch sie konnte meine Hand nicht spüren. Die Haut ihres Rückens war durchgescheuert. Sie sah Blut und Schorf, wenn das Laken gewechselt wurde. Doch sie konnte die Wunden nicht spüren.

Leise fragte ich: ›Soll es jetzt sein?‹

›Ja‹, sagte sie.

›Mein Herz ist dagegen‹, sagte ich. ›Entlaste mich vor den Verwandten, dort, wo du hingehst.‹

Ihre Lippen zuckten. ›Ich gehe ja nicht weit weg.‹

Ich legte mein Gesicht an Pandoras Gesicht, streichelte sie mit meinem Atem. Ihre Augen blickten durch mich hindurch. Sie sah mich nicht mehr, sie konzentrierte sich. Ich sagte: ›Vater, nimm mein Opfer an!‹

Dann schaltete ich den Apparat aus, der sie am Leben hielt. Und bemerkte, fast gleichzeitig, etwas sehr Eigenartiges: Die winzigen Feuerfunken waren wieder da. Doch nun wendeten sie sich mir zu, in einem Bogen, der sich ausdehnte, auf mich übergriff. Und als ich mich aufrichtete, sah ich ganz deutlich einen durchsichtigen Körper, der sich von Pandoras Körper löste, der danach still dalag, an Kanülen angeschlossen. Eine wunderschöne Frauengestalt, jugendlich und geschmeidig, mit einem lächelnden Gesicht. Sie streckte beide Hände aus, und ich ganz unwillkürlich meine. Unsere Hände wollten sich berühren, doch was ich zu fassen bekam, war nichts – nur transparente Luft. Und im selben Atemzug war der Phantomkörper weg, einfach verschwunden, und ich spürte ein taubes Gefühl in mir, eine Art Schwere. Da wusste ich, mit untrüglicher Sicherheit, dass sie da war, in mir. Dass sie mich von jetzt an nie verlassen würde. Sie hatte ihre Fesseln gelöst, ihren Geist vor der Verwesung bewahrt. Sie hatte es geschafft, mit der Kraft ihres Bewusstseins, unmittelbar vor dem letzten Herzschlag.

Mir war nun gleichgültig, ob man die tote Hülle, die Pandora einst war, in ein Kühlfach schieben würde. Ob man sie, nach der Obduktion, zum Friedhof bringen und Erde auf sie häufen würde. Mir war auch egal, was der Priester sagen würde. Gewiss würden sich Trauernde einfinden und Blumen auf ihren Sarg fallen. Die Zeremonie musste wohl sein, ich machte mir nicht die Mühe, weiter darüber nachzudenken. Sie betraf weder Pandora noch mich. Ich warf einen letzten Blick auf ihr entspanntes Gesicht, drückte ihr sanft die Lider zu. Dann ging ich hinaus. Die Schwester würde gleich zurückkommen und feststellen, dass ich das Gerät ausgeschaltet hatte. Um das Ableben einer störrischen Indianerin machte man wenig Aufhebens. Ich nahm jedenfalls an, dass man nicht allzu lange nach mir fahnden würde. Zynisch betrachtet, hatte ich dem FBI sogar einen Dienst erwiesen. Pandora hätte auf der Stelle tot sein sollen, statt Zeit zu haben, die Medien aufzuscheuchen und wütende Briefe an die Regierung zu schreiben. Trotzdem wäre es nicht ratsam gewesen zu bleiben. Ich warf ein paar Sachen in eine Tasche, holte meinen Wagen und fuhr nach New York.

25. Kapitel

Das Städtchen Etretat, wo ich drei Jahre lang im Internat war, ist für seine Felsen an der Küste bekannt, zerklüftete Türme, manche frei stehend in der Brandung, wie Festungen. Es gibt viele Wanderwege; trotzdem sind die Klippen gefährlich. Ich war ganz oben gewesen, furchtbar hoch, als eine Wetterwand in Minutenschnelle dichten Nebel herangetragen hatte. Während Night von Pandora erzählte, kam die Erinnerung wieder. Ich fühlte mich im Nebel, mittendrin, spürte unter mir die gewaltigen, unsichtbaren Tiefen. Eine leichte Übelkeit überfiel mich. Wir waren nicht schizophren, konnten reale und irreale Dinge auseinanderhalten. Und trotzdem hatten Night und ich – im Abstand von einigen Jahren – nahezu dasselbe erlebt. Der ganz normale menschliche Glaube, dass jeder wohl zuerst den Tod erleiden musste, bevor an eine höchst fragliche Wiedergeburt überhaupt zu denken sei, war erschüttert worden. Dabei fanden wir im Austausch unserer Gedanken eine Art Linderung, so als gieße man kaltes Wasser auf eine Prellung. Tatsächlich fühlten wir uns entlastet, weil wir ein Geheimnis teilten. Doch das vereinfachte die Sache nicht, machte sie in mancher Hinsicht sogar verwickelter. Leicht und still war ein neues Gefühl auf unsere Schultern gefallen, ein unsichtbares Netz, das wir nicht abschütteln konnten. Unversehens zuckte ich zusammen, als hätte ich das Gewebe gesehen und die flüchtige Berührung eines Fadens auf meiner Wange gespürt.

»Wer kennt diese Geschichte, Night?«

Er bewegte stumm verneinend die Hand.

»Nur ich also?«

Er hob den Kopf. Ich sah sogleich, wie aufgewühlt er war. Vielleicht spürte auch er dieses Netz, ein Symbol für unsere wachsende Vertrautheit. Ein Symbol auch für das Unbekannte, das darin schwang.

»Die Worte, um das zu erzählen, wären missverstanden worden.« Er fügte nach einer Weile hinzu: »Ich habe sie lieber getanzt.«

»Getanzt?«

»Man kann über diese Dinge nicht reden. Es wäre nicht nur peinlich, sondern unmöglich. Und am Ende wäre es gar nicht der Mühe wert. Aber ich bin ein Tänzer. Ein Tänzer muss einsehen, dass seine persönliche Biographie die Quelle seiner Kunst ist. Auf der Bühne werden ja keine wirklichen Ereignisse dargestellt. Vielmehr findet ein spiritueller oder magischer Vorgang statt. Die Bühne ist ein Ort der Erscheinungen. Wir zeigen uns in verschiedenen Gestalten, das Spiel hört nie auf. Dabei mögen die Dinge weit weg von ihrem Ursprung geschehen. Wie diese Erdbeben, du weißt ja, die auf der anderen Seite des Ozeans einen Tsunami auslösen.«

Was ich an Night so mochte, war, dass er sich nicht im Gestrüpp intellektueller Mutmaßungen verirrte, sondern die Dinge einfach und ohne Redensarten aussprach. Aber da war noch etwas anderes, das ich hinter alldem spürte.

»Dann ist das hier also Pandoras Wohnung?«

»Ursprünglich die ihrer Eltern. Ich habe nicht viel daran machen lassen. Die Sachen funktionieren ja noch.«

»Das Badezimmer könnte moderner sein.«

»Stimmt. Wir werden uns ein neues anschaffen.«

Ich überhörte die Bemerkung.

»Und das Bild? Woher hatten Pandoras Eltern das Bild meines Urgroßvaters?«

»Ich nehme an, dass es schon lange im Besitz der Familie

war. Wir vom Volk sind verletzlich, was die Linie der Ahnen betrifft. Die Umstände bewirken, dass wir wenig an der Vergangenheit teilhaben können. Unsere Geschichte hat nicht viele Spuren hinterlassen, sie lässt sich nicht verfolgen wie ein Stammbaum, bis zu den Wurzeln. Die Namen sind erloschen, die Knochen liegen irgendwo verstreut. Das gab uns, eine Zeitlang, viel Unsicherheit.«

»Erinnerungen können auch eine Bürde sein.«

»Ja, aber wir müssen sie tragen. Wir sind nicht einfach fertige Skelette, einfach so in der Luft aufgehängt. Wir sind Geschöpfe, die von weit her kommen. Und auch unsere Skelette haben ein Gedächtnis.«

Ich nickte wortlos. Die Vorfahren waren hier, in dieser Wohnung. Sie wurden im Hintergrund eines langen Tunnels sichtbar, den ich in die Zeit gebohrt hatte. Nicht, dass ich eine vollständige Verbindung anstrebte. Aber ich hatte die Spuren einer Geschichte gefunden, die mich mit einschloss, mochte sie auch an den Rändern verblasst sein, wie das bei alten Fotos eben geschieht.

»Woran denkst du?«, fragte er, als ich schwieg.

»An Elinor«, sagte ich und umklammerte meine Knie. »Als sie starb, da merkte ich auf einmal, dass ihr Leben, diese letzten dreißig Jahre, die als ihr Leben gegolten hatten, gar nicht ihr wirkliches Leben waren. Und ich dachte, das ist unvorstellbar, das kann keiner begreifen. Ich war so überrascht und verwirrt, dass ich wütend wurde.«

»Wütend?«

»Ich wusste nicht, womit ich es zu tun hatte.«

»Hattest du etwas gesehen, etwas gehört?«

Ich holte tief Atem. »Es war nur ein Schatten. Ein Schatten, den das Licht auf die Wand warf. Elinor war gerade gestorben. Aber ihr Schatten an der Wand, der bewegte sich.«

»Ach, bewegte er sich wirklich?«

»Und plötzlich war er nicht mehr da.«

Wir starrten uns an. Es war ein ganz kurzes, aber heftiges

Zusammenfinden von Fühlen und Denken. Dann straffte sich Night ein wenig und lächelte mich an.

»Mir scheint, dass wir uns gut verstehen.«

»Du machst es dir leicht.«

»Oh nein«, sagte er, wieder ernst. »Es ist nicht immer gleich so, wenn man sich trifft.«

»Sprich nicht von Seelenverwandtschaft, das ist Erpressung!«

»Wenn ich annehmen müsste, dass es nicht stimmt, würde ich es nicht sagen«, antwortete er in gleichmütigem Tonfall.

»Du versuchst, mich zu beeinflussen. Warum?«

»Weil ich mich frage, was ich mit meinem Leben anfangen soll, wenn du mich verlässt. Ich werde nicht einmal mehr fähig sein, irgendjemandem Tanzunterricht zu geben.«

»Ach, das sagst du nur so.«

»Nein. Ich werde zu nichts mehr zu gebrauchen sein. Und solange du hier bist, werde ich versuchen, es dir begreiflich zu machen.«

Wir tauschten einen langen Blick. Ich sagte: »Heute Nacht hast du einige Argumente vorgebracht.«

»Das war erst der Anfang.«

»Kommt es vor, dass du bluffst?«

»Sehr oft. Ich kann meine indianische Natur nicht ändern.«

Wir genossen solche raschen Ausfälle und verbalen Paraden, auch wenn das Netz immer da war, das uns mit einer Atmosphäre der Eintracht, des Verstehens umhüllte. Wir neigten unsere Schultern zueinander. Auf Nights Gesicht lag all seine Intelligenz, und er sprach jedes Wort nachdrücklich aus. Ich merkte ihm einige Bitterkeit an, ganz leicht nur, aber sie war echt.

»Ich meine, dass Liebe auch etwas Konkretes und von großer Direktheit sein kann. Man liebt, wie man lebendig ist. Nach Pandoras Tod hatte ich Momente, in denen mir das Leben nichts mehr bedeutete und alles grau war. Ich konnte ja nicht so tun, als sei nichts geschehen. Eine Weile verlief meine persönliche Entwicklung chaotisch. Ich habe gesagt, dass die Hoffnung in meinem Leben stets eine vorherrschende Rolle spielte. Denn was ist Hoffnung, wenn nicht eine Art Urvertrauen? Und dann traf ich auch tatsächlich den Menschen, der mir half.«

»Da hattest du mehr Glück als ich«, sagte ich, mit einem Stich im Herzen, denn ich nahm an, dass er von einer Frau sprach. »Ich wünschte, ich könnte auch einen solchen Menschen treffen. Einen, der mir endlich sagen würde, was mit mir los ist.«

Er lächelte, mich absichtlich missverstehend, mit einer Spur Ironie. »Nur wenige würden wissen, wovon du eigentlich redest.«

Ich rieb mir den schmerzenden Rücken. »Ich wüsste gerne, wovon ich rede.«

Er saß dicht vor mir, gelassen, die nackten Arme auf die Knie gestützt.

»Honor wird es dir sagen.«

»Oh«, fragte ich, plötzlich neugierig, »handelt es sich um einen Mann?«

Da warf er sich in seinem Stuhl zurück, prustend wie ein Halbwüchsiger.

»Honor ist eigentlich ein weiblicher Vorname.«

»Wie soll ich das verstehen?«

»Honor ist ein ›Winkte‹«, sagte er bedeutungsvoll, als ob mir das etwas erklärte.

»Was ist denn ein ›Winkte‹, verdammt noch mal? Willst du nicht endlich deutlicher werden?«

Er schüttelte leicht den Kopf. »Das ist Honors Sache, nicht meine. Du wirst sehen, dass man für Menschen wie Honor besondere Gefühle empfindet.«

»Da bin ich ja mal gespannt«, seufzte ich.

»Lass dich überraschen.«

Er stand plötzlich auf, warf einen Blick aus dem Fenster. »Es wird heiß heute, über vierzig Grad. Ich maile den Kids, dass kein Unterricht stattfindet. Danach bringe ich schnell ein paar Sachen in Ordnung, bezahle meine Gas- und Telefonrechnung. Und dann fahren wir zu Honor.«

»Wie weit ist es?«

»Ziemlich weit«, meinte er lässig. »Zwei Tage können es schon werden.«

»Bist du verrückt, Night? Mein Flug geht am Mittwoch!«

»Du könntest den Flug absagen. Es ist nur ein Vorschlag«, setzte er hinzu.

Ich goss frische Milch auf die Cornflakes und leerte schnell die Schale. Ich hatte auf einmal Hunger.

»Ich denke nicht, dass es dazu kommen wird. Wir können uns ja mit dem Fahren abwechseln.«

»Dann und wann müssen wir essen. Und eine Dusche nehmen.«

»Das lässt sich planen. Wohin fahren wir eigentlich, Night?«

Er stellte die Tassen und Teller in die altmodische Spülmaschine. Er wirkte abwesend, fast ein wenig langsam in seinen Bewegungen, aber jede Geste war genau die richtige.

»Nach Pine Ridge«, sagte er. »Es ist aber nicht der Ort, wo wir herkommen.«

»Nein?« Ich hob fragend die Brauen.

Er nahm mir die Schale, die ich ihm reichte, aus der Hand, spülte sie kurz aus und stellte sie in die Maschine.

»Nein. Es ist bloß ein Ort, den sie uns gelassen haben.«

26. *Kapitel*

Über den Wolkenkratzern lagerte gelblicher Dunst, und auf dem mehrspurigen Highway schoben sich Wagen und Autobusse Stoßstange an Stoßstange voran. Wir kamen nur langsam vorwärts. Die Luft war nass und klebrig, eine widerliche Mischung aus Abgasen und Sonnenhitze, doch im Pick-up schuf die Klimaanlage eine angenehme Kühle. Endlich erreichten wir die Ausfallstraße, die Skyline Manhattans verschwand hinter Hochspannungsleitungen wie ein unruhiger Traum. Wir fuhren an einem Vergnügungspark mit einem langsam sich drehenden Riesenrad vorbei, an spiegelnden Glasfassaden, an einem Golfplatz. Die meisten Flachbauten seitlich der Straßen waren grellbunt, hastig und billig aus der Erde gestampft, für das Hier und Jetzt. Es gab auch einige Villen, mit Rasenstücken und Swimmingpool unter alten schönen Bäumen. Oder elegante Holzhäuser, von weiß gestrichenen Zäunen umgeben. Unentwegt führte das Asphaltband hügelauf und hügelab, scheinbar ins Nirgendwohin. Im Rückspiegel sah ich Trucks näher kommen, geschmückt mit Flaggen, bunten Glühlämpchen, Filmplakaten und künstlichen Blumen, dröhnende Monster aus Stahl und Chrom. Flugzeuge schoben sich empor, weiße Kondensstreifen hinter sich herziehend. Ganz Amerika schien in Bewegung, flirrend und immer hektisch, wie unter der Drohung eines Zusammenbruchs. Und über dem Ganzen wölbte sich der Himmel wie eine Glasglocke, selbst die kreisenden Raubvögel schienen darin gefangen. Nights dunkle

Hände lagen entspannt auf dem Steuer. Er ließ ständig CDs laufen, heitere Musik, bei der man ruhig denken konnte: Mozart, Debussy, Simon and Garfunkel, Bach, Miles Davis, João Gilberto. Nach einigen Stunden hielten wir, aßen ein mit roten Pfefferschoten gewürztes mexikanisches Gericht. Dann übernahm ich das Steuer. Es gefiel mir, einen so großen Wagen zu fahren. Der Sitz war bequem wie ein Schaukelstuhl, ich spürte kaum die Vibrationen der Reifen auf dem Asphalt. Dabei brauchte ich nicht einmal auf die Karte zu schauen, Night kannte ja den Weg. Nach einer Weile schlummerte er ein, das Gesicht seitwärts gedreht. Seine dichten schwarzen Wimpern bedeckten halb die Pupillen, die aus dem Winkel der Lider hervorglänzten, als mustere er mich von der Seite her. Seine Lippen waren leicht geöffnet, wie zu einem jungen, arglosen Lächeln. Ich wagte fast nicht, ihn anzusehen, aus Angst vor der Rührung, die mich dabei überkam und die mit Schmerz verbunden war. Wer war er denn, wenn nicht ein Überlebender? Das war es, was ich nicht vergessen konnte: dass seine Existenz ein Wunder war, ein Glücksfall der Geschichte. Zum Klang der *Goldberg-Variationen* gedachte ich der Menschen, die einst hier gelebt hatten, die schön wie Fabelwesen waren, humorvoll und klug. Menschen, die im Weg waren und die keiner geschont hatte. Ihre Weisheit war erloschen wie das Licht ihrer Lagerfeuer. Nicht einmal ihre Asche war übrig geblieben. Sie waren mit der Erde unter dem Asphalt vermischt, die Toten, geborgen wie in Königsgräbern. Ihre Geister gehen um in diesem Land, als ob sie mehr für das Jenseits als für das Diesseits geboren und gestorben wären. Sie sprachen eine Sprache, die nur von den Wolken und dem Wind verstanden wurden, von den Pflanzen und von den Tieren. Doch wer konnte es voraussagen? Eines Tages vielleicht, in Stunden der Not, würden die Toten wieder zu den Lebenden sprechen – und diesmal würden ihre Stimmen endlich gehört werden.

Der Abendhimmel wurde weit und grünlich, bevor die Sonne glutrot versank und die Nacht herabfiel wie ein Tuch, von

Scheinwerfern hektisch durchbrochen. Night übernahm das Steuer, bis wir nach Mitternacht vor einem Motel hielten, wo ein Schild freie Zimmer anpries. Wir aßen ein Sandwich, nahmen eine Dusche, legten uns ins Bett. Schritte polterten, wenn die Gäste zu ihren Zimmern gingen, die kleinen Metallschilder der Schlüssel rasselten, Klospülungen rauschten. Draußen dröhnten unentwegt Trucks vorbei. Während wir uns liebten, zuckte das Licht der Scheinwerfer durch die Jalousien, sprühte Funken auf Nights langes schwarzes Haar. Mir war, als ob sein Körper bündelweise Licht schleuderte, als ob Licht durch unsere Liebkosungen fuhr. Wir wiegten uns, die Körper aufeinandergepresst, mit kreisenden Hüften und vibrierendem Fleisch, mit verhaltenen Bewegungen und geflüsterten Worten. Nights Gesicht auf den Kissen war ein fremdes Gesicht, und gleichsam eines, das ich aus Träumen kannte. Ich leckte über seine Haut, trank seinen Schweiß, seinen Speichel. Mir war, als dränge ich in Nights schweren, kraftvollen Körper ein, wie eine Späherin, die behutsam eine unbekannte Landschaft entdeckt. Während ich den Weg auf seiner Haut erforschte, das erregende Spiel seiner straffen, dichten Muskeln genoss, schlich ich mich mit subtilem Instinkt in sein Herz, dorthin, wo warm und lebendig sein Blut pulsierte. Die Geräusche, die von draußen kamen, berührten uns nicht. Wir hatten das Gefühl, ohne Schwergewicht frei im Raum zu schweben. Unsere Augen waren Spiegel, in denen wir uns betrachteten, mit Staunen und vielleicht auch mit Angst, denn wir waren beide tief erschüttert. Lagen wir schlaflos, oder träumten wir nur von geflüsterten Worten und Liebkosungen?

Es war dunkel wie zuvor, als wir vor Sonnenaufgang an der Theke saßen, Kaffee tranken, der nach Spülwasser schmeckte, Pfannkuchen und Eier mit Schinken aßen. Und wieder zog die Landschaft vorbei, zuerst schwarz, dann grau, dann funkelnd wie Kristall, blaue Berge schimmerten in der Ferne. Wir hatten unseren Rhythmus gefunden, wechselten uns alle drei Stunden ab. Allmählich wurde die Landschaft hügeliger, das Weideland auch, auf dem Rinder und vereinzelte Pferde grasten. Äcker zogen dahin, die eigenartig leer, einsam und verlassen wirkten. Manchmal fuhren Geländefahrzeuge oder Caravans vorbei, wirbelten weißen Staub auf. Natürlich waren die Tankstellen immer da, die Shoppingcenter, die Fastfoodketten, wo man chinesisch oder mexikanisch essen konnte – aber sie hatten an Bedeutung verloren. Das staubige Straßenband verletzte kaum die Landschaft; sie fand sich hochmütig damit ab. Mein Auge übersah auch die weißen Zäune rund um die vereinzelten Farmen. Ich hielt den Blick auf die Berge gerichtet und auf den Einschnitt dazwischen; die Öffnung war wie ein Tor, für urweltliche Riesen gemacht, und dahinter lag nichts als der Himmel. Von den Gebirgsmassen, die wie Eisberge aus einem versteinerten Ozean aufzuragen schienen, wehten sonderbare Kräfte heran, legten sich über die Landschaft wie eine stille, urtümliche Macht.

Immer wieder, wenn wir geschwiegen hatten, tauschten wir Gedanken aus, ohne uns anzusehen, als ob wir laut dachten. Dabei brauchten wir nie nach Worten zu suchen. Wir entdeckten, dass wir uns verstanden, wenn wir nur aussprachen, was wir fühlten. Weil wir beide nicht sentimental waren, prüften wir unsere Gefühle mit logischem Verstand, bewegten uns im Kreise unserer Für und Wider. Sahen wir nur den flüchtigen Moment oder das Bleibende? Mischten wir alles, diese Augenblicke und unsere Geschichte? Vielleicht war unsere Reise eine Flucht oder ein neuer Anfang oder eine Rückkehr zu einem Anfang?

»Wir haben das Reisen verlernt«, sagte Night. »Wir schleppen zu viele Dinge mit uns herum. Oft möchte ich nur mit meinen Erinnerungen reisen. Und manchmal selbst diese vergessen können.«

»Ich weiß nicht«, erwiderte ich, »an was ich mich erinnern möchte und an was nicht. Und eigentlich sollte ich nur meine Arbeit im Kopf haben. Aber ich kann nicht mehr klar denken. Ich kann mir nicht erklären, woher das kommt. Ich weiß nicht einmal mehr, was ich mit mir anfangen soll.«

»So war es auch mit mir, bevor ich Honor traf«, antwortete er ganz gelassen.

»Willst du Honor nicht anrufen, dass wir kommen?«

»Honor hat kein Telefon. Ob Besuch kommt oder nicht, spielt überhaupt keine Rolle.«

Das zweite Motel, in dem wir uns für ein paar Stunden ausruhten, war eine Art Absteige. Aber wir waren müde, und die Fahrt zur nächsten Stadt hätte uns zu viel Zeit gekostet. Am Tresen saßen Männer, die uns anstarrten. Ihre dummdreisten Gesichter empfand ich als die unheimlichsten, die ich je gesehen hatte. Im Zimmer streikte die Klimaanlage. Wir öffneten das Fenster, schoben die Lamellen der Jalousien hinter dem Fliegengitter herunter. Und dann fanden wir uns wieder an dem Punkt, wo wir uns verlassen hatten. Nackt und verschwitzt nahmen wir den Faden wieder auf, wiegten uns im Rhythmus unserer Hüften, langsam oder schneller, im Gleichgewicht zwischen Wachen und Traum. Unsere Haut brannte wie im Fieber, die Kühle der Laken verwandelte sich rasch in Hitze. Wir liebten uns behutsam, damit das Bett nicht knarrte, unsere Hände waren sanft und tastend. Lustkrämpfe kamen und gingen, prallten in meinem Unterleib zusammen, konzentrische Wellen, die langsam verebbten, als die Dunkelheit, Nights ambraartiger Geruch, sein Haar, schimmernd wie Obsidianstein, zu einem Universum der Stille wurden und wir endlich einschliefen. Vielleicht war die Liebe mehr als nur Schlaf, ein Unterschlupf vor der großen Flut der Stunden. War sie mehr als das Leben selbst? Die Ruhe danach glich dem Tod, aus dem wir neugeboren erwachten. Schon wartete die Nacht auf die Morgendämmerung, schon mussten wir die Augen öffnen. Night hatte einen Arm um meine Taille geschlungen und das angewinkelte Bein auf meine Hüfte gelegt. Der Tag nahm die Nacht fort, die Morgenröte kam. Night spürte sie in seinem Blut, wie seine Vorfahren sie immer gespürt hatten. Er rüttelte mich sanft, ich hörte dicht an meinem Ohr seine leise Stimme.

»Es wird hell, Uma. Wach auf!«

Während ich frühstückte, füllte Night den Benzintank. Dann ging die Reise weiter, immer in Richtung Westen. Die Sonne bewegte sich mit uns, stieg höher, senkte sich wieder, als wir durch Kiefernwälder fuhren. Die alten Bäume blickten voller Hochmut. Ihre gewaltigen Kronen stießen in den Himmel, allen Stürmen preisgegeben, während ihre kräftigen Wurzeln sich fest in den Erdboden krallten. Sie waren Giganten, aber wehrlos wie Kinder: Eine einzige Maschine und zwei Männer genügten, um ihr tausendjähriges Leben zu fällen.

»Jetzt ist es nicht mehr sehr weit«, sagte Night unvermittelt.

»Ach, wie weit denn noch?«

Er bog den langen braunen Hals, bewegte den Kopf hin und her.

»Tja, noch ungefähr vier Stunden, würde ich sagen.«

»Dein Sinn für Entfernungen ist bizarr.«

»Wir sind es gewohnt, Pferdesoldaten meilenweit zu verfolgen«, sagte Night im feierlichen Tonfall, und ich konnte kaum aufhören zu lachen.

Später war es wieder Night, der den Pick-up fuhr, während ich döste, eingelullt von der *Chaconne* von Bach, dem gleichmäßigen Summen des Motors und dem Knattern des Windes an den Seitenfenstern. So flogen wir dahin durch die helle heiße Luft, und die Stunden verstrichen; es wurde Abend, als Night den Highway verließ, in eine Straße einbog, die voller Schlaglöcher war. Der Straßenbelag sei nicht für die großen Temperaturschwankungen in der Gegend geeignet, erklärte Night. Er saß entspannt am Steuer, wich Steinen und entgegenkommenden Lastwagen aus, während die Überlandleitungen wie Metallstangen glänzten. Nach einer Weile kam eine größere Ortschaft in Sicht. Das schräge Sonnenlicht spiegelte sich in den Fensterscheiben, entzündete auf den Wellblechdächern ein Flimmern von rötlichen Wellen, hüllte die Kneipen, die armseligen und verkommenen Häuser in schimmernde Schleier. Es war nichts als Staub, der dem Sonnenschein diese wohltuend gedämpfte Helligkeit verlieh, die geblendete Augen beruhigte. Und auch die verbeulten und verrosteten Autos am Straßenrand wirkten in diesem Gold wie sonderbare Skulpturen in einem Freilichtmuseum. Die Fußgänger längs der Straße, ja selbst die Kinder auf ihren Skateboards bewegten sich wie Schemen, in einer Haltung, die ich trotz der offensichtlichen Armut als hoheitsvoll bezeichnet hätte. In Wirklichkeit gingen dort einfach gekleidete Menschen, viele auffallend fettleibig. Das Ganze war lediglich ein Trugbild, weil die Straße sich in Licht verwandelt hatte und die langen Schatten allen Gestalten diese seltsame Würde verliehen. Die Hausfrauen in Shorts und billigen T-Shirts, die ihre Einkaufswagen zogen, schienen ebenso ohne Schwere, ohne Substanz zu sein wie die in Gruppen herumstehenden Halbwüchsigen, und alle schwarzen Haare funkelten rot. Auf einmal empfand ich eine große Verlorenheit und Enttäuschung. Die verschwitzten Sachen, die ich anhatte, klebten an mir wie Angsthäute, die ich besser abwerfen sollte. Ich atmete schneller im Rhythmus meiner Gedanken: Ich bin da, wo ich am liebsten nicht sein würde. Was hattest du eigentlich erwartet, Uma? Einen Kreis weißer Tipis im Abendlicht? Die Reise war zu Ende. Es war wie Elinors Tod – ein Schock. Die vergammelten Autos, die verschmierten Wände, die Menschen, schwerfällig und in grelle Farben gekleidet, schlecht geschminkt und unfrisiert, entsprachen nicht meinen Träumen. Hier war ich nie gewesen. Verbittert nahm ich den Abstand wahr, wollte schnell kommen und schnell wieder fortgehen. Und ruhig bleiben dabei, und nicht zu viel denken. Inzwischen verließ Night die Hauptstraße, bog in eine Seitenstraße ein, die schließlich in einen holprigen Weg mündete. Eine Anzahl Trailerhomes standen dort, alle in einer Reihe, als ob sie eine Straße säumten, die es nicht gab. Grob gezimmerte Holzbaracken waren mit Teerpappe verklebt. Eisendrähte, an denen Wäsche trocknete, bezeichneten die ungenauen Grenzen zwischen ihnen. Auf allen Dächern standen Satellitenschüsseln. Die letzten Strahlen waren im Westen verschwunden, ein kupfernes Leuchten lag über allem. Sogar die

Schatten schimmerten blutrot. Einige Kinder liefen umher. Ein Mädchen schob ein verrostetes Dreirad, einige größere Jungen spielten Basketball. Das Netz war an einem Mast befestigt, die Spieler sahen gut aus, ihr Haar wippte bei jedem leichtfüßigen Sprung. Das Holzhaus, vor dem Night den Pick-up zum Stehen brachte, war das letzte zu den Bergen hin, und auch das älteste und verkommenste. Der Boden war mit Asche bestreut, mit Spülwasser und Suppenresten und Küchenabfällen getränkt, und etwas weiter befand sich eine Abfallgrube.

Night nickte mir zu.

»Wir sind da.«

27. Kapitel

Die Regierung der USA hatte der Sioux Nation, den Cheyenne und den Arapaho alles Land zugesichert, das sich zwischen dem Yellowstone, den Rocky Mountains und den Black Hills von den Vorbergen bis zum Kleinen Missouri erstreckte. Das Land sollte uns gehören, »so lange die Sonne scheint und das Gras wächst«.

Das stand auf dem Papier, Spiritmaker hatte mir jeden Satz vorgelesen und versichert, dass das geschriebene Wort einem Eid entsprach, zu dem sich die Weißen verpflichteten. Doch wie konnte ich solchen Worten Glauben schenken, wenn immer mehr Weiße unser Land betraten? Am Anfang kamen nur die Pelzhändler, die Trapper und die Goldsucher. Die regulären Regimenter folgten. Die Kavalleristen nannten wir »Blauröcke« oder »Pferdesoldaten«, die Infanterie »Marschiere-Viel«, weil wir sie grundsätzlich komisch fanden. Unter ihrem Schutz aber kamen die Farmer, die Waffenhändler und Büffeljäger, die Kartenspieler und die Wanderprediger. Wir liebten unser Land wie unseren eigenen Körper. Doch die Weißen wollten nicht nur einen Weg durch unser Land. Sie wollten unsere Wälder, unsere Flüsse, unsere Berge. Sie wollten alles! Wären ihre Worte statt auf Papier in die Luft geschrieben, nun, es wäre dasselbe gewesen. Rechte hatten wir keine. Ermordete ein Indianer einen Weißen, wurde der ganze Stamm zur Rechenschaft gezogen. Tötete ein Weißer einen von uns, hatte er nichts zu befürchten. Man erzählte uns viele Geschichten, und wir lauschten mit Ohren, die von Argwohn geschärft waren. Gewiss gab es indianische Familien, die in die Nähe der Forts zogen. Sie wollten die Dinge, die die Weißen hatten, bettelten um Nahrung, um Decken. Die Weißen gaben ihnen vieles, aber verlangten dafür, dass sie ihre Lebensweise annahmen. Statt ihren Körper in Sonne, Luft und Regen frei atmen zu lassen, mussten sie Hosen aus schwerem Stoff tragen und lächerliche Unterwäsche aus rotem Flanell! Und sie erwarben auch, mit den steifen Kragen für die Männer und den sonderbaren Stahlstangengürtel für die Frauen, die Krankheiten der Weißen. Die Regimentsärzte untersuchten sie manchmal. Es waren gute Ärzte, und viele wurden geheilt. Schlimmer war, dass sie in steinernen Gotteshäusern beten und ihre Kinder in die Schule schicken mussten, wo ihnen die Lehrer Geschichten aus ihrem heiligen Buch erzählten. Eigentlich mochten die Kinder diese Geschichten; aber selbst ihnen fiel auf, dass sie mal dieses, mal jenes über den Inhalt zu hören bekamen. Die Lehrer ließen das Buch so sprechen, wie es ihnen gerade passte. Und am Ende wussten die Kinder nicht mehr, was sie glauben sollten. Diese Schulen machten unsere Kinder krank. Wir versteckten sie lieber, als dass wir sie diesen Lehrern in die Hände gaben. Am gefährlichsten aber waren die Whiskeyhändler. Der Alkohol, den wir Feuerwasser nannten, raubte uns den Verstand, gaukelte uns Visionen vor, die keine Visionen waren. Spiritmaker erklärte mir, dass das Zeug mit Schießpulver und schwarzem Pfeffer gemischt war. Einige von uns starben, nachdem sie es getrunken hatten, unter furchtbaren Schmerzen. Ihr Herz versagte, oder sie erbrochen Galle, ihre Leber löste sich auf. Was sollten wir tun? Die Männer in ihren blauen Uniformen, die unter Trompetengeschmetter in Schlachtordnung heranritten, waren hartnäckig und gefährlich. Ihre Kriegsführung wurde ihnen in besonderen Schulen beigebracht. Spiritmaker hatte eine solche Schule besucht. Umgangsformen, Bewegungen und Verhaltensweisen waren genau vorgeschrieben. Abweichungen wurden nicht geduldet, auf Befehlsverweigerung stand die

Todesstrafe. Unser Mut war in Jahrhunderten erprobt worden, blinder Gehorsam stieß uns ab. Doch ihre Strategie hatte Erfolg. Am schrecklichsten war, wenn sie unsere Lager angriffen, auch wenn sich in den Tipis nur Alte, Frauen und Kinder versteckten. So wankelmütig wir auf dem Schlachtfeld sein mochten, so standhaft kämpften wir, sobald sie unsere Lager überfielen. Dann wurde jeder Mann zum Schutzschild der Familie, verteidigte sein Tipi bis zum Tod. Am Ende hatten die *wasicun* begriffen: Um so viele Krieger wie möglich zu erschießen, genügte es, die Dörfer anzugreifen. Die Blauröcke ordneten sich zu schnurgeraden Linien, galoppierten in sehr breiten, dicht geschlossenen Fronten heran. Wir töteten viele, aber nie genug. Ihre Reihen schlossen und füllten sich sofort wieder. Sie überrannten das Lager, steckten die Tipis in Brand, schossen auf alte, wehrlose Menschen. Ja, sie töteten sogar die Babys auf den Rücken der fliehenden Mütter.

So erging es auch einem Zeltdorf der Bruleé, das am Ufer des Bluewater River aufgeschlagen war. Chief Little Thunder wusste, dass Soldaten im Anmarsch waren. Seine Kundschafter hatten es ihm rechtzeitig gemeldet. Aber Chief Little Thunder war ein friedliebender Mann. Er verließ sich auf das Wort der Weißen, was ein gewaltiger Fehler war. Als General Hearny, den wir Mad Bear nannten, mit seinen sechshundert Soldaten anrückte, war Little Thunder immer noch überzeugt, dass der Feind zum Verhandeln kam, und trat ihm unbewaffnet entgegen. Mad Bear verhandelte, bis er seine Truppen in Stellung gebracht hatte. Dann gab er das Zeichen zum Angriff.

Ich lebte damals in diesem Dorf, es war das Dorf meiner Mutter. Wenn der Anblick der Geliebten mein Herz zu sehr belastete, zog ich mich still zurück, wohnte in anderen Zeltlagern. Sie – sie zeigte niemals Erstaunen, ging ruhig ihren gewohnten Tätigkeiten nach. Sie wusste, dass ich ihr nicht im Weg sein wollte. Doch niemals verloren wir ein Wort darüber, aus Liebe und aus Stolz.

Mit Spiritmaker und einigen jungen Kriegern war ich zur

Büffeljagd aufgebrochen, als Rauch am Horizont aufstieg, so dicht und grau, wie ihn nur ein Präriebrand verursacht. Bald darauf drehte der Wind, und wir hörten voller Schrecken das Rattern der Geschosse. Die klare Luft täuscht über die Entfernungen hinweg: vor uns lag ein halber Tagesritt. Unsere Pferde donnerten mit der wandernden Sonne dahin. Im Reiten tötete ich ein junges Reh; ich lud es auf Sapas Rücken, schnitt das Herz und einige Lendenstücke heraus, die ich an meine Gefährten verteilte. So verloren wir keine Zeit und stillten unseren Hunger im Weiterreiten. Unsere Pferde rannten ohne Unterbrechung, doch wir kamen zu spät.

Die Ebene nahm die Farbe von Asche an, als wir die brennenden Tipis erblickten, ein unentwegtes Zittern in der Dunkelheit. Und bald darauf vernahmen wir die Schreie. Jene, die noch aufrecht stehen konnten, kamen uns entgegengelaufen. Ich hatte schon manch blutige Gefechte erlebt; das, was ich hier sah, war etwas anderes. Viele Einzelheiten habe ich vergessen und bin darüber froh. Das Zeltdorf war völlig zerstört. Überall lagen Verwundete und Tote, manche bereits verbrannt. Einige kleine Kinder lebten noch; wir befreiten sie behutsam aus den Armen ihrer toten Mütter. Wir trugen die Verwundeten zur Seite, stillten ihren Durst, pflegten ihre Wunden. Einige hatten zu viel Blut verloren; ihre Verletzungen waren zu tief, sie lebten nicht mehr lange. Little Thunder war noch bei Bewusstsein, starb jedoch in der Nacht. Auch Pferde waren verletzt und wieherten in höchster Pein. Aus ihren klaffenden Wunden quollen Gedärme. Wie konnten sie nicht retten. Gerade hatte ich einem Tier den Gnadenstoß gegeben, als ich ein Stöhnen vernahm. Obgleich die Luft von Jammern und Schluchzen erfüllt war, drang eben gerade dieses Stöhnen an mein Ohr. Es kam aus nächster Nähe.

Ich sah mich um. Die Wand eines Zeltes, das zusammengestürzt war, aber kein Feuer gefangen hatte, bewegte sich leicht. Ich kroch hinein und fand eine ganz junge Frau, blutverkrustet und halb nackt, neben einem toten Säugling. Sie hatte gerade ihr Kind gestillt, als der Angriff losbrach. Für eine Flucht war es zu spät gewesen. Eine Kugel hatte das Baby getroffen, und das Zelt war über ihr zusammengestürzt, was ihr vermutlich das Leben gerettet hatte. Dabei musste sie wohl einen Schlag auf dem Kopf erhalten haben, denn ihre Stirn war blau angeschwollen und blutete stark. Ihre Augen blickten in meine Augen so wild wie die eines gestellten Rehs. Sie stammelte den Namen des Kindes, und ich sagte ihr, dass ihr kleiner Sohn nicht mehr lebte. Ich nahm sie in die Arme, flößte ihr Wasser ein.

Ich wusste, dass Yellow Woman eine Cheyenne war. Sie hatte ihr Volk aus Liebe zu einem Mann der Bruleé verlassen. Ich wusste ebenfalls, dass ihr Mann getötet worden war: sein Leichnam lag vor dem Zelt. Als sie nach ihrem Mann rief, musste ich es ihr sagen. Sie wiegte sich im Schmerz hin und her, fast war es, als ob sie den Verstand verlor. Ich konnte nicht lange bei ihr bleiben. Auf mich wartete, was getan werden musste. Und ich sorgte dafür, dass beide, der Mann und das Kind, angemessen bestattet wurden.

»Ich dachte, ich könnte es ertragen, aber ich ertrage es nicht«, sagte Spiritmaker zu mir, als die Angehörigen ihre Toten beweinten. »Warum tun wir einander so viel Leid an? Warum hat uns Gott so geschaffen?«

So ruhig er schien, seine Lippen waren weiß und zitterten. »Manchmal wünschte ich mir, mein Verstand würde aufhören mit dem Denken! Was hier geschah, ist ungeheuerlich. Niemals, hörst du, niemals werde ich Gott das verzeihen!«

»Mein Bruder«, antwortete ich, »warum beschuldigst du deinen Gott? Der Große Geist hat den Menschen einen freien Willen gegeben und die Wahl zwischen Gut und Böse.«

Er schüttelte müde den Kopf. »So denken Soldaten nicht. Sie sind nur Werkzeuge. Die Schuld liegt woanders.«

»Wie viel von dem Menschen sein Gewissen für ihn ausmacht, sollte nicht von Befehlen abhängen. Auch diese Männer werden es eines Tages erfahren.«

Er sah auf. Seine Augen waren von ungeweinten Tränen rot gerändert.

»Nein. Sie nehmen ihre Pflicht als Vorwand, allem einen höheren Sinn zu verleihen. Sie rufen ›Gott mit uns!‹ und tragen in ihren Herzen nur Kälte.«

Er stützte den Kopf in die Hände. Ich berührte sanft seine Schulter und sagte: »Die Finsternis lastet schwer auf uns, mein Bruder. Die Schuld schlägt Brücken über die Zeiten hinweg. In den Träumen ihrer Kinder und Kindeskinder wird das Vergessene zurückkehren. Solche Träume bringen Wahnsinn und unermessliches Leid.«

Yellow Womans Schmerz berührte mich tief. Ich sah sie Tag und Nacht vor dem Totengerüst kauern, still oder leise vor sich hin wimmernd. Sie hatte ein Messer in der Hand. Wurde die Verzweiflung zu groß, schnitt sie tiefe Wunden in ihr Fleisch, um den inneren Schmerz mit dem äußeren zu bekämpfen. Sie beachtete das Wasser und die Nahrung nicht, die ich ihr brachte, und als sie am vierten Tag zusammenbrach, trug ich sie in das Lager zurück. Sie war klebrig vor Blut, denn sie hatte sich zwei Finger und die rechte Brust abgeschnitten. Nie zuvor hatte ich einen Menschen gesehen, der sich aus Trauer derart verstümmelte. Als sie nach einigen Tagen wieder etwas bei Kräften war, schlug ich ihr vor, sie zu ihren Eltern zurückzubringen. Ich hielt es für besser, wenn sie wieder bei ihren Angehörigen war. Yellow Woman willigte ohne weiteres ein. Ihr schönes, verunstaltetes Antlitz zeigte kein Gefühl. Ich suchte ein Pferd für sie aus, das freundlich und stark war, und wir machten uns auf den Weg. Wir sprachen nur das Nötigste. Ich achtete ihr Schweigen. Sie war stolz und zeigte mir nie ihre Tränen.

In der ersten Nacht sagte ich zu ihr: »Schlafe ruhig! Ich werde bei dir wachen, bis es hell wird!«

Sie dankte mir und legte sich etwas abseits der Glut. Doch später, als ich zu ihr hinüberschaute, sah ich ihren Blick unentwegt und ausdruckslos auf mich gerichtet. Der Augapfel war milchweiß, die glänzende Pupille starr. Ich erschrak, denn ich glaubte, sie sei tot, und bei ihren Verletzungen wäre es nicht weiter verwunderlich gewesen. Doch ich merkte, dass sie atmete. Ich fand heraus, dass sie mit offenen Augen schlief. Als ich es ihr sagte, war sie sehr erstaunt. Sie blickte verwirrt und wusste keine Antwort. Ihr Mann hätte nie davon gesprochen, meinte sie schließlich. Sie hatte es sich wohl nach dem Überfall angewöhnt. Fortan war es jede Nacht so. Diese weit offenen Augen beunruhigten mich und brachen mir gleichzeitig fast das Herz. Ich wusste nicht, was ich tun sollte. Sie wachrütteln? Doch nein, es war besser, sie schlafen zu lassen. Ich fühlte mich verfolgt von diesen Augen, die mich nicht sahen, sondern in ihr Inneres blickten, wo die Visionen entstehen. Eines Nachts jedoch, kurz vor Morgengrauen, erschauerte sie in der Kälte. Ihr Mund war ganz verzogen, sie wimmerte und stöhnte. Dabei warf sie sich im Traum hin und her, schlug mit den Armen um sich. Ihr Leib war gekrümmt wie ein Bogen, sie keuchte und zitterte. Ich empfand solches Mitleid mit ihr. Und da ich ihr so nahe war, legte ich den Arm um sie. Da zuckte sie heftig zusammen und erwachte. Ihre Augen sahen mich an, und sie barg ihr Gesicht an meiner Brust. Ich konnte ihren leichten Atem hören, roch ihre klamme Haut und ihr Haar, das eng und warm um ihren Kopf lag. Ich sah, wie zart die innere Beuge ihrer Arme war und wie rund und fest ihre noch verbliebene Brust. Die andere, zerfleischt von der Klinge, war nur noch eine Kruste aus Haut, eine verhärtete Wucherung, die ich behutsam streichelte. Sie hatte Wunden wie ein Krieger, doch sie war eine Frau, jung und von vibrierendem Leben erfüllt. Als ich in sie eindrang, sperrte sie sich zuerst, dann aber öffnete sie sich mir. Ihr Körper wurde biegsam, nachgiebig wie Wasser. Was immer unser Schmerz auch sein mochte, unsere Kräfte erwachten und verbanden sich, es war ein völliges Verlöschen und gleichzeitig ein Geborenwerden. Und so überließen wir uns den Strömen unserer Leidenschaft, unbekannte Gewässer, die uns forttrugen. Welche Fessel in jener Nacht in ihr zerrissen sein mochte, weiß ich nicht. Man sagt, die Liebe sei eine heilende Kraft. Von dieser Nacht an schlief sie wieder mit geschlossenen Augen.

Mit den Cheyenne verband uns viel. Alte Streitigkeiten waren längst behoben worden. Als ich Yellow Woman zurückbrachte, war ihre Dankbarkeit groß. Was wir erzählten, löste Entsetzen aus. Während Yellow Womans Eltern und Geschwister sich ihrer liebevoll annahmen, sprach ich mit den Chiefs Little Robe und Spotted Knife. Wir waren uns einig, dass der Krieg um die nördlichen Plains unvermeidlich war. Und es war nicht zu leugnen: Wir hatten Angst.

Ich blieb nur wenige Tage in diesem Lager, bevor ich von Yellow Woman Abschied nahm. Sie war eine gute Gefährtin gewesen. Nach all dem, was wir miteinander geteilt hatten, verließ ich sie nicht ohne Bedauern. Wir empfanden füreinander viel Zuneigung. Ich hoffte, sie würde einen Mann finden, rücksichtsvoll und lebensfroh, der ihr ein Kind schenkte und sie für das durchgestandene Leid entschädigte. Und so trennten wir uns dann, und ich ritt zurück ins Lager der Bruleé, wo Spiritmaker auf mich wartete.

28. Kapitel

Wir sind da«, hatte Night gesagt.

Ich öffnete die Wagentür, setzte meine Füße auf den sandigen Boden. Es roch nach trockenem Gras und Fäulnis. Man hörte Geräusche von Töpfen und Geschirr, vermischt mit Ansagen und Musik aus den Fernsehapparaten. Alles klang, wie überall in den Staaten, laut und nervös. Nur Indianer, dachte ich, sind hierzulande fähig, leise zu reden. Ich reckte meine steif gewordenen Muskeln, bewegte den Oberkörper. Die Jungen hatten aufgehört zu spielen, ließen den Ball achtlos auf den Boden fallen, die dunklen Augen auf mich gerichtet. Das kleine Mädchen auf dem Dreirad war mutiger, fuhr dicht an mich heran. Ihr Haar war staubig und verfilzt, und ihre Nase lief. Neugierig und ernst sah sie zu mir empor. Ich lächelte sie an.

»Guten Abend.«

»N'abend«, sagte das Mädchen, wobei es sich mit dem Handrücken über die Nase wischte. Sie lächelte nicht, starrte mich an wie ein wildes Wunder. In diesem Augenblick fühlte ich mich beobachtet. Ich wandte mich um und sah einen jungen Mann, der uns von der Tür aus beobachtete. Sein Blick war so durchdringend und forschend, dass mir trotz der Hitze ein Kribbeln über den Rücken lief. Der junge Mann war groß gewachsen, mit langen Armen und Beinen. Seine Jeans mit der breiten Gürtelschnalle betonten aufreizend die Hüften, dazu trug er ein zerknittertes rotes Hemd. Sein Gesicht hatte etwas so entschieden Sonderbares an sich, dass ich leicht zusammenfuhr, als ich Nights Hand auf der Schulter spürte.

»Komm!«, sagte er.

Wir stapften durch den körnigen Sand. Das alte Haus stand leicht schief, weil offenbar der Wind immer von der gleichen Seite kam. Die Farbe war von Sturm und Regen abgebeizt, das Holz war grau wie alte Knochen. Die Nägel saßen krumm und schief und sonderten Rost ab, der wie Blutspuren die Bretter tränkte. Die Fenster waren klein, die Scheiben schwarz und matt. Der junge Mann stand ganz ruhig und blickte uns an. Und ich sah mit zunehmender Verblüffung, dass es sich in Wirklichkeit um eine Frau handelte.

Sie war nicht mehr jung, auffallend schmal gebaut, wobei die vollen Brüste deutlich unter dem achtlos in den Gürtel gestopften Hemd zu erkennen waren. Ihr strähniges Haar, das dicht und glänzend war, fiel neben den länglichen Wangen herunter. Ihr Gesicht war es, das mich veranlasste, mehrere Sekunden lang nichts anderes mehr wahrzunehmen. Ihre Haut war braun, ob von der Sonne gebräunt oder nicht, vermochte ich nicht zu unterscheiden. Sie war nicht straff, sondern weich und elastisch, wie eine reife Aprikosenhaut. Ihre großen Augen waren von einem vergoldeten Schwarz, das Profil raubtierartig abgeflacht, der empfindsame Mund zeigte einen Ausdruck von Schwermut, der schlecht zu ihrer verwegenen Erscheinung passte.

»Danke, dass wir dich besuchen können«, sagte Night.

Honors dunkle Lippen zuckten.

»Es ist mir ein Vergnügen«, sagte sie knapp. Und wieder erstarrte ich. Diese Stimme! Abgehackt und rauchig, Holz, das auf Holz klapperte. Und es war eindeutig die Stimme eines Mannes. Noch immer diese unbestimmte Verblüffung im Sinn, sah ich, wie sie Night herzlich umarmte, ihm auf den Rücken schlug, bevor sie sich mir zuwandte. Ich nahm die Hand, die sie mir zur Begrüßung reichte. Der Griff war unvermutet fest, und sie hatte schmutzige Fingernägel. Honors Blick war nicht ausgesprochen neugierig. Sie betrachtete mich zwar interessiert und abschätzend, aber ganz neutral.

»Ich bin Uma«, stellte ich mich vor. »Uma Carter.«

»Hallo, Lady«, sagte Honor freundlich. Sie hielt meine Hand etwas zu lange in ihrer, ließ sie dann plötzlich los. »Kommt!«

Sie wandte mir den Rücken zu. Ich betrachtete ihre Schulterblätter, die sich unter dem dünnen Hemd abzeichneten. Von hinten gesehen hatte sie nichts Weibliches mehr an sich. Und trotzdem fand ich, dass sie gut aussah. Wer oder was mochte Honor sein?

Wir betraten hinter ihr einen düsteren Raum, in dem es nach gekochtem Gemüse roch, nach frischem Kaffee und irgendwie nach Mäusen oder Marder. Eine schmutzige Neonröhre, über einem alten Kalender angebracht, spendete trübes Licht. Immerhin war das Haus an das öffentliche Elektrizitätsnetz angeschlossen. Wasser gab es offenbar nicht, ich sah nur eine Plastikschüssel und einen Krug. Irgendwo draußen musste eine Pumpe sein. Ich war noch nie in einer Baracke wie dieser gewesen. Der Fußboden war aus Linoleum, so dunkel, dass man kaum erkennen konnte, wie schmutzig er war. Die Wände waren mit Zeitungen, verblichenen Postkarten und Fotografien bedeckt. Auf einem selbst gezimmerten Bücherbrett standen eine Anzahl Bücher. Als sich meine Augen an das Halbdunkel gewöhnt hatten, trat ich neugierig näher. Bücher verraten einiges über die Persönlichkeit ihrer Leser. Ein paar Bücher waren umgefallen, die anderen lehnten schief dagegen. Sie standen da schon so lange, dass die Einbände sich verfärbt hatten. Die Titel auf den Buchrücken waren abgegriffen. *Illustrierter Astronomieatlas* las ich auf einem größeren Buch. Daneben Rupert Sheldrakes *The Presence of the Past Morphic Resonance and the Habits of Nature*. Ferner Stephen Hawking, Shakespeare, die Bibel, Mika Waltari, Yukio Mishima und Mary Webb. Wirklich eigenartig, dachte ich. Was in aller Welt hat Sheldrake hier zu suchen? Neben den Büchern standen eine Vase mit getrockneten Blumen und zwei schöne Ammoniten. Die Einrichtung selbst bestand aus einem Tisch mit vier Stühlen, einem gusseisernen Ofen, einem alten Küchenschrank. Über einem ungemachten Bett war eine Quiltdecke ausgebreitet, und daneben stand ein vorsintflutlicher Schaukelstuhl.

»Den hat mein Vater mal gefunden, komplett mit Polster«, sagte Honor. »Seit ich denken kann, sitze ich schon drin.«

»Oh«, sagte ich, um etwas zu sagen, »quietscht er nicht?«

Honor grinste. Rechts fehlten ihr etliche Zähne.

»Doch, er quietscht. Aber ich mag es. Manchmal schlafe ich sogar in dem Sessel.«

Sie hielt die Hände in die Hüften gestemmt, stand einfach vor mir und starrte mich an, als wollte sie sich mein Bild genau einprägen. Sie war ein gutes Stück größer als ich. Ich wusste noch immer nicht, was ich von ihr halten sollte.

»Ich lebe hier draußen allein«, sagte sie. »Und es spielt wirklich keine Rolle, ob ich in dem Sessel schlafe statt im Bett.«

Night lachte. Ich lachte auch.

»Ja, ich verstehe.«

Sie nickte uns unbestimmt zu. »Ich kann mir vorstellen, dass ihr hungrig seid.«

Night sah mich an.

»Danke. Wir könnten schon etwas vertragen.«

Sie machte sich zwischen Ofen und Küchenschrank zu schaffen. Es dauerte nicht lange. Offenbar hatte sie bevor wir eintrafen das Essen schon für sich selbst gekocht. Vielleicht waren es ja ihre schmalen Hüften, vielleicht auch ihre Bewegungen, aber wie zum Teufel konnte sie nur einem Mann so ähneln? Die einfache Mahlzeit – Rindfleisch in einer braunen Soße, Salzkartoffeln und Schnittlauch – war erstaunlich schmackhaft. Und auch die Teller waren sauber. Zum Trinken gab es Seven Up, Bier und den starken indianischen Kaffee, der in einer Kanne aus blauer Emaille bereitstand. Während wir aßen, sprach Honor nur wenig, beobachtete mich jedoch unentwegt. Wenn sie ihr Gesicht dabei verzog, sah sie alt aus, sehr alt.

»Ich hoffe, wir machen Ihnen nicht zu viele Umstände«, sagte ich.

Sie schüttelte den Kopf, so dass das schwarze Haar über ihre Augen fiel. »Ich habe im Augenblick nichts zu tun.«

»Im Sommer muss es hier sehr heiß sein«, sagte ich.

»Und im Winter sehr kalt«, antwortete sie spöttisch. Sie lehnte sich zurück, wobei sie in ihren Zähnen stocherte. »Darf ich fragen, was du machst?«

Selbst an ihre Stimme gewöhnte ich mich allmählich. Es konnte ja sein, dass sie an einer Halskrankheit litt.

»Ich arbeite in der Werbung.«

Sie strich ihr Haar zurück und kniff dabei die Augen zusammen.

»Bist du verheiratet?«

»Nein.«

»Hast du Kinder?«

Ich lachte ein wenig.

»Auch keine Kinder, nein.«

Sie musterte mich mit zweifelndem Gesichtsausdruck.

»Keine Kinder? Bist du sicher? Oder vielleicht sind sie noch ganz klein?«

Ich schüttelte den Kopf, immer noch lachend.

»Es gibt wirklich keine.«

Sie schnalzte nachdenklich mit der Zunge.

»Hast du deine Arbeit aufgegeben, um in die Staaten zu kommen?«

»Ich habe mir freigenommen. Es war nicht schwierig. Ich habe meine eigene Firma.«

Unvermittelt schlug sie mit der flachen Hand auf den Tisch und lachte wie ein Wasserfall.

»Ich habe auch meine eigene Firma.«

Night gab drei Löffel Zucker in seinen Kaffee und stimmte in ihr Lachen ein.

»Ja, deine Firma läuft gut.«

»Jeder macht, was er kann, oder?« Honor blinzelte ihm zu.

Sie lachte jetzt, es war ein langes, unbefangenes Lachen, das ihre Wangen in die Höhe zog und ihre Augen schmal machte. Night lachte auch. Ich fragte mich, leicht verärgert, ob ihr Gelächter auf meine Kosten ging. Ich konnte dem Gespräch keinen Sinn entnehmen. Night merkte es sofort, legte beschwichtigend die Hand auf meine.

»Vielleicht solltest du Uma etwas von dir erzählen«, sagte er sanft zu Honor.

Fältchen zogen sich um ihre Augen, und sie schien ausgesprochen belustigt. Ich stellte sie mir im Bett vor. Sie war, in ihrer sonderbaren Art, nahezu verwirrend aufreizend.

»Well, es muss wohl sein«, meinte sie. »Sonst ist die Lady mir böse.«

»Ach wo«, erwiderte ich, durch Nights Feinfühligkeit wieder in versöhnliche Stimmung gebracht.

Honor nahm einen Schluck Kaffee.

»Du hast mir noch keine Fragen gestellt. Nur immer ich dir.«

Ich zuckte mit den Schultern. »Was würde das schon bringen, wenn ich dir Fragen stellte?«

»Seltsam, dass du nichts sagst. Möchtest du denn nichts wissen?«

»Doch. Aber ich warte ab.«

Sie lächelte mich wieder mit jenem tierähnlichen Lächeln an.

»Hast du Vertrauen zu mir?«

Wenn ich sie so ansah, hatte sie jedenfalls keine Ähnlichkeit mehr mit einem Mann. Ich sagte langsam: »Doch, ich vertraue dir.«

Sie streckte die Hand aus und klopfte mir auf die Schulter. Beinahe hätte ich einen Satz gemacht. Sie lachte plötzlich weich und ganz anders als vorher.

»Ich sehe schon. Deine Gedanken sind wie flache Steine, die über das Wasser springen. Du möchtest, dass sie das andere Ufer erreichen. Aber du schaffst es nicht.«

»Wie kommst du darauf?«, fragte ich, jetzt doch sehr überrascht.

»Ich bin ein Winkte und weiß diese Dinge.«

»Als Night von dir sprach, hat er diesen Namen genannt«, erwiderte ich. »Aber er hat nicht gesagt, was das bedeutet. Er meinte, das sei deine Sache.«

Sie nickte. Ich konnte in ihrem Blick keine Arglist erkennen, nichts, außer vielleicht einem winzigen Funken Spott.

»Geschadet hat es dir nicht, zu warten. Siehst du, wir haben verschiedene Namen für Menschen, die verschiedene Sachen machen. Aber wir leben in einer beschissenen Zeit. Bevor die Weißen kamen, hatten wir unseren festen Platz und unsere festen Aufgaben. Und da war niemand, der uns verhöhnt oder missachtet hätte.«

Sie brummte und grunzte die Worte vor sich hin. Mir war immer noch schleierhaft, wovon sie eigentlich sprach. Aber ich wusste auch – wieso, konnte ich nicht sagen –, dass Night mich zu dem richtigen Menschen geführt hatte. Also wartete ich still, während Honor schlürfend ein paar Schlucke trank.

»Vielleicht fragst du dich, warum ich dir das alles erzähle«, fuhr sie fort. »Winkte gibt es nicht mehr viele, das ist es ja leider. Echte, meine ich. Nicht solche, die sich wie Frauen kleiden, wie Frauen aussehen und wie Frauen benehmen. Da, sieh her! Hab keine Angst, ich zeige dir nur!«

Sie knöpfte ihre Bluse auf, entblößte ihre Brüste, die nicht hingen, obwohl sie voll und schwer waren, mit breiten dunklen Höfen, die sich unter meinem Blick leicht zusammenzogen. Noch während ich sie verwirrt anstarrte, packte sie meine Hand und presste sie in ihren Schoß. Ich zuckte unwillkürlich zusammen. Was ich da unter meiner Hand fühlte, war eindeutig das Geschlechtsteil eines Mannes. Schon ließ Honor meine Hand wieder los.

»Du siehst mächtig erschrocken aus. Was ist jetzt?« Sie grinste breit. Ich schluckte.

»Ich … danke dir für deine Erklärung.«

»Heute liegt mir nur noch wenig daran.« Honors Lächeln erlosch. Sie sprach mit müdem Ausdruck im Gesicht, während sie ruhig ihr Hemd wieder zuknöpfte. »Früher, natürlich, war alles anders. Ich hatte ein kompliziertes Leben. Ich bin eben ein Winkte, ein Zwitter. Männer und Frauen waren gleichsam verrückt nach mir. Ich war eine Zeitlang sehr zugänglich.«

»Du meinst ... weil du bist, wie du bist?«

»Es sah wohl so aus«, sagte sie achselzuckend. »Aber du brauchst dir keine Gedanken zu machen. Ich war auch nicht immer unglücklich dabei, glaube das bloß nicht. Ich hätte mich ja operieren lassen können.«

»Warum hast du es nicht getan?«

»Meine Firma wäre pleitegegangen!« Sie zwinkerte mit beiden Augen gleichzeitig. »Lassen wir die Sache jetzt einfach aus dem Spiel. Deine Hände!«

Sie nahm meine Hände und begann mit halb geschlossenen Lippen zu brummen, ein merkwürdiger Singsang. Sie schaukelte hin und her, wie ein stiller Taktmesser, der auf langsam gestellt ist. Dabei drückte sie jeden meiner Finger an den nächsten, betastete meine Handballen, die Sehnen und schließlich die Pulsadern. Dann ließ sie meine Hände los, warf sie einfach von sich. Eine ganze Weile saß sie schweigend, ihr Blick war seltsam leer. Vielleicht schätzte sie mich ein oder ordnete ihre Gedanken. Auf einmal schlug sie nach einer Mücke auf ihrem Arm. Ihr Rücken straffte sich. Ihre Augen waren wieder wach und glänzend. Sie nickte mir zu.

»Ich habe mit deinem Körper gesprochen. Du bist gesund. Herz gesund, Lungen gesund, Bauch gesund. Eine starke Aura, wirklich außergewöhnlich. Eine solche Aura, die habe ich bisher nur bei Hanhepi gesehen. Das hat etwas zu bedeuten. Aber die Wunde am Arm, die ist noch nicht gut.«

Mein Mund stand buchstäblich offen.

»Woher weißt du das?«

»Ich sehe eine dünne Stelle in der Aura. Die Wunde, woher kommt sie?«

Ich hatte bisher angenommen, dass es nicht gut war, von dem Vorfall zu sprechen. Das Gefühl, etwas zu tun, was man eigentlich nicht will, setzt schon den Eindruck voraus, dass man in etwas gefangen ist, aus dem man sich befreien muss. Im Nachhinein fühlte ich mich wohl damit, dass ich rechtzeitig gehandelt hatte. Schlimmer wäre es gewesen, wenn eine Schuld auf mir gelegen hätte; die Schuld, versäumt zu haben, was getan werden musste. Nur ganz langsam kristallisierte sich für mich heraus, dass dieser Punkt ganz wesentlich war. »Es ging alles viel zu schnell. Ich hatte keine Zeit zu denken.«

Sie nickte, als ob sie mich auf Anhieb verstand. Sie zeigte nicht einmal Überraschung dabei. Ich hatte das bestürzende, aber keineswegs unangenehme Gefühl, dass sie sehen konnte, was ich dachte. Dass sie mich besser kannte als ich selbst.

»Da war etwas in dir, das für dich dachte. Du hast das früher doch auch gemacht.«

Was redete sie da zusammen? Hatte sie überhaupt zugehört?

»Aber nein«, rief ich betroffen. »Niemals!«

Sie kratzte sich am Kinn. »Ist schon okay. Die Wunde wird heilen.«

»Ich habe auch Rückenschmerzen. An zwei Stellen. Hier!« Ich zog eine Grimasse und rieb mir die Nieren. Sie nickte gelangweilt.

»Die sind vorbei.«

»Aber ich habe mich nie am Rücken verletzt.«

»Die kommen von früher«, sagte sie. »Du spürst nur die Erinnerung. So ist es auch, wenn du amputiert wirst und du Schmerzen spürst, die gar nicht mehr da sind.«

Sie war wirklich unglaublich. Ich muss sie angestarrt haben, denn sie schenkte mir wieder ihr helles, hartes Lächeln.

»Lady, die Natur kennt ihr Handwerk gut. Wenn sie einen Menschen so macht, wie ich bin, schenkt sie ihm dafür eine besondere Kraft. Hanhepi weiß, dass es wahr ist. Ich erkläre dir jetzt diese Sachen. Ich bin ein Winkte und gehe an viele Orte, hier oben im Kopf. Ich benutze dazu weder Wein noch

Pilze noch irgendeine andere Droge. Andere Leute können das nicht, und weißt du, warum? Weil ich zugleich Mann und Frau bin, stärker als nur ein Mann oder nur eine Frau. In alten Tagen wusste das jeder. Auch heute kommen Eltern mit ihrem Baby zu mir, damit ich dem Kind einen Namen gebe. Es gibt Winkte, die Geld dafür nehmen. Das ist eine Schande. Ich will mich nicht mit ihnen in einen Topf werfen lassen. Ich freue mich ebenso über einen Korb Eier oder ein Stück Rindfleisch. Wollen oder können die Leute nichts geben, ist es auch okay.«

»Nennst du das Baby einfach so, wie es dir passt?«, fragte ich verwundert. »Und die Eltern? Haben die nichts zu sagen?«

Sie schüttelte den Kopf, als ob ihr meine Begriffsstutzigkeit auf die Nerven ging.

»Jetzt hör gut zu, Lady. Das Baby hat schon einen Namen, der im Standesamtsregister steht. Ich aber sage den richtigen Namen. Den Namen, den die Geister für es bestimmt haben. Er ist viele tausend Jahre alt und immer der gleiche, verstehst du? Aber man sagt diesen Namen nie laut; spricht man ihn aus, verliert er seine Kraft. Hanhepi hat auch einen Winkte-Namen, obwohl seine Eltern ihn nicht herbrachten, als er ein Baby war. Er kam als erwachsener Mann und steckte in Schwierigkeiten, das kann ich dir schon sagen. ›Wer bin ich?‹, fragte er. ›Wie heiße ich?‹ Die Geister sagten es mir. Das hat ihn wieder ruhig gemacht. Aber ich glaube, er hat dir diesen Namen nie gesagt. Stimmt's, Hanhepi?«

Night verzog leicht das Gesicht. »Nein. Noch nicht.«

»Vielleicht solltest du der Lady deinen Namen mal sagen. Ich meine, es würde nichts schaden. Tja, und es ist gut, dass du sie hergebracht hast. Da ist wirklich etwas Besonderes in ihr, das kann ich sagen. Ich glaube, ich muss mich jetzt um sie kümmern. Dass sie Hilfe braucht, ist nicht zu übersehen.«

Ein kleiner Schauer lief über meinen Rücken, daran konnte ich nichts ändern. Nicht weil ich fror, sondern weil mir plötzlich warm wurde. Ich wusste immer noch nicht, woran ich mit ihr war. Honor schien meine Gedanken zu spüren, denn sie blinzelte mir zu.

»Also, fangen wir an. Ich werde jetzt deinen Namen finden. Ist das okay für dich?«

Ich konnte das Thema nicht mit leichter Hand beiseite schieben. Aber ich fand das Ganze doch seltsam.

»Wie willst du einen Namen finden, den keiner kennt?«

»Lady, hast du Watte in den Ohren? Ich befrage jetzt die Geister. Und dann werde ich dir sagen: so heißt du und nicht anders. Ist das klar?«

Ich war nachdenklich. In Honors Augen war kein Zeichen von Irrsinn zu erkennen. Da war etwas anderes, was ich sah, aber nicht verstand. Etwas, was ich noch nie in jemandes Augen gesehen hatte. Es mochte ja sein, dass Honor in den Menschen blickte, in den Hintergrund seines Bewusstseins und diese dunkle Tiefe wie mit einer Taschenlampe durchleuchtete. Sie holte die Dinge aus der Finsternis hervor, damit wir sie erkannten. Wir konnten dann entscheiden, ob wir sie ins Tageslicht bringen oder für uns behalten wollten, in einem dunklen Winkel. Na schön. Ich fragte mich, wie sie wohl vorgehen würde. Hypnose vielleicht? Night hatte die Prozedur ja auch überstanden und sich danach besser gefühlt. Was nicht hieß, dass ich gespannt auf ein Wunder hoffte. Und was die Geister betraf, es mochte ja bloß eine Redensart sein. Aber dessen war ich nicht ganz sicher.

»Was soll ich tun?«, fragte ich.

Honor erhob sich.

»Das sage ich dir schon. Ich lege mich für dich ins Zeug, und wir sehen dann. Hanhepi wird mir helfen.«

Sie ging bis zur Tür und warf einen Blick nach draußen. Erst jetzt merkte ich, dass es völlig dunkel geworden war. Nur ein tiefroter Streifen leuchtete am Rande der Berge. Honor nickte mir zufrieden zu.

»Neumond, das ist gut. Das Antlitz der Erde ist schwarz.«

29. Kapitel

Sie erwartete mich inmitten des Waldes, wo die versteinerte Buche zwischen dem Gestrüpp offenen Raum geschaffen hatte. Kein Mensch, auch nicht die Stammesältesten, vermochten sich zu erinnern, wann der Baum gelebt hatte. An den vertrockneten Zweigen hingen kleine Opfergaben: winzige Figuren aus besticktem Leder, die Menschen oder Tiere darstellten, Federbüschel, Eier, mit einer Nadel durchstochen, oder Türkissteine, an langen Fäden befestigt. Sie – sie stand im Halbschatten, in ihren weißen Mantel aus Hirschleder gehüllt. Es war noch früh am Tag. *Wi* – die Sonne – schwebte als weiße Kugel empor, und ein leichter Nebelflaum machte die Landschaft bleich. In den Lichtungen hallte es von Vogelstimmen und Flügelschlag. Wie eine helle Erscheinung stand sie da, als sei sie mit dem Baum verwachsen. Sie war ohne ihre Kinder gekommen. Selbst das jüngste, das noch an der Brust war, hatte sie nicht dabei. Sie wusste, dass ich täglich um diese Zeit zum Fluss ging. Mein Herz schlug stürmisch, als ich mich ihr näherte. Ruhig blickte sie mich an, kam mir keinen Schritt entgegen. Sie hob nur langsam die Arme und schlug ihre Kapuze zurück. Unter ihrem Umhang waren die Farben ihres Kleides, ihrer Beinlinge und Mokassins leuchtend und stark wie die Farben der Waldblumen. Das grün glänzende Haar, in der Mitte gescheitelt, fiel in Wellen weit hinab über die Brust. Unter den Brauen, die sich über der geraden Nase fast trafen, schimmerten die Augen kühl und klar. Mühevoll beherrschte ich meine Erregung, hob die Hand an mein Herz zum Gruß. Sie schwieg noch immer, und auch ich wusste ihr kein Wort zu sagen, bis sie mit leiser Stimme das Schweigen brach.

»Tashunka Witko, ich habe von Donnervögeln geträumt.«

Bei diesen Worten erschrak ich. Die Ehrfurcht vor den Träumen beherrschte unsere Gedanken- und Gefühlswelt. Für gewöhnlich gehörten uns unsere Träume; sie enthielten Botschaften für uns selbst. Waren es jedoch die Donnervögel, die sie sandten, durften wir sie nicht für uns behalten. Denn die Donnervögel machten uns zum *heyoka* – zum heiligen Narren. Eine Sitte, längst bei uns in Fleisch und Blut übergegangen, verlangte, dass wir solche Träume darstellten. Wir mussten Dinge tun, die wir uns nicht vorstellen konnten, die sinnlos oder beschämend waren und unsere Eigenliebe zutiefst verletzten. Über diese Sitte hatte sich mein Vater viele Gedanken gemacht und auch mit mir darüber gesprochen. Als Medizinmann war er zu dem Glauben gelangt, dass diese Zurschaustellung heilend wirkte. Es war schädlich, dass wir manche Dinge im Dunkeln mit uns herumtrugen. Viel besser war, wenn wir aufhörten, sie vor der Außenwelt zu verbergen. Eine klare Form nehmen sie erst an, wenn sie ins Bewusstsein treten als Bilder und als Handlungsabläufe. Dann strömen neue Kräfte in den Menschen; er erkennt sich selbst und gelangt zur Heilung. Das glaube ich auch, und dazu habe ich guten Grund.

Als nun Black Buffalo Woman gesprochen hatte, suchte ich in meinem Herzen nach Worten, die sie nicht kränken würden.

»Was haben die Donnervögel mit dir im Sinn?«, fragte ich schließlich.

Sie befeuchtete ihre Lippen. Ich sah, wie sie mühsam schluckte.

»Im Traum sah ich diesen Baum. Er blickte auf mich herab, wie ein Großvater auf seinen Enkel. Die Donnervögel waren da, sehr zahlreich. Sie waren schwarz gefiedert, ihre Augen warfen Blitze. Sie flatterten empor oder ruhten sich auf den Zweigen aus. Jeder Flügelschlag ließ Tropfen fallen, und an jedem

Zweig blitzten Regenbogen. Manchmal flogen sie auf, kreisten umher in weiten Bögen. Sie zeigten dabei keinen Zorn, und ich empfand auch keine Furcht. Ich sah nur ihre Schönheit. Und plötzlich hatte ich eine Flöte in der Hand. Ich rief die vier Winde herbei, und sie kamen aus den vier Häusern des Himmels. Und ich sah in der Ferne Leuchtsignale, und ich wusste, unser Volk war unterwegs. Aber der Weg musste beschwerlich sein. Ich wartete lange, aber niemand kam. Endlich erschien in der Ferne ein einsamer Reiter auf einem schwarzen Pferd. Sein Antlitz war unbemalt und leuchtete wie die Sonne, in seinem Haar steckte eine Adlerfeder. Und da erkannte ich dich und fühlte große Verwirrung. Du schwangst dich von deinem Pferd, nähertest dich mir, und ich reichte dir die Hand. Unsere Finger verschränkten sich zu einem Knoten. Und dann sprachst du ohne Worte, wie das in Träumen geschieht. Du sagtest zu mir:

›Ich bin der, der niemals sterben kann.‹

Die Stimme der jungen Frau brach. Sie erstickte ein Schluchzen. Sie konnte nicht ahnen, wie aufgewühlt ich selbst war. Im Traum hatte sie mir die Hand gereicht, doch im Hier und Jetzt wagte ich nicht, sie zu berühren. Ich war bis ins Innere ergriffen.

»Du hast im Traum meinen Namen erfahren. Den Namen, den niemand kennt. Es war mein *Nagi*, der zu dir gesprochen hat.«

Ihre Lider zuckten. Ich sah, wie sie am ganzen Körper zitterte.

»Dann ist es also wahr«, sagte sie.

»Schwester«, entgegnete ich, »warum bist du traurig? Die Donnervögel haben dir nichts Schmähliches befohlen. Mir scheint, es war ein guter Traum.«

»Und doch ist es eine schwere Sache.«

Geduldig stand ich da und wartete. Schließlich hob unter dem Mantel, den sie eng um sich gezogen hatte, ein tiefer Seufzer ihre Brust. Und als sie sprach, klang ihre Stimme tonlos.

»Einst war ich *wyan wakan*. Viele Dinge, die mich betrafen, mussten ungesagt bleiben. Als ich unter dem Morgenstern geboren wurde, trug ich die Nabelschnur um meinen Hals gewickelt. Du weißt, Tashunka Witko, dass Babys, die so auf die Welt kommen, oft nicht lange leben. Die alte Frau, die meiner Mutter bei der Geburt half, presste so viel Blut wie möglich auf die Seite der Nabelschnur, die mir am nächsten war, bevor sie mich von ihr befreite. Das, meinte sie, gäbe mir Kraft. Doch meine Eltern waren beunruhigt und brachten mich zu einem Winkte. Der Winkte sagte, sie sollen unbesorgt sein. Das Baby trüge *peta owihankeshni* in sich, das heilige Feuer. Sie sollten es täglich mit Fett einreiben und es morgens in der Sonne baden, damit es seine Glieder kräftige. Meine Eltern waren sehr erleichtert, und meine Mutter befragte den Winkte nach meinem Namen. Der Winkte ließ die Geister kommen. Sie sagten ihm den Namen, den mein *Nagi* mir vor langer Zeit verliehen hatte. Er lautet: ›Die, die niemals sterben kann‹.«

Da stand ich wie gelähmt, im Banne ihres aufwühlenden Bekenntnisses. Es war wie ein Feuer, das mir in der Brust brannte, das heilige Feuer vielleicht, von dem sie gesprochen hatte. Wir waren geistige Zwillinge, der gleichen Wurzel entsprossen. Jetzt wusste ich, warum wir in so viel Zuneigung und Seelennähe verbunden waren. Sie – sie musste es schon lange gewusst haben. Sie war *wyan wakan* gewesen und ließ sich Gedanken durch den Sinn gehen, die andere Menschen nicht dachten. Als ich wieder sprechen konnte, sagte ich: »Durch Träume erfahren wir die Wahrheit. Ist es nicht so, Schwester?«

»Ja, es ist ein alter Zauber, der uns bindet«, antwortete sie leise. »Ich habe versucht, ihn zu vergessen. Die Donnervögel kamen, um mich zu erinnern.«

Ich machte mit der Hand ein Zeichen der Ehrfurcht. Eine Weile standen wir stumm voreinander. Ihre Augen waren dunkel und matt. Ich sah zwei goldene Funken, die über die feuchte Tiefe glitten. Als sie den Kopf neigte, lag ihr Haar dicht unter meinen Lippen. Der Morgenwind blies eine Locke, leicht und sanft wie Vogelflaum, an meine Wange. Doch ein Mann überlegt in solchen Augenblicken nicht lange. Ich holte unsere Pferde, Proviant und Decken, und wir ritten davon. Während die Hufe auf den weichen Pfaden trommelten, sprachen wir kaum. Die duftgetränkte Luft schwappte in trägen Wellen um uns herum, und die Zweige der Blaufichten am Waldrand bewegten sich im Wind, ihre Nadeln glitzerten silberblau. Ich lenkte mein Pferd dicht an ihres heran, so dass wir Knie an Knie reiten konnten, getröstet von der flüchtigen Berührung unserer Körper. Oft sah ich ihr ins Gesicht, doch sie schaute vor sich hin, reglos. Die Sonne stieg, der Tag war blau und klar, mit einem Hauch Kühle, der den Herbst ankündigte. Ich wollte mit meiner Gefährtin ungesehen sein und hatte Zeit gehabt zu überlegen. Brachen wir Krieger in den Kampf auf, mochte es gelegentlich gefährlich sein, ein Kriegslager aufzuschlagen. Dann kam es vor, dass wir in Höhlen schliefen, von denen es in den He Sapa viele gab. So geschah es, dass ich Black Buffalo Woman in eine dieser Höhlen führte. Sie lag oberhalb einer Steinschlucht, wo der Hochwald begann. Der Aufstieg war steil. Wir stiegen vom Pferd und führten unsere Tiere am Zügel. Als wir die richtige Stelle erreicht hatten, nahm ich Black Buffalo Woman an die Hand und geleitete sie durch den Stollen, der ins Innere des Berges führte. Hier war es dunkel und schwül. Black Buffalo Womans Hand lag vertrauensvoll in der meinen. Der Weg war gewunden, eine Abfolge scheinbarer Sackgassen. Bald verstummten alle Geräusche; wir hörten nur unseren Atem, als ob wir uns unter Wasser bewegten. Ich aber kannte den Ort und wusste, dass sich der Gang plötzlich öffnete, in eine Nische mündete, die die Erosion in den Sandstein gegraben hatte. Tatsächlich wurde es plötzlich hell. Ein Luftzug erfasste uns, geschwängert mit dem starken Aroma der Fichten, als sich vor uns der Himmel weit und schimmernd öffnete. Zu beiden Seiten des Talbeckens erhoben sich hohe Felswände, von der schrägen Sonne in Gold getaucht. Ich deutete mit der Hand und sagte:

»Hier entlang floss ein Strom. Du kannst die Spuren sehen.«

Bis auf halbe Höhe war der Felsen nahezu ausgehöhlt. Der Fluss, der einst durch das Tal gebraust war, musste gewaltig gewesen sein. Ich erzählte Black Buffalo Woman, dass man hier seltsame Steine fand, Überreste ausgestorbener Wassertiere. Sie blickte lange auf die Ebene unter uns, die im blauen Schatten lag. Dann verschränkte sie die Arme, als ob sie fröstelte.

»Das Antlitz unserer Mutter Erde verändert sich. Selbst dieser Berg wird eines Tages zu Staub«, sagte sie leise.

Wo wir Krieger Feuer angezündet hatten, war reichlich Asche vorhanden. Auch Reisig war noch da, und einige Gegenstände von unserem letzten Aufenthalt: hölzerne Schalen und ein Steinhammer mit Holzgriff zum Aufbrechen von Knochen, um an das Mark heranzukommen. Doch Black Buffalo Woman fand noch etwas anderes, das sie mir zeigte. Es war eine Schnur, zu einem kreisförmigen Netz geknüpft. Der Mann, der einst diese Schnur trug, hatte sich unter den Schutz der Schlange gestellt. Ich erkannte den Talisman und entsann mich auch des Kriegers, der ihn getragen hatte. Frühmorgens, beim Aufbruch, musste er seine »Medizin« verloren haben. Kurz danach war der Krieger erschossen worden. Seine Angehörigen, die das Totengerüst für ihn errichteten, waren betrübt gewesen, weil er das Reich der Schatten ohne sein Medizinnetz betreten musste. Ich spürte Unruhe. Schlangen senden doppeldeutige Zeichen, sie können Freunde oder Feinde sein. Aber wir konnten die Dinge nicht besser machen, als sie waren. Und so baten wir den Schlangengeist um Entschuldigung und bezeugten ihm unsere Achtung. Dann zündete ich ein Feuer an, an dem wir uns wärmten. Als die Flammen hochschlugen, sagte ich zu ihr: »Einst bat ich um einen Traum, der dich für mich freigab. Und sieh nur, du bist hier.«

Sie betrachtete mich mit einem vollen, langsamen Blick, bevor sie antwortete: »Ich sehe ein, dass ich mir und meiner Familie Unglück bringe. Doch es gibt eine Verpflichtung und einen Maßstab für das, was wir tun. In der Welt der Geister gilt nichts, was unter Menschen gilt und wovon Menschen wissen.«

Ihr Körper war dem meinen ganz nahe. Ich streckte behutsam die Hand nach ihr aus, bereit, sie sofort zurückzuziehen. Diesmal jedoch kam sie mir entgegen. Ich hielt sie, ein wenig geblendet, eng an meine Brust gepresst. Sie hob ihr Gesicht zu dem meinen, so dass sich unser Atem vermengte. Ihre kühlen Finger drückten meinen Nacken und glitten zu meinen Schultern, die sie abwechselnd fassten und losließen. Ich fühlte, wie ihren geschmeidigen Körper lange Erregungsschauer durchliefen. Die Donnervögel sind ein Teil des Großen Geistes, die erste und urtümlichste Kraft. Vielleicht waren unsere Scham, unsere Gewissensbisse wahrhaftig eine Selbstbefreiung. Neben dem Feuer war es, wo sie ihren Mantel ausbreitete, wo mein Haar auf ihr Haar fiel. Meine Hände liebkosten ihren Körper, streichelten ihre Hüften, die leicht nachgaben, die sanfte Kurve ihrer Schenkel. Dabei drückte sie unwillkürlich die Beine zusammen und schloss meine Finger ein. Plötzlich blickte sie mir voll ins Gesicht, zog mit beiden Händen meinen Kopf zu sich nieder. Ich befreite meine Hand zwischen ihren Schenkeln und sah den dargebotenen Körper, der unter dem dünnen Lederhemd bebte. Schon entkleidete sie sich mit schnellen, leichten Bewegungen, streifte das Leder von ihren golden leuchtenden Beinen. Und während wir uns umarmten, umarmten wir alle, die sich vor uns geliebt hatten und auch später unter anderen Namen lieben würden. Sie war trotz der Kinder, die sie geboren hatte, noch immer jugendlich und biegsam. Ihre Brüste waren voll, die Spitzen breit und dunkel wie Waldbeeren. Ihr Körper war heiß und glatt, erst gestrafft durch heftige Wogen, dann weich wie bei einem Kind. Meine Finger glitten bis zu den zusammengehaltenen Schenkeln, die sich bei meiner Berührung weit öffneten. Da warf ich mich auf sie und stieß in sie ein, wie man in den Krieg zieht. Sie schrie leise auf, rang nach Atem mit dem Gesicht einer Ertrinkenden, zog mich mit heiserem Klagelaut an sich. Ihre Zähne bohrten sich in meine Schulter, ihre Nägel krallten sich in das Fleisch meiner Arme. Ihr Bauch hob sich und bebte unter meiner Last. Es war ein langsamer, schlängelnder Tanz, der sich bei jedem Pulsieren beschleunigte. Dabei stöhnte sie unentwegt, wiederholte meinen Namen mit einer tiefen, rauen Stimme, die ich nicht an ihr kannte. Ihr heißer Leib spannte und entspannte sich, in mächtigen, wellenartigen Bewegungen, bis ihr Bauch auf einmal hart wurde, sich wie im Krampf zusammenzog, als ob sie mich ganz in sich hineinsaugte. Dann senkte sich ihr Leib unter mir; ich fiel, fast bewusstlos, auf ihre keuchende Brust, atmete in flachen, kurzen Zügen. Ich hörte in mir ein gewaltiges Klopfen, das mich nahezu betäubte. Es war mein Herz, das so mächtig schlug, wie ich es niemals im Kampf erlebt hatte. Das überharte Klopfen schmerzte sehr und machte mich ganz wirr im Kopf. Es konnte auch ihr nicht entgangen sein, denn sie lag dicht an meiner Seite. Ihre offene Hand mit den entspannten Fingern hob sich empor, wie eine lebende, dunkle Blume. Ich legte meine Hand auf ihre klamme Hüfte, spürte die Nässe meines Samens auf ihrem Bauch. Wir sagten kein Wort und bewegten uns nicht – lange Zeit. Als sie endlich sprach, wandte ich den Kopf, um in ihre offenen Augen zu sehen.

»Tashunka Witko«, sagte sie leise. »Das Zelt meines Mannes ist vor Scham verdunkelt.«

Ich lag ausgestreckt und liebkoste ihre Brüste, die schwer und weich in meinen Händen lagen.

»Führen uns die Donnerwesen durch das Schattenreich der Seele, lassen sie uns nicht unversehrt wieder gehen. Du hättest eines Tages verstanden, dass er dich nicht befriedigen kann.«

Sie erbebte, legte ihre Hand auf meine.

»Du sagst das, weil du mich besser kennst. Aber er ist gut zu mir.«

Ich schwieg. Da wäre vielerlei zu antworten gewesen, nur war ich nicht überzeugt, dass es etwas nützte. Black Buffalo Woman sprach weiter, als ob sie laut dachte. Ihre Stimme klang bitter.

»Ich entschied mich, sein Zelt aus Dankbarkeit zu teilen. Doch ich führe ein Leben, das im Gegensatz zu meinen Wünschen steht.«

»Du könntest seine Sachen vor das Tipi stellen«, sagte ich. »Als Entschädigung würde ich No Water meine schönsten Pferde geben. Auch deine Kinder sind mir willkommen. Wenn sie älter sind, mögen sie selbst über sich entscheiden. Es soll deine und ihre Freiheit sein. Du musst es nur wollen.«

Sie drehte ihr Gesicht zur Seite.

»Damals war ich nur Hass. Ich hatte jede Schmach erlitten. No Water befreite mich und bot mir seinen Schutz an. Später, als dieser Hass nur mehr in der Erinnerung lebte, habe ich mir geschworen, ihn glücklich zu machen.«

»Er ist glücklich, auf seine Art. Das weißt du doch. Er liebt den Kampf und das ungebundene Leben der Krieger.«

»Auch das ist wahr. Aber ich habe, als ich zu dir kam, jene Selbstachtung eingebüßt, die zu bewahren mir gelungen war.«

In diesem Augenblick wurde mir schmerzlich klar, dass ich sie niemals gewinnen konnte. Gewiss, ich würde es versuchen und wieder versuchen. Aber wozu? Sie würde auch diesen Augenblick aus ihrem Leben tilgen, wie sie die einst erlittene Schmach überwunden hatte.

»Warum kannst du es nicht hinnehmen?«, fragte ich. Eigentlich meinte ich: Warum kannst du dich selbst nicht so nehmen, wie du bist? Warum bringst du deine innere Stimme zum Schweigen? Aber diese Fragen wagte ich ihr nicht zu stellen. Ich konnte sie nicht ändern, sie war, wie sie war. Sie hatte viel gelitten, ihre Ehre war ihr teuer. Ich hatte längst erfahren, dass es Kämpfe gibt, wo auch der Sieg uns nicht mehr beschert als Einsamkeit, Kummer und einen Schluck kühles Wasser zum Trost, wenn der Schweiß der Schlacht an uns erkaltet.

30. Kapitel

Vier Tage und vier Nächte lang wurde die Höhle unser Zuhause. Unser Schlaf war kurz wie der Schlaf der Lerchen. Sobald die Sterne verblassten, ritten wir in die Hochwälder. Als unser Vorrat an *wasna* – getrocknetes Fleisch mit Fett und süßen Beeren verknetet – zu Ende ging, schossen wir mit dem Pfeil Wachteln oder Hasen. Black Buffalo Woman war eine gute Jägerin. Und sie häutete und zerteilte die Beute ebenso geschickt, wie ich es tat. Sobald wir eine Beute erlegt hatten, um unseren Hunger zu stillen, jagten wir nicht länger. Wir setzten uns auf einen Felsen oder auf eine Lichtung, pfiffen Eichhörnchen und Vögel herbei, die sich auf unsere Handgelenke setzten. Rehe kamen so dicht an uns heran, dass wir in ihre klaren Augen blicken konnten. Sogar die Fuchsmutter trug ihre Jungen nicht fort, als wir sie beim Spielen überraschten. Einmal wanderte ein Braunbär hoheitsvoll über den Hang. Wir sammelten Beeren für ihn als Opfergabe und vermieden es, dass unsere Füße seine Fährte kreuzten. *Mato* – der Bär – ist das weiseste aller Geschöpfe auf Erden. Es brächte kein Glück, wenn wir seine Ruhe störten.

Von hoch oben an der Felswand stürzten Wasserfälle ins Tal und hatten im Lauf der Zeit Becken im Gestein gebildet. Wir entledigten uns unserer Kleider, schwammen und tauchten im durchsichtigen Wasser, standen lachend unter klargrünen Schauern. Und später umarmten wir uns im Gras oder auf einem weichen Nadelteppich. Über uns schaukelten Baumkronen, und Lichtströme zogen mit den Adlern ihre Kreise. So kam und ging die Zeit. Aller Kummer, alle Scham hatten wir abgeworfen, die Stimme unseres Gewissens war verstummt. Wir wurden eins mit den Felsen und den Bäumen, die von ihrem Widerstand gegen die Elemente verhärtet waren, mit den Vögeln und den Füchsen und den Schlangen, die sich sonnten, mit dem Zittergras und den Waldblumen.

Abends, wenn unser Blut abgekühlt, unsere Glieder schwer vor Müdigkeit waren, sprachen wir leise zueinander, Mund an Mund. Wir murmelten die Zaubersprüche, die unser Leben im Gleichgewicht hielten, beschirmten unser Herz gegen böse Omen. Doch Menschen können sich nicht enthalten zu denken. Immer wieder versuchte ich Black Buffalo Woman an mich zu binden und sprach das auch aus. Das ganze starke Leben, das ihr entströmte, die Kraft ihrer Erregung, das helle Lachen, das in ihren Augen tanzte, die Anmut ihrer schlichtesten Bewegungen, ihr warmes Herz, das sie antrieb, sich mitfühlend über alles Lebende zu beugen, ich wollte mehr als nur einen Teil davon. Während ich sprach und sie meine Worte erwog, spiegelten sich auf ihrem Antlitz ihre widersprüchlichen Empfindungen. Mit einer Leichtfertigkeit, die auf sie befremdend wirken mochte, schlug ich eine gemeinsame Beratung mit No Water vor.

»Er ist tapfer und klug. Warum soll er die Dinge nicht so sehen, wie sie sind? Es ist zwar nicht das geziemende Verfahren, aber vielleicht wird er die Sprache unserer Herzen verstehen.«

Im Flackern des kleinen Feuers sah ich das stürmische Düster ihrer Augen.

»Es kann nicht sein«, sagte sie mit dumpfer Endgültigkeit. »Er würde sterben.«

»Sterben?«, fragte ich verwundert. »Wie kommst du darauf, dass er sterben würde?«

»Verließe ich dich in Undankbarkeit und trennte dich von deinen Kindern, würdest nicht auch du den Tod suchen?«

Als ich das hörte, sank mir das Herz. Ich dachte an No Water, einsam in seinem Tipi, ohne das Lachen der Kinder und die Wärme des Feuers, das böse Mächte von der Zeltklappe fernhielt. Er war ein ehrbarer Mann, der dieses Los nicht verdiente.

Dagegen konnte ich nichts ausrichten. Ich habe die Dinge nicht vereinfacht, dachte ich, sondern kompliziert.

Bitter sagte ich zu ihr: »Ein Fehler ist gemacht worden. Aber je unglücklicher ich bin, desto mehr liebe ich dich.«

Sie löste sich aus meiner Umarmung und lehnte sich zurück, um mir ins Gesicht zu schauen.

»Nein, es war kein Fehler. Aber wir können uns nicht lieben, wie wir wollen. Nicht in diesem Leben. Doch wir sind ›Die, die niemals sterben können‹. Unser Schicksal kreist mit den Sternen. Wenn du gehst, werde ich nicht weinen. Denn du wirst zu mir kommen, wenn nicht heute, so morgen, und heute ist beinahe vorbei. Da ich mich nach dir sehne, bist du für mich bereits hier. Und blicke ich in dein Inneres hinein, weiß ich, dass du Gleiches empfindest.«

Sie sprach mit kühler, selbstsicherer Stimme; es war die gleiche Stimme wie damals in ihrem Zelt, als sie meine Wunde geheilt hatte. Dabei bewegten sich ihre Augen und schweiften umher; sie schien zu sehen, wie Gesichter und Gestalten sich formten. Sie blickte in die Zukunft, wie einst. Es war nicht bloß ihre Vorstellungskraft: Diese Zukunft war wirklich und wahrhaftig. Der Tod war immer da. Aber der Tod war nichts. Ja, Black Buffalo Woman war weiser als ich. Sie wusste, dass unsere Liebe ein Wiedererkennen der Seelen war, dass sich das Band festigen würde, von Leben zu Leben.

»Sag mir, was ich tun soll«, bat ich.

»Lebe wie jeder andere Mann. Nimm eine Frau in dein Tipi.«

»Es gibt keine Frau, die mir gefällt.«

»Eine solche Frau gibt es.«

Eine Erinnerung tauchte in mir auf: lustig funkelnde Augen, Gebärden, die mit leichter Grazie dahinflossen, Locken in der Farbe reifer Kastanien. Ich hörte ein Lachen, hell und klar, wie ein Klang von Glöckchen in der Stille meiner Gedanken.

»Black Shawl«, murmelte ich.

Meine Gefährtin lächelte. Eine blitzhafte Freude zuckte durch ihren Blick. »Sie wird eine gute Frau für dich sein. Sie liebt dich.«

Ich starrte sie an. »Woher weißt du das?«

Sie streichelte mich sanft. Aus ihrer Stimme klang verhaltener, zärtlicher Spott. »Ich bin eine Frau unter Frauen, die frei ihre Gefühle und Gedanken zeigen. Wie oft habe ich erlebt, dass Black Shawl verstummt, wenn du vorbeigehst. Ja, und ich habe das Spiel ihrer Augen gesehen.«

»Das kann nicht wahr sein.«

»Und doch ist es wahr. Sie glaubt, dass ihre Augen nichts verraten, doch sie ist jung und ohne Arg. Mir sagen ihre Augen alles. Denke an sie, Tashunka Witko! Ein Mann soll in der Wirklichkeit leben und nicht im Schattenreich der Geister. Nimm nicht vorweg, was noch kommen wird!«

So sprach sie zu mir an jenem Abend, bevor der Mond aufging und tief unten im Tal ein Flimmern von silberweißen Wellen schuf, als ob der Geist des verstorbenen Flusses, vom Himmelsglanz angezogen, erwachte und über den Sand schwebte. Und dann schliefen wir, jeder geborgen in den Armen des andern, bis der Himmel, gelb wie Primeln, einen neuen Morgen ankündigte. Es war unser letzter gemeinsamer Tag; vielleicht ahnten wir es bereits, als wir unsere Sinne mit Lebenshunger und Liebesgier füllten. Aber jeder Atemzug, der unser Leben verlängerte, war gleichzeitig auch jener, der die Zeit unaufhaltsam vorrücken ließ. In unser Lächeln mischte sich Schmerz; wir spürten das beginnende Leid, auch wenn wir im Licht der keimenden Erkenntnis wussten, dass alles einer tieferen Ursächlichkeit entsprach.

So glitt die zauberhafte Zeit vorüber. Und wieder verdunkelte sich die Welt im Herannahen der Nacht. Die Sonne sank blutrot, eine fiebrige Kugel, die die herbstlichen Nebel verschluckten. Fast unbeweglich schwebten zwei Adler dicht über die Erde, auf der Suche nach einer letzten Beute vor dem einbrechenden Dunkel. An diesem Abend war es kalt. Die Natur verwandelte sich, zeigte ihre finstere Kraft, und wir Menschenkinder empfanden Ehrfurcht und Schrecken. Ich legte beide Arme um die Frau, die ich liebte, hielt sie fest an mich gedrückt, spürte ihre Wärme und atmete ihren Geruch ein, während das Klagelied des Windes über die Berge brandete.

Ich war ein Mensch, der sich jeden Augenblick fest in der Gewalt hatte, selbst im Schlaf mit allen Sinnen auf Selbstbewahrung bedacht. Plötzlich erwachte ich aus dem Halbschlaf, lauschte gespannt in die Nacht hinaus. Alles schien still. Und doch war ich überzeugt, dass ich etwas gehört hatte, ein schleichender, schattenhafter Laut ohne Substanz und aus unbestimmter Richtung. Mein Haar sträubte sich. Ich rollte mich herum, meine vorgestreckte Hand packte das schmale spanische Messer, das griffbereit neben mir lag, einen Atemzug zu spät. Schon war die Höhle voller tanzender Schatten: Eine Anzahl Männer trat aus dem Dunkeln in das Flackerlicht der Glut. Ich hatte kaum Zeit, in die Mündung der Pistole zu starren, die No Water sich – wie ich später erfuhr – von einem seiner Krieger ausgeliehen hatte. Schon löste sich der Schuss. Ein feuriger Blitz zuckte auf, das Getöse schien die Höhle in Stücke zu reißen. Ich spürte einen Aufprall im Gesicht, einen heftigen Schmerz und taumelte zurück. Als ich an meine Wange fasste, lief Blut über mein Handgelenk.

No Water senkte die Pistole. Seine Stimme war eiskalt.

»Hätte ich es gewollt, wärst du jetzt ein toter Mann.«

Ich wusste, dass er die Wahrheit sprach. No Water war für seine Treffsicherheit bekannt. Er hatte mir in den Kiefer geschossen. Ich antwortete mühsam, den Mund voller gebrochener Zähne und Blut. »Du zielst besser als ich.«

»Keiner hat das je so anerkannt wie du«, sagte er düster.

Zum zweiten Mal hatte ich No Water unterschätzt. Man sagte nicht umsonst, dass er Augen hatte, die wie die eines Nachtvogels im Dunkeln sahen. Immerhin hatte er vier volle Tage gebraucht, bis er unsere Spur fand. Seine Begleiter, die alle zur

Bad-Faces-Bruderschaft gehörten, standen betroffen da. Auch mein Bruder Little Hawk und mein Jugendfreund Hump waren anwesend. No Water hatte seine Rache gut vorbereitet. Ich konnte seine Heimtücke verwünschen, aber nichts dagegen unternehmen. Die Sache war uns allen höchst peinlich. Inzwischen warf No Water seiner Frau einen nervösen Seitenblick zu, den Black Buffalo Woman verächtlich ignorierte. Sie war dabei, sich anzukleiden. Ihre Gesten waren ruhig, ohne Hast, ihr Ausdruck abwesend. Sie benahm sich nicht im Geringsten so, wie man es von einer Frau, die mit einem anderen Mann ertappt wurde, erwarten konnte. Sie zeigte weder Furcht noch Scham, suchte gelassen ihre Sachen zusammen, schüttelte die Asche aus ihrem Mantel und schlüpfte hinein. Als sie fertig angekleidet war, warf sie ihr schimmerndes Haar zurück und sagte kalt zu ihrem Mann:

»Hättest du ihn getötet, müsstest du dich jetzt vor den Geistern verantworten. Ich sah Donnervögel im Traum. Sie befahlen mir, mit ihm zu gehen.«

Ohne ein weiteres Wort, ohne mich auch nur mit einem Blick zu streifen, glitt sie mit ihrem geschmeidigen Schritt an ihm vorbei und verließ den Schein des Feuers. Sie kannte die Höhle inzwischen gut genug, um mühelos ihren Weg zu finden. Einen Augenblick später ertönte in der Dunkelheit der Galopp ihres sich entfernenden Pferdes. Wir blieben allein und sahen einander an, eine Gruppe Männer, die sich sehr dumm vorkamen. Ich erstickte fast an meinem Blut. Nachdem ich drei Zähne ausgespuckt hatte, gelang es mir endlich zu sprechen.

»Ich wusste von ihrem Traum. Unser Wille kommt gegen die Donnervögel nicht an. Ihre Ehre soll unangetastet bleiben! Die Schande ist mein.«

No Water zögerte, schaute auf seine Waffe hinunter. Ich sah, wie er die Stirn runzelte. Auch die Krieger an seiner Seite bewegten sich unruhig. Kein Mann kann sich fälschlich auf solche Mächte berufen, ohne auf der Stelle sterben zu müssen. No

Waters Vernunft gewann schließlich die Oberhand. Er war sehr umgänglich, wenn er Wert darauf legte, hatte jedoch guten Grund, sich zu beklagen.

»Ich bin kein ehrbarer Mann mehr. Nun muss ich mich dem Volk zeigen und den Hohn ertragen.«

Ein düsteres Schweigen folgte, das Little Hawk mit strenger Stimme brach.

»Nun, Bruder? Wie willst du es wiedergutmachen?«

Der Schmerz betäubte mich, und mein Denken war langsam. Ich hatte No Water gedemütigt. Und er schluckte solche Kränkung nicht viel besser, als ich es getan hätte. Weil er sich aber anständig verhielt, musste ich das auch tun. Schließlich gelang es mir unter größter Mühe zu sprechen.

»Ich nehme alle Schuld auf mich und werde mich zu ihr bekennen. Einzig, ich kann nicht fortgehen, obwohl es mein Wunsch wäre. Bald kommen schwere Zeiten, und das Volk vertraut mir. Aber vielleicht ist es gut, wenn du das Lager für eine Weile verlässt. Sie wird dir folgen, wohin du auch gehst.«

No Water befolgte meinen Rat. Er ritt mit Black Buffalo Woman und seinen Kindern zu Makhpiya Luta – Red Cloud – und seinem Stammesverband. Ich sollte Black Buffalo Woman nie wiedersehen. Was aus ihr geworden ist, weiß ich nicht. Das Einzige, was ich noch in Erfahrung bringen konnte, war, dass sie im Jahr darauf ihr viertes Kind, ein Mädchen, zur Welt brachte. No Water war, wie man mir berichtete, auch diesem Kind ein guter Vater. Man sprach es nicht offen aus, aber manche behaupteten, sie sei meine Tochter. Ich aber wusste es anders. Wäre sie wirklich mein Kind gewesen, hätte mein Herz es mir gesagt. Und in meinem Herzen war nichts – nur dunkles Schweigen.

Dass ich ohne Rücksicht auf unsere Sitten und Anstandsregeln gehandelt hatte, vergab mein Volk mir, einige lachten sogar über den Zwischenfall – die Stammesältesten jedoch nicht. Ich konnte nach dieser Angelegenheit kein Hemdenträger mehr sein und wurde von der Bad-Faces-Bruderschaft ausgestoßen. Ich beugte mich demütig diesem Urteil, hatte ich doch das oberste Gebot für einen Hemdenträger missachtet, für den das Wohlergehen des Stammes immer an erster Stelle stehen musste. Hump ging mir aus den Weg, weil No Water sein Vetter war, und Little Hawk warf mir vor, dass ich unseren Eltern Schande brachte. Eine Zeitlang war ich sehr unglücklich, auf eine heftige und leidenschaftliche Art. Es war, als ob mein *Nagi* mit den Worten zu mir sprach: »Nun, wenn dieses Leben dir so viel Verdruss bringt, versuch's mal mit dem Sterben.« Meine Gefühle zersplitterten und waren bereits tot.

In dieser Zeit war es einzig Spiritmaker, der meine düstere Stimmung linderte. In ihm war so viel Lebenskraft! Wie eine wandernde Flamme erschien er mir, wie ein Wolf, der frei durch die Wälder streifte. Er war ein Mensch, der immer nur suchen und vielleicht niemals finden würde, doch er war einer, der vorwärtsblickte und nicht hinter sich. Die Dinge aus seinem früheren Leben hatten keine Bedeutung mehr für ihn, waren aus seiner Welt entschwunden, abgenutzt und verbraucht.

Oft saß ich mit ihm am Flussufer, sah zu, wie er Formen in die weiche Tonerde knetete. Es waren Träume, die er sichtbar machte, auch für mich. Einmal war es ein Büffel, den er mit seinen langen, geschmeidigen Händen langsam gestaltete, gestreckt wie zum Anlauf, starr in verhaltener Kraft. Der massive Kopf war gesenkt, der Rücken gewölbt wie eine Sichel, die Flanken eingezogen, straff gespannt. Ich sah schweigend zu, bis er seine Arbeit beendet hatte und sich mit dem ihm eigenen scheuen Lächeln mir zuwandte.

»Beobachte ich Büffel, fällt mir jedes Mal auf, wie leicht sie sich bewegen. Sie wirken wie Felsblöcke, die über das Grasland rollen, und doch – aus der Ferne gesehen – sind sie luftig wie entschwindende Traumwesen. Es ist dieser Eindruck, den ich darzustellen versuchte. Ach! Könnte ich ihn nur in Bronze umsetzen! Es wäre das Werk meines Lebens.«

Ich verstand nicht ganz, was er damit meinte. Nachdenklich sagte ich, den Blick auf die Figur gerichtet: »Es ist ein Büffel … aber es ist auch kein Büffel. Er ist etwas anderes.«

Spiritmaker legte die Hand auf die braune Erde.

»Die Erde und die Wesen, die auf ihr leben, sind ganz verschieden. Man denkt, sie hätten nichts miteinander zu tun. Aber würde die Erde sich selbst formen, würde sie, glaube ich, die Gestalt eines Büffels annehmen.«

»Das ist ein Gedanke aus einer anderen Welt, mein Bruder.«

Er nickte langsam, die Augen ins Leere gerichtet.

»Töten die Weißen die Büffel, töten sie auch das Land. Und am Ende wird ihnen alles genommen. Sie werden sich selbst vernichten. Ich habe eine ziemlich gute Vorstellung davon, wie schrecklich es sein wird.«

Ich sagte eine Weile lang nichts. Auch er trug eine Wunde in sich, einen tiefen, geheimnisvollen Riss in seiner Seele. Die Wunde würde immer bluten, mit aller Qual, die sie schaffte. Black Buffalo Woman hatte nur seinen Körper geheilt, mehr hatte sie nicht vermocht. Spiritmaker war gewiss kein Mensch, der mir den Rücken stärkte, er selbst trug ebenso viele Schmerzen in sich wie ich selbst. Doch er wärmte mich in Regen und Sturm. Etwas war an ihm, das mich tröstete; war ich nur in seiner Nähe, fühlte ich, wie ich mich belebte und Zuversicht fasste. Wohl spürte auch ich das Nahen eines Untergangs. Aber gleichzeitig auch einen mächtigen Zauber, das Geheimnis einer Verheißung.

Nach längerem Schweigen sagte ich leise, den Blick auf die kleine Figur gerichtet: »Sie ist fort.«

»Ich verdanke ihr mein Leben«, erwiderte er, ebenso leise.

»Ja«, sagte ich.

Und das war alles.

Mein Eltern drängten mich, eine Frau zu nehmen. Schließlich sah ich selbst ein, dass dieser Zustand nicht andauern konnte. Ich dachte an Black Shawl und ließ es sie wissen. Sie war darüber ganz erfreut. Ich merkte, wie treffend Black Buffalo Woman sie beobachtet und eingeschätzt hatte. Black Shawl machte den Eindruck einer Wildblume. Ihr Gesicht schimmerte, vor allem die Stirn und Wangen, blass, aber rosig überhaucht. Lachte sie, was sie oft und gerne tat, sprang leuchtendes Licht aus ihren Augen. Sie war klug: Beim Würfelspiel, das die Frauen untereinander gerne spielen, gewann sie fast immer. Die Pferde mochten den Klang ihrer Stimme: Auch die wildesten erlaubten ihr, sie zu berühren und zu füttern. Sie war eine gewandte, empfindsame Reiterin, doch es schien ihr offenbar an Kraft zu fehlen. Sie ermüdete schnell, hustete und klagte über Schmerzen in der Brust. Ich hatte sie sehr lieb gewonnen und war um ihre Gesundheit besorgt. Sie vermochte auch keine schweren Arbeiten zu verrichten, dafür stickte sie wunderschöne Muster. Für alle, die sie darum baten, fertigte sie lederne Taschen und prächtige Satteldecken an, aus Wildlederstreifen, mit Perlen bestickt. Eine Zeitlang sah es so aus, als ob mich das Leben für den ausgestandenen Kummer entschädigen wollte. Und als Black Shawl ein Jahr später eine Tochter gebar, schien mein Glück vollkommen.

Jeder Mann des Volkes freut sich über die Geburt eines Sohnes. Aber ein Mädchen ist mehr. Der Junge wird frühzeitig auf sein Leben als Jäger und Krieger vorbereitet. Die Erzählungen des Vaters und der männlichen Verwandten machen die Knaben mutig und kampfbereit. Die auf Höflichkeit und Nachsicht gerichtete Erziehung der Mutter dämpft diese heftigen Charakterzüge, aber zumeist überwiegt der väterliche Einfluss. So geschieht es oft, dass Söhne nicht lange leben. Bei dem Volk sind kleine Mädchen immer willkommen, ja, es ist eine große Sorge, nur Söhne und keine Töchter zu haben. Denn wer kaut den alten Leuten das Essen vor, wenn sie keine Zahne mehr im Mund haben? Wer bessert ihre Kleider aus, wenn sie ihr Augenlicht verlieren? Wer zerschlägt das Eis und holt das Wasser für sie, wenn im Winter ihre Schritte unsicher sind? Wer geht auf die Jagd und versorgt die Alten mit Fleisch, wenn nicht die Töchter und Schwiegertöchter?

Black Shawl plagte sich sehr, um ihr Kind zur Welt zu bringen, und die Schmerzen waren schlimm. Es ist immer ein großer Augenblick für die Frau. Die Hebamme, die Black Shawl bei der Geburt half, war sehr erfahren. Weil Black Shawl zu schwach war, um sich an einem Stab festzuhalten und kniend zu gebären, band die Hebamme einen breiten Gürtel aus Hirschleder um ihren Leib, drückte ihn immer stärker nach unten und leitete so die Geburt ein. Und dann kam die Kleine, süß und stark. Nach dem ersten Blick auf dieses Kind fasste ich eine tiefe, fast schmerzhafte Zuneigung zu ihr. Zumal die Hebamme mir im Vertrauen gesagt hatte, es wäre besser, wenn Black Shawl keine Kinder mehr gebären würde.

Tief in unserer Tradition wohnt der Gedanke, dass die Kinder in erster Linie der Mutter gehören. Ich aber meinte, dass ich ein ebenso starkes Recht wie sie selbst auf mein Kind hatte. Sobald die Kleine auf ihren Beinchen stand und die ersten Worte stammeln konnte, brachte ich viel Zeit damit zu, mit ihr zu spielen, sie herumzutragen oder mit ihr meine Freunde zu besuchen. Ein Mann aus dem Volk mag als Krieger gefürchtet sein, seine Gefühle und Handlungen nach bestehenden Regeln einrichten, sein Innerstes darf er rückhaltlos einem kleinen Kind – seinem eigenen oder dem eines anderen – zeigen. Ein Vater wird mit seinem Sohn um die Wette laufen, mit ihm ringen, ihm Reiten und Jagen beibringen, sein Töchterchen aber liebt er mit größerer Zärtlichkeit. Und meine Kleine war so lebhaft, so voller Neugierde und Witz, dass jeder sich lachend ihren Launen beugte. Wir suchten für sie einen kraftvollen Namen und nannten sie Kokipapi: They Are Afraid Of Her.

Als unsere Tochter zwei Jahre alt war, suchten wir einen Winkte auf, damit er ihr den Namen gab, den man nicht laut sagte. Dieser Winkte war alt, tief zur Erde gebeugt, selbst fast nur noch ein brauner Erdhügel. Man munkelte bereits, dass er nicht mehr ganz bei Sinnen war. Er schien die Kleine anzublicken, aber seine Augen waren fest verhüllt von den Lidern wie die Augen einer Schildkröte; ich bezweifelte, dass er sie richtig sehen konnte. Er brummte lange vor sich hin, machte ein finsteres Gesicht und wählte schließlich für das Kind den Namen Kreideschmetterling. Als wir dem Winkte eine elchlederne, von Black Shawl reich bestickte Decke zum Geschenk machten, sagte ich zu ihm, halb lächelnd, halb verstimmt, Kreideschmetterling sei ein seltsamer Name für ein so lebenssprühendes Kind. Da richtete der Winkte sich auf, schien sich um etliche Jahre zu verjüngen. Vielleicht war sein Stolz beleidigt, weil ich ihm dreinredete. Jedenfalls riss er mir mit knochigen Fingern die Decke aus der Hand und knurrte erbost:

»Du siehst erfahren aus. Dabei weißt du gar nichts. Wenn du die Gefahr so wenig spürst, dass du nicht im Voraus darunter leidest, werden die Dinge des Lebens viel schwieriger für dich sein.«

Black Shawl erschrak und drückte die Kleine fest an sich. Mich aber machte das Glück unbekümmert. So alt und mürrisch war der Winkte, dass ich seinen Worten kaum Beachtung schenkte. Ich sollte mich später noch oft an sie erinnern.

31. Kapitel

Ich fand, dass Honor einen fragwürdigen Sinn für Humor hatte. Sie würde eine einfache Zeremonie abhalten, hatte sie gesagt, aber zunächst müssten alle Möbel aus dem Haus! Na prächtig. Ich wusste immer noch nicht, was sie eigentlich mit mir vorhatte, machte mich jedoch auf Überraschungen gefasst. Night und ich halfen ihr, Tisch, Stühle, Bett, Schaukelstuhl und Küchenschrank nach draußen zu tragen. Während wir arbeiteten und schwitzten, sah ich die Nachbarn aus den Fenstern schauen oder in der Dunkelheit stehen, doch sie kamen nicht näher, auch die Kinder nicht. Honor nahm die Bücher von den Regalen, die Bilder und Postkarten von den Wänden. Wir mussten unsere Uhren vom Handgelenk lösen, auch die Ringe abstreifen. Nur Elinors Schmuck sei gut für mich, sagte Honor, das Amulett gehöre zu mir und ich sollte es nicht ablegen. Aber meine Schultertasche mit Pass und Kreditkarten musste vor der Tür bleiben. Ich war nun doch etwas beunruhigt. Was, wenn jemand mir die Tasche klaute? Honor ließ ihr übliches Zungenschnalzen hören. Ts, ts! Ich sollte mich nicht so anstellen, hier mache niemand lange Finger.

Sie holte sämtliche Decken hervor, verhängte damit Fenster und Türen. Nicht der kleinste Lichtschimmer durfte ins Haus dringen. Im Augenblick brannte noch die Neonröhre, und Honor wischte mit einem feuchten Lappen den Fliegendreck ab, der daran klebte. Sie staubte alle Regale ab, schrubbte gründlich den Boden. Hausputz war ja mal nötig, dachte ich. Das feuchte Linoleum bedeckte Honor mit Salbei, der in der Nähe des Hauses reichlich wuchs. Nur in der Mitte blieb der Boden frei. Die Zweige verströmten einen warmen, reinen Duft, der bald den Geruch nach Putzmittel tilgte. Auch ich musste einen Salbeizweig hinter dem linken Ohr tragen. Night befestigte ihn für mich an einem Lederband. Es war nicht leicht, es zu verknoten, weil ich so kurzes Haar hatte und weil ich nervös lachte. Auch Night trug sein Kopfband, aber an ihm wirkte es hoheitsvoll und wirklich sehr sexy. Honor behielt nur eine staubig riechende Decke im Raum, weiß mit einem roten Muster. Aus irgendeinem verborgenen Winkel holte sie dann ein zusammengerolltes Bündel aus Leder und rotem Flanell hervor, das ziemlich schwer sein musste. Sie kniete in der Mitte des Raumes nieder und begann, das an beiden Enden verschnürte Bündel zu öffnen. Die vier Knoten, die Honor löste, indem sie einfach daran zog, waren alle achtförmig geschlungen. Endlich schlug sie das Bündel auseinander: Zum Vorschein kam ein etwa kopfgroßer Stein. Er war nicht ganz rund, eher abgeflacht, und hatte in der Mitte eine Einbuchtung, als sei er vom langen Gebrauch abgeschliffen. Seine Farbe war ein dunkles Rot, wie getrocknetes Blut. Honor hielt diesen Stein kurz an ihre Stirn, bevor sie ihn behutsam auf den Boden legte. Sie bemerkte meinen aufmerksamen Blick und sagte in zufriedenem Tonfall: »Nun, Lady, gefällt dir der heilige Stein? Er ist seit Menschengedenken in meiner Familie.«

Ich betrachtete den Stein genauer. Seine ganz besondere Form rief in mir eine Erinnerung hervor.

»Solche Steine«, sagte ich, »findet man auch in der Sahara, der größten Wüste dieser Erde. Sie sind in Wirklichkeit Knochen von Tieren, die vor zweihundert Millionen Jahren lebten.«

Honor nickte, nicht die Spur überrascht.

»Jawohl, Lady. Auch wir haben ein Gebiet, das wir die ›Badlands‹ nennen, wo wir solche Steine finden. War dieser einst ein Lebewesen, war das Tier sehr mächtig. Ich werde jetzt den Stein als Kopfkissen benutzen und ihm Fragen stellen. Ich weiß nicht, in welcher Sprache er mir antworten wird, aber ich verstehe immer, was er sagt.«

Das Bündel enthielt auch eine kleine Trommel mit einem Schlägel. Die Trommel war weiß und gelb bemalt, aber von der Farbe war kaum etwas übrig. In zwei weiteren kleinen Säckchen befanden sich roter und schwarzer Sand. Den roten Sand schüttete Honor rund um den Stein aus, wobei sie ihn mit den Händen zu einem Rechteck wischte, groß genug, dass ein Mensch darin liegen konnte. Mit dem schwarzen Sand, der sehr körnig war, formte sie hinter dem Stein eine kleine Pyramide, strich sie liebevoll mit einer Adlerfeder glatt, wobei sie unentwegt vor sich hin murmelte. Dann entblößte sich Honor bis zur Taille, legte sich, leicht ächzend, in das Rechteck, und bettete ihren Kopf auf den Stein.

»Liegst du bequem?«, fragte Night.

Sie zog die Stirn kraus, bewegte die Schultern und streckte die Beine, um die beste Lage für sich auszumachen. Nach einer Weile blickte sie auf und sagte, irgendetwas sei nicht richtig. Folglich musste ich ein wenig zur Seite rücken.

»Okay«, knurrte sie schließlich, »das sollte gehen.«

Night nahm die Decke, wickelte Honor in diese Decke von Kopf bis Fuß ein, bis sie selbst einem Bündel glich, und verschnürte sie mit einem langen Riemen. Er arbeitete sehr sorgfältig, wobei er vier akkurate Knoten formte. Dann musste ich mich dicht neben Honors verhüllten Kopf setzen, und Night befestigte das eine Ende des Riemens um mein Handgelenk.

»Nicht mehr sprechen jetzt!«, flüsterte er.

Er nahm die Trommel und den Schlägel, schloss die Tür und löschte das Licht. Nun war es vollkommen dunkel im Raum. Und in dieser Finsternis begann Night die Trommel zu schlagen. Die Trommel besaß nur wenig Klangfülle, doch das Prasseln des Schlägels erzeugte nach und nach ein eintöniges, hypnotisches Geräusch. Mit jeden Atemzug drang mir das herbe Aroma des Salbeis in die Lungen. Der dumpf pochende Schlägel verursachte ein vertrautes Geräusch; mit zunehmendem Erstaunen wurde mir klar, dass er genau meinem Herzrhythmus folgte. Night trommelte gleichmäßig und ruhig. Die stickige und schwüle Luft benebelte mir allmählich die Sinne, und ich schlummerte fast ein. Geweckt wurde ich durch einen seltsamen Brummton. Eine Stimme, tief und röchelnd, kam aus nächster Nähe, stimmte einen ungewöhnlich komplizierten Gesang an. Night benutzte jetzt die Trommel wie zur Verstärkung der Laute; mir war, als ob er das Instrument vor seinen Mund hielt oder es nach oben und unten bewegte. Doch obwohl es nur Honor sein konnte, die da sang, und die Decke ihre Stimme erstickte, schien mir das heisere Krächzen nicht von ihrer liegenden Gestalt auszugehen, sondern es durchquerte den Raum von rechts nach links und wieder zurück. Die unnatürliche Stimme kreiste manchmal dicht über meinem Kopf, schwebte empor und stieß an die Wände, bevor sie wieder in die Ferne entschwebte. Night fuhr fort, sein Trommelspiel diesem Gesang anzupassen, doch als sich der Klang steigerte, in ein hartes Pochen überging, spürte ich, dass auch mein Herz schneller schlug, als ob der Rhythmus mein ganzes Wesen erfasste. Dann: plötzliche Stille – ich hörte uns atmen. Es war, als ob Honor ihre Kräfte sammelte. Auf einmal ging es von neuem los. Der Schlägel prasselte auf das Trommelfell, und Honor begann, abgebrochene Sätze in einer unverständlichen Sprache zu reden. Gelegentlich war mir, als ob zwei Stimmen gleichzeitig sprachen. Diese neue Stimme war scheppernd und heiser, begleitet von Schlürfen und Schmatzen, wie bei einem alten Mann, der zu viel Schleim in den Atemwegen hat. Es erübrigt sich zu sagen, dass ich mir das nur einbildete. Beide Stimmen kamen einmal von rechts, einmal von links, bisweilen sogar von außerhalb des Hauses oder aus der Höhe. Und auf einmal sah ich, starr vor Verblüffung, einige Funken über die Wände huschen. Ich blinzelte benommen. Wenn schon die akustischen Phänomene zweifelhaft sein mochten, an diese Erscheinungen konnte ich gar nicht glauben. Vielleicht fuhr gerade ein Wagen vorbei, das Licht der Scheinwerfer drang durch irgendwelche Ritzen herein, und Nights Trommelschlag machte, dass wir das Motorengeräusch nicht hörten. Honor keuchte und stöhnte und röchelte, ich dachte, das hört sich ja schrecklich an, gleich erstickt sie. Nights Hand aber ließ den Schlägel nicht los, entlockte der Trommel ein scharfes, unentwegtes Prasseln. Wieder kamen die Funken, eigenartig schwebende Tropfenstrahlen, leuchtend blau und grün wie Aquamarine. Ich sah sie umherirren, erlöschen, wieder aufglühen, als wäre die Finsternis ein Schwamm, der die Funken aus sich herausdrückte. Die Sache war wirklich unglaublich. Dabei war mir, als ob die alten Wände vibrierten, als ob der Boden sich leicht unter mir bewegte, seitwärts und nach außen aufschwang. Meine Kopfhaut wurde heiß und kribbelte, ich unterdrückte mühevoll den Versuch, mich zu kratzen. Unvermittelt strich mir eine Feder über die Wange, etwas summte dicht an meinem linken Ohr, es war, als ob ein großer Nachtfalter oder ein Vogel mich streifte. Ich hob unbewusst die Hand, um das Geschöpf, was auch immer es sein mochte, zu verscheuchen, als sich der Riemen zwischen Honor und mir heftig spannte. In meinem benebelten Zustand verlor ich das Gleichgewicht. Vorwärtsgezogen mit einem heftigen Ruck, fiel ich mit ausgestreckten Händen und mit einem lauten Klatscher zu Boden. Im selben Augenblick erlosch jedes Geräusch. Night hielt mit dem Trommeln inne. Mehrere Sekunden vollkommener Stille folgten. Mein Rückgrat schmerzte ganz entsetzlich; ich bewegte mich, rollte mich ächzend auf die Seite. Da strich ein Luftzug über meine Schultern. Die Neonröhre flammte auf.

Night war lautlos aufgestanden und hatte Licht gemacht. Nach der Finsternis kam mir selbst die trübe Deckenleuchte fast unerträglich hell vor. Mühsam richtete ich mich auf, und der Schmerz ließ nach. Meine Augen waren verklebt und verschleiert, so wie es bei einer Bindehautentzündung oft vorkommt. Ich blinzelte ein paarmal, sah endlich wieder klar und entdeckte mit ungläubigem Staunen, dass Honor sich bereits aus ihrer Verschnürung befreit hatte. Wie hatte sie das nur fertiggebracht? Solche Tricks, dachte ich, bekommt man für gewöhnlich nur im Zirkus zu sehen. Sie saß aufrecht, ich sah ihr schimmerndes Haar, ihre weiche goldglänzende Haut, die Schweißtropfen auf ihrer Stirn, auf ihrem Hals und ihren Brüsten. Still saß sie da, ihr Atem ging tief und schwer. Endlich kam ein langer Seufzer, wie Menschen ihn manchmal von sich geben, wenn sie aus tiefem Schlaf erwachen. Sie verschränkte erschauernd beide Arme. Night reichte ihr das Hemd, das sie wortlos überstreifte. Er holte eine Flasche Seven Up, die er für Honor öffnete. Sie setzte die Flasche an die Lippen, trank gierig, bevor sie mit dem Handrücken über ihr nasses Kinn fuhr. Ihre Augen glänzten müde und verträumt. Night brachte noch zwei Flaschen; wir tranken nicht, wir soffen. Nicht einmal in Afrika hatte ich solchen Durst verspürt. Schließlich stapfte Honor nach draußen, und ich hörte, wie sie sich neben dem Haus erleichterte. Dann kam sie wieder, wobei sie ihren Reißverschluss hochzog, und brach endlich das Schweigen, indem sie das Wort an Night richtete.

»Du solltest öfter assistieren, Hanhepi. Du bist wirklich begabt.«

Er verzog leicht das Gesicht. »Tja, vielleicht sollte ich den Beruf wechseln.«

»Reich wirst du dabei nicht, das siehst du ja an mir«, sagte Honor, worauf beide in erlösendes Lachen ausbrachen. Ich sah zu, wie Honor mit ehrfürchtigen Gesten den Stein wieder in die rote Büffelhaut wickelte; den Sand, der den kleinen Altar bildete, sammelte sie sorgfältig ein, trat nach draußen und blies ihn von ihren Handflächen. Dann fegte sie das sandige Rechteck auf, das inzwischen ziemlich verwischt war, und brachte die Salbeizweige fort. Auch ich nahm den Zweig ab, den ich hinter dem Ohr trug; es war der verflixte Salbei gewesen, der mich vorhin so gekratzt hatte. Dann holte ich meine Tasche, sah auf die Uhr und traute meinen Augen nicht: Es war knapp vor Tagesanbruch. Dabei hatte ich den Eindruck gehabt, dass nur kurze Zeit vergangen war. Als ich die Uhr am Handgelenk befestigte, trat mir Honor entgegen. Sie knöpfte ihr Hemd zu, ihr Gesicht war eingefallen.

»Der heilige Stein hat mir deinen Namen gesagt.«

Ein Druck lastete auf meiner Brust. Mein Herz schlug, dass es mich innerlich schüttelte. Scheiße, dachte ich, wenn mein Herz weiter so poltert, muss ich Tabletten nehmen. Ich versuchte, ruhig zu atmen.

»Ach«, sagte ich, »wie heiße ich denn?«

Sie rieb sich die geröteten Augen. Sie sah todmüde aus, was bei ihrem Alter nicht weiter verwunderlich war. Wie war ich bloß dazu gekommen zu glauben, dass sie jung war? Sie musste längst über siebzig sein!

»Der Name war schon immer da«, sagte sie. »Anders wäre es nicht möglich. Verstehst du das nicht?«

Ich schüttelte den Kopf, langsam, vorsichtig. Mein Herzschlag beruhigte sich nicht.

»Überhaupt nicht.«

»Okay, das macht nichts. Du hast jetzt andere Sorgen.«

Sie verwirrte mich, sie war nicht zu durchschauen. Und überhaupt, wozu die ganze Show? Hatte ihr Gesang – wenn man ihr Gebrumm einen Gesang nennen konnte – ausgereicht, um die Umrisse meiner Seele zu erkennen? Aber nein, aber gewiss nicht. Ich hätte ihr am liebsten einen Tritt versetzt. Was mich auch ärgerte, war, dass Night mir eine Fahrt von zweitausend Kilometern zugemutet hatte, quer durch die Staaten, damit sie auf meine Kosten ihren Hokuspokus veranstaltete.

Honor sah mir ins Gesicht und lachte plötzlich auf. Das Lachen war kurz, aber erstaunlich, denn weil sie müde war, mischte sich ein Stöhnen hinein.

»Setz dich!«

Sie deutete mit spitzem Finger auf einen Stuhl. Ich setzte mich, fühlte, wie der Stuhl auf dem unebenen Fußboden leicht wackelte. Sie nickte mir zu, immer noch stoßweise lachend.

»Sei ruhig, Lady, sei eine Minute ruhig und werde nicht nervös.«

Ich war ein ungestümes Frauenzimmer und rief mich innerlich zur Ordnung. Uma, pass auf! Sie ist vielleicht doch nicht das, was du glaubst. Unterschätze sie nicht.

Sie wischte sich die Augen, sah zu Night hinüber.

»Hast du Respekt vor denen, die älter sind?«

Er antwortete in abwesendem Tonfall. »Das weißt du verdammt genau, Honor.«

»Das freut mich. Aber so schnell geht das nicht. Der Stein kann auch nicht alles über sie wissen. Ich andererseits, verstehst du, kann da auch nur gewisse Schlüsse ziehen. Das Weitere muss sie schon selbst machen, tut mir leid.«

Night sagte gar nichts. Honor nahm einen Schluck Seven Up. Ich konnte ihren Gedanken nicht folgen, und Night offenbar auch nicht. Vielleicht hatte sie gar keine Gedanken, nur Reaktionen, was noch viel unangenehmer war.

»Also, hör gut zu, was ich der Lady zu sagen habe.«

Sie packte mich plötzlich am Arm, zerrte mich hoch, so dass ich auf den Füßen stand, mit dem Gesicht zur Neonröhre. Das grünliche Licht kam mir plötzlich kreidig vor, ich konnte die Augen kaum offenhalten. Ich spürte, wie Honors Nägel sich in mein Fleisch bohrten. Sie sprach, aber es war nicht ihre Stimme, die da sprach. Nein. Es war die Geisterstimme, die ich in der Dunkelheit gehört hatte. Und diese Stimme sagte, jedes Wort betonend:

»Dein Name ist ›Der, der niemals sterben kann‹.«

Dann Stille. Benommenheit wie nach einem Schlag. Honor ließ mich endlich los, und ich rieb mir den Arm. Ich hatte jetzt bestimmt blaue Flecken. Night aber starrte mich an. Sein Gesicht trug ein Ausdruck bestürzter, achtungsvoller Sprachlosigkeit. Nach ein paar Atemzügen öffnete er den Mund, wollte etwas sagen. Doch kein Wort drang über seine Lippen, die er wieder fest zusammenpresste.

»Tu nicht so«, sagte Honor, wieder mit ihrer eigenen Stimme. »Du hast es doch geahnt, oder?«

Er schluckte und sagte: »Ich weiß nicht.«

Sie streckte die Hand aus, schüchtern fast, und berührte ihn an der Schulter.

»Hanhepi, wir brauchen uns doch gegenseitig nichts vorzumachen. Du weißt, wie es ist, und ich weiß es auch. Die Lady weiß es noch nicht, und sie ist ganz schön wütend. Sie ist zu mir gekommen, um ein paar weise Worte von einem Winkte zu hören, aber die Dinge, die ich ihr sage, sind nicht weise, sondern wahr und mächtig. Da fühlt sie sich unbehaglich, ist doch klar.«

Mit einem Mal kam ich mir ganz verwundbar vor. Ich spürte den heftig aufflackernden Schmerz im Rücken, ich hatte den Mund voll bitter schmeckender Spucke, und mir war leicht übel. Dazu kam, dass ich diese alte Hexe vor mir hatte, mit ihrem sicheren und überlegenen Getue.

Und wieder war es, als ob Honor meine Gedanken las, denn sie schüttelte nachsichtig den Kopf, ließ ihr übliches Zungenschnalzen hören, ts, ts. Unsicher betrachtete ich ihre Augen, die tief in den Höhlen lagen, und sah statt Hohn nur Zärtlichkeit und Rührung. Sie schien mir meine inneren Wutausbrüche nicht übel zu nehmen. Im Gegenteil, sie betrachtete mich, wie eine Mutter ein ungezogenes Kind betrachten mochte, das trotzdem geliebt und bewundert wird. Während ich verdrossen schwieg, nahm sie mit langsamer, fast liebevoller Geste meine Hand und Nights Hand. Es war, als ob ihre starken Finger unser beider Hände verbanden, blutwarm und lebendig, wie eine Nabelschnur.

»Hanhepi«, sagte sie, »sag der Lady jetzt deinen Namen. Es ist wichtig, dass sie ihn kennt, damit sie uns nicht mehr böse ist.«

Ein Schimmer von Schmerz huschte über Nights Gesicht, bevor er langsam und leise zu mir sprach.

»Obwohl ich ein Mann bin, heiße ich, wie eine Frau heißen sollte. Honor hat das für mich herausgefunden. Es begann, denke ich, als Pandora zu mir kam. Ich kann mich daran erinnern, mehr oder weniger. Aber was davor geschah, ist eine Art Traum. Mein Name lautet: ›Die, die niemals sterben kann‹.«

32. *Kapitel*

Unausweichlich kamen die Zeiten, da Krieg und Frieden unser Leben teilten. Die älteren Männer, die Chiefs, konnten die Ungeduld der jüngeren Krieger nicht länger zügeln. Als sich die blutigen Zwischenfälle häuften, ergriff die Regierung in Washington neue Maßnahmen. Die Weißen, die unsere Freunde sein wollten, wurden durch jene ersetzt, die uns am meisten hassten. Der Eigennutz des kleinen Mannes, die schonungslose Gier der Siedler forderten unsere Unterwerfung. Unser zunehmendes Elend, der brennende Schmerz unserer Demütigung, schenkte ihnen jede Menge Genugtuung und dann und wann geringfügiges Mitleid, wenn sie sich von ihrem Gott gemaßregelt fühlten. Vom Volk blieben nur wenige übrig, die frei waren: wir, die sie die Sioux nannten, auch die Cheyenne, die sich nicht ergeben hatten. Red Cloud, der den Großen Vater in Washington getroffen hatte, sah seinen Mut Jahr um Jahr zusammenschrumpfen. Auch Spotted Tail, American Horse und Little Big Man fühlten sich in den Reservaten sicherer. Nur einer blieb übrig: Tatanka Yotanka – Sitting Bull. Seine Macht wuchs bei den kriegerischen Hunkpapa. Ich sollte es nicht mehr erleben, wie auch sein Hochmut gebrochen wurde und er dem verräterischen Ehrenwort des weißen Mannes zum Opfer fiel. Vielleicht hatte ich ein besseres Los. Mein Zorn war mir süß, und ich war frei bis zuletzt. Ich teilte mein Leben mit einer guten Frau, und mein Töchterchen wuchs heran und entschädigte mich für alles. Kokipapis Augen waren mandelförmig, ihre Haut war hell und klar wie Gold. Ihr Haar fiel in ungestümen, federnden Locken auf die nackten Schultern; ein rötlicher Schimmer glomm in dem Schwarz. Noch bevor sie laufen konnte, nahm ich sie vor mir auf mein Pferd, ritt in vollem Galopp, und sie schrie vor Vergnügen. Abends, im Tipi, setzte ich sie auf den Schoß, sang ihr Lieder vor oder erzählte ihr alte Legenden, wie ich sie selbst von meinen Eltern gehört hatte: von den klugen Hasenkindern und dem bösen Spinnenmann, von der weißen Büffelfrau, die uns die heilige Pfeife brachte, von den Großen Zwillingen, Kinder einer Frau und eines Adlers, die Ahnen unserer Nation. Oder ich nahm sie bei der Hand und zeigte ihr die Sterne. Bald konnte sie ihre Namen auswendig und wusste genau, wo sie am Himmel aufgingen. Sie war liebenswürdig, unbefangen, zeigte alle Merkmale einer besonderen Klugheit. Black Shawl hatte ihr einen kleinen Bogen und Pfeilköcher angefertigt; nichts liebte sie mehr, als mich auf die Jagd zu begleiten und sich an die Tiere heranzuschleichen. Immer wieder lag sie mir in den Ohren, sie wolle doch endlich ein eigenes Pferd haben. Ich fand für sie eine Stute, die klein gewachsen und freundlich war. Es dauerte nicht lange, und sie schwang sich auf ihren Rücken und war für unsere Ruhe gar zu wagemutig.

Spiritmaker hatte gesagt, dass manche Weiße sich durch ihre Grundsätze gebunden fühlen und Gutes tun; ich hatte ihm nur halbwegs geglaubt. Doch ich sollte erfahren, dass manche von ihnen in aller Ehrlichkeit handelten. Aus der Entfernung wirkten alle Weißen wie Feinde, aber traf man einen von ihnen, dann entdeckte man bisweilen die Aufrichtigkeit, und die war genauso groß wie die eigene.

Im Herbst ging es Black Shawl nicht gut. Sie hustete nächtelang, hatte hohes Fieber. Mein Vater tat alles, um ihre Beschwerden zu lindern. Das Fieber sank für ein paar Tage und stieg dann wieder, bis sie fast bewusstlos war.

Als sie zum ersten Mal Blut spuckte, sagte Spiritmaker zu mir: »Mein Bruder, es gibt eine Krankheit, die wir Tuberkulose nennen. Black Shawl ist von zarter Gesundheit und muss sich irgendwo angesteckt haben. Ich kenne einen Arzt in Fort Loring. Sein Name ist Dr. Valentine McGillycuddy. Weil Black Shawl unter einer Krankheit der Weißen leidet, kann nur ein Weißer ihr helfen. Ich werde nach Fort Loring reiten und ihn bitten, deine Frau zu behandeln. Er ist ein guter Mensch. Er wird ihr helfen.«

Black Shawls Gesundheit war mir wichtiger als alles auf der Welt.

»Wenn du es sagst, vertraue ich diesem Mann. Er ist in meinem Tipi willkommen«, antwortete ich, ohne zu zögern.

Spiritmaker machte sich also auf nach Fort Loring. Er konnte, wenn er es für angebracht hielt, den anderen Teil seines Wesens herauskehren, sich wie ein Weißer benehmen und sprechen. Tatsächlich ritt einige Tage später der weiße Medizinmann an Spiritmakers Seite in unser Lager. Es war ein Tag im Frühherbst. Die Wälder flimmerten in wogenden Farben. Die Espen vergoldeten die Luft mit ihren Strahlen, die Tannen schimmerten darin wie grüne Inseln. Tief unten, im Tal, lagerten unsere Tipis um den gewundenen Bachlauf. Die Sommermonate waren heiß gewesen. Wir hatten ausreichend Fleisch, das wir für den Winter trocknen konnten. Unsere Pferde waren fett, etwas schwerfällig, aber die Kälte würde bald an ihren Kräften zehren, die Tiere Geduld und Verzicht lehren. Als Dr. McGillycuddy durch die Zeltstraßen ritt, säumten nur Frauen, Kinder und alte Leute den Weg. Die Krieger hielten sich zurück. Es war ein heikler Augenblick, da zu jenem Zeitpunkt unser Vertrauen zu den Weißen bereits zutiefst erschüttert war. Doch als ich dem Arzt entgegentrat, verschwanden meine Befürchtungen. Auf diesen Mann war Verlass: man sah das. Sein Herz war gut. Sein weicher Mund zeigte Mitgefühl, seine Stimme war freundlich, und seine Augen blickten warm. Wir vom Volk haben einen feinen Geruchssinn. Für gewöhnlich rochen Weiße nach Schweiß, ungewaschenen Kleidern und häufig auch nach Alkohol. Dieser jedoch roch, wie mein

Vater roch, nach Kräutern und irgendwelchen Heilsalben. Auch mochte ich auf Anhieb sein nachdenkliches, redliches Gesicht, und ich schenkte ihm rückhaltlos Vertrauen. Er ließ sich mit seiner Tasche zu Black Shawl führen, die kraftlos und mit hochroten Wangen im Schatten des Zeltes kauerte. Dr. McGillycuddy begrüßte sie höflich und teilnahmsvoll. They Are Afraid Of Her indessen kniete in trotziger Haltung neben der Mutter, als ob sie diese verteidigen wollte. Sie musterte herausfordernd den Fremden, ihre eigensinnige Stirn zeigte eine Falte, und die haselnussbraunen Augen blitzten scharf. Sie war erst sieben und schon eine kleine Kriegerin.

»Guten Tag, kleine Lady«, sagte freundlich Dr. McGillycuddy. Er lächelte ihr warmherzig zu; sie konnte nicht anders, als sein Lächeln zu erwidern. Ich sah ihre hübschen Zähne aufleuchten. Wie zufällig rückte sie dann ein wenig zur Seite, damit der Arzt ihre Mutter untersuchen konnte. Er tat es lange und gründlich, wobei er mehrere Instrumente benutzte, und stellte verschiedene Fragen. Black Shawl antwortete scheu. Ihr Vorrat an englischen Wörtern war gering, und Spiritmaker musste dolmetschen. Endlich wandte sich der Arzt mir zu, wobei er Spiritmakers böse Ahnungen nur bestätigen konnte.

»Tuberkulose ist eine Krankheit, die die Lungen angreift. Sie ist sehr ansteckend und kommt auch bei Menschen vor, die eigentlich ein gesundes Leben führen.«

Er gab verschiedene Anweisungen. Black Shawl durfte sich nicht anstrengen. Sie sollte sich oft den heilenden Strahlen der Sonne aussetzen. Ihre Speisen sollten gesondert für sie zubereitet werden. Spuckte sie Schleim oder Blut aus, war es wichtig, dass ihre Tochter oder ich selbst die besudelten Tücher nicht berührten.

Er gab ihr Tropfen, die den Husten und die Schleimbildung lindern würden. Ich ehrte seine Weisheit sehr, sowenig ich auch über sie wusste.

»Wird sie gesund werden?«, fragte ich.

Er zeigte sich durchaus zuversichtlich.

»Sie benötigt Ruhe und gute Pflege, aber jung, wie sie ist, kann eine Besserung durchaus eintreten.«

Wir dankten dem Arzt und machten ihm Geschenke. Als man ihm sein Pferd brachte und er seine Tasche am Sattel befestigte, lief They Are Afraid Of Her auf ihn zu und streckte ihm die Hand entgegen.

»Für dich!«, sagte sie.

Sie öffnete ihre Hand. Darin lag eine Bärenkralle, eingefasst in Silber, die an einem Halsband befestigt war. Es war ein Geschenk von mir, das Kostbarste, was das Kind besaß. Die Geste rührte mich tief, denn es ist Brauch bei uns, dass wir uns aus Dankbarkeit von dem trennen, was unserem Herzen am nächsten ist. Und obwohl ich stolz auf mein großmütiges Töchterchen war, empfand ich plötzlich im hellen Tageslicht Verlorenheit und Schrecken. Es war, als ob große schwarze Schwingen die Herbstsonne verdunkelten. Mein Blut gefror, und meine Poren überzogen sich mit einer Haut aus Eis. Von einem Atemzug zum anderen hatte die sanfte Brise an Kraft gewonnen, ließ Schatten und Zweige mit unheimlichen Geräuschen tanzen. Ich blickte verstohlen umher, doch keiner außer mir schien die Schatten zu bemerken. They Are Afraid Of Her, in ihrem kurzen hirschledernen Gewand und den bestickten Beinlingen, stand unbefangen vor dem weißen Mann. Ihr Kindergesicht strahlte ihn an, voll Vertrauen. Die Leute lächelten, als der hochgewachsene Arzt sich zu ihr beugte und das Geschenk behutsam ergriff, wobei er höflich seinen Hut abnahm.

»Ich danke Ihnen, kleine Lady«, sagte er ernst. »Ich werde dieses Geschenk in Ehren halten.« Dass es keine leeren Worte waren, sollte ich bald und schmerzlich erfahren. Und dann riefen die Frauen ihre Hunde zurück, der Arzt ritt aus dem Lager, und Spiritmaker sorgte mit ein paar Kriegern dafür, dass er wohlbehalten Fort Loring erreichte.

Wann begann das Trauma? In meinen Gedanken verwirren sich die Jahre, in denen sich das Glück langsam, aber stetig gegen uns wandte. Vielleicht war es in der Zeit, als im Nachbarstaat Montana Gold entdeckt wurde. Schon bald suchten Goldgräber den schnellsten Weg dorthin, und zwar auf jener Route, die als Bozeman-Trail bekannt war. Um den Goldgräbern freien Zugang zu sichern, wurden neue Regimente entsandt. In diesen Zeiten wurde Spiritmaker mein engster Berater. Er kannte alle Kriegstaktiken und Gebräuche der Weißen, er kannte die verschiedenen Namen ihrer Anführer, die mir bald so geläufig wurden wie der Name unserer eigenen Chiefs: Oberst Carrington, Major Reno, Captain Fetterman und viele andere. Entlang des Bozeman-Trails begann ein planmäßiger Bau neuer Forts, wo die Weißen alles finden konnten, was sie brauchten. Wir sahen es mit großem Unbehagen. Weil es immer wieder zu Scharmützeln kam, berief das sogenannte Indianerministerium eine seiner nutzlosen Friedenskonferenzen ein. Sie fand in Fort Laramie statt. Die Chiefs kamen, weil sie sich anhören wollten, was der weiße Mann zu sagen hatte. Ich hatte bei der Beratung nichts zu suchen. Spiritmaker hatte mich von den Absichten der Weißen längst unterrichtet.

»Mein Bruder, sei vorsichtig! Das sind Unterhändler des Friedens, mehr nicht. Andere, die nicht kommen werden, beschließen, was getan wird. Du kannst eine Schlange nicht töten, wenn du ihr nicht den Kopf abschlägst. Ich weiß, wo der Kopf ist: sehr weit von hier. Sie wollen einen Friedensvertrag, weil noch mehr Forts in Planung sind. Für uns ist dort nichts zu holen, nur Verdruss.«

Die Chiefs verhandelten ein paar Tage lang, ließen sich überzeugen und unterschrieben den Vertrag. Carrington baute ein Fort südlich des Powder River, das vor Wintereinbruch fertig war. Neue Truppen rückten an. Dann begann Carrington befehlsgetreu und sehr unvernünftig siebzig Meilen weiter nördlich den Bau eines neuen Außenpostens, und zwar mitten in dem Gebiet, das den Chiefs vertraglich zugesichert worden war. Da hatten wir es satt, wie unmündige Kinder behandelt zu werden. Wir sammelten unsere Krieger: zweitausend an der

Zahl, zumeist Hunkpapa, die besten, die wir hatten. In Deckung warteten wir auf den anbrechenden Tag. Eine kleine Zahl Lockvögel lenkte das Gewehrfeuer auf sich. Als die Weißen die Verfolgung begannen, stürmten wir die Hänge hinab, trieben die Kavallerie auf dem schmalen Grad eines Hanges zusammen. Mit ihren Vorderladern begannen sie ein hoffungsloses Feuergefecht. Doch wir waren die Stärkeren. In einer Zeit, die Spiritmaker später mit fünfzehn Minuten angab, wurden vierzig Soldaten niedergemetzelt. Die Überlebenden verschanzten sich im Fort in der irrigen Meinung, dass ihre Brustwehr aus Steinen uns aufhalten könnte. Zunächst blieben wir auf Distanz, begnügten uns damit, mit Pfeilen zu schießen. Dann, als die Weißen sich bereits gerettet glaubten, stürmten wir die Anhöhe hinauf. Unsere Pferde setzten mühelos über die Brustwehr. Die Weißen schlugen sich tapfer. Aber die Verteidigung brach rasch zusammen. Ich war mitten unter den Kriegern. Die Steinaxt in meiner Hand war gut. Während ich rund um mich schlug und das Blut entlang meiner Waffe floss, spürte ich, wie der Kampf meinem Bedürfnis entsprach. Und danach war mir nicht mehr viel von jenem Tag bewusst.

Genug, alle starben. Wir plünderten das Fort, und die Krieger nahmen sich die Beute, die ihnen zustand. Als wir das Fort in Brand setzten, ritt mir White Deer schwitzend, blutverkrustet und schmutzig entgegen.

»Wo ist Spiritmaker?«, rief er mir zu.

»Er kämpft nicht gegen die weißen Männer«, sagte ich.

White Deer lachte geringschätzig auf und sprengte davon. Ich machte mich auf der Suche nach Spiritmaker und fand ihn neben einem toten Offizier – ich glaube, es war Captain Fetterman, aber ich war nicht sicher, so unkenntlich war die Leiche. Spiritmaker umklammerte seine Knie mit den Händen, wobei er undeutliche Worte stammelte. Ich glitt vom Pferderücken, ließ die Zügel einfach fallen.

Tate, mein Kriegsrappe, wartete ruhig. Spiritmaker sah ausdruckslos zu, wie ich meine blutige Steinaxt im trockenen Gras abwischte. Seine Hände, verschrammt und blutig, umklammerten einen Karabiner. In kurzer Zeit war die schwache Wintersonne untergegangen. Die Temperatur fiel. Der Himmel war schwarz von aufziehenden Wolken. Die Schlacht hatte lange gedauert, und ich war müde. Ich spürte den scharfen Wind. Das Fort brannte mit viel Rauch und brausenden Flammen. Der Widerschein färbte die unteren Dunstschichten rot. Schneeflocken, mit Asche vermischt, wirbelten in der kalten Luft. Spiritmaker war grau im Gesicht, mit Rußflecken auf der Stirn. Schüttelfrost hatte ihn erfasst, und seine Zähne schlugen aufeinander.

»Dir ist kalt«, sagte ich und warf ihm eine Decke zu, bevor ich mich neben ihn setzte. Nach einer Weile beruhigte er sich. Auch kehrte die Farbe wieder in sein Gesicht zurück. Er deutete mit dem Kopf auf die Leiche.

»Er war noch nicht ganz tot. Ich gab ihm, was er brauchte. Es war besser für ihn.«

Ich zog ihm die Decke über die erstarrten Schultern.

»*Hopo*! Gehen wir! Es ist vorbei.«

Er flüsterte heiser: »Es ist nicht vorbei. Es beginnt erst. Hör zu, ich will offen zu dir sein: Für die Weißen bist du ein Wilder, der Tiere anbetet und mit den Fingern isst. Und jetzt hast du getan, was ein Indianer nicht tun darf: Du hast weiße Soldaten in einem offenen Gefecht geschlagen.«

Ich sah auf die Leiche und wandte den Blick ab.

»Ich kann verstehen, dass sie mich hassen.«

Er schüttelte müde den Kopf.

»Deine Gegner sind nicht besser, glaube das ja nicht. Sie sind schlimmer. Durch Kriege werden sie reich, darum wollen sie immer wieder den Krieg. Dass sie in vielen Bereichen Gutes tun, weil es ihnen ihr Glaube befiehlt, wiegt diese Sache nicht auf. Ihre Versprechen sind leer wie der blaue Himmel und faul wie ein toter Fisch. Daran wird sich nie etwas ändern.«

Ich seufzte und erwiderte: »Hielten wir nicht unser Wort, müssten wir uns vor uns selber schämen.«

Er zog die Decke fester um sich.

»Ja, ihr seid größer als sie. Aber ihr werdet eure Freiheit verlieren. Ich weiß das so sicher wie sonst nichts. Der Tod dieser Männer erfüllt mich mit Grauen, und ich denke an die Toten, die noch kommen.«

Ich sagte langsam, denn die Worte fielen meiner Zunge schwer: »Ich könnte auch verstehen, wenn du mich verlässt.«

Er neigte sein Gesicht dicht an meines, wie eine Frau es manchmal tut, wenn sie mit einem Mann vertrauensvoll spricht.

»Es ist gut und wichtig, dass ihr euch verteidigt. Aber von nun an kann jeder Tag dein letzter sein. Unmenschlich schmerzhaft war der Tod dieser Männer, unmenschlich schmerzhaft wird der Tod deines Volkes sein. Du hast mir mein Leben zurückgegeben. Ich bleibe bei dir, bis deines endet.«

33. Kapitel

Wir schliefen ein paar Stunden. Ich lag in Honors Bett, Night schlief auf dem Boden, in eine Decke gewickelt, und Honor saß im Schaukelstuhl und schnarchte. Die anderen Möbel waren noch draußen. Die Matratze roch schlecht, und die kratzende Wolldecke reichte nicht aus, um mich zu wärmen. Es hätte mir, müde wie ich war, nichts ausgemacht, wenn nicht ständig Gedanken durch meinen Kopf gezogen wären, Gedanken, die schwebten und flackerten, jedes Mal, wenn ich die Augen bewegte. Das Problem war, dass ich mich an meinen Sinneswahrnehmungen nicht mehr festhalten konnte. Für mich waren Dinge da, weil sie da waren. Ansonsten konnten sie nicht existieren. Dass Honor mit zwei Stimmen gesprochen hatte, konnte nicht sein. Ich hatte auch keine Funken in dem hermetisch dunklen Raum gesehen. Trugbilder, was sonst? Meine Augen waren überreizt, ich hatte mir auf der Fahrt einen ordentlichen Sonnenstich geholt. Und was Honor mir weismachen wollte, war Geltungsbedürfnis und Selbstbefriedigung in einem. Sie musste mir doch zeigen, wie großartig spirituell sie war. Sie plapperte eben los, ihre völlige Widervernunft erfüllte mich mit Wut. Ehe die Nacht endete, hätte sie mir sagen können, dass ich die Wiedergeburt eines ägyptischen Pharao war, und ich hätte es ihr geglaubt. Wenn es hell wird, dachte ich, kann ich darüber nur lachen. Ich ertappte mich dabei, dass ich jetzt schon lautlos vor mich hin lachte. Ich zog die Decke hoch, wickelte mich darin ein, als ein neues Bild vor mir auftauchte und ich Elinor sah. Ihr Gesicht hing an der Wand wie eine Maske. Sie starrte mich aus den Augenhöhlen an, ziemlich erbost, wie mir schien. Mein Lachen gefiel ihr ganz und gar nicht: sie fand mich respektlos. Ich wälzte mich auf die andere Seite, damit ich sie nicht mehr im Blickfeld hatte. Als ich nach einer Weile seitwärts schielte, war sie verschwunden. Ich krümmte mich wie ein Fötus und beugte den Kopf vor, eine schlechte Haltung, die ich mir im Bett angewöhnt hatte. Der Arzt hatte gesagt, dass ich nicht so liegen sollte. Ich riss meinen Kopf mit einem Ruck zurück; mein Nacken knackste. Das alles waren Halluzinationen. Die Vorboten der Epilepsie womöglich. Gleich bekam ich einen Anfall und hatte keine Medikamente bei mir. Wenn ich mich nicht in Acht nehme, mache ich mich kaputt, dachte ich, bevor sich allmählich Entspannung einstellte. Meine Gedanken lösten sich auf wie verwehende Wolken. Ich dämmerte in Träumen dahin, die chaotisch und unbedeutend waren.

Die Sonne weckte mich, die durch die Scheiben blinkte. Night und Honor schliefen noch. Ich warf die Decke zurück, richtete mich schwerfällig auf, wankte nach draußen. Ich hatte ein dumpfes Gefühl im Kopf. Mein T-Shirt war zerknittert, meine Haut klebrig. Ich suchte zunächst die Holzhütte mit dem stinkenden Plumpsklo auf, das offenbar der gesamten Nachbarschaft diente. Etwas weiter entdeckte ich eine Pumpe. Kein Mensch war in Sicht, die Leute schliefen noch in ihren Wohnwagen. Ich zog mein T-Shirt aus, wusch mich zähneklappernd mit dem eiskalten Wasser. Als ich mein nasses Haar abrubbelte, leuchtete die Sonne schon so stark, dass es warm wurde. Ich putzte mir die Zähne, zog frische Unterwäsche an. Danach fühlte ich mich besser.

Gerade war ich dabei, die Socken zu wechseln, als Night aus dem Haus trat. Wir lächelten uns an. Er rückhaltlos, ich eher missgelaunt. Er ging zuerst in die Holzhütte, dann zur Pumpe, wo er sein Hemd auszog und sein Haar zurückband, bevor er Oberkörper und Arme in den Wasserstrahl tauchte. Als könnte er nicht genug kriegen, warf er immer von neuem Wasser in sein Gesicht. Ich beobachtete das Spiel seiner Rückenmuskeln, seiner schmalen Hüften – verrückt, dass eine Frau wie ich auf einmal auf so etwas reagierte. Ich hatte noch nie einen so groß gewachsenen Menschen gesehen, der sich derart geschmeidig und schwerelos bewegte. Dann trocknete er sich mit Honors unsauberem Handtuch ab und holte einen Kamm aus der Gesäßtasche seiner Jeans. Er kämmte sich mit weichen, femininen Bewegungen, und ich dachte daran, dass dieser Mann ja eigentlich den Namen einer Frau trug. Das ist wirklich absurd, dachte ich. Während ich ihn betrachtete, spürte ich wieder meinen schnelleren Herzschlag, den süßen, pulsierenden Schmerz im Unterleib. Schauer wehten über meinen Rücken wie musselinweiche Schleier. Und gleichzeitig fühlte ich ganz intensiv das Gras unter meinen Füßen, die Kiesel zwischen meinen Zehen. Ich streifte meine Socken über, schob die Füße in die Turnschuhe, während Night mir langsam entgegenkam. Das Hemd hielt er in der Hand. Wie konnte ein Mann nur eine so schöne Haut haben, kupfern und schimmernd, eine lebendige Glätte, sehnig und stark und wunderbar erregend. Eine Weile standen wir da, blinzelnd im Sonnschein, dann legte ich mit fast besitzergreifender Geste beide Arme um ihn. Sanft und aufreizend rieb er seine Hüften an meinen. Ich blickte mürrisch zu ihm empor.

»Was war das, heute Nacht? Kannst du mir das mal sagen?«

Er knabberte an meinen Lippen. Seine Zunge, mit einem frischen Geschmack nach Zahnpasta, kreiste um meinen Mund.

»Honor kann das viel besser.«

»Ich würde es lieber von dir hören«, sagte ich.

Im Morgenlicht wanderten wir Seite an Seite neben der Abfallgrube entlang. Unsere langen Schatten wanderten mit uns, über zerbeulte Bierdosen, Scherben, Plastikfetzen, dreckige Babywindeln und Ähnliches. Night spielte mit meiner Hand, geistesabwesend.

»Was ist ein Reservat anderes als ein Käfig? Ich bin hier geboren, und unsere Kinder werden hier geboren. Wir sagen, jedes Kind ist eine kleine Sonne. Wie kann man die Sonne gefangen halten? Das ist es ja eben. Im Grunde sind wir frei. Man muss es uns nur beibringen. Nur weil wir einen Namen haben, bedeutet das nicht, dass wir ein Selbst haben. Solange wir Richard oder Jack oder Gladys heißen, sind wir von unseren Wurzeln abgeschnitten. Erinnern wir uns an den ursprünglichen Namen, können wir alle Kräfte in unserem gegenwärtigen Leben frei machen und auch das Kommende besser vorbereiten. Stehen wir einmal am Anfang des Weges, gibt es kein Zurück mehr.«

»Ich bin ziemlich durcheinander, Night.«

»Mir geht es nicht anders.«

Die Müllhalde war groß und abscheulich tief. Mit zunehmender Wärme lag ein fauliger Gestank in der Luft.

»Warum leben die Menschen hier?«, fragte ich.

Er seufzte. »Früher war das ein guter Platz. Als ich noch ein Kind war, floss hier eine Quelle. Wir konnten darin planschen und Fische fangen. Inzwischen sind alle Gewässer im Reservat verseucht. Man hat ein Chemiewerk und eine Düngemittelfabrik gebaut: Arbeitsplätze. Aber wer nicht an das Kanalisationsnetz angeschlossen ist, braucht frisches Wasser. Hier ist das Grundwasser noch gut.«

»Für wie lange noch?«

»Die Industrie muss ihren Dreck ja loswerden. Die Leute haben für die Mülldeponie gestimmt, weil sie dafür bezahlt wurden.«

Ich wandte mich ab, blickte den Bergen entgegen, die blau und wunderbar am Himmel schimmerten.

»Night, warum hat uns Honor diese Namen gegeben?«

Er schüttelte leicht den Kopf.

»Honor hat sie bloß wiedergefunden.«

»Mir kommt das völlig überspannt vor. Dass wir daran glauben sollen, meine ich.«

Er lachte.

»Damals habe ich Honor gesagt, wenn sie weiterhin solche Sachen erzählte, würde ich ihr eine kleben. Ich sollte nicht so beschränkt sein, blaffte sie mich an, ich sollte den Mund halten und zuhören.«

»Was hat sie dir gesagt?«

»Honor ist nicht ungebildet, glaube das ja nicht.«

»Das habe ich keine Sekunde geglaubt. Ich habe ja gesehen, was sie liest.«

»Früher hatte sie viel mehr Bücher. Vielleicht braucht sie keine mehr, oder ihre Augen lassen nach. Warte, lass mich überlegen, wie sie mir das erklärt hat. Es ist ziemlich kompliziert, mach dich darauf gefasst.«

»Psychologie?«, fragte ich sarkastisch.

»Und Parapsychologie. Das Ganze ist auf absurde Weise logisch. Um es kurz zu machen: Honor sagt, dass wir seit drei oder viertausend Jahren Spuren der gleichen Materie in uns tragen. Dass jeder mal Mann und mal Frau war. Und dass unser ›Ich‹ über Erfahrungen verfügt, die bis zur Entstehung der Menschheit zurückreichen.«

»Klingt einleuchtend«, gab ich widerwillig zu.

»Aber jetzt kommt das Wichtigste: Ist der Geist stark, kann er sich zurückerinnern. Bis auf ungefähr zweihundert Jahre, meint Honor. Weiter nicht. Wir leben ja nur siebzig oder achtzig Jahre, dank dem heutigen Gesundheitswesen ein wenig länger. Aber der Körper altert, daran ist nichts zu ändern. Die Unsterblichkeit, die echte, besteht in der Erweiterung des Bewusstseins. Das Energiefeld, das sich dabei entfaltet, existiert allmählich von allein. Es gibt Menschen, die das erkennen. Sie sagen sich, okay, ich muss sterben, so oder so, aber ich will den Menschen auswählen, in dem ich weiterlebe. So jemand handelt als eine Art Blitzableiter, verstehst du?«

»Irgendwie schon.«

»Es kommt nicht jeden Tag vor, dass ich so einsichtige Zuhörer habe.« Er grinste.

»Ich lerne gerne dazu. Weiter!«

»Die Methode ist nichts Neues. Unsere Medizinleute wussten, dass es ein alter Weg war, ehrwürdig und sehr traditionell. Den Vorgang nannten sie die Ins-Ohr-Geflüsterte oder geheime Übermittlung. Ich selbst bin der Meinung, dass es eine der schärfsten, kraftvollsten und unerhörtesten Wahrnehmungen war, die es gab. Es war keine ›Einweihung‹, wie wir sie heute verstehen, sondern eine ›Ermächtigung‹. Und immer folgte eine tatsächliche Erscheinung. Leider geriet die Tradition in Vergessenheit. Es war einfach zu viel für uns: die Niederlage, der Völkermord. Uns ging es viel zu dreckig, um überhaupt noch Lust zu haben, irgendwelche spirituelle Energien zu vermitteln.«

»Trotzdem«, sagte ich, »das Wissen wurde bewahrt.«

Er antwortete schlicht: »Wir sind dem Großen Geist so nahe, dass wir seinen Atem noch spüren.«

»Ach«, sagte ich lächelnd, »es ist sehr schön, wie du das sagst.«

»Es ist die Wahrheit, so wie ich sie empfinde. Und ich glaube auch, dass dieses Wissen einst über die ganze Welt verbreitet war. Es ist eine ganz natürliche Gabe. Aber jede Gabe, wird sie nicht genutzt, verkümmert. Wir können reich oder arm sein, eine glänzende Karriere machen oder bescheiden leben, ist nicht genug spirituelle Kraft da, sterben wir und unser Geist erlischt. Was können wir da machen? Nichts. Wir können uns höchstens mit irgendeiner Religion trösten.«

Langsam gingen wir zurück, dem Haus entgegen.

»Wenn ich Honor Glauben schenke«, sagte ich, »trage ich in mir den Geist eines Indianerchiefs.«

»Tashunka Witko – Crazy Horse«, sagte Night mit Nachdruck. »Er wurde, für uns alle, das Symbol indianischen Widerstands.«

»Und der Name, den Honor mir gesagt hat?«

»Das war sein Geheimname. Der Name, der nie ausgesprochen wurde.«

»Elinor kannte diesen Namen nicht.«

»Nein, den konnte nur Honor finden. Genau wie sie auch meinen Namen gefunden hat.«

Mein Kopf war ganz benebelt. Normalerweise war ich vor dem Frühstück nicht mal ansprechbar.

»Night, soll das heißen, dass wir uns in unserem früheren Leben geliebt haben?«

Er legte mir beide Hände auf die Schultern und lächelte, wie er es manchmal tat, mit herabgezogenen Mundwinkeln, als amüsiere er sich über den seltsamen Streich, den das Schicksal uns spielte.

»Ja, wir haben uns geliebt. Aber zusammen waren wir nur ein paar Tage.«

Ich versuchte darüber nachzudenken, doch es ging nicht. Zu wenig Schlaf auf der einen, zu viel Wachheit auf der anderen Seite. Ich fühlte mich scheußlich und sagte: »Ich brauche jetzt dringend einen Kaffee.«

Als wir in die Nähe der Wohnwagen kamen, waren die Bewohner wach; Töpfe klapperten, Stimmen wurden laut. Die Leute grüßten verhalten, und auch die Kinder hielten Abstand. Es war, als ob sie wussten, warum wir Honor aufgesucht hatten, und uns nicht stören wollten. Honor selbst war schon voller Tatendrang. Sie hatte die restlichen Möbel ins Haus geschleppt. Nun stand sie vor der Herdplatte, hatte eine Schürze umgebunden und schlug Teig in die Pfanne. Es duftete gut nach Pfannkuchen und Kaffee. Auf dem schmuddeligen Wachstuch standen Teller und Tassen.

»Warum hast du nicht auf uns gewartet?«, fragte Night. »Wir hätten dir doch geholfen.«

Sie wischte sich die Hände an der Schürze ab.

»Jemand musste sich ja um das Frühstück kümmern.«

Endlich brutzelte der Pfannkuchen. Honor ließ eine große Portion auf jeden Teller gleiten. Der Pfannkuchen war goldbraun und locker gebacken. Der Kaffee, selbst gemahlen, war schwarz und so dick, dass der Löffel fast stand. Nachdem wir einige Tropfen den Geistern angeboten hatten, trank ich einen kleinen Schluck. Honor runzelte die Brauen.

»Ist er zu stark?«

»Der haut mich noch um«, murmelte ich.

»Ich mag das Spülwasser nicht, dass uns die Weißen vorsetzen«, sagte Honor.

Der Kaffee brachte meinen Puls zum Flattern. Ich rührte, wie Honor und Night, löffelweise Zucker in die Tasse. Am Ende des Frühstücks, als wir uns alle besser fühlten, zündete sich Honor eine Zigarette an.

»So«, sagte sie, und wir hörten, wie zufrieden sie war, »das hätten wir hinter uns.«

An ihre Männerstimme hatte ich mich allmählich gewöhnt, aber ihre dunkle Schönheit verwirrte mich noch immer. Ich dachte, dass nach diesem Erlebnis das Wort »normal« nie mehr das sein würde, was es früher für mich gewesen war. Ich ließ sie ein paar Züge von der Zigarette nehmen, bevor ich sagte: »Honor, ich habe schlecht geschlafen. Mir ging zu viel im Kopf herum. Ich kann mir diese Dinge nur schlecht vorstellen.«

»Wer könnte das schon?« Sie wedelte mit der Zigarette in der Hand umher.

»War ich früher wirklich ein Mann?«

Ihr Gesicht blieb unbeweglich.

»Du warst ein Mann. Und nicht irgendeiner, glaube das bloß nicht. Er war unser oberster Chief. Ein brillanter Stratege. Ein kühler Kopf und ein warmes, mitfühlendes Herz.«

Als ich jünger war, hatte ich Dinge, die mir Angst machten, oft ins Lustige oder gar ins Lächerliche gezogen, um dem mir drohenden Unheil so gut es ging auszuweichen. Wie Kinder, die laut singend in den dunklen Keller gehen, weil sie noch zu klein sind, um den Lichtschalter zu erreichen. Ich sagte leichthin:

»In Paris haben wir ein Stripteaselokal, das ›Crazy Horse‹ heißt. Ich finde das nicht gerade schmeichelhaft.«

Honor betrachtete aufmerksam die Zigarette in ihrer schwieligen Hand.

»Crazy Horse besiegte General George Armstrong Custer, der als strahlender Held in die Geschichte Amerikas einging. Kein Nachtlokal sollte nach ihm benannt werden. Was für eine Drecksidee! Dafür trägt eine Stadt in Alabama Custers Namen.«

»Nicht sehr logisch, wenn er gegen Crazy Horse verloren hat. Im Allgemeinen wird eine Stadt doch nach dem Sieger benannt.«

»Für die Weißen ist das logisch«, sagte Honor. »Sie haben uns ja am Ende fast ausgerottet. Sie bedauern noch heute, dass sie es nicht völlig geschafft haben. »

Sie ließ etwas Asche in ihre Handfläche fallen.

»Crazy Horse starb in Fort Robinson, wo man ihn festnehmen wollte. Viele Menschen sahen, wie er erstochen wurde. Seine letzten Worte an seinen Vater sind bekannt: ›Vater, sag meinem Volk, dass es sich nicht mehr auf mich verlassen soll.‹ Das klingt so richtig nach Niederlage, okay? Und danach ›Amen‹, wie die *wasicun* sagen! In Wirklichkeit spricht die Geschichte mit vielen Zungen – und nicht alle berichten die Wahrheit. Crazy Horse war nämlich nicht allein, als er starb. Außer seinen Eltern war auch sein Blutsbruder bei ihm. Ein Weißer, bei den Indianern als Spiritmaker bekannt. Sein ursprünglicher Name war Alan Sherman Carter.«

Ich merkte, dass meine Hände leicht zitterten, und stellte die Tasse behutsam auf den Tisch.

»Was hatte das zu bedeuten? Und warum nannten sie ihn Spiritmaker?«

»Weil er Figuren aus Tonerde knetete, Menschen oder Tiere. Das löste bei uns Ehrfurcht aus, weil unsere Überlieferung sagt, dass einst der Große Geist alle Geschöpfe aus Lehm formte und sie mit seinem Atem erwärmte.«

Ich war plötzlich sehr ruhig, sehr wachsam.

»Als mein Urgroßvater später nach Frankreich ging, wurde

er Bildhauer. Elinor hat dann sein Erbe angetreten. Auch Marie, meine Mutter, verdiente Geld, indem sie Pferde aus Eisen formte. Die sahen manchmal ganz schrecklich aus, aber immer sehr beeindruckend. Jetzt wird mir vieles klar. Irgendwie scheint das in unserer Familie zu liegen.«

Honor zündete sich eine zweite Zigarette an.

»Ich rauche gerne nach dem Frühstück, ich hoffe, dass es dich nicht stört. Was ich eigentlich sagen wollte: Hanhepi ist ein schlauer Junge. Ich muss die Möbel schleppen, und er tut sich groß, indem er dir von heiligen Dingen erzählt. Zum Beispiel von der Tradition, die wir die Ins-Ohr-Geflüsterte nennen.«

Ein Frösteln überlief mich.

»Woher weißt du, worüber wir gesprochen haben?«

Sie zog die Schultern hoch.

»So was errät man. Also, hör gut zu, Lady. Da du bereits erfahren hast, wie die Sache funktioniert, kann ich dir ja sagen, dass unser Chief davon Gebrauch machte. Seine Geisteskraft hat er Spiritmaker anvertraut. Du kannst dir diese Kraft nicht wie einen Faden vorstellen, der irgendwo anfängt. Der Faden hat keinen Anfang, das ist es ja eben. Deswegen ist er kontinuierlich, okay? Dass aber unser Chief ausgerechnet Spiritmaker, der ein Weißer war, sein geistiges Erbe übertrug, war überaus exzentrisch. Nun, Crazy Horse war ein seltsamer Mann. Er musste besondere Gründe gehabt haben.«

Sie machte wieder eine Pause, stieß den Rauch durch die wohlgeformten Nasenlöcher. Ich rieb meine feuchten Handflächen an den Jeans.

»Was hast du über meinen Urgroßvater herausgefunden, Honor? Sag es mir bitte, es interessiert mich sehr!«

»Ich kann nicht alles wissen«, sagte sie. »Finde es doch selbst heraus, ja?«

Ich lachte. »Wie? In welchem Buch soll ich nachschlagen?«

Honors verkniffener Mund zeigte keine Spur von Humor.

»Das steht in keinem Buch, Lady. Wir machen das anders. Da du keine Monatsblutung hast, sollte es klappen.«

»Honor!«, rief ich empört. »Woher weißt du das schon wieder?«

»Von deiner Körpertemperatur, woher sonst?«, antwortete sie unbefangen. »Und wenn Hanhepi einverstanden ist, wirst du jetzt deine *hanblechia* machen.«

Night, der seinen Kaffee trank, sah ruckartig auf. Es war, als ob Honors Worte ihm den Atem verschlugen.

»Meinst du das ernst?«

»Er wundert sich«, sagte Honor zu mir, »weil die *hanblechia* eine Sache für Männer ist. Aber wir können ja mal eine Ausnahme machen.«

Er antwortete langsam und mit großem Nachdruck: »Entweder macht man diese Sache gewissenhaft, oder man lässt sie bleiben.« Seinen bestürzten Blick erwiderte Honor kühl und ruhig.

»Richtig. Und alles hängt davon ab, ob du bereit bist oder nicht.«

Night fuhr sich mit der Hand über das Gesicht.

»Ich habe das noch nie gemacht.«

»Irgendwann wird es Zeit, dass du das lernt. Du hast die Büffelkraft in dir, ja? Es würde dir verdammt gut tun, einen Medizinmann in deinem Bekanntenkreis zu haben, der dich unterrichtet. Aber du hast nur mich, tut mir leid.«

Night holte tief Atem.

»Es braucht dir nicht leid zu tun.«

Honor drückte den Zigarettenstummel in ihrer Tasse aus.

»Ich werde dir helfen, so gut ich kann, und du wirst die Zeremonie abhalten, wie es sich gehört. Aber du weißt auch, was wir dazu brauchen. Ich kann es ihr nicht geben, ich bin nicht mit ihr verwandt und ein Winkte obendrein, das schickt sich einfach nicht. Die Lady hat keine Eltern mehr, die das für sie tun könnten. Außerdem, moderne Eltern sind im Rotary Club und spielen Golf und würden das für ihre Kinder nicht mehr machen. Du hast also die Wahl, Hanhepi. Es hängt ganz von dir ab.«

Nights Augen verließen Honors Gesicht und richteten sich auf mich. Es war ein langer, ernster Blick, und der Schatten, der seine Augen verdunkelte, war unendlich zart. Noch nie in meinem Leben hatte mich ein Mensch auf diese Weise angesehen.

»Ich werde es für dich tun.«

34. Kapitel

Eine Geschichte meines Lebens gibt es nicht. Es gab ein Land der tiefen Wälder, der hohen Berge und der weiten Ebenen; es war ein guter Raum für mein Volk. Jetzt wandern nur noch Schatten über das Gras. Meine Erinnerungen sind dunkel wie ein Gewebe alter Wurzeln, welche schweigsam unter der Erde trinken und wachsen. Es gab Tatsachen, Gefühle, Ereignisse. Ja, es mag sein, dass ich in diesem Land einst gelebt habe. Wann habe ich begonnen einzusehen, dass ein Sieg für uns unmöglich war, ganz gleich, was wir taten? Wann? Ich weiß es nicht mehr. Der Augenblick ist mir tatsächlich entgangen. Hatte Sitting Bull es vor mir gewusst? Hatte er nur gekämpft, damit wir unserer Geschichte gerecht wurden? Wollte er das letzte schreckliche, beunruhigende Bild sein, das hinter den Augen der Blauröcke stand, das ihr Denken aus der Bahn riss und ihre strotzende Sicherheit in Furcht verwandelte? Oder wollte er zuhören, wenn später die kleinen Kinder ihre Eltern fragten: »War das einmal Sitting Bull?«

Die Weißen wussten jetzt, dass wir hart und erbarmungslos zuschlagen konnten. In der Zeitrechnung der Weißen war es im November 1875, als ein Befehl des Innenministeriums in Washington erlassen wurde, der an alle Indianeragenturen, den Sitz der Verwaltung, gerichtet war. Spiritmaker gelang es, eine Kopie dieses Befehls zu erhalten. Er übersetzte mir das Schreiben.

»In Bezugnahme auf unsere Mitteilung vom 27. Oktober bezüglich kriegerischer Sioux-Indianer, die sich außerhalb der Grenzen ihrer Reservation aufhalten, ersuche ich alle Indianeragenten in Dakota und Montana, besagte Stämme zu benachrichtigen, dass sie, falls sie sich nicht bis zum 31. Januar des folgenden Jahres in die Reservationen von Fort Peck und Standing Rock begeben und dort verbleiben, als Feinde angesehen und dementsprechend von der Armee behandelt werden. – Sie geben dir knapp einen Monat, um dich zur Übergabe zu zwingen«, sagte Spiritmaker. »Was willst du tun?«

»Es ist kalt und es schneit«, sagte ich. »Unsere Lager sind weit weg von Standing Rock. Die Reiter werden die Nachricht nicht rechtzeitig überbringen können.«

Spiritmaker schüttelte grimmig den Kopf.

»Ich kenne die *wasicun* und weiß, wie ihre Köpfe arbeiten. Im Grunde will die Armee nicht, dass ihr euch rechtzeitig zurückzieht. Wer einen Mord plant, fängt das Opfer am besten irgendwo in der Einsamkeit – weit weg von allen Zeugen.«

So geschah es dann auch. Im November griff General Crook das Winterlager der Cheyenne am Bighorn River an. Die Chiefs Dull Knife und Little Wolf kämpften vergeblich. Die wenigen Cheyenne, die entkommen konnten, flohen nach Norden durch den tobenden Blizzard. In einem Blizzard werden alle Sinne betäubt, der Atem friert in den Lungen. Nase und Mund und Augen werden mit gefrorenem Schnee verstopft. Selbst die Pferde erblinden und taumeln. In einer einzigen Nacht starben elf Babys. Kinder hatten erfrorene Zehen, die ihnen von den Füßen abfielen. Als die Überlebenden unser Lager erreichten, nahmen wir sie bei uns auf, teilten unser mageres Essen mit ihnen. Sie waren krank, verstört, zerbrochen. Sie erzählten ihre Geschichte, und wir lauschten ihnen mit Ohren, die von Furcht und Misstrauen geschärft waren. Der Wind brauste, der Schnee wurde von Tag zu Tag tiefer. Einstweilig war unser Lager zwischen dem Big Horn und dem Powder River für die Blauröcke unerreichbar. Es war ein furchtbarer Winter, doch wir fühlten uns in Sicherheit und hatten Nahrung für alle.

Im Frühjahr ritt Spiritmaker zu der Indianerverwaltung von Standing Rock. Er kam zurück mit der Nachricht, dass General Crook, angespornt durch seinen Sieg über die Cheyenne, sich mit seinem Regiment vom Süden her näherte.

»Wenn Drei-Sterne-Crook gesagt hat, er kommt, dann ist damit zu rechnen«, meinte Spiritmaker. »Er steht jetzt fast ein Jahr lang im Feld. Seine einzige ruhmreiche Tat ist der Sieg über die Cheyenne. Das ist nicht genug für einen solchen Mann.«

Wir beschlossen, den Weg des Generals auszukundschaften und seine Stärke einzuschätzen. Wir hielten Kriegsrat in verschiedenen Lagern und warnten die Chiefs, damit sie ihre Tipis von der Marschroute der Armee entfernten. Wir ritten elf Tage lang und sichteten am Morgen des zwölften oberhalb des Tongue River zahlreiche Soldaten, Haubitzen und Verpflegungsmaultiere. Die Männer waren dabei, ihre Maultiere neu beschlagen zu lassen, da ihre Hufeisen zu glatt für den gefrorenen Boden waren. Wir zählten an die tausend Blauröcke, und im Verlauf der Tage rückten weiter südlich andere Kolonnen in großer Stärke an. Die Nächte waren besonders eindrucksvoll. Da brannten auf der gefrorenen Ebene scheinbar so viele Kochfeuer, wie der Himmel Sterne zählt. Wir konnten sehen, dass zum Teil gut Wache gehalten wurde.

Ich sagte zu Spiritmaker: »Die Soldaten sind zu zahlreich, als dass wir sie angreifen können. Es ist besser, wie bringen unsere Frauen und Kinder in Sicherheit.«

In einem großen Halbkreis ritten wir an der Armeekolonne vorbei, heimwärts. Als wir im Lager eintrafen, sprossen die ersten harten Knospen an den Bäumen, und They Are Afraid Of Her war nicht mehr am Leben.

Die Cheyenne, die in Berührung mit den Weißen gekommen waren, hatten eine unbekannte Krankheit in unser Lager gebracht, die Spiritmaker Cholera nannte. Mein starkes, wunderbar kluges Kind war unter furchtbaren Schmerzen gestorben. Black Shawls Stimme, als sie es mir sagte, klang tonlos. Sie hatte alle Tränen geweint, die sie weinen konnte, jetzt waren ihre Augen trocken. Ihre Wangen waren gerötet, ihre Lippen gekräuselt wie ein welkes Blatt. An ihrem Hals schlug eine Ader ungleichmäßig und stürmisch. Als Trauernde hatte sie ihr Haar geopfert. Ihr Schädel war durch die Strähnen hindurch blass wie der Schädel einer alten Frau.

»Wo ist sie?«, fragte ich.

Sie ging voraus; ich folgte ihr. Wir verließen das Lager, wo vermummte Gestalten sich still von uns abkehrten, wanderten einem Abhang entgegen. Die Luft zwischen den kahlen Bäumen regte sich kaum. Ich ging, wie man ihm Traum geht, meine Füße trugen mich weiter, über Fichtennadeln und Geröll. Es waren die ersten Frühlingstage, doch an manchen Stellen, im Schatten, schimmerte noch grünliches Eis. Nebel verfinsterte die Sonnenscheibe, die wie stumpfes Silber glänzte. Ich folgte Black Shawl, die schwer atmend über den Hang stapfte. Sie blieb oft stehen und krümmte sich, von Husten geschüttelt. Ich ging, die Augen auf den Boden gerichtet, weigerte mich zu sehen, was mich erwartete. Doch als Black Shawl sich nach mir umwandte und ich den Blick hob, sah ich, vor mir aufragend, das Grabgerüst. Der Körper, den es zu tragen hatte, war klein. Man hatte die Verstorbene mit Nahrung für den weiten Weg ausgestattet, den sie bis ins Schattenland zurücklegen musste. Unter der Plattform war ihre Lieblingsstute angebunden und getötet worden. Einige Geier hockten auf den Steinen und putzten ihr Gefieder. Als wir in ihre Nähe kamen, beäugten sie uns argwöhnisch, schlugen die Flügel und stießen sich in die Höhe.

Ich sagte zu Black Shawl: »Geh! Es wird dunkel. Die Kälte könnte dir schaden.«

Sie ging. Ich setzte mich mit dem Rücken an einen Felsen und versuchte mir einzureden, dass mein Töchterchen bei mir war. Regungslos starrte ich auf die länger werdenden Schatten.

Bald schwebten die Nebel tiefer, und Kälte stieg aus dem Boden. Ich entsann mich, wie der Winkte damals meinem Kind den Geheimnamen Kreideschmetterling verliehen hatte, ein Name, so fahl wie der Abendhimmel im Vorfrühling. Oh ja, der Winkte hatte tiefer gesehen, als ich Unwissender es ahnen konnte! Ich schlug mit dem Hinterkopf an den Stein, um den Schmerz zu ersticken. Als Sterne über die Nebel flackerten, begann ich mich an mein kleines Mädchen zu erinnern, an ihren allerersten Tag, hörte sie mit starken Lungen schreien, während Black Shawl, erschöpft von der Geburt, sie an ihre Brust nahm und müde lächelnd zu mir sagte: »Sie ist eine Kämpferin, deine Tochter!«

Ich erinnerte mich, wie fest ihre kleinen Finger sich an meine klammerten, wie sie vor Vergnügen kreischte, als ich sie zum ersten Mal auf den Pferderücken hob. Ich sah sie mit anderen Kindern im Lager spielen, und sie war stets die Schnellste und die Geschickteste. Ich sah sie an meiner Seite reiten, ihr geschmeidiger Kinderkörper jeder Bewegung ihrer kleinen Stute folgend, hörte ihr helles Lachen in der klaren Luft. Als der Schmerz zu groß wurde, schloss ich die Augen und ließ die Tränen ungehindert fließen.

In der Nacht drehte sich der Wind. Wärmere Luft kam auf, die Wolken verzogen sich und Teile des dunklen Himmels wurden sichtbar. Die Sterne funkelten aus weiter Ferne, und ich sah den Nordstern, hell wie eine Fackel. Mir war, als ob der Himmel kreiste, wie ein Strudel. Ich fiel in den schwarzen Abgrund des Alls, drehte mich immer schneller um mich selbst, glitt in einer Spirale den Sternbildern entgegen.

Dann bemerkte ich, dass ich geträumt hatte und noch immer am Felshang kauerte. Die Sterne verblassten. Ich vermeinte eine helle Stimme zu hören: »*Ate, ate*! Vater – mir ist kalt!«

Ich zog mich, zähneknirschend und steif, an dem Felsen empor, kam endlich auf die Beine. Ich taumelte auf das Gerüst zu, nahm meine Decke von den Schultern und warf sie über den kleinen Körper da oben. Die Wärme würde ihr guttun. Als ich zurücktrat, stolperte ich über Knochen, die die Geier verstreut hatten. Ich fiel auf die Knie und erbrach mich. Aber nur Spucke und bittere Gallenflüssigkeit tropften aus meinem Mund auf die gefrorene Erde.

Wieder verging Zeit. Und als es hell wurde, kamen die Geier wieder. Sie flogen mit starken Flügelschlägen und begannen, in immer engeren Kreisen abwärtszusegeln. Drei von ihnen setzten sich in meine Nähe. Ich bewegte mich, warf kleine Steine in ihre Richtung, doch sie entfernten sich nicht, sondern breiteten ihre schwarzen Schwingen aus und zischelten erbost. Die Stute war noch nicht ganz aufgefressen.

Wieder verging ein Tag, die Berge wurden erneut dunkel, der Himmel blass. Tagsüber war das Eis nicht ganz aufgetaut, und es gefror wieder, sobald die Temperatur sank. Doch mir war nicht kalt. Ich empfand weder Hunger noch Durst. Im Tod wohnt ein Geheimnis. Nichts vermag ihn zu durchdringen. Kein Auge, kein Gedanke war dazu stark genug. Der Tod war wie die Stille, die sich spüren, aber nicht greifen lässt. Ich träumte die ganze Nacht von meinem eigenen Tod, und die Nacht wollte kein Ende nehmen, die lange Dämmerung kam über ein gleichförmiges Dunkelgrau nicht hinaus. Endlich stieg die Sonne wie ein Klumpen Blut empor. Vielleicht war ich es, der die Sonne rot gefärbt hatte, mit dem Blut aus meiner Kopfwunde, das an meinen Fingern klebte und den Felsen verschmierte. Die Geier waren schon da und fraßen die Reste vom Pferd; der Wind wehte mir süßlichen Gestank in die Lungen. Ich schmiegte mich an die Steine, fühlte, wie ich mit dem Felsen verwuchs. Der Puls der Erde wurde mein Puls, das Herz der Erde war mein eigenes Herz, der Atem der Erde drang aus meinen Lungen. In der Hellsicht des Fieberwahns stellte ich mir vor, wie ich mein Kind, als wäre ich eine Frau, in meinem Leib trug, es langsam formte und wachsen ließ, bis ich es ein zweites Mal auf die Welt brachte. Im Traum und im Wachen verfolgte ich dieses Ziel und sah endlich, dass ich es geschafft hatte. Das Sonnenlicht ringsum war rot und grell, und eine Vision löste sich aus dem flackernden Leuchten. Erschüttert und ungläubig erkannte ich sie, in ihrem weißen Wildledergewand, von Black Shawl mit ganz kleinen Perlen sorgfältig bestickt. Ihre Locken wehten, ihr Antlitz war golden, glücklich und voller Schalk. Sie beugte sich über mich, ich spürte ihre Wärme auf meinem Gesicht. Der Anhänger, den sie damals dem weißen Arzt geschenkt hatte, glänzte an ihrem Hals. Plötzlich ließ sie das Lederband über ihren Kopf gleiten, reichte mir den Schmuck. Ich hörte ihre lachende Stimme.

»*Ate*! Der Arzt hat mir den Anhänger zurückgebracht. Trage ihn hinter dem Ohr. Den Kiesel habe ich nie schön gefunden!«

Ich streckte die Hand nach der Bärenkralle aus, es gelang mir nicht, sie zu fassen. Meine Finger griffen immer wieder daneben. Grimmig verscheuchte ich die Schatten, die sich zwischen mich und meine Tochter drängten. Jetzt sagte sie etwas, das ich nicht hören konnte; ihre Stimme war auch nicht wirklich ihre Stimme. Ich nahm meine ganze Kraft zusammen, kämpfte gegen das ungeheure Gewicht an, das meinen Körper lähmte wie der Wasserdruck tief in einem See. Endlich bekam ich die Bärenkralle zu fassen. Sie lag in meiner Hand, kühl und glänzend poliert. Meine Finger schlossen sich um die silberne Einfassung. Meine Augen drehten sich wieder dorthin, wo They Are Afraid Of Her eben gestanden hatte. Ich sah eine andere Gestalt, ein anderes Gesicht. Mühsam bewegte ich die Lippen, nannte einen Namen.

»Spiritmaker!«

»Trink!«, hörte ich ihn sagen.

Er setzte mir ein Gefäß an die Lippen. Gierig trank ich; das Wasser brannte in meiner Kehle. Ich hustete und spie, Hitze und Kälte flackerten durch meine Adern. Ich versuchte Worte zu formen. Meine Stimme war so kraftlos und heiser, dass ein Aufschrei mir weniger seltsam vorgekommen wäre.

»Wie … wie lange bin ich hier?«

»Komm!«, sagte Spiritmaker. »Es ist nicht gut, wenn die Seele zu lange trauert.«

Etwas war in meiner Hand, etwas, das zuvor nicht da gewesen war. Mühevoll öffnete ich die Finger, erblickte die Bärenkralle, die in meiner fieberheißen Handfläche klebte. Fragend sah ich zu Spiritmaker auf. Er nickte mir zu.

»They Are Afraid Of Her starb an einer Krankheit, die ganze Völker ausrottet. Viele Menschen im Lager sind bereits befallen. Ich ritt nach Fort Loring, um von Dr. McGillycuddy ein Mittel zu erbitten. Er kam selbst, um die Kranken zu pflegen. Als er von dem Tod deines Kindes erfuhr, war er sehr erschüttert. Er wusste von dem Brauch, alles, was den Verstorbenen gehört, zu vernichten. Den Anhänger hatte er aufbewahrt. Er sagte zu mir, ich sollte ihn dir zurückgeben. Vielleicht brächte er dir Trost, meinte er.«

Ich fragte, wie ich dem Arzt danken könnte, aber er hatte das Lager bereits verlassen. Doch They Are Afraid Of Her war mir im Traum erschienen. Und wie es ihr Wunsch war, trug ich fortan die Bärenkralle hinter dem Ohr.

35. Kapitel

In diesen Zeiten des unruhigen Waffenstillstandes war ich sehr einsam. Black Shawl hatte seit dem Tod ihrer Tochter nie mehr gelacht. Eine Puppe trug ihre Kleider, saß über Stickereien gebeugt; sie selbst war so schmerzlich weit fort, dass ich ihr nie mehr nahe sein konnte. Eine weitere schwere Prüfung stand mir bevor, und abermals musste ich trauern: Mein kühner, fröhlicher Bruder Little Hawk war in einem Schlachtgemenge umgekommen, das seines Muts nicht würdig gewesen war. Und inzwischen schloss sich die Falle immer enger; bald würden die Stahlklammern zuschnappen. Die Generäle Ronald McKenzie und Nelson A. Miles wurden nach Norden geschickt, wo sie bei der Unterwerfung unserer Nation mithelfen sollten. Crook war bereits vor Ort, und die Generäle Gibbon, Terry und Custer hatten sich auf den Weg gemacht. Von Letzterem hatte ich schon viel gehört, die Chiefs sprachen von ihm mit einer seltsamen Mischung aus Abscheu und Bewunderung. Einige lobten seine Redlichkeit, andere hassten ihn ungewöhnlich heftig. Ich vermochte mir kein klares Bild von ihm zu machen. Und so fragte ich Spiritmaker eines Tages:

»Was für ein Mensch ist Custer? Was will er eigentlich?«

Spiritmaker antwortete mit abgeklärtem Spott und wie immer mit schonungsloser Ehrlichkeit.

»Was er will? Eine hohe Meinung von sich haben. Und darum gibt er sich Mühe und verhandelt, obgleich er jeden Indianer am liebsten in Stücke hauen würde. Er träumt von seinem großen Tag, wenn den Chiefs die Geduld platzt, und verspricht sich viel Ruhm von einer gewaltigen Schlacht.«

»Was erhofft er sich davon?«, fragte ich.

Spiritmaker lachte geringschätzig auf.

»Macht und Geld, was sonst? Er ist sehr aufrichtig.«

»Ein solcher Mann«, sagte ich, »ist es nicht wert, dass man viel Aufhebens um ihn macht.«

»Unterschätze ihn nicht«, warnte mich Spiritmaker. »Er ist der Gefährlichste von allen.«

Spiritmaker hatte recht. Custer brachte es fertig, dass die Nationen der südlichen Plains, die Komantschen, Pawnee und Kiowa, zusammengetrieben und für immer in die Reservate gebracht wurden. Er erbeutete ihre großen Pferdeherden. Die weniger wertvollen Tiere ließ er erschießen.

Es war in diesem gleichen Jahr 1875, als ich General »Gelbhaar« Custer zum ersten Mal beobachten konnte. Er leitete eine dieser heuchlerischen Friedensverhandlungen, zu denen die Chiefs mit vorbildlichem Langmut immer wieder erschienen. Ich hatte solche Verhandlungen gründlich satt. Und so hielt ich mich im Hintergrund, ergriff kein einziges Mal das Wort, und nur wenige erkannten mich. Doch nichts entging mir von dem, was ich hörte und sah. Custer saß im Kreis seiner Offiziere, ein hochgewachsener Mann, schlank und biegsam. Die Offiziersbinde betonte seine schmale Taille. Sein helles Haar, üppig wie Frauenhaar, fiel ihm in langen Wellen bis auf die Schultern. Während er mit warmer, gewinnender Stimme sprach, beobachtete ich unablässig seine Augen. Sie waren kalt, stechend, unbarmherzig. Er war ein Mann, der alles erreichte, was er sich vorgenommen hatte, und sich dabei so verhielt, dass sein Andenken in Stein gemeißelt werden konnte. Er war ein Gegner, den ich durchaus schätzte, doch er trug ein Schattenbild in sich, das ich deutlich sah, er selbst aber nie wahrnehmen würde. Er verfolgte mit schielenden Augen seine Ziele, schmückte sich mit Ehren, die er heimtückisch erwarb. Er war ein Mann, der Büffel zu seinem Vergnügen tötete, der sich wollüstig daran ergötzte, wie die wunderschönen gewaltigen Tiere zusammenbrachen und ihr Fleisch in der Sonne verfaulte, bis ganze Täler von dem Gestank erfüllt waren. Er rühmte sich seiner Taten, lange bevor er zuschlug und den Mut zeigte, den er offenkundig hatte. Ich sah ihn, und Kälte kroch an meinen Beinen hoch bis in den Magen. Oh ja, Spiritmaker hatte ihn durchschaut, und besser als die Chiefs. Custer hasste uns, obwohl er Verständnis heuchelte. Seine guten Umgangsformen machten, dass er respektvoll zu uns sprach. Freundliche Worte kamen ihm leicht über die Lippen. Aber im Grunde seines Wesens lauerte Habgier, und was immer er sah, wollte er besitzen. Ich ahnte, dass er in einer Schlacht sein Bestes geben würde. Es war, als sähe ich es vor mir wie im Traum, wenn wir einen Traum nennen können, was wir mit wachen Sinnen erleben. Einen solchen Mann, dachte ich, darf man nicht am Leben lassen. Doch keine Ehre wäre in mir, wenn ich nicht auch am Feind die Größe zu schätzen wüsste.

Immer wieder versuchten die Weißen, uns mit schönen Worten und Geschenken zu betören. Dabei missverstanden sie völlig unsere Kultur und machten Geschenke, die uns beleidigten. So war es auf irgendeine Weise den Weißen zu Ohren gekommen, dass ich mit meiner kranken Frau wie ein Bruder mit seiner Schwester lebte. Eines Tages sorgte ein Leutnant dafür, dass einige Cheyenne, die man in Fort Robinson verhaftet hatte, bei uns aufgenommen wurden. Unter den Gefangenen befand sich eine junge Frau, die nichts weiter mit ihnen zu tun hatte. Sie war zur Hälfte Französin, eine stille Schönheit mit traurigem Mund. Ihr Name war Nelly. Der Leutnant gab offen zu, dass die junge Frau eine Gabe für mich war. Als ich ihm durch den Dolmetscher sagen ließ, dies sei nicht unsere Art, über Frauen zu bestimmen, lachte er höhnisch auf. Offenbar herrschten bei den Weißen andere Sitten. Es kam zwar vor, dass sich Männer vom Volk eine zweite Frau nahmen, doch die erste musste einverstanden sein. Wer will Zank und Streit in seinem Tipi? Manche Frauen waren froh über eine Gefährtin, mit der sie sich ihre Aufgaben und die Aufsicht der Kinder teilen konnten. Mir tat die junge Frau leid, die nur ein kleines Bündel mit ihren Habseligkeiten in der Hand trug und mich ängstlich ansah. Als ich sie zu Black Shawl führte, geschah das Unerwartete, dass sie Nelly sofort in ihr Herz schloss und mich bat, sie in unser Zelt zu nehmen.

»Sie ist gutherzig und liebenswert, doch sie ist weder eine Cheyenne noch eine *wasicun*. Schicke sie nicht ins Fort zurück! Ihre Mutter hat sie verlassen. Seitdem ihr Vater tot ist, muss sie für die Weißen arbeiten. Die Männer ziehen sie, wann immer sie wollen, auf ihr Lager, und die Frauen hassen sie dafür.«

Ich erfuhr, dass bereits ihr Vater sich an ihr vergriffen hatte. Er war als Kartenspieler bekannt und hatte gelegentlich seine Tochter als Einsatz angeboten. Ich dachte einmal mehr, dass ich die Weißen nie verstehen würde. Eine bestimmte Verrücktheit muss ihnen zu eigen sein, dass sie solche Dinge tun. Einem Mann wie ihm hätten wir das Kind weggenommen und ihn nicht mehr im Lager geduldet.

Black Shawls Selbstlosigkeit rührte mich; ich willigte ein. Nelly hatte viel gelitten und keine sehr hohe Meinung von sich selbst. Sie war umgänglich und freundlich, doch schien es ihr an Verstand zu mangeln, was bei dem Leben, das sie geführt hatte, nicht weiter erstaunlich war. Black Shawl und Nelly schlossen sich zusammen wie zwei vom Leben verwundete Geschöpfe und vereinten ihr Leiden in freundlicher Zuneigung füreinander. Als Frau war Nelly nicht mein Geschmack; doch ich erlag bald dem Zauber ihrer Sinnlichkeit. Die Art, wie sie mit gespreizten Fingern durch ihr Haar strich, wie sie ihre Lippen mit der Zunge befeuchtete, erregte mich. Nachts, wenn ihr geschmeidiger Körper in der Wärme unseres Lagers sich an meinen schmiegte, war sie weich und willig in meinen Händen. Ich wurde nicht müde, sie zu berühren, zu streicheln und zu kneten, wie Spiritmaker die feuchte Erde formte. Sie bemühte sich aufrichtig, mir zu gefallen, doch ich bemerkte oft, wie wenig ihr Gesichtsausdruck mit dem, was sie tat, im Einklang stand. Es war der Ausdruck eines Kindes, unfähig zu Beistand, Verantwortung und Zärtlichkeit. Ihr Mund verriet manchmal eine seltsame Härte, fast eine Heimtücke. Ein wesentlicher Teil von ihr war in alten Ängsten gefangen. Sie wusste gar nicht, wie es war, jemandem nahe zu sein. Immerhin spürte sie meinen guten Willen. Sie reagierte dankbar darauf, wenn sie glaubte, dass man sie mochte, aber sie würde nie lernen zu vertrauen. Sie war wie eine scheue, misstrauische Hirschkuh, die den Klang freundlicher Worte zwar wahrnimmt, den Sinn aber nicht versteht.

Inzwischen bauten die *wasicun* mehr Straßen, errichteten mehr Forts. Überall in den Wäldern waren die Schläge ihrer Äxte zu hören. Tausendjährige Bäume, das Gedächtnis unserer Erde, schrien vor Schmerz, wenn sie fielen. Doch die Männer hörten ihre Schreie nicht, zerstückelten die Bäume, verwandelten sie in Wehrtürme und Häuser. In den Forts waren die Chiefs und ihr Gefolge willkommen. Man zeigte ihnen die Lagerhäuser, die Schulen, die Werkstätten und die Läden. Ihre Priester empfingen unsere Brüder in ihrem Gotteshaus, erzählten ihnen Geschichten aus dem heiligen Buch. Sie kosteten von den Speisen der Weißen und tranken ihr Feuerwasser. Sie sahen die Siedler, die Händler, die Trapper und die Führer der Trecks, die ihre Revolver in offenen Halftern trugen. Auch die vielen Soldaten, mit den neuesten Winchester-Gewehren bewaffnet. Man ließ sie die Haubitzen messen und die Eisenkugeln wiegen, damit ihr Herz schwach wurde. Sie kamen zurück und berichteten.

Sie waren schweren Herzens; die Weißen waren zu zahlreich, und die Möglichkeiten, ihnen auszuweichen, immer geringer. Doch wir konnten nicht wie eingeschüchterte Kinder dasitzen, mit der Hand vor dem Mund. Und als Sitting Bull Boten aussandte, um die Chiefs zur Ratsversammlung am Tongue River zusammenzurufen, kamen fast alle: Elk Nation, American Horse, Two Moons, He-Dog, der als Hundertjähriger sterben würde, und auch Little Big Man, welcher vor lauter Siegesabzeichen und klirrendem Schmuck kaum gehen konnte. Wir mochten einander nicht, wir gingen uns aus dem Weg. Er liebte es, bewundert zu werden, und unterließ es nie zu verkünden, welch tapferer Krieger er doch sei. Alle Chiefs waren bewaffnet gekommen, und es war ein prachtvolles Bild. Die blütenweißen Kronen aus Adlerfedern wehten im Wind, die Perlenstickereien und der Kriegsschmuck glitzerten in der Sonne. Langsam und ihrer Rangfolge entsprechend nahmen die Männer Platz. Ihre über die Schultern geworfenen Decken aus blutrot oder blau eingefärbtem Elchleder verlieh jedem von ihnen eine fürstliche Haltung. Die weißen Tipis, die bemalten Schilde mit den alten Mustern hoben sich vor dem kräftigen Blau des Himmels ab. Meine Augen erschauten diese Schönheit, doch meine Haut prickelte, und mein Herz wurde schwer. Mir war, als sähe ich eine zum Untergang verurteilte Helle, eine schleichende Düsternis, eine Schönheit für die Ewigkeit, bereits von Staub umgeben. Noch kämpften wir tapfer, noch gingen wir heiter in den Tod. Doch der Tag war nicht mehr fern, da das Sterben uns ebenso schwer und fremd werden würde, wie es den Weißen bereits war. Ich sah diese Zukunft, an der wir noch nicht litten, wie eine dunkle Wolke über den Tipis schweben.

Sitting Bull eröffnete den Rat. Seine wohlgeformten Hände zündeten die heilige Pfeife an, die wir alle der Reihe nach rauchten. Als die Geister nahe waren und uns ihr lauschendes Ohr schenkten, sprach Sitting Bull. Er hatte alle kommen lassen, um von der Vision zu erzählen, die er vor zwölf Tagen beim Sonnentanz erlebt hatte. Diese Vision hatte er bisher für sich behalten. Er war kein Mann, der laut sprach, doch als seine Stimme erklang, lief ein Frösteln über meine Haut; es war, als ob ferner Donner hinter den Bergen grollte.

»Meine Brüder, meine Vettern! Hört, was ich zu sagen habe: Tanzend blickte ich in die Sonne und fühlte mich hochgehoben, überströmt vom eigenen Blut. Da kam wohltuender Wind auf, ich erkannte große dunkle Federn. Der Wind begann mich zunächst seitwärts zu wirbeln, bevor er mich nach oben trieb, der Sonne entgegen. Das Licht wurde wild und brannte, und plötzlich sah ich mich von Soldaten umgeben. Ich sah, wie sie von der Sonne, in der ich unbeschädigt schwebte, bei lebendigem Leib verbrannt wurden. Und bevor mir die Sinne schwanden, konnte ich sehen, wie alle Soldaten, schwärzlichen Schoten gleich, an der Biegung des Rosebud River auf die Erde fielen.«

Die Chiefs bewegten sich, tauschten Blicke. Tatanka Yotanka war ein mürrischer Mann, und sein beißender Spott hatte ihm wenig Freunde eingebracht. Doch jetzt hatte er gesprochen, mit so viel Freiheit und Stolz in den Augen! Ja, und alle hatten ihn gesehen, wie er beim Sonnentanz am *can-wakan*, am heiligen Baum, hing, und in die Knochenflöte blies, um die Geister zu rufen. Es war eine gewaltige Belastung für einen Mann, der die Schwelle zur zweiten Hälfte seines Lebens längst überschritten hatte. Wir empfanden tiefe Ehrfurcht vor ihm. In seinen Worten wohnte eine große Macht, eine große Verheißung. Seine Vision war ein Geschenk des Großen Geistes, ein glückliches Omen, verkündigte sie uns doch den Sieg. Und American Horse sprach aus, was alle dachten:

»Diesen Kampf dürfen wir nicht versäumen. Der Große Geist hat uns den Ort gezeigt! Lasst uns Boten zu jedem Jagdtrupp entsenden, zu jeder Agentur, zu jedem Lager, bis nach Süden zum großen Schlammfluss. Die Boten müssen die Arapaho und die Cheyenne erreichen. Wenn ihre Pferde in das letzte Lager taumeln, werden sie die Zeltklappen aufreißen und Tatanka Yotankas Worte sprechen: ›Kommt alle zu der großen Biegung des Rosebud!‹ Und wenn alle dort sind, werden wir gemeinsam reiten und dem Feind ins Angesicht blicken. Noch sind unsere Herzen tapfer, unser Mut ungebrochen. Wir sprachen über Dinge von großer Wichtigkeit. Jetzt aber werden wir nicht mehr sprechen: Wir werden kämpfen.«

36. Kapitel

Immer enger schlossen die Weißen ihren eisernen Kreis um uns. General Terry hatte zwei Kolonnen im Feld – eine kam aus Montana, die andere aus Dakota. Drei-Sterne-Crook und seine Streitmacht folgten und zerstörten alle Lager, die das Unglück hatten, sich auf ihrer Marschroute zu befinden. Was uns nicht gefiel, waren die Crow und Shoshone-Scouts, über zweihundert an der Zahl, die die Soldaten begleiteten und sie zu den abseits verstreuten Lagern führten. Sie glaubten bei den Weißen Vorteile zu finden, und so halfen sie ihnen in jeder Hinsicht. Wir hielten sie für Narren, aber sie machten uns Sorgen. Menschen vom Volk, mit Winchester-Gewehren und den neuen Kupferpatronen ausgestattet, stellten eine neue, beunruhigende Gefahr für uns dar. Dabei bemerkten wir mit zunehmender Erregung, wie sich die Regimenter auf die große Schleife des Rosebud River zubewegten. Sitting Bulls Prophezeiung erwies sich als wahr! Von unserer beherrschenden Hügelstellung herab konnten wir die Blauröcke sehen, die Steigbügel an Steigbügel ritten. Ihre Fahnen wehten, und unter den Pferdehufen wirbelte Staub auf. Genug, wir mussten handeln, bevor noch mehr kamen.

Vor der Schlacht verabschiedete ich mich von meinen Eltern, gab Black Shawl und Nelly in ihre Obhut. Worm und Good Song wollten mir das Herz nicht schwermachen und wandten sich, in ihre Decken gehüllt, kummervoll von mir ab. Ich sagte zu ihnen:

»Lasst mich gehen und seid nicht zornig. Bliebe ich zurück, müsste ich mich vor meinen Vorfahren schämen. Auch mein Herz wäre nicht einverstanden, denn ihr habt mich zur Tapferkeit erzogen.«

»Schlimm wäre es«, sagte Worm, »wenn sie dich fassen und einsperren. Wir zögen es vor, du würdest als freier Mann sterben.«

In den Gefängnissen der Weißen, erzählte man sich, verlören die Leute vom Volk ihren Verstand und benähmen sich wie Tiere.

»Vater, sei unbesorgt, sie werden mich nicht fangen. Ich werde auch mein Leben nicht im Kampf verlieren. Erinnere dich an meine Vision! Ich kann nur sterben, wenn Männer vom Volk mir die Arme festhalten!«

Da wurde Good Song wieder heiter. Sie umarmte mich und zeigte ihr schönes Lächeln, das ich seit dem Tod ihrer geliebten Enkeltochter nur noch selten sah. »Dies wird nie geschehen!«, rief sie. »Nun weiß ich, dass ich dich wiedersehe.«

Am Morgen der Schlacht ließ ich meinen Rappen kommen, malte mit Zinnoberfarbe eine blutige Hand auf seine beiden Flanken. Und ich malte einen Pfeil und zwei blutende Hände auf beide Seiten des Pferdehalses. Dann ritten wir zum Rosebud River, und unsere Herzen waren tapfer. Der Tag war klar, die Luft hatte noch die Morgenfrische. In den Wäldern am Hang sangen die Vögel. Sie versteckten sich in den Wipfeln und schwiegen, als wir unsere Kampfschreie ausstießen und mit donnernden Hufen die lange Geländewelle zum Fluss hinunterjagten. Drei-Sterne-Crook und seine Offiziere konnten die Soldaten rechtzeitig sammeln. Als unsere tausend prächtig geschmückten Pferde über die Hügel heranschwärmten, hatte er zwei Kavallerie-Bataillone und die Infanteriegruppe mit Maultieren auf unserer Seite des Flusses zur Verteidigung bereitgestellt. Auch warteten eine große Anzahl Soldaten im steilen Felsengelände nördlich des Flusses auf uns. Wir rasten in Sichelform heran, um die Feinde einzukreisen. Zunächst versuchten wir vergeblich, Crooks günstige Verteidigungsstellung aufzuweichen. Ich schrie meinen Kriegern zu, wir sollten diese Stellung in Ruhe lassen und lieber das Gros der Bataillone angreifen. Der Entschluss war gut: in kurzer Zeit hatten wir die beiden Einheiten gesprengt. Wir kämpften mit mutigen Herzen und großer Entschlossenheit. Ja, viel Grausames geschah. Unsere Krieger wüteten schrecklich im Nahkampf. Doch die Freiheit war es, die wir verteidigten. Die Blauröcke verteidigten nur ihr Leben. So brausten wir heran wie ein Wirbelsturm, wie ein Erdbeben, wie eine Erscheinung des Himmels. Es war, als ob die Wolken selbst sich mit Federn schmückten. Die Blauröcke verschanzten sich, wo sie konnten, auf der einen oder anderen Seite des Flusses, erklommen schwerfällig den Hang, wo ihre groben Stiefel ausrutschten. Sie kämpften tapfer, doch sie kämpften vergeblich. Bald war das Schlachtfeld mit Toten übersät, blutüberströmt oder in Stücke zerhauen. Es war nicht unser Brauch, Gefangene zu machen. Trotzdem hielt Crook unserem Angriff stand. Seine Shoshone-Scouts kannten alle unsere Finten und halfen ihm, sein schwankendes Kommando zu halten. Als es dämmerte, führten wir unsere Angriffsbewegung nicht weiter. Man bedarf eines Gefühls dafür, wann man zu gehen hat. Außerdem bringt es Unglück, bei Nacht zu kämpfen. In weitem Bogen ritten wir um Crooks Stellung herum, wandten uns nordwärts. Die ganze Nacht hindurch brannten riesige Feuer längs des Rosebud River, und kein Weißer schlief – mit Ausnahme der vielen, die für immer dort ihre Ruhe gefunden hatten.

Drei-Sterne-Crook hatte den Angriff überlebt. So ist es bei den *wasicun*: Meistens überleben ihre Anführer, weil ihre Untergebenen sie auf unsinnige Weise schützen. Bei uns kämpfen die Chiefs stets in erster Reihe, sonst würden die Krieger sie verachten. Wie mir später zu Ohren kam, versuchte Crook seine Niederlage in einen taktischen Rückzug zu verwandeln, aber niemand glaubte ihn. Ja, es war ein guter Sieg: ein Sieg, an den man sich erinnerte. Ich sang mit den Kriegern das Siegerlied, bestimmte die Verteilung der Beute. Doch etwas bedrückte mich. Und dann erkannte ich den Grund meiner Unruhe. Die Schlacht stimmte nicht mit Sitting Bulls Vorhersage überein. Noch stand uns ein weiterer schwerer Kampf bevor.

Ich sprach mit niemand darüber, nicht einmal mit Spiritmaker. Es gibt Dinge, die man am besten unausgesprochen lässt, um ihnen keine Macht zu verleihen. Doch das Schicksal lässt sich nicht aufhalten. Bald loderten unsere Warnzeichen von Hügel zu Hügel. Es war »Gelbhaar« Custer selbst, der mit seinem siebten Regiment zum Rosebud ritt. Spiritmaker sagte, es sei am 25. Juni 1876 gewesen, als er uns in die Hände fiel. Custer hatte von Crooks Niederlage erfahren und getan, was er am liebsten tat: sich eigenmächtig in den Kampf stürzen, ihn wenn möglich ohne fremde Hilfe gewinnen. Der Gedanke, dass ein einziges Regiment zweitausend Indianerkrieger in die Flucht schlagen konnte, erschien ihm überzeugend genug, um jeden Leichtsinn zu rechtfertigen. Wollte er, dass seine Männer ihn liebten? Ich denke, er selbst liebte keinen Menschen, nicht einmal seine Frau, die ihn mit gebrochenem Herzen überlebte. Und so trennte er sich von seiner Hauptstreitmacht, trieb seine Männer im schnellen Nachtvormarsch vorwärts. Mit dem Glück, das bisweilen den Narren begleitet, kam er bis zu den Felsen des Little Big Horn. Bei Tageshelle, nach kurzer Rast, ließ er Fahnen flattern, die Trompeten blasen. Es war, als ob er uns zurief: »Ich bin da!« Wahrhaftig, er musste besessen sein, dass er sein Regiment auf diese unsinnige Weise in den Tod führte.

Die Bighorns sind eine wilde Gegend, ein wahres Geschenk für jene, die sie kennen. Wir schickten Lockvögel, die Erschrecken heuchelten, ihre Pferde flussaufwärts herumrissen, die schrien und riefen, als müssten sie jemand warnen. »Gelbhaars« Männer sprengten ihnen nach, der Bachmündung entgegen. Der einzige Rückzugsweg war noch nach hinten offen, am Ufer entlang. Der Tag war blau, die Luft schwappte in trägen Wellen um uns herum. In unserer Nase war der Geruch von Sommergras, von Staub und heißen Pferdeleibern. Die Krieger warteten, leichtherzig, lustig und wild. Ja, es war ein guter Tag zum Sterben! Nur Spiritmaker, verschwitzt und finster, saß abseits auf seinem Pferd. Von Schlachten hielt er sich fern; manche verübelten es ihm. Ich darf wohl sagen, dass er mir in meinem Herzen umso teurer war, als wenn er auf seine eigenen Leute geschossen hätte. Wir kannten jeder das Wesen des andern wie Brüder, denen ein Blick, ein Lachen genügt. Es war keine Feigheit, es war Gerechtigkeit, war Edelmut. Er stand im Banne eines Schicksals, das auch mich betraf.

Und so schlossen wir »Gelbhaar« Custer in dem Tal zwischen dem Little Big Horn und dem Beaver Creek ein. Mittag war vorüber; die Sonne stand so, dass sie die Blauröcke blendete, nicht aber uns. Und dann lief alles mit atemberaubender Geschwindigkeit ab. Oben auf der Felswand erblickten die Weißen eine Anzahl Reiter, allen voran die Chiefs, für den Krieg bemalt und mit allen Insignien der Macht geschmückt. Sie hörten das Donnern von Tausenden von Pferdehufen. Sie wichen zurück und suchten Deckung in den Felsen, wobei ihnen unser Kriegschrei in den Ohren gellte. Verzweifelt versuchten sie die Sturzflut aufzuhalten, feuerten aus nächster Nähe ihre letzten Patronen. Ich stürmte an der Spitze, ungeachtet der Kugeln, der Schwerthiebe und Dolchstöße, und es war, als ob ich mich selbst im Traum beobachtete. Obgleich ich schon viele Kriege hinter mir hatte, war es immer wie das erste Mal. Während Pferde wiehernd und um sich schlagend zu Boden stürzten, ihre Reiter unter sich begrabend, rasten wir an ihnen vorbei oder über sie hinweg, zum erbarmungslosen Angriff entschlossen. Die Blauröcke waren der Lage nicht gewachsen. Ihr Mut war bewundernswert, aber sinnlos. Sie konnten uns nur einige Augenblicke lang mit ihrem Gewehrfeuer niederhalten, dann waren wir über ihnen. Die Soldaten wichen zurück, versuchten sich in Deckung zu bringen. Wir holten sie im gestreckten Galopp ein; manche zielten gut und schossen uns die Pferde unter dem Leib nieder. »Gelbhaar« Custer selbst wurde beim ersten Angriff verletzt. Er saß am Boden, mit den Rücken gegen einen Felsblock gelehnt, mit einer Kopfwunde und einem gebrochenen Arm. Zu beiden Seiten waren die Fahnen und Embleme des siebten Regiments aufgestellt. Ein Stoß geladener Gewehre lag neben ihm. Zwei Revolver hatte er umgeschnallt. Später sollte ich von Spiritmaker erfahren, dass er mitten im Kampf einen Brief diktiert hatte, in dem er die volle Verantwortung für den Tod seiner Männer übernahm. Gewiss, den Soldaten nützte es nicht mehr viel. Aber ein Mann in seiner Lage, der einen Funken Ehre im Leib hat, will sich mit keiner Gewissenslast beschweren. Ich möchte glauben, dass sein Name deswegen in Wertschätzung gehalten wird, obwohl viele Grund genug hätten, ihn zu verfluchen. Vielleicht wurde er im Tod endlich das Vorbild, das er sich wünschte zu sein – wenn auch auf Kosten vieler.

Er kämpfte bis zuletzt. Ich, Tashunka Witko, bezeuge es. Als Custer seine letzten – berühmten – fünf Schüsse abgab, ging der letzte Schuss in den Boden. Custer und seine Soldaten waren tot. Die Legende sagt, dass nur ein einziges lebendes Wesen zwei Tage nach der Schlacht gefunden wurde: ein verstörtes Pferd, das einem Captain gehörte und das wir bei unserem Rückzug nicht erbeutet hatten. Die Krieger hatten Grund zu frohlocken. Das Vorausgesagte war eingetroffen: Sitting Bulls große Vision hatte sich vollkommen erfüllt! Ich aber spürte in mir das Frösteln der nahenden Dunkelheit. Als ich später über das Schlachtfeld wanderte, war alles still: Unsere Krieger hatten gründliche Arbeit geleistet. Was wir hörten, war nur der Wind, das Summen aufgeregter Fliegenschwärme und dann und wann ein Krächzen, ein aufgeregter Flügelschlag. Schon kreisten Raubvögel über dem Hügel, schossen heißhungrig über den Felsen hin und her. Einige hatten sich bereits niedergelassen, rissen an den getrockneten Wunden. Sie waren auch schon bei Custer gewesen. Ich scheuchte die Vögel auf und blickte auf seine Überreste. Einige junge Krieger sprangen hinzu, stritten sich um die Ehre, seinen gelb gelockten Skalp zu nehmen. Als einer sein Messer zuckte, riss ich es ihm aus der Hand.

»Achtet diesen Krieger! Sein Skalp soll ihm erhalten bleiben!«

Die jungen Leute murrten, ließen jedoch von ihm ab. Custer trug noch seine Uniform, die zerfetzt war. Die weißen Handschuhe, die er bis zuletzt anbehalten hatte, waren blutbefleckt. Der Colt lag neben seiner rechten Hand. Ich nahm die Waffe nicht an mich. Sie gehörte ihm, über den Tod hinaus. Wir lieben es, wenn Männer sich zum Kampf schmücken wie zu einem Tanz. Er hatte das Schicksal herausgefordert – ein Schicksal, zu stark für ihn, aber das machte nichts. Im Tod war er edel, auch wenn er es in seinem Leben nicht war.

Wir hatten an den Sieg geglaubt; doch es war das Ende. Die Blauröcke kamen, zahlreicher als zuvor. Der Große Vater in Washington schickte sie, um den Tod seiner Soldaten zu rächen. American Horse starb, sein Lager von achtundvierzig Zelten wurde von General Mills überfallen und vernichtet. Auch Drei-Sterne-Crook wollte seine Rache haben und näherte sich mit einer gewaltigen Streitmacht. Sitting Bull war, nach erfolglosen Verhandlungen und einer verlorenen Schlacht, mit zweihundert Zelten nach Kanada geflüchtet. Das Powder-River-Land und die Black Hills mussten wir den Weißen überlassen. Die Büffelherden waren vernichtet. Das Wild, das die Weißen nicht geschossen hatten, zog sich tief in die Wälder zurück. Seiner scharfen Zunge wegen wurde Red Cloud als Chief des Reservationsgebietes abgesetzt. Spotted Tail stand im Dienst der Agentur. Auf mich, erzählte Spiritmaker, war ein Kopfgeld ausgesetzt worden. Die Weißen wollten mich festnehmen und vor ein Kriegsgericht stellen.

»Sie wollen dich nach Fort Jefferson schicken.«

Ich fragte, wo das sei. Auf den Tortugas, erklärte mir Spiritmaker, einem Gefängnisatoll für Schwerverbrecher, an der Küste von Florida. Er erzählte mir auch, wie sie die Gefangenen dort in Eisen legten.

»Willst du dir das gefallen lassen?«

Ich antwortete lachend, in jener Art, wie man über ein Unglück lacht. Jenes verächtliche, ironische Lachen, das dann erst kommt, wenn man alle Tränen geweint hat, die man weinen kann. Spiritmaker stimmte in mein Lachen ein. Dabei sahen wir uns an, mit Qual in den Augen; das Lachen zeigte uns das ungeheure Ausmaß unseres Leidens. Eine Zeitlang überlegte ich, mit einer kleineren Gruppe Frauen und Männer in die Berge zu reiten. Dank unserer Erfahrung und Ausdauer könnten wir dort, ganz auf uns gestellt, lange Zeit überleben. Doch an die tausend Menschen meines Volkes waren von mir abhängig. Man hatte uns die Handlungsfreiheit genommen, den Weg zu unseren uralten Jagdgründen versperrt. Woher nahmen die Weißen den Glauben, dass frei geborene Menschen sich damit abfinden konnten, eingepfercht zu sein? Wo blieb die Gerechtigkeit? Der Winter nahte. Starke Männer und Frauen, fröhliche Kinder wurden zu zerlumpten Schreckgespenstern. Zum ersten Mal beschloss ich, mit den Weißen zu verhandeln. Ich sagte, dass ich zur Agentur von Spotted Tail gehen wollte. Spiritmaker leitete die nötigen Schritte ein.

Ich hatte noch einen besonderen Grund, diese Agentur aufzusuchen. Man hatte mir mitgeteilt, dass Dr. McGillycuddy sich dort aufhielt. Black Shawl ging es nicht gut. Sie hustete, spuckte Blut und war so schwach, dass sie nicht mehr reiten konnte und ich sie auf mein Pferd nehmen musste. Doch das Schicksal war gegen uns: Wir wurden von Regenfällen aufgehalten. Als wir in der Verwaltung eintrafen, wurde uns mitgeteilt, dass der Arzt sich einige Tage zuvor in die Agentur von Spotted Tail begeben hatte. Ein mehrtägiger Ritt stand uns bevor. Black Shawl meinte, dass sie die Reise wohl durchstehen würde. Doch sie war erschreckend abgemagert, unter ihren Augen waren dunkle Schatten. Es war, als ob ihre spitzen Wangenkochen die dünne, heiße Haut durchstechen wollten. Nelly kümmerte sich um sie, fütterte sie wie ein kleines Kind, wusch ihre besudelten Tücher. Doch Black Shawl hatte keine Kraft mehr; sie setzte der Krankheit keinen Widerstand entgegen. Ihre Lippen und Finger besaßen in ihrem ruhelosen Greifen nach dem Wesenlosen bereits die Ungeduld der Agonie. Sie wurde blind, sang leise ihren Todesgesang. Sie starb drei Tage später in den frühen Morgenstunden. Erstaunt, dass sie so kalt war, hob ich sie behutsam hoch, um sie in meine eigene Decke zu wickeln. Ich dachte, ich hielte eine Schlafende in den Armen, und erkannte voller Schmerz, dass es eine Tote war. Ihre Glieder waren schon steif, ihr Gesicht hatte einen bläulichen Schimmer wie Flusseis. *Yunke-lo* war barmherzig zu ihr gewesen, hatte sie behutsam aus ihren Träumen erlöst.

Ich bereitete für sie ein Totengerüst, das ich mit Decken und Fellen ausstattete; auch gab ich ihr auf den Weg ins Schattenland die wenigen Speisen mit, die ich noch hatte. Ich schnitt mir die Schultern und Arme auf, sah zu, wie das Blut an mir herunterfloss, und dachte an die Menschen, die ich verloren hatte. Meine Eltern lebten noch, aber in welchem Zustand. Alt, gebrechlich: Sie erinnerten sich an Dinge von früher, das Gestern vergaßen sie. Wohl schienen sie Black Shawls Tod wahrzunehmen, doch einige Tage später riefen sie nach ihr, als ob ihr Herz die bittere Wahrheit nicht fassen konnte. Ich sagte, dass Black Shawl sich ausruhte, und hatte nicht das Gefühl, dass ich mich einer Unwahrheit schuldig machte. Sie gaben sich mit dieser Erklärung zufrieden. Sie hatten jetzt nur noch Nelly, die für sie kochte, ihr Haar pflegte und ihre Kleider sauber hielt. Ich sorgte so gut wie möglich dafür, dass ihnen nichts fehlte, denn mein Leben war ihr Geschenk, auch wenn ich bereits ahnte, dass es mir bald entrissen werden sollte.

Dabei hatte der Gedanke an meinen eigenen Tod aufgehört, mich zu bekümmern. In meinem Herzen war eine seltsame, beklemmende Ruhe. Ich hatte meinem Volk gut gedient. Mehr konnte ich nicht tun, zumindest nicht in diesem Leben. Doch die Weißen hatten mich nicht vergessen. Mehrmals machten sich die Soldaten, geführt von Shoshone-Kundschaftern, auf die Suche nach mir. Einmal warnte mich Spiritmaker gerade noch rechtzeitig. Die Soldaten umzingelten das Lager, durchsuchten alle Tipis, verbreiteten Unordnung und Schrecken. Ich aber hielt mich in den Bergen versteckt, und sie konnten mich nicht finden.

Der Winter kam, nur wenige Feuer flackerten. Alles war verwischt, erstickt, zum Schweigen gebracht, alle Geräusche wurden von den Schneeflocken abgefangen; nur hier und da brach ein Zweig, wenn ein Baum seine Schneelast abschüttelte. Tagsüber war der Himmel strahlend blau, ein Zeichen großer Kälte. Doch etwas Unheimlicheres als nur die Kälte lastete auf uns; es war unsere eigene Scham, der Schmerz und der Mangel jeglicher Hoffnung, der uns niederdrückte. Einst waren wir stolze, freie Menschen gewesen. Jetzt waren wir in Lumpen gekleidet, verstört, ausgehungert und zitternd. Die letzten Pferde, die wir noch hatten, waren so abgemagert, dass sie kaum noch der Kälte widerstanden. Unsere guten Hunde hatten wir schlachten müssen. Oft schien es, der Winter sei der Stärkere; manche von uns schwanden dahin wie verwehende Schatten. Immer wieder starben Säuglinge, erkrankten Kinder, alte Frauen, noch junge Männer. In der kalten Jahreszeit erforderte das Jagen mehr Kraft als gewöhnlich. Deswegen brachen wir mit der Tradition, gaben den Jägern zuerst zu essen, denn von ihnen hing das Überleben des Volkes ab. Doch das Rotwild war an Orte geflüchtet, wo es schwer aufzuspüren war. Kleinere und leichter zu erlegende Tiere konnten eine so große Gruppe wie die unsere nicht am Leben erhalten. Und selbst Kaninchen oder Eichhörnchen wurden die Beute von Wölfen, die nachts um unsere Tipis strichen.

Mein armes, krankes, unterernährtes Volk! Nein, ich konnte die Menschen, die an mich glaubten, nicht verlassen. Ich musste sie mit allen Schmerzen lieben, sie retten oder mit ihnen sterben. Kümmerte ich mich um jene, die Zuflucht bei mir suchten, dann fühlte ich, wie es mir besser ging, wie ich über mich hinauswuchs. So nahm ich meinen ganzen Willen zusammen, half ihnen, wie ich konnte. Auf diese Weise überstanden wir die schlimmsten Monate. Und als die Luft milder wurde, als die ersten Lerchen sangen und der schmelzende Schnee die Prärie mit glitzernden Bächen überzog, sprach ich ein letztes Mal zu meinem Volk.

»Einst habe ich geglaubt, dass sich unsere Freiheit retten ließe. Nun sehe ich ein, dass Kämpfen sinnlos ist. Wir sind schwach, unsere Kinder sterben in den Armen der Mütter. Ergeben wir uns, werden die Weißen uns mit Nahrung versorgen. Mein Onkel Spotted Tail glaubt, dass sie ihr Wort halten. Tatanka Yotanka ist nach Kanada aufgebrochen. Es ist ein langer, beschwerlicher Weg. Wer kann, soll zu ihm gehen. Meine Eltern aber sind hungrig und erschöpft, sie würden die Reise nicht durchstehen. Ich kann meine Eltern nicht verlassen. Ich werde zu Spotted Tail gehen und sagen, dass ich nicht mehr kämpfe. Wer will, mag mir folgen.«

37. Kapitel

Ich saß in einem Erdloch, ohne Wasser, ohne Nahrung. Vier Tage und vier Nächte sollte ich hier ausharren, meine Notdurft in der Grube verrichten und dann in der Erde verscharren. Ich hatte ein paar Dinge bei mir, von denen ich nie gedacht hätte, dass ich sie einmal in den Händen halten würde: eine alte Pfeife, zusammen mit einem Beutelchen Tabak aus roter Weidenrinde, Honors weiß-rot gemusterte Decke und eine kleine, mit Hirschleder bespannte Kürbisrassel. Der Klang der Rassel sei keine Musik, hatte Honor gesagt, sondern eine Sprache, die ich lernen musste zu verstehen. Ich sollte sie immer dann bewegen, wenn ich mich schlecht fühlte oder von Zweifeln heimgesucht wurde. Die Rasseln würde mir bei meiner Aufgabe helfen. Honor hatte gewiss recht, als sie das sagte. Jedes Mal, wenn ich die Rassel schüttelte, rief sie mir ein Bild in den Sinn, das ich mein Leben lang nie vergessen würde. Denn kein anderer würde tun, was Night für mich getan hatte! Dies dachte ich immer wieder, bis ich hinter dem scheinbaren Irrsinn ein tiefes, aufwühlendes Geheimnis entdeckte.

Manchmal – Zeit hatte ich ja genügend – wartete ich lange mit geschlossenen Augen darauf, dass die Erinnerung in allen Einzelheiten wieder zu mir zurückkam. Ja, es war ein entsetzlicher, erschütternder Anblick gewesen, als sich Night mit einer Rasierklinge, die Honor zunächst an ein Streichholz gehalten hatte, vierzig kleine Fleischstückchen aus dem Arm geschnitten hatte. Jedes Stückchen hatte er dabei auf ein Tuch gelegt, ein Stück neben das andere, und das Blut floss in Strömen von seiner Schulter bis zum Handgelenk. Er brauchte mehr als eine Stunde. Über seine Lippen war kein Schmerzenslaut gekommen, und ich hatte fast den Verstand dabei verloren. Doch Bestürzung oder Tränen wären seines Opfers nicht würdig gewesen. Und während der ganzen Zeit hatte Honor auf ihren unterschlagenen Beinen gesessen, und seltsame Laute waren aus ihrer Kehle gedrungen. Weder Sprache noch Gesang, nur eine Folge leiser, rauer Töne; Schwingungen, gleichsam einschläfernd und anspornend, erstickt, abgebrochen, wieder aufgenommen. Sie kniff dabei die Augen zusammen und blickte nach innen, auf der Suche nach dem dunklen Ort, wo die Träume entstehen. Es stimmte schon: Honor kannte die richtige Art, eine Zeremonie auszuführen, wo jedes Wort, jede Bewegung eine eigene, besondere Bedeutung hatte. Night musste es lernen, wie einen Computer zu betätigen oder einen Tanz einzustudieren. Er hatte es um meinetwillen getan, mir etwas von seinem Körper gegeben, um mein Herz stark und mutig zu machen. Wie konnte ich da versagen?

Die vierzig Stückchen hatte Honor sorgfältig von dem blutgetränkten Tuch genommen und in die Rassel zu den kleineren Steinchen gesteckt, die sie von einem Ameisenhaufen aufgelesen hatte. Ameisen, die größere Lasten schleppen, als ein anderes Geschöpf auf Erden es könnte, tragen eine gewaltige Kraft in sich. Nach einiger Zeit verschrumpelten die Fleischstückchen und gaben zusammen mit den Steinchen, sobald ich die Rassel schüttelte, kleine Geräusche von sich. Als alles vorbei war, hatte Honor Nights Arm unter kaltes Wasser gehalten, die Wunden mit einer Salbe behandelt und sauber verbunden. Night bekam einen starken Tee zu trinken. Essen wollte er nichts. Er sah abgespannt und blass aus, so blass, dass seine Haut fast wächsern schimmerte. Aus Angst, ihm weitere Schmerzen zuzufügen, wagte ich nicht, ihn zu berühren. Nach einer Weile lächelte er mich an und sagte:

»Die Wunden werden heilen.«

»Und die Narben?«, fragte ich.

»Die verblassen«, antwortete er leichthin. »Und auf der Bühne kann man sie überschminken.«

Danach hatte ich den Gebrauch der heiligen Pfeife lernen müssen. Rauchen hatte ich nie gemocht, und ausgerechnet jetzt wurde mir eine hundertjährige Pfeife überreicht, die Honors Vater, der ein Medizinmann war, gehört hatte.

»Ich weiß, du bist würdig, diese Pfeife zu berühren«, sagte Honor zu mir, als sie die Pfeife hervornahm und langsam aus ihrer Verpackung löste. Die Pfeife war siebenmal eingewickelt, in verschiedene Tierhäute und in rote, blaue und schwarze Flanellstoffe, die schon Löcher hatten und staubig rochen. Still sah ich zu, wie Honor langsam und ehrfürchtig die Pfeife aus einer letzten Hülle aus Rehleder zog. Das lange Rohr, mit einer Verzierung aus Perlen und rot gefärbten Adlerfedern, war vom vielen Berühren geglättet. Der Pfeifenkopf war aus rotem Stein; uralte Zeichen waren daraufgeschnitzt, und jedes Zeichen war ein Gebet. Eine besonders große Adlerfeder hing, als Symbol der Weisheit, genau an der Stelle, an der sich Rohr und Kopf berührten. Ich sah den Schmerz in Honors Gesicht, als sie die Pfeife in beide Hände nahm und sie in Nights Arme legte. Sie war die Hüterin der heiligen Pfeife, aber als Zwitter durfte sie diese nicht benutzen. Honor hatte lange rebelliert, bevor sie sich damit abfand.

»Ich will keine Vermessenheit begehen. In meinen alten Jahren schon gar nicht.«

Zu der Pfeife gehörte der Tabaksbeutel. Es war Night, der die Pfeife sorgfältig füllte und anzündete. Ich sah, wie seine Hand leicht zitterte, als er die Pfeife zum Mund führte. Er saß mit geschlossenen Augen da, sog langsam den Rauch ein, blies ihn ebenso langsam wieder aus. Er schien in einer anderen Welt zu sein; noch stand ich draußen, aber die Entfernung, die uns trennte, wurde allmählich kleiner. Als er mir die Pfeife reichte, gab er sie mir von links, von seinem Herzen aus. Ich nahm sie von rechts, hielt den Pfeifenkopf nahe an meine Brust, wie Honor es mir gezeigt hatte. Ich wunderte mich selbst, wie geläufig ich die Gesten nachzubilden vermochte. Ich hielt zunächst das Stielende der Pfeife himmelwärts, wandte mich dann nach Norden, zog die Pfeife wieder an meine Brust. Ich wiederholte die gleiche Geste nach Westen, nach Süden und nach Osten gewandt. Schließlich hielt ich die Pfeife wieder himmelwärts und führte sie dann zum Boden herab. Mir war, als ob ich bei jeder Geste besser verstand, was diese Pfeife wirklich bedeutete. Und so hob ich sie an meine Lippen und rauchte schweigend, der Tabak schmeckte herb und alt. Meine Befangenheit war vorüber. Da war ein seltsamer Instinkt, der mir half, die Sache richtig zu machen. Natürlich waren mir die Gesten nicht so geläufig, doch die ehrfurchtsvolle Vorsicht, mit der ich die Handlung vollzog, kam ganz von allein. Ich spürte die heilige Gegenwart eines weltumspannenden Atems, den Lebenshauch des Planeten selbst. Ich tat alles, wie es sein musste, als ob mir die Dinge vertraut gewesen wären, und mir kam in den Sinn, dass Nights Opfer dies vielleicht bewirkt hatte. Ich richtete meinen Blick auf ihn, auf diesen Menschen, der mir durch Gesten allein gesagt hatte: Du bist würdig, dass ich mein Blut für dich gebe. Und ich war sicher, dass er etwas mit den Vorfahren gemeinsam hatte, die sich einst geopfert hatten, um einen Lebensraum zu verteidigen, der ihnen mit brutaler Gewalt entrissen wurde.

Nach einigen Zügen gab ich Night die Pfeife zurück, und das Ganze wiederholte sich. Wir rauchten abwechselnd, bis sie leer war. Dann legte Honor die Pfeife in die Elchhauthülle zurück und sagte mir, dass sie mir die Pfeife während meiner *hanblechia* überlassen würde.

»Der Rauch aus der Pfeife steigt geradewegs nach oben zu den Geistern. Ihre Kraft fließt durch den Rauch, durch das Pfeifenrohr zu dir herab. Eine Wechselwirkung findet statt, du wirst sie im ganzen Körper spüren.«

Honor hatte ein kleines Schwitzbad für mich vorbereitet und Wasser über heiße Steine gegossen. Die Dämpfe hatten meinen

Körper gereinigt, meine Poren geöffnet. Weit abseits der Wohnwagen, an einem Hang, hatte sie dann ein Loch gegraben, das ziemlich tief war. Night hatte ihr dabei geholfen, obwohl sein Arm schmerzte und seine Bewegungen schwerfällig waren. Der Loch war gerade groß genug, dass ich hineinpasste. Würmer und alle möglichen Insekten krochen aus langen Graswurzeln und aus der gelockerten, modrig riechenden Erde hervor. Als Honor und Night mich allein ließen, ging die Zeit zunächst nur schleppend vorbei. In den endlosen Stunden, in denen das Tageslicht sich langsam veränderte, wurde mein zusammengekauerter Körper steifer und steifer, bis ich meinen Rücken nicht mehr spürte und die Füße kaum noch bewegen konnte. Liegen konnte ich auch nicht. Als die Sonne hoch am Himmel stand, wurde es stickend heiß. Ich hätte alles gegeben für einen Schluck Tee, einen Mundvoll Wasser. Dann sank die Sonne, und ein blasser, goldgelber Mond schwebte empor. Der Abend brachte Kühle, und die Dunkelheit war wohltuend für meine müden Augen. Stunden vergingen, ich hörte verschiedene Geräusche, das Pfeifen einer Waldmaus, den Schrei einer Eule und ein seltsames Jip-jip-jip. Jahre zuvor, in Afrika, hatte ich ein ähnliches Jaulen gehört und nie herausgefunden, welches Tier es sein mochte, das solche Laute ausstieß. Ein streunender Hund vielleicht? Ein Fuchs oder ein Kojote? Gab es die überhaupt noch in der Gegend? Es wurde zunehmend kälter. Ich wickelte mich in die Decke und klapperte mit den Zähnen. Ich fühlte mich elend. Hier bin ich, dachte ich, dies ist es nun, worum es geht. Und verdammt noch mal – was soll ich eigentlich in diesem Loch? Eine Vision haben? Okay! Aber wie bringt man das fertig?

Irgendwann schlief ich ein, nicht sehr lange vermutlich. Ich wurde geweckt durch den Wind in meinem Haar, langsam geweckt aus Träumen, die von mir fortglitten und mich mit der Nacht allein ließen. Ich schlug die Augen auf und sah, dass es bald Tag wurde; der Mond stand tief, er glitt so schnell den Bergen entgegen, dass ich seine Bahn mit den Augen verfolgen konnte. Er verschwand, und der Himmel wurde grün, dann orangerot. Plötzlich sprang die Sonne hinter den Bergen hervor. Licht stürzte in meine Augen wie ein Gießbach, mit dem Rufen und Zwitschern vieler Vögel. Ich sah sie emporflitzen, blitzschnell am Himmel vorbeigleiten. Mir war, als erlebte ich für Sekunden eine enge und intensive Gemeinschaft mit diesen Vögeln, aber schon waren sie weg, und die Einsamkeit war ohne Gnade. Wieder vergingen Stunden in bleierner, betäubender Hitze. Honor hatte mir die Uhr abgenommen, ich hatte jedes Zeitgefühl verloren. Ich versuchte zu schlafen. Eigentlich war Schlaf ein Zustand, den man auf gedanklichem Weg herbeiführen konnte, wie jeder andere Zustand auch. Doch sosehr ich mich auch darum bemühte, ich schaffte es einfach nicht. Um mich abzulenken, steckte ich die Pfeife an; meine Gesten waren zögernd, ungeschickt. Endlich schaffte ich es, tat ein paar lange Züge. Der Tabakgeschmack auf nüchternen Magen ließ mich würgen. Entsetzlich! Ich hustete und spuckte. Doch der Rauch stieg empor, ein dünner blauer Faden. Ich folgte ihm mit den Augen, sah, wie er sich im Licht auflöste. Honor hatte gesagt, dass die Geister nicht fern waren. Vielleicht war jetzt endlich die Chance, dass sie sich meldeten. Was dabei geschehen würde, konnte ich mir nicht vorstellen. Dann und wann griff ich nach der Rassel mit den vierzig Stückchen von Nights Haut. Jedes Mal, wenn ich sie schüttelte, war mir, als ob er zu mir sprach, und ich fühlte mich getröstet. Aber ich stellte fest, dass ich schwächer wurde. Der Himmel, begrenzt durch den Rand des Loches, umgeben von Erde und von dem, was Grasbüschel sein mochten, war plötzlich so schwer, dass er mich erstickte.

Ich hörte, wie ich laut zu mir selbst sprach: »Ich habe das ganze Theater hier satt. Ich will jetzt ein Bett. Und eine Tasse Kaffee. Und vielleicht auch ein Stück Kuchen. Ich wurde gern eine heiße Dusche nehmen. Ich will hier raus. Ich gehe jetzt!«

Während ich das sagte, tasteten meine Finger unwillkürlich nach der Rassel, die ich schüttelte. Das Geräusch der Fleischstückchen rief mich zur Vernunft. Unmöglich, dachte ich. Das darf ich Night nicht antun!

Als es dunkel wurde, zog ich die Decke über mich, rollte mich ganz darin ein, behielt nur ein kleines Luftloch, damit ich atmen konnte. Später kam wieder das eigenartige Jip-jip-jip. Das Tier musste irgendwo in der Nähe sein. Ich hoffte, dass es keinen Hunger hatte und mich nicht anfiel. Irgendwann kam auch ein Nachtvogel, flatterte dicht an meinem Kopf vorbei. Ich sprach zu ihm:

»Du tust mir doch nichts, oder?«

Als ich die Hand hob, flog der Vogel mit langsamem Flügelschlag davon. Mir war, als ob er durch meine Finger schwebte. Wie viel Zeit war vergangen? Stunden? Tage?

»Warte. Ich muss nachdenken!«

Ich gab es auf. Außerdem war es eiskalt, und ich hatte die Decke abgestreift. Ich schlug mit den Armen um mich, aber es half nicht viel: meine Füße waren wie Eisklumpen. Ich zog die tauben Beine an, ordnete mit tastenden Fingern die Decke, wickelte mich darin ein wie eine Mumie. Zeit verging. Ich wusste nicht, ob ich geschlafen hatte oder nicht. Jedenfalls kam die Wärme wieder und tat mir wohl.

»Und außerdem, ist es denn so wichtig? Ich sitze hier ganz bequem.«

Worin bestand der plötzliche Unterschied? In mir selbst, in meinen Körper? Durch die Berührung meiner Hüftknochen mit den kalten Erdwänden? Es war etwas sonderbar Neues, das nur die Einsamkeit, die enge Verbindung mit der Erde hervorgebracht haben konnte. Was war es nur? Mein Körper glitt seitwärts, meine Hand kroch über die Erde, die stark und würzig roch. Kein unangenehmer Geruch eigentlich. Ich zeichnete mit den Fingern die kleinen Wurzelstrünke nach. Sie kamen mir wie Hände vor, viele kleine Hände, die ich ergriff und festhielt. Ich hatte das unbestimmte Gefühl, dass die Wurzeln auf meinen Händedruck antworteten. Die Indianer haben schon recht, dachte ich, wenn sie sagen, dass die Erde lebendig ist.

Notwendigerweise hatten sie das vor mir festgestellt: Wenn man das selbst nicht erlebt hat, weiß man nichts davon. Ich sprach die Wurzeln freundlich an:

»Guten Tag. Wie geht es Ihnen? Es freut mich, Sie kennenzulernen!«

Schläfrig, wie ich war, redete ich natürlich Unsinn, aber das machte nichts. Es waren ja nur die Graswurzeln, die mich hörten.

»Eigentlich fühle ich mich ganz wohl hier.«

Ich murmelte die Worte vor mich hin, erinnerte mich meiner Stimme. In meinem Kopf sprang die Erinnerung von Gedanke zu Gedanke, Bilder von früher zuckten auf, tanzten in der Welt hinter meinen Augen. Nevers, die roten Ziegeldächer, das klare grüne Wasser. Das Internat, die Lehrerinnen, die Mitschülerinnen. Mir kamen verschiedene Namen in den Sinn: Francine, Brigitte, Emilie, die Gesichter waren nichts als blasse Flecken. Dafür sah ich meine Mutter, in schwarzem Pullover und schwarzen Shorts, mit Laufmaschen in den Strumpfhosen, sah sie auf und ab gehen in fiebriger Unruhe wie ein Raubtier im Käfig. Sie sprach Worte vor sich hin, Worte, die ich ganz deutlich hörte: »Ich hoffe die Entstehung der Welt zu erleben, den Beginn aller Handlungen …«

Was redet sie da zusammen, dachte ich, bevor meine Erinnerung auf die andere Seite schwang und ich Elinor erblickte. Elinor in ihrem Rollstuhl, den Schwester Fatima schob. Sie trug ihre Bärenkralle um den schwitzenden Hals, ihr Haar war ungewaschen, ihre Beine waren enorm angeschwollen. Als sie an mir vorbeifuhr, nickte sie mir freundlich zu, als ob sie diese idiotische Sache, die ich machte, ganz in Ordnung fand. Die Schwester schob den Rollstuhl einen Gang entlang, um eine Ecke, und fort war sie. Andere Formen erschienen, aus Dunkel, Grau und flimmerndem Weiß. Genau wie im Kino, dachte ich, wenn der Film unscharf ist. Jetzt weiß ich endlich, wo ich bin: Ich sitze im Kino. Forum heißt das Filmtheater. Wie? Es wurde längst abgerissen? Das kann nicht sein. Ich sitze doch vorne in der dritten Reihe, im roten Plüschsessel, lasse Eispralinen auf meiner Zunge zergehen. Schokolade und Vanille: Eskimos heißen diese Pralinen. Ach, wie herrlich! Und auch der Film kommt mir bekannt vor. Ein alter Streifen, allemal. Diese Frau, mit ihren zwei Männern ... Wie mag der Film bloß heißen? Lass mich nachdenken, es wird mir gleich einfallen. Ach ja, *Jules und Jim* Ich spüre, wie meine Lippen sich bewegen, wie ich das Lied summe, das mir Jeanne Moreau mit ihrer klaren, perfekt geschulten Stimme vorsingt:

»*Elle avait des bagues à chacun de ses doigts*
Et des bracelets autour des poignets ...«

Es stimmt schon: das war viel früher gewesen. Das Filmtheater gab es wahrhaftig nicht mehr. Aber die Strophen hatte ich noch gut im Gedächtnis, genau wie den Geschmack von Eispralinen. Inzwischen entfernte sich Jeanne Moreau auf ihrem Fahrrad. Ihr Lachen verklang. Ich blickte über ihre Mütze hinweg auf die Umrisse, die im prallen Sonnenlicht in Sicht kamen. Augenblick mal, das war nicht mehr *Jules und Jim.* Das war jetzt ein anderer Film, ein Western, wie Hollywood sie damals auf den Markt brachte. Nicht mehr schwarzweiß, sondern farbig, und auf Breitleinwand. Eine reitende Soldatenkolonne. Trabende Pferde, blaue Uniformen, wehende Flaggen. Zuerst flimmerte das Bild, und außerdem war die Akustik schlecht. Dann wurde die Einstellung schärfer. Ich hörte Schreie, Befehle, das Dröhnen der Hufe. Gleich würden sie losballern, ein Indianerdorf überfallen. Die Indianer würden sich wehren, aber vergeblich. In amerikanischen Filmen gewannen stets die Weißen. Wie ging mir das auf die Nerven! Ich sah immer deutlicher die verschwitzten Gesichter, roch den Geruch nach Staub und Pferdemist und dachte, das kann doch nicht wahr sein, jetzt sehe ich mir tatsächlich einen Film mit John Wayne an. John Wayne, den ich nie gemocht hatte!

Dann war über meinem Kopf eine Bewegung, und ich wandte mich um. Der Himmel war von einem fahlen, milchigen Blau. John Wayne saß schräg hinter mir, an einen Felsen gelehnt und mit roter Farbe blutig geschminkt. Ich starrte ihn an und roch tatsächlich sein Blut. Dreidimensional? Ausgeschlossen! Das gab es damals noch nicht. Ich fragte meinen Verstand, was er dazu sagte, doch der ließ mich im Stich. Das Sonnenlicht sprang mir heiß und wild in die Augen. Ich sah seine Pistole und dachte – auch so eine Schnapsidee –, dass ich diese Pistole gebrauchen könnte.

»Mir gefallen deine Filme nicht!«, sagte ich erbost. »Hau ab, John Wayne!«

Die Gestalt, zu der ich sprach, schüttelte matt den Kopf. Seine Stimme klang erschöpft und heiser.

»Ich heiße Alan Sherman Carter.«

38. Kapitel

Wir brachen die Zelte ab und machten uns auf den Weg. Ein Teil des Volkes zog nach Norden, zu Sitting Bull, und ungefähr die Hälfte folgte mir in die Agentur, wo Spotted Tail, gar nicht erfreut, uns mit einer Anzahl Bruleé-Krieger entgegenritt. Um die Stunde, da der Schatten eines Reiters doppelt so lang ist wie der Reiter selbst, kamen wir dort an. Zur Begrüßung kam mir Spotted Tail nicht einen einzigen Schritt entgegen. Ein mürrischer Ausdruck lag auf seinem Gesicht, der nicht schwer zu verstehen war. Er witterte Scherereien. Ich wartete höflich, dass er das Wort ergriff. Er war mein Onkel und zweimal so alt wie ich.

»Ich habe erfahren«, sagte er kalt, »dass Black Shawl gestorben ist. Hättest du früher auf mich gehört, wäre sie noch am Leben. Die ›weiße Krankheit‹ gibt es hier nicht. Der Himmel ist klar, die Luft sauber. Nun bist du endlich da und musst mir gehorchen. Hier bin ich Chief, und wir halten Frieden. Jeder Mann vom Volk, der herkommt, muss seine Waffen abgeben. Das ist alles.«

Als der alte Chief gesprochen hatte, hob ich endlich den Blick zu ihm auf. Trotz seiner barschen Worte war seine Haltung unsicher. Einen Atemzug lang hielten unsere Blicke einander fest. Doch als ich meinem Rappen die Knie in die Flanken drückte, ritt Spotted Tail, wie zufällig, beiseite. Ich ritt an ihm vorbei, den Bruleé-Kriegern entgegen. Auch sie ließen mich durch. Vor mir öffnete sich ein schmaler Weg zwischen den Pferden. Die

Bewegung pflanzte sich von Mann zu Mann fort. Ungehindert ritt ich weiter, durch das offene Tor.

Ich blieb bis zum Spätsommer in dieser Agentur. Mein Volk schien sich zu erholen. Alle hatten zu essen; ich war es, der kaum Nahrung zu mir nahm. Der Schmerz war in meinem Geist wie Wasser in einer tiefen Grube gefangen, und nicht wie der prasselnde Regen, der in der Sonne trocknet. Ich meinte, es sei ein schlechtes Los gewesen, dass ich so viele Schlachten überlebt hatte. Zum Sterben hatte es viele gute Tage gegeben; doch die Kugeln des Gegners hatten mich stets verschont. Meine Traumvision hatte es verkündet. Wo aber waren die Männer, die mir die Hände auf dem Rücken festhielten? Bestimmt waren sie irgendwo und warteten auf mich. Doch das bekümmerte mich wenig. Ich war hier, um meinem Volk zu dienen. Gewiss war es gut, dass sie jetzt Nahrung und Decken hatten. Ich betete zu *wakan tanka.*

»Großer Geist, erbarme dich der Not meines Volkes. Ich gebe dir dafür, was ich am liebsten habe: meine Freiheit. Vater, nimm mein Opfer an!«

In der Agentur verhielt ich mich still. Es wäre unhöflich gewesen, meinem Onkel den Gehorsam zu verweigern. Er spielte ein seltsames Spiel mit mir, mit halben Worten und halben Blicken. Ich ahnte, dass er mich in Wirklichkeit fürchtete. Inzwischen führte ich lange Gespräche mit Generalmajor Jesse Lee; Spiritmaker war stets als Übersetzer dabei. Lee war ein ruhiger Mann, der langsam sprach und langsam dachte. Seine Züge waren nachdenklich, seine Augen blickten müde und warm. Ich vertraute ihm. Auf die Redlichkeit älterer Menschen hatte ich mich immer verlassen. Es sei nicht verwunderlich, gab er offen zu, dass die Weißen – und auch eine Anzahl Leute vom Volk – mich hassten. Viele Soldaten seien meiner Kriegsführung zum Opfer gefallen, was wiederum bewirkte, dass sie die Indianer verabscheuten. Diese erkannten zwar die Vorurteile der Weißen, sagten sich aber nicht: »Die Niederlage ist ein Los, das alle treffen kann.« Nein, sie sagten untereinander:

»Tashunka Witko ist es, der ihren Zorn gegen uns entfachte, weil er zu viele von ihnen getötet hat. Und immer noch benimmt er sich nicht wie ein Geschlagener, sondern tritt wie ein Sieger auf.«

Ich sah und hörte vieles, das mir missfallen konnte. Doch meine Seele war fern, etwas wie Friede wohnte darin. Weil Drei-Sterne-Crook meine Verhaftung angeordnet hatte, wurde ich auf Schritt und Tritt überwacht. Doch Generalmajor Lee war der Meinung, dass ich mich einwandfrei verhalten hatte. Er sagte aber, dass ich gut daran täte, nach Fort Robinson zu gehen und mit dem dortigen Kommandanten, General Bradley, zu verhandeln. Er sagte zu mir:

»Sie taten Ihre Pflicht, um Ihr Volk zu verteidigen. Jeder von uns hätte das Gleiche getan. Ich baue auf Sie, dass Sie General Bradley die Wahrheit – die ganze Wahrheit sagen. Er wird Sie anhören. Sie können auf ein faires Urteil hoffen. Eines Tages, wenn die schlimmen Zeiten vergessen sind, werden wir zusammen in Frieden leben. Ich gebe Ihnen mein Wort.«

Sein Herz war gut. Er war der erste weiße Offizier, dem ich hätte Freund sein können. Und um ganz sicher zu sein, dass keiner Hand an mich legte, schlug er vor, dass ich allein mit ihm, unbewaffnet und nur mit einer kleinen Eskorte, nach Fort Robinson reiten sollte.

»Wie denkst du darüber?«, fragte ich Spiritmaker. Wir kauerten bei den Pferden in der Abendruhe des Forts und sprachen leise miteinander.

»Ihm ja, ihm traue ich«, erwiderte Spiritmaker. »Aber ich traue nicht seinen Vorgesetzten.«

»Welche Wahl habe ich?«

Er schwieg lange; im Halbdunkel beobachtete ich sein stilles Profil. Dann hob er beide Hände, eine Geste, die mir vertraut war.

»Ich glaube, du hast keine, mein Bruder. Es sei denn, du fliehst.«

Ich schüttelte traurig den Kopf.

»Mein Volk verlässt sich auf mich.«

Wir schwiegen eine Weile, im tiefen Wissen um das Unzulängliche des menschlichen Schicksals. Schließlich dehnte ein langer Seufzer seine Brust.

»Ich werde mit dir reiten«, sagte er.

»Bring dich nicht in Gefahr. Man könnte dich erkennen.«

»Nein. Ich werde bemalt sein. Mit Holzkohle und Ocker.«

»Schwarz und Gelb – unsere Kriegsfarben«, ich lächelte bitter. »Du wirst der Einzige sein, der sie trägt.«

»Ich trage sie für dich, mein Bruder. Weil man es von dir nicht mehr dulden würde.«

»Ich werde unbewaffnet gehen. Ich habe mein Wort gegeben.«

Er zögerte.

»Trage ein Messer bei dir. Und verstecke es gut.«

Unsere Blicke trafen sich. Dann berührte ich mit der linken Hand meine Stirn. Er hob die Rechte, legte sie auf sein Herz. Es war ein kurzes, aber heftiges Zusammentreffen von Fühlen und Denken, ein magischer Kraftstrom, der nie versiegen würde. Das Gefühl flackerte auf, erlosch. Und in mir war Frieden. Die Verheißung sang zu mir, durch den Wind. Er, der stille Heimatlose, war mir so nahe wie mein eigenes Blut. Doch davon sprachen wir nicht.

Am nächsten Tag brach ich mit Lee zur Agentur von Red Cloud auf. Nur einige ausgesuchte Männer begleiteten uns. Auch meine Eltern wollten dabei sein. Es war, als ob eine böse Ahnung sie plagte. Den Wunsch konnte ich ihnen nicht abschlagen, obwohl Good Song erkältet war und Worms milchgraue Augen nur Schatten sahen. Immerhin war Good Song noch fähig, ihr Pferd zu lenken, und so konnte er hinter ihr aufsitzen.

Nelly blieb zurück. Sie weinte beim Abschied, als ich ihr sagte, dass ich vielleicht nicht zurückkehren würde, und sie darum bat, gut zu meinen Eltern zu sein. Der Aufbruch war in aller Stille geplant, doch es kam anders. Auf der ganzen Strecke zeigten sich Agenturindianer, manche zu Pferd, die meisten zu Fuß, und schlossen sich dem Zug an. Alle wollten dabei sein, wenn Tashunka Witko sich ergab. Diejenigen, die nicht so weit gehen konnten, liefen eine Strecke mit den trabenden Pferden. Frauen riefen und winkten und blieben endlich stehen, atmeten den Staub ein und starrten uns nach. Es wurde mir immer schwerer, ein Wort zu sagen, ihnen auch nur ein Zeichen zu geben. Ihre aus Tränen und Schluchzen ausbrechenden Zurufe dankten mir, weil ich die Verantwortung auf mich nahm und tragen würde, bis zum Ende.

Wir erreichten die Verwaltung bei Nachteinbruch. Man hatte unsere Ankunft gemeldet. Als wir im Hof von den Pferden stiegen, war bereits eine große Menge versammelt – Weiße und Leute vom Volk. Unter ihnen erkannte ich Touch the Clouds und Little Big Man, geschniegelt wie immer. Sein Anblick hätte mich eigentlich erheitern sollen, war er doch wie ein Weißer gekleidet. Wir grüßten einander, als ein Mann eilig auf uns zutrat. Es war ein Adjutant aus General Bradleys Quartier. Er salutierte und richtete das Wort an Lee.

»General Bradley befielt Ihnen, Crazy Horse« – er nannte die englische Übersetzung meines Namens – »sofort dem diensthabenden Offizier zu übergeben.«

Ich verstand die Worte nur halb, sah aber, wie dunkle Röte Lees Gesicht überzog. Er packte den Adjutanten hart am Arm, sprach eindringlich und wütend auf ihn ein. Ich begriff augenblicklich: Etwas war nicht, wie es sein sollte. Etwas war ganz verkehrt. Nach einer Weile stürmte der Adjutant davon, und Lee kam mit großen Schritten auf mich zu. Er beherrschte sich sichtlich mit mächtiger Anstrengung.

»Würden Sie in das kleine Büro dort gehen und warten, Tashunka Witko? General Bradley wird Sie gleich empfangen, doch ich will zuerst mit ihm sprechen.«

Er streckte die rechte Hand vor, ein Zeichen des Vertrauens, wie ich inzwischen wusste. Ich ergriff diese Hand und schüttelte sie, wie die Weißen es unter sich taten, obwohl ich mir dabei recht linkisch vorkam. Das Büro, in das er mich führte, war ein düsteres Zimmer mit einem Stuhl und einem Tisch, auf dem Papiere lagen. Eine Flagge war dort aufgepflanzt. Ich betrachtete sie kurz, bevor ich aus dem Fenster blickte und bewaffnete Soldaten sah, die vor dem Gebäude aufzogen. Das gefiel mir nicht. Doch ich wartete geduldig. Nach kurzer Zeit kam Lee aus General Bradleys Büro. Ein zweiter Mann folgte ihm mit den steifen Schritten eines Untergebenen. Als Lee durch die Tür trat, roch ich seinen Schweiß und wusste Bescheid. Weiße strömen einen besonderen Geruch aus, wenn sie Angst haben. Ich bemerkte auch das Flackern seiner Augen, seine zögernde Stimme.

»Es tut mir leid, Tashunka Witko. General Bradley meint, es sei zu spät für ein Gespräch. Er schickt Ihnen Captain Kennington, den Offizier vom Dienst. Er wird Sie zu Ihrer Unterkunft bringen.«

Ich drückte Captain Kenningtons Hand, um ihm meinen guten Willen zu zeigen. Die Hand war steif wie ein Stück Holz; ich fühlte heftiges Widerstreben. Sein kalter Blick wich dem meinen aus. Mir war, als ob die Erde leicht schaukelte und ins Gleiten kam. Doch ich folgte ihm nach draußen, wo zwei bewaffnete Männer uns in die Mitte nahmen. Der Hof war beleuchtet und voller Männer, die alle schweigend zurückwichen. Vor uns erhob sich das Gebäude, zu dem sie mich führten. Wachposten mit aufgepflanztem Bajonett standen davor. Als die Tür nach innen schwang, sah ich dahinter einen Hof, und irgendwo flackerte Licht. Ich starrte auf dieses Licht, als ich plötzlich eine Stimme hörte, hell und schneidend wie der Schrei eines Falken, und sie rief ein Wort in unserer Sprache:

»*H'gun*! Mut!«

Es war das Wort, das die Krieger sich in der Schlacht zuriefen; das Wort, das die Wahrnehmung zur höchsten Wachsamkeit steigert. Und im gleichen Atemzug sah ich die eisenvergitterten Zellen und hörte das Rasseln der Ketten. Blitzartig wurde mir klar, dies war der Ort, wo die Krieger vom Volk sich den Kopf an den Wänden zerschmetterten, wo sie ihren Leib mit Stöcken durchbohrten und Holzsplitter schluckten. Dies war der Ort, den man Gefängnis nannte und der schlimmer war als der Tod. Und da wusste ich, wer mich gerufen hatte und warum. Meine Hand glitt in den Hemdausschnitt und packte das Jagdmesser. Ich wirbelte herum, im selben Atemzug, da Captain Kennington seinen Säbel aus der Scheide riss, mir den Weg versperrte. Die Wachposten konnten nicht schießen, weil sie ihn sonst getroffen hätten. Ich schwang das Messer, doch er sprang zur Seite und rettete sein Leben. Ich lief geduckt an ihm vorbei. Stimmen kamen von allen Seiten, vervielfältigten sich wie in einem dieser Träume, aus denen man mit klammer Haut erwacht.

»Bringt ihn um! Lasst ihn nicht entkommen!«

Leute vom Volk stürzten sich auf mich, versuchten mir das Messer zu entreißen, bevor ich niedergeschossen wurde. Zwei Männer packten mich von hinten, hielten mich fest. Erbittert kämpfte ich gegen sie an, bis es mir gelang, mich halbwegs zu befreien. Doch ein Mann hielt mich fest, und ich konnte ihn nicht abschütteln. Unsere Augen trafen sich, und ich erkannte ihn.

»Sei kein Narr!«, keuchte Little Big Man. »Sie werden dich umbringen!«

An Verrat hatte ich nie gedacht. Verrat war etwas Abscheuliches. Ich war wie von Sinnen, stieß mit dem Messer nach ihm, brachte ihm eine Schnittwunde bei. Zurechtgemacht, wie er war, blieb Little Big Man ein Krieger von großer Kraft. Ich konnte mich drehen und winden, wie ich wollte, ich kam von ihm nicht los. Da sprangen ein, zwei Wachposten auf mich zu. Sie kamen von hinten, ich sah sie nicht, spürte nur ihren Atem, roch ihren Geruch. Der erste Bajonettstoß traf daneben, und die Spitze blieb im Portal des Wachhauses stecken. Während der Soldat seine Waffe aus dem Holz zog, stieß der andere zweimal zu. Ich spürte tief in mir zwei scharfe Stiche, und sofort danach beißenden Schmerz. Der untere Teil meines Körpers war plötzlich jeglicher Kraft beraubt. Dicht neben mir schrie jemand. Ich sah, wie Little Big Mans Gesicht sich verkrampfte, wie seine Lippen zu zittern begannen. War er es, der geschrien hatte? Ich weiß es nicht, werde es nie wissen, denn seine Hände lösten sich von mir. Doch das Geräusch schwoll immer weiter an, ein unablässiges entsetztes Murmeln aus allen Kehlen, wie das Geheul ferner Wölfe hörte es sich an, weil alle Krieger zugleich stöhnten wie ein einziger Mann. Ich stand da, das Messer in der Hand, richtete mich gerade auf. Little Big Mans Gesicht war aschfahl geworden. Ein Staunen brach über mich herein, als ob die Luft zerspalten wäre.

»Lass mich gehen, Bruder«, sagte ich leise zu ihm. »Du siehst doch, sie haben mich genug verletzt.«

Weiter kam ich nicht. Die Beine gaben unter mir nach. Little Big Man wich von mir zurück, öffnete beide Arme, als ob er mich auffangen wollte. Ich machte fast gleichzeitig einen taumelnden Schritt, und noch einen. Ich spürte den langsamen Puls des Blutes, der meinen Leib füllte und warm aus meinem Rücken floss, die Schenkel entlang. Dann entglitt das Messer meiner Hand. Die Welt schien plötzlich auf dem Kopf zu stehen, und der Hof mit seinem Schmutz war vor meinem Gesicht. Geräusche und Stimmen lösten sich auf, verschwanden in weiter Ferne. Und dann waren nur noch Dunkelheit und Stille.

Das Erste, was zurückkam, war der Schmerz. Mein Rücken brannte wie Feuer, und ich hatte entsetzlichen Durst. Ich lag auf einem Stapel Armeedecken. Zwei Männer befassten sich mit mir, sprachen halblaut zueinander. Jemand drehte mich auf die Seite. Ich nahm einen Geruch von Heilmitteln wahr, der mir vertraut war. Ich erkannte auch die Stimme. Es war Dr. McGillycuddy, dessen empfindsame Hände meine Wunden im Licht einer Petroleumlampe, die Kennington hochhielt, untersuchten. Ich fragte mich, ob der Arzt wohl gesehen hatte, dass ich den Talisman, den er mir zurückgegeben hatte, hinter dem Ohr trug. Ich hätte ihn gerne begrüßt, doch ich hatte keine Kraft mehr zu sprechen. Nach einer Weile stellte Kennington mit ungeduldiger Stimme eine Frage. Der Arzt richtete sich auf. Ich spürte den Atemzug, der von ihm ausging und über mich strich, wie eine sanfte Berührung.

»Nein, es lohnt sich nicht, ihn anzuketten. Er stirbt. Beide Nieren sind durchbohrt. Ich kann nichts für ihn tun.«

Er legte seine Hand auf meine Schulter und drückte sie leicht. Das war alles. Ich spürte, wie er seine Tasche nahm und ging. Kennington folgte ihm und schloss die Tür hinter sich. Die Lampe ließ er brennen. Ich war sehr müde, und in meinem Körper war ein Gefühl tiefster Übelkeit. Ich schlief eine Weile, doch es war ein natürlicher Schlaf und nicht dieses den Verstand raubende Nichts der Finsternis. Als ich erwachte, war ich nicht mehr allein. Jemand setzte ein Gefäß an meine Lippen. Ich trank und spürte, wie sich das kalte Wasser mit dem warmen Blut in mir vermischte. Ich versuchte zu sprechen, und endlich gelang es mir.

»Wo sind wir?«

»In Kenningtons Dienstkammer«, sagte Touch the Clouds. »Der weiße Arzt hat ihn darum gebeten.«

Ich nickte, mit umnebeltem Bewusstsein.

»Dies ist mein letztes Tipi.«

»Sie haben dich alle angelogen«, sagte Touch the Clouds nach längerer Stille.

Ich bewegte mühsam die blutverschmierten Lippen.

»Ich gebe ihnen keine Schuld.«

»*Ayee*!«, jammerte er. »Unsere Zeit ist vorbei!«

»Nein …«, flüsterte ich. »Sie kommt wieder.«

Touch the Clouds widersprach nicht, sondern schüttelte nur den Kopf.

»Deine Eltern wollen dich sehen«, sagte er.

Ich machte ein bejahendes Zeichen. Touch the Clouds ging

an die Tür. Unter mir kreiste der Boden, und ich musste für ein paar Atemzüge die Augen schließen. Ich hörte leise Schritte, die näher kamen. Decken brachten einen Geruch nach Alter und Krankheit. Ich schlug die Augen auf. Da kauerten meine Eltern, wimmerten leise vor sich hin. Worm tastete mit unsicheren Händen nach mir, das Gesicht nach Art der Blinden emporgehoben.

»Mein Sohn, ich kann dich nicht gesund machen.«

Es gibt nur eine, die mich heilen kann, dachte ich, und sie ist nicht hier.

Ich nahm seine Hand und drückte sie.

»Vater, ich bin schwer verletzt. Sage dem Volk, es soll sich nicht mehr auf mich verlassen. Auch Tatanka Yotanka soll es hören.«

»Ja, mein Sohn. Ich werde es weitersagen.«

Meine Mutter drückte mich lange an sich, wiegte mich wie damals, als ich noch ein Kind war.

»Warum stirbt mein Sohn«, schluchzte sie, »und ich muss weiterleben, mich an Dinge erinnern, die lange vor seiner Geburt geschahen?«

Ich streichelte ihre nasse Wange.

»Weine nicht, Mutter. Mein Herz ist gut. Ich bin bereit.«

Sie sprach weiter, doch ich hörte nur noch konfuse Worte, hatte verschwommene Gesichter vor Augen. Dann konnte ich mich wieder hinlegen und spürte, dass ich einschlief. Doch ich wollte jetzt wach bleiben. Die Schmerzen, die in meinem Rücken wie glühende Kohlen brannten, halfen mir dabei. Jemand würde kommen, und ich musste bereit sein. Mir blieb noch etwas zu tun. Etwas Wesentliches. Und dann geschah alles auf die Weise, wie es geschehen musste. Nass vor Blut und klebrigem Schweiß, spürte ich fröstelnd, wie ein Luftzug mich berührte. Eine dunkle Gestalt schob sich zwischen mich und das Licht der Petroleumlampe. Ich schaute blinzelnd aufwärts.

»Mein Bruder, welche Farbe trägst du auf dem Gesicht?«

»Ich trage die Asche der Trauer«, antwortete Spiritmaker.

Er hob mich behutsam hoch, hielt mich in den Armen, und seine Tränen fielen ohne Scham auf meine blutigen Haare hinab. Ich nahm seine Hände, die so kalt waren, als ob er, nicht ich, der Sterbende war. Ich sprach zu ihm, oder vielleicht sprach ich nicht wirklich, sondern dachte lediglich meine Worte.

»Mein Bruder, sei gut zu mir. Schon morgen werden meine Knochen begraben, irgendwo an der Biegung des Flusses. Bald wird mein Leib zu Staub, die Erde soll ihn haben. Mein Geist aber soll wachsen, wie die Bäume wachsen und mit ihrer Üppigkeit mich wieder emporbringen. Ihre freundlichen Wurzeln sollen mich bergen, bis ich wiedergeboren werde wie Knospen in einem neuen Frühling. Es wird ein Fortschreiten in der Geschichte sein, ein Weitergehen in dieser Welt. Aber in der Landschaft unserer Vorfahren ist nichts mehr. Wir durchwandern eine tödliche Starre. Unser Atem erfriert, unser Geist ist beladen mit Schmerz. Ich will meinen Tod nicht Fremden darbringen. Mein Volk soll ihn haben, um seine Not zu lindern. Nun aber bin ich müde. Ich brauche Ruhe, um Kräfte für die Zukunft zu sammeln. Nimm mich zu dir, Bruder, bring mich weg von hier! Ich werde zurückkehren, auf dem Kamm des Windes, wenn der Baum wieder Knospen trägt. Ich, Tashunka Witko, verspreche es dem Volk. Das ist alles.«

Wahrhaftig, ich hätte die Worte nicht sprechen können. Ich war bereits zu schwach. Doch Spiritmaker verstand sie, wie er stets alles in mir verstanden hatte.

»Was kann ich für dich tun, mein Bruder?«

Ich bewegte die Lippen mit großer Anstrengung.

»Das Volk ist krank. Es muss gesund werden. Trage die Bärenkralle. Vergiss sie nicht! Sie wird dir Kraft schenken. Und jetzt … gib mir deine Hände …«

Meine Stimme brach; das Blut in meinem Mund spülte sie weg. Ich hielt Spiritmakers Hände fest, stärkte meinen Geist für die letzte bewusste Handlung. Eine Weile blickten wir einander an, bis unsere Atemzüge im völligen Gleichklang waren, unsere Herzen im gemeinsamen Rhythmus schlugen. Und da sah ich ganz deutlich, wie ich mich über meinen Körper hob. Ich hatte die Decken weder zurückgeschlagen noch zusammengeschoben, wie es üblich ist, wenn ein Liegender sich erhebt. Meine Form war unter der Decke zu erkennen, und Blut tropfte unentwegt auf den Boden. Doch ich sah mich selbst, durchscheinend wie Nebel, über diesem Körper schweben. Einen Augenblick war mir, als könnte ich nicht genügend Luft bekommen, und ich fühlte mich hilflos dem Unbekannten ausgeliefert. Doch schon verging der Augenblick der Trennung von Leib und Seele. Mit einem hörbaren Rauschen, wie mir schien, und Funken vor den Augen war ich wieder mit warmem Fleisch und warmem Blut vereint. Meine Lungen dehnten sich, mein Atem ging gleichmäßig und tief, ich spürte um mich herum kräftige, geschmeidige Muskeln. Mein früherer Körper lag da, reglos, bereits erkaltend. Das Blut hatte aufgehört zu tropfen. Nichts gab es mehr, was dieser Körper noch hören, sehen oder fühlen konnte. Aber das war jetzt unbedeutend. In einem Anderswo, zwischen Raum und Zeit, sprachen Spiritmaker und ich heiter zueinander. Ich fragte ihn:

»Wer bist du?«

Und er gab zur Antwort:

»Ich bin der, der niemals sterben kann.«

Das Ende und der Neubeginn

Warmes, helles Licht berührte mein Gesicht. Ich blinzelte verwirrt, tastete mit den Händen um mich und stieß an lockere Wände. Ich lag irgendwo und war froh, im Rücken geschützt zu sein. Oben war eine Öffnung, und da waren Männer, die sprachen. Hoffentlich gingen sie bald wieder. Mein Kopf fühlte sich so sonderbar an. Hinter den Augen war es auch so sonderbar. Ich hatte einen schalen Geschmack nach ungeputzten Zähnen im Mund und wollte weiterschlafen. Ich rutschte wieder zurück, schloss die Augen. Arme packten mich, zogen mich hoch. Eine Männerstimme wollte wissen, auf Englisch noch dazu, wie ich mich fühlte. Dumme Frage! Schlecht natürlich. Wenn man so wenig Schlaf hatte …

»Lasst mich in Ruhe«, murmelte ich.

»Raus jetzt mit dir!«, sagte die Stimme.

Ich versuchte nur schwach, mich zu wehren. Jede Bewegung war anstrengend. Einen Muskel zu dehnen ging über meine Kraft. Dazu hatte ich Kleider an, die schlecht rochen. Mein Mund sagte mechanisch: »Ich konnte nicht rechtzeitig aufs Klo.«

Ein nasses Handtuch fiel auf mein Gesicht. Ich schmeckte das kühle Nass, streckte gierig die Zunge danach aus. Ich sehnte mich plötzlich nach Kaffee. Wenn ich schlecht geschlafen hatte, half mir Kaffee sofort auf die Beine. Ich klammerte mich an den Armen fest, die mich stützten. Das Innere meines Mundes schien geschwollen. Ich würgte die Worte hervor.

»Ich fühle mich mies. Ich brauche Kaffee.«

»Der Kaffee ist schon fertig, Lady«, sagte die Stimme. »Kannst du gehen?«

Ich machte einen Schritt und knickte zusammen.

»Nicht so schnell!«

Die Worte kamen von dem Mann, der mich stützte. Ich krallte mich an seiner Schulter fest. Ich konnte sein Herz hören, wie es heftig schlug.

»Sprich mit mir«, sagte er.

»Ich muss mich waschen.«

»Bei Honor findest du alles, was du brauchst.«

Die Stimme, die ich zuerst gehört hatte, meldete sich wieder.

»Ich habe Brot gebacken, Lady. Selbst gebacken schmeckt es am besten«.

Ich öffnete die verklebten Lider und sah eine Frau, die eine Pfeife und eine Rassel in den Händen hielt. Ich murmelte verwirrt:

»War da nicht ein Mann, der sprach?«

»Ich bin's, Honor, Lady.«

Schlagartig kehrte mein Bewusstsein zurück.

»Ach, der Winkte«, murmelte ich.

»Du sagst es!«, brummte sie mit schiefem Lächeln.

»Entschuldige«, stieß ich zerknirscht hervor.

»Schon gut, Lady.«

Sie wusste vermutlich, dass ich sie bei vollem Verstand nicht auf diese Weise beleidigt hätte. Doch ich war jenseits der Fähigkeit, meine Worte sorgsam zu wählen. Ich drehte mich leicht in den Armen, die mich hielten, sah ein kupferfarbenes Gesicht und klare, nachdenkliche Augen. Langes Haar funkelte in der Sonne, mit einem grünlichen Schimmer. Mir war, als ob ich träumte, wach träumte. Doch mehr als ein bloßer Traum war es ein Gefühl des Schwindels, des plötzlichen sich Auftuns und Wiederversinkens einer früheren Welt, das sein Anblick in mir erweckte. Ich strich über Nights Arm, fühlte Verbandzeug unter dem weißen Hemd.

»Tut es noch weh?«, flüsterte ich.

Er lächelte und runzelte zugleich die Stirn, als ob er überlegen müsste.

»Es zieht noch ein bisschen.«

Er drückte meinen Ellbogen. Ich war vollkommen steif, aber allmählich begann das Blut wieder zu zirkulieren. Dabei atmete ich tief ein und fühlte, wie mein Kopf bei jedem Schritt freier und klarer wurde. Bald kamen die Wohnwagen in Sicht, und ich roch den Gestank der Müllhalde. Ich blickte über die Baracken hinweg, fand mich mit allen Dingen ab und war überwältigt von der Kraft der Schwingungen, die sich in der Unendlichkeit des Himmels fortsetzten.

Honor hatte alles für mich vorbereitet. Ein Blechnapf voll Wasser stand auf einem Stuhl. Daneben lagen ein Stück Kernseife und ein Fläschchen Shampoo auf einem sauberen Handtuch. Ein Eimer mit noch mehr Wasser stand auch da, und an der Wand hing ein kleiner Spiegel. Ich fuhr mit gespreizten Fingern durch mein Haar, um es zu lockern. Aber es war so verfilzt und schmutzig, das ich nicht durchkam. Night brachte meine Reisetasche. Beide ließen mich allein. Ich zog mein dreckiges Zeug aus, wusch mich von Kopf bis Fuß, wechselte die Wäsche und zog saubere Jeans an. Als ich fertig war, brachte ich das Wasser nach draußen, wo ich es nach bewährter Manier auf den Boden schüttete. Honor und Night saßen an die Hauswand gelehnt und warteten geduldig. Honor rauchte eine Zigarette, die sie beim Aufstehen in den Sand warf.

»So, Lady. Jetzt wird gefrühstückt.«

Sie hatte wunderbaren Kaffee gekocht. Und das beste Brot der ganzen Welt gebacken. Dazu gab es Rührei mit Speck und frischen Kartoffelsalat.

»Nicht zu schnell essen!«, warnte mich Honor. »Sonst verträgt es der Magen nicht.«

Ich befolgte ihre Anweisung, aß und trank ohne Hast. Und während meine Kräfte zurückkehrten, festigten sich die Traumbilder in mir, nahmen die scharfen Umrisse der Erinnerung an.

Ich hatte sie nicht erfunden, nein. Sie waren auch keinem anderen Menschen an einem anderen Ort widerfahren. Im Dunkel meines Hirns existierte ein älteres, tieferes Dunkel. Die Bilder waren darin bewahrt, selbständig und unzerstörbar. Ich hatte sie nur ans Tageslicht gebracht.

»Du hast den Wunsch, es zu erzählen«, Honor tat einen Zug aus ihrer Zigarette, die neben Messer und Gabel auf dem Tellerrand glomm. »Und wir haben den Wunsch, es dich erzählen zu hören.«

Ich suchte nach Worten, fand zunächst keine, und dann langsam, ganz allmählich, begann ich zu sprechen. Wie deutlich hatte ich alle Dinge gesehen! Wie bestürzend klar war mir jedes Gesicht, jede Handlung in Erinnerung geblieben. Irgendwann packte Honor meinen Arm. Ich versuchte sie abzuschütteln: »Du tust mir weh!« Doch sie lockerte ihren Griff nicht, stellte Fragen, die nicht zielsicherer hätten sein können. Fragen, die Ereignisse betrafen, die ich klar im Gedächtnis hatte. »Bist du ganz sicher?«, fragte sie dann und wann, mit mühsam unterdrückter Erregung.

Und ich merkte, dass auch Honor diese Ereignisse vertraut waren, dass ich mich aber, im Gegensatz zu ihr, an jede Einzelheit genau erinnerte. Ich sah ihr Gesicht und wie aufmerksam sie mich betrachtete, mit staunender, neugieriger Ehrfurcht. Night indessen sagte kein Wort, starrte reglos vor sich hin. Und als er mich endlich anblickte, sah ich erstaunt die Tränenspur auf seiner Wange. Ich streckte die Hand aus, und er nahm sie, hielt sie fest. Wir sprachen nicht, es wäre über unsere Kräfte gegangen. Doch Honor, die versonnen rauchte, drückte plötzlich ihre Zigarette aus.

»Lady, ich muss es mit eigenen Augen sehen.«

»Was musst du sehen, Honor?«

»Den Baum«, sagte sie. »Ich muss sehen, ob er Knospen trägt.«

»Sie ist müde«, warf Night ein. »Sie muss sich erst ausruhen.«

Doch ich fragte Honor: »Ist es weit von hier?«

»Wir können fahren«, antwortete sie. »Zumindest einen Teil der Strecke.«

Ich legte beide Hände an Nights Gesicht, streichelte es sanft, ließ meine Fingerspitzen über die Konturen seiner Stirn, seiner Wangen, seines Mundes gleiten. Zwischen uns war eine große Zärtlichkeit. Ich sagte: »Nach diesem Frühstück bin ich nicht mehr müde.«

Wir machten uns in Nights Pick-up auf den Weg. Es war Honor, die fuhr, weil Nights Arm noch steif war. Night saß neben ihr, und ich war hinten eingestiegen. Ich war abgespannter, als ich gedacht hatte, stützte den Kopf an der Lehne auf und döste. Wir kamen an einem Golfplatz vorbei, bevor die Straße durch Felder führte, durch Weiden, auf denen Pferde und Rinder grasten. Überall war das Land abgesteckt, eingeteilt, in Zäune gezwängt. Das Land, das ich gesehen hatte, war ganz anders gewesen. Wir überquerten eine Betonbrücke; weit unten schäumte der Missouri. Ich dachte, dieser Fluss wird eines Tages über die Ufer treten, weil Flüsse sich nicht bändigen lassen, weil sie voller Kraft und Leben sind. Dann wandte sich der Asphaltstreifen mit dem weißen Strich den Bergen entgegen. Nach einiger Zeit waren wir von Hügeln umgeben, von steigenden und fallenden Kämmen, zwischen denen sich die Straße in langen Schleifen und scharfen Kurven hindurchzog. Auf den sonderbar gefalteten Hängen wuchsen hohe Tannen und Espen, schräg, weil der Wind immer von der gleichen Seite kam. Es sah aus, als lägen Luftkissen zwischen den Hügeln, die blau und dunstig schimmerten. Eine leichte Brise strich über die Gräser; die Phantome der Büffel zogen vorbei, wanderten in den Himmel und warteten auf Wiedergeburt.

Eines Tages, dachte ich, würde dieses Land dem Volk wiedergegeben. Die Gestirne am vibrierenden Nachthimmel, die ursprünglichen Zeitmesser, würden die Epochen zurückdrehen. Die Menschen vom Volk würden in den Sand ihre Kalender malen, die den Stern des Nordens zum Bezugspunkt nahmen. Frauen würden ihre Schleppschlitten über das Frühlingsgras ziehen und alle Pfade zu den Tipis führen. Die Adler würden sich im Tageslicht drehen, und die Pferde würden stampfen und traben und Salz aus der flachen Hand lachender Kinder lecken. Ich glaubte sie zu sehen, während ich halbwegs schlief.

Ich wurde geweckt, als der Pick-up die Straße verließ, rumpelnd und krachend über Steine und Geröll holperte. Plötzlich endete der Weg. Wir mussten aussteigen, zu Fuß weitergehen. Honor sah mich fragend an.

»Alles in Ordnung, Lady? Es ist nicht mehr sehr weit jetzt.«

Ich hob das Gesicht, trank mit offenem Mund die Luft, die nach Minze schmeckte. Wir gingen längs der Tannen, bis an den Ort, wo der alte Wald hoch wuchs und die Kronen sich zusammenschlossen. Es gab einen Pfad, den Honor zu kennen schien; einen Pfad, der kaum sichtbar und überwachsen war. Er führte längs einer Schlucht, in deren Tiefe ein Gebirgsbach sprudelte. Honor ging voraus. Ich folgte langsamer, noch schwach auf den Beinen, und Night stützte mich, wenn der Weg zu abschüssig wurde. Mit langen, kräftigen Schritten erklomm Honor einen Hang, bis sie auf einmal stehen blieb. Sie wandte uns ihr Gesicht zu, und ich sah unter dem roten Hemd ihre wogenden Brüste.

»Wohin jetzt?«, fragte Night.

Sie schnalzte irritiert mit der Zunge.

»Lass mich nachdenken. Ich bin nicht ganz sicher …

Ich streckte lebhaft die Hand aus.

»Da hinauf!«

Beide starrten mich an, sagten jedoch kein Wort. Ich schüttelte Nights helfende Hand ab; jede Müdigkeit war plötzlich wie weggewischt. Ich drehte dem Bach den Rücken zu, entdeckte eine Gabelung, die tief ins Dickicht führte. Ja, ich erkannte den Ort. Hier war ich bereits gewesen. Selbst jetzt, nach so langer Zeit, war mir der Weg vertraut. Der Boden war mit Fichtennadeln bedeckt, die Grashalme waren dünn und blass, und die Erde roch würzig. Die Vögel schwiegen, wenn wir vorbeikamen, und erhoben ihre Stimmen erst wieder, wenn wir uns entfernt hatten. Ich ging zielsicher voraus. Dornen streiften meine Beine, doch ich wusste genau, wo ich das Gestrüpp umgehen konnte. Die Arme hielt ich leicht ausgestreckt, um die wippenden Zweige vom Gesicht fernzuhalten. Und plötzlich war es so still, dass man das Fallen eines Blattes hätte hören können. Zwischen den orangeroten Stämmen öffnete sich eine Lichtung. Und genau in der Mitte, umgeben von moosigen Steinen, stand mit entschlossener Dauerhaftigkeit eine uralte Buche. Doch der schlafende Baum war erwacht. Grüne kräftige Knospen zeigten sich auf den Wurzeln, wo sie sich wie mächtige Arme aus dem Boden hoben. Die Erde war nicht mehr hart und trocken, sondern weich und braun. Ich dachte an die vielen Wurzeln, die sich in der Erde mit leichtem Knarren dehnten und streckten. Dann blickte ich zu dem Baum empor und sprach zu ihm, als ob ich laut dachte:

»Ist es für uns sinnvoll, einer ganzen Nation den Krieg zu erklären? Sinnvoll ist es nicht, aber konsequent ist es. Ich sehe jetzt, welche Umstände uns dazu gebracht haben. Die Umstände waren auf jeden Fall schlecht, denn niemand, dem es gut geht, tut so etwas. Die Konsequenzen sehe ich auch. Und ich verstehe jetzt, warum Spiritmaker damals beschlossen hatte, seine Heimat zu verlassen. Es war notwendig gewesen. Das einzig Richtige, was er tun konnte. Er trug zu viel Schmerz in sich – der Schmerz musste heilen. Jetzt sind wir wieder stark, jetzt können wir wieder kämpfen. Aber wir werden es anders machen. Ganz anders. Ich bin mit den Medien vertraut, werde eigene Strategien entwickeln. Ich weiß, wie man emotionale Botschaften verbreitet, wie man Ideen und Meinungen in Umlauf bringt – ein virtueller Kampf, der durchaus realistische Zwecke verfolgt. Ich werde es wie du machen, Großvater Baum, wie das Wachsen deiner Wurzeln unter der Erde, die mit untergründiger, beharrlicher Stärke den Boden sprengen und Steine heben.«

So sprach ich zu dem Baum, an dem ich lehnte. Ich spürte den Kraftstrom, der von ihm ausging und mich umfasste, wie ein liebender Arm. Kleine schwarze Ameisen bewegten sich zwischen den Erdbrocken. Ich sah sie an und lächelte. Ja, auch die Ameisen waren mein Vorbild.

»Und noch etwas. Leonard soll wissen, dass es genug ist. Er soll sich jetzt ausruhen. Elinor hat mir aufgetragen, es ihm zu sagen.«

Eine Weile stand ich stumm, in Gedanken versunken. Die Sonne sank in Purpur und Gold, und irgendwo klopfte ein Specht.

Schließlich räusperte sich Honor.

»Mich lassen sie zu ihm«, sagte sie, »weil ich keine Skandale mache wie Hanhepi. Ich werde ihm guten Tabak bringen, damit er seine Zigaretten rollen kann. Und ich werde ihm sagen: Bruder, du hast dein Opfer gebracht. Lebe in Frieden. Tashunka Witko ist wieder da.«

Ich antwortete nicht. Sie war hellsichtig und mit weiseren Sinnen begabt als ich. Doch die Bilder waren in mir, so lebendig wie Schemen. Etwas ging um, das bei Lebzeiten zu früh verschwunden war. Der Tod nahm uns nicht an, weder Black Buffalo Woman noch mich, sondern schickte uns immer wieder zurück. Mystikern, meinte ich, müsste das selbstverständlich erscheinen. Mystiker hatten das richtige Gefühl. Menschen vom Volk waren Mystiker, sie konnten ihre Natur nicht ändern. Man mochte sagen, sie seien wirklichkeitsfremd, aber nichts war verkehrter als das. Wie konnten sie schlecht die Wirklichkeit verstehen, wenn die Wirklichkeit ja ihr Leben ausmachte?

Ich sagte zu Night, betont leichthin: »Na schön, warten wir mal ab, was kommt!«

Während er dastand, die feingliedrige Hand auf dem glatten, grauen Stamm ruhend, war mir, als ob ein leichtes Flimmern von ihm ausging. Und ich glaubte hinter ihm eine andere Gestalt zu sehen; eine Gestalt im weißen Umhang, mit grün schillerndem Haar. Ich empfand ein vertrautes Gefühl, eine Schwere ums Herz. Doch das Bild währte kaum einen Atemzug lang: ein Wimpernzucken, und es war fort. Es war schon so, dass in der Wiederholung von einmal Gelebtem Befreiung lag. Weil der Traum nicht weniger als das Reale war, sondern mehr. Ein menschliches Gehirn musste nicht in Angst geraten, sondern Hoffnung daraus schöpfen, wenn es sich das nächste Leben vorstellte und das danach.

Night ließ mich nicht aus den Augen.

»Willst du jetzt noch fort?«, fragte er.

»Sie ist nicht mehr dieselbe«, sagte Honor. »Sie ist für immer eine andere geworden. Du heiratest sie, Hanhepi, und sie kriegt die Greencard. Sie hat ja keine Wahl mehr.«

Ich lachte kurz auf.

»Triffst du jetzt die Entscheidungen für uns?«

Sie antwortete scheinbar beziehungslos.

»Kennst du die Geschichte von der jungen Frau, die sich vor dem Ozean rettete, der einst die Plains überschwemmte? Nein? Dann will ich sie dir erzählen! Die Wasser stiegen und stiegen also, und alle Lebewesen ertranken. Außer dieser jungen Frau, die von einem Adler auf einen hohen Berg gebracht wurde. Du weißt ja, in früheren Zeiten war alles anders. Da konnten sich Menschen in Tiere und Tiere in Menschen verwandeln. Nun, der Adler nahm die Gestalt eines kräftigen jungen Mannes an. Er blieb bei der jungen Frau, bis die Fluten zurückgingen. In dieser Zeit schenkte sie zwei Kindern, einem Mädchen und einem Jungen, das Leben. Als die Erde trocken war, verwandelte sich der junge Mann wieder in einen Adler, trug Mutter und Kinder ins Tal. Die Mutter baute für sich selbst und die Kinder eine Hütte aus roter Erde, und der Adler versorgte sie mit Nahrung. Die Zwillinge wuchsen heran und wurden die Ahnen unserer Nation. Du kannst nicht mehr weg, Lady. Tut mir leid!«

Ich starrte sie an.

»Und warum nicht?«

Sie trat dicht an mich heran, legte ihre schwieligen Hände auf meine Schultern.

»Hör zu, Lady, ich hab's bisher für mich behalten. Aber jetzt ist der Augenblick gekommen, es dir zu sagen.«

Ich lächelte, abwartend und etwas nachsichtig. Ich empfand eine große Zuneigung für sie. Ihre Augen, braun und träge wie Wolfsaugen, blickten in mein Gesicht.

»Ich habe dich gefragt: Hast du Kinder? Du hast den armen Winkte ausgelacht. Aber ich habe Erfahrung. Und ich habe eine Ankündigung zu machen: Du und Hanhepi werdet zwei Kinder haben. Ein Mädchen und einen Jungen. Du trägst jetzt schon Leben in dir; noch ganz klein, noch ganz schwach. Aber berühre ich dich mit meinen Händen, höre ich das Leben unter deinem Herzen wachsen. Ich sage immer nur die Wahrheit, Lady. Was würde sonst aus meiner Firma?«

Ich kann ziemlich hart zupacken. Ich drückte ihren Arm so fest, dass sie leichte Grimassen schnitt, doch fast so, als müsse sie den Schmerz, den ich ihr zufügte, ertragen.

»Honor, jetzt übertreibst du aber! Ein Kind wäre schon überraschend genug. Ich ... ich kann mir das überhaupt nicht vorstellen. Und du willst mir weismachen, dass es zwei sind!«

Sie schaute mich an und zeigte ihr Lächeln, das gleichzeitig so warmherzig und anrüchig war.

»Nur Geduld, Lady! Du wirst es ja sehen. Die Welt ist durchlässig. Senden die Geister Zeichen, kommen sie von allen Seiten! Zuerst versteht man ein bisschen etwas – und dann alles. Das kommt mit einem Schlag. Wir haben keine Tränen mehr, die wir weinen könnten. Wir haben uns diese Hoffnung verdient.«

Endlich konnten wir uns ansehen, Night und ich. Unsere Verwirrung flutete durch uns hindurch. Er trug eine arglose Sanftheit im Gesicht, eine Sanftheit aus der Zeit vor den Lügen, den Massengräbern, der Ausrottung.

»Bleib bei mir!«, sagte er.

Ich dachte, immer findet sich Kraft wieder ein, stellt Verlorenes sich wieder her. Eine Hoffnung, ja. Und ein Neubeginn. Im Grunde besteht alles Fortschreiten darin.

»Ich muss ein paar Sachen in Ordnung bringen«, sagte ich. »Bitte, schließ deine Tanzschule für ein paar Wochen. Eine Luftveränderung wird dir guttun. Wir bleiben zusammen. Und wir fahren nach Frankreich und sehen uns Elinors Skulpturen an. Und wir besuchen ihr Grab in Nevers, ja?«

»Okay.« Er schluckte. »Ich denke, wir haben viel nachzuholen.«

»Immerhin haben wir es in diesem Leben besser.«

»Eindeutig«, gab er zu.

Wann hatten wir begonnen, uns zu lieben? Es lag schon so weit zurück! Wir waren durch Zeichen und Omen verbunden, und auch unsere Kinder würden eines Tages erfahren, dass wir in uns ein Geheimnis trugen, das weder das Messer des Chirurgen noch das Elektronenmikroskop des Forschers einfangen konnte. Ein Geheimnis, das vielleicht nur ein Gesang war, der aus uns geboren wurde und durch alle bewegten Formen des Lebens wehte, so lange die Welt bestand.

Irgendwann in der Vergangenheit blickte ein Mann mit einer jungen Frau in den Armen ein letztes Mal auf ein frisch geschaufeltes Massengrab, bevor er sich unter den verschneiten Bäumen entfernte. Dann machte die Zeit einen Bogen, und beide waren wieder da, in mir.

»Sei gegrüßt, Spiritmaker«, flüsterte ich. »Sei gegrüßt, Mary …«

Unsere Ideen werden eure Ideen besiegen. Wir werden das ganze Wertsystem des Landes in Fetzen reißen. Es ist nicht wichtig, dass es nur 500000 von uns gibt. Wichtig ist allein, dass wir eine überlegene Lebensweise haben. Wir haben eine humanere Lebensweise. Wir wollen dem Land zeigen, wie man menschlich handelt. Eines Tages wird dieses Land seine Verfassung und seine Gesetze vom menschlichen Standpunkt aus revidieren statt von dem des Besitz-

tums. Wenn es Red Power *in diesem Land geben wird, dann, weil es eine inhaltliche, eine ideologische Auseinandersetzung gibt. Welches ist der höchste Wert im menschlichen Leben? An dieser Frage wird sich alles entscheiden!«*

Vine Deloria jr., † 2005

Tilly Bagshawe

Abgöttisch

Roman | Aus dem Englischen von Sybille Klose
Softcover mit Schutzumschlag | 588 Seiten
ISBN-13: 978-3-547-71087-8 | ISBN-10: 3-547-71087-1

Siena McMahon wächst in einer der einflussreichsten Film-Dynastien auf. Die Enkelin einer Leinwandlegende und Tochter eines Starproduzenten ist gesegnet mit Schönheit, Intelligenz und Vermögen – und sie will im Filmgeschäft nach ganz oben. Doch hinter den Sicherheitszäunen der McMahon-Villa in den Hollywood Hills herrschen Eifersucht und ein zerstörerisches Verlangen nach Ruhm. Wird Siena lernen, zwischen Glanz und Gefühl zu unterscheiden?

»Atemberaubend gut und köstlich böse – *Abgöttisch* hat einfach alles.« *Entertainment Weekly*

»*Abgöttisch* lässt einen Zeit und Raum vergessen, ein einziges Vergnügen. Ich liebe diesen Roman.« Sophie Kinsella, Autorin von *Göttin in Gummistiefeln*

»Exzellente Unterhaltung.« *Cosmopolitan*

Marion von Schröder

Aline Templeton

Wer die Toten weckt

Roman | Aus dem Englischen von Theda Krohm-Lincke
Gebunden mit Schutzumschlag | 384 Seiten
ISBN-13: 978-3-547-71079-3 | ISBN-10: 3-547-71079-0

Nach dem Tod ihrer Mutter gibt die Psychologin Laura Harvey eine Suchanzeige für ihre seit Jahren verschwundene Schwester Diana auf. Sie erfährt, dass Diana in Schottland gearbeitet hat und reist nach Galloway.
Dort ermittelt die Kommissarin Marjory Fleming in einem eigenartigen Mordfall. Die Leiche einer erstochenen Frau wurde in einem Erdloch gefunden. Laura wird in die Ermittlungen um die ermordete junge Frau hineingezogen. Sie identifiziert die Tote als ihre Schwester – und gerät in den folgenden Tagen selbst in höchste Lebensgefahr.

»Aline Templeton hat ein todsicheres Gespür für Spannung«
Literary Review